普通高等教育"十一五"国家级规划教材

普通高等教育精品教材

21世纪高职高专规划教材·公共基础系列

应用文写作

（第 2 版修订本）

王　春　主编

清 华 大 学 出 版 社

北京交通大学出版社

·北京·

内容简介

本书共分为 8 章，精选了公文、事务应用文、日常应用文、经济应用文、诉讼应用文、新闻宣传应用文、学术论文等 7 个类别的 50 多个文种，按照写作知识概述、范文示例和写作训练的体系进行编排。写作知识系统、实用；例文类型全面、规范；写作训练具有可操作性。本书体系科学，深度适宜，较好地突出了理论性、示范性和实用性。

本书不仅可以作为高职高专学校各专业应用文写作课的专业教材，也可作为机关、企事业单位从业人员写作的参考用书。

图书在版编目 (CIP) 数据

应用文写作/王春主编. —2 版. —北京：清华大学出版社；北京交通大学出版社，2012.6
(2020.3 重印)

(21 世纪高职高专规划教材·公共基础系列)

ISBN 978 - 7 - 5121 - 1021 - 2

Ⅰ. ① 应… Ⅱ. ① 王… Ⅲ. ① 汉语-应用文-写作-高等职业教育-教材　Ⅳ. ① H152.3

中国版本图书馆 CIP 数据核字（2012）第 119097 号

责任编辑：吴嫦娥　　特邀编辑：林夕莲
出版发行：清 华 大 学 出 版 社　　邮编：100084　　电话：010 - 62776969
　　　　　北京交通大学出版社　　邮编：100044　　电话：010 - 51686414
印 刷 者：北京时代华都印刷有限公司
经　　销：全国新华书店
开　　本：185×260　印张：18　字数：460 千字
版 印 次：2020 年 3 月第 2 版第 1 次修订　　2020 年 3 月第 12 次印刷
定　　价：49.00 元

本书如有质量问题，请向北京交通大学出版社质监组反映。对您的意见和批评，我们表示欢迎和感谢。
投诉电话：010 - 51686043，51686008；传真：010 - 62225406；E-mail：press@bjtu.edu.cn。

第2版前言

　　应用文写作是高校一门重要的基础课。应用文写作的开设，对提高大学生的写作能力是大有裨益的。当前应用文写作教材很多，但大多数教材都是面向本科学生而写的，文种多，内容深，一般高职高专院校的学生很难适应；还有些教材注重理论性，例文与写作训练不够，难以适应教学的需要。在多年的教学中我们体会到高职高专应用文写作教材的编写既要兼顾职业教育、专科层次的学院性质和学生的接受能力，还要考虑以下几个因素：一是教材编写要紧凑，符合高职高专写作课学时少内容多的特点；二是理论知识要系统、概括，文种实用，难度适中，切合高职高专学生的实际水平和需求；三是例文要全面、规范，体现示范性；四是练习要具体实用，便于操作，便于教师教和学生学。基于以上思路，我们编写了这本应用文写作教材，以期在提高学生的写作能力上尽自己的一点微薄之力。

　　本书第1版被评为普通高等教育"十一五"国家级规划教材，并于2011年被评为普通高等教育精品教材，先后印刷6次，得到许多高职院校的好评。本次再版编写时结合了一些教师建议，本书的特色在于以下几方面。

　　1. 体系合理。本教材针对高职高专学生的实际水平和需求作了精心设计，在教材内容的组织上，突破一般教材例文和写作训练较少的格局，采取"写作知识、文种示例和写作训练"并举的形式。写作知识简洁、概括，注重写作技法；例文全面、规范，体现示范性；写作训练实用，具有可操作性。如通知，列举了指示性通知、会议通知、印发性通知、批转性通知、任免性通知、知照性通知等6种写法，每一种都有范文示例，后面附有各种写作训练，既有利于教师教学，也有利于学生学习、模仿。

　　2. 选文精当。教材涉及公文、事务应用文、日常应用文、经济应用文、诉讼应用文、新闻宣传应用文、学术论文等7个类别的50多个文种。所选文种都是工作中和日常生活中经常用到的，而对一些日常工作运用较少的文种，就不再讲述。如公文，13个文种只讲了7个，命令、决定、公告、意见、议案、批复等一般企事业单位不常用，则不再讲述。经济应用文中则把可行性研究报告、招标书、投标书等列入，使教材重点突出，内容全面。

　　3. 实用性强。本书的目的在于提高学生的写作能力，使学生一看就明白，会用、会写，因此每一文种后都设置了大量的写作训练题。其形式主要是病文评析修改和提供背景材料让学生写作，以侧重对学生进行写作实践的训练，教师可视需要选用，学生也可根据所提供的材料进行模拟写作，所以实用性是本书的一大特色。

　　本教材在编写过程中参考、借鉴了许多论著、教材和报刊，也引用了有关部门的资料和文件，在此表示衷心感谢。对在本书编写过程中提供帮助的领导和教师，在此一并表示诚挚的谢意。

本书由王春主编。第 1、2、3、8 章由王春编写；第 4、5 章由曹开英编写；第 6、7 章由韩颖编写。

由于编者水平有限，加之时间仓促，书中疏漏之处在所难免，敬请专家、同仁批评指正。

编　者
2012 年 6 月

目 录

第1章

应用文写作概述

1.1　应用文的特点、作用和种类

应用文是国家机关、社会团体、企事业单位和个人在处理事务及交流信息时所使用的具有实用价值和某种惯用体式的文体。

应用文写作源远流长。可以说，从有了文字的记载，就有了应用文的写作。应用文以实际应用为目的，是人们传递信息、处理事务、解决问题、交流经验的一种必不可少的工具，上至中央机关，下至基层单位，应用文的使用范围几乎涉及社会生活的各个方面。随着社会的发展和科学技术的进步，应用文也将发挥越来越重要的作用。

1.1.1　应用文的特点

应用文是一种实用性很强的文体，与其他文章一样，要遵循文章写作的一般原则，但在形成和发展的过程中，逐渐形成了自己的独有特点，这是我们在写作应用文时必须注意的。

1. 鲜明的实用性

应用文的写作目的非常明确，就是为了实用。应用文大都是从本部门、本行业或个人的实际出发，或传达领导意图，或商洽工作，或交流情况，总之都是根据实际工作的需要，针对实际问题而制发的，有着明确的实用目的。一般文学作品或其他文章，虽然也都有一定的实用性，也讲求社会效果，但相对来说，不如应用文那样直接明显。文学作品往往是先作用于读者的理智和情感，然后才能产生某种社会效果，而且这种社会效果是间接的。而应用文却具有直接性，它往往超越了感染读者的过程，直接产生某种社会效果。如通知，就是告知人们某件事；广告，则是传递某种信息。如果说一般文学作品的主要功用在于审美，那么，应用文的主要功用则在于实用。可以说，鲜明的实用性是应用文写作最为根本的特征。

2. 内容的真实性

应用文的实用性决定了内容的真实性。一切文章都要求真实，但文学作品所讲的真实是艺术的真实。文学作品可以虚构，文学作品中的人和事不等于现实生活中的人和事，它的材料虽来自于生活，却又是经过艺术加工的，高于生活。而应用文所讲的真实则是生活的真实、事实的真实，所反映的事物是客观实际存在的，所使用的材料是有根有据、准确无误的。应用文写作既不允许夸大或缩小，也不允许杜撰虚构，任何一个具体的数字、一个百分比都应当是真实准确的。应用文是用来办事的，材料不真实就会影响我们的工作，甚至会损害我们党和政府的形象。这也是应用文与文学作品对真实性的不同把握。

3. 格式的程式性

文学作品的生命在于独创，最忌雷同。而应用文在长期的使用过程中，为了提高它的办事效率，更好地发挥它的效用，逐渐形成了其惯用的格式和语体风格，即所谓程式性。这些惯用格式，有些是约定俗成，是人们在长期的使用中逐渐形成的，如合同、规章制度、书信等；有些则是国家有关部门为了实际需要而统一规定的，如国务院办公厅发布的《国家行政机关公文处理办法》。我们撰写公文或其他文种时，必须按其规定和惯用的格式要求去做，不能自行其是。这种明确的规定和约定，不仅使应用文的处理科学化、制度化，也体现出了应用文所应有的约束力与严肃性，并为应用文的立卷、归档提供了方便。应用文格式的这种程式性，与文学作品写作完全不同，在写作时必须严格遵守。

4. 较强的时效性

文学创作一般不强调时效性。古今中外的一些文学名著，大多是经过作家长时间的反复修改才写成的。以"推敲"故事闻名于世的苦吟诗人贾岛就曾称自己的诗作是"两句三年得，一吟双泪流"。但应用文的写作却不能如此慢工细作，特别强调时效性，即要求作者在规定的时间内完成。因为应用文是为解决具体问题和处理具体事务而写的，而问题的解决和处理又必须在一定的时间内方才有效。如通知、请示、报告、计划、合同等，必须按时行文，如果拖的时间过长，不及时行文，就会错过时机，贻误工作，影响工作效率，甚至会给我们的工作、学习和生活带来严重的影响。

5. 语言的平实性

文学作品要吸引读者去阅读，往往需要对人物进行细致的刻画，对环境进行描绘和渲染，因而讲究文采，力求用生动活泼的语言把作者的思想感情委婉地表现出来，让读者去思考和回味。而应用文对社会生活的作用是直接的，是用来解决实际问题的，因而作者在写作中，往往根据处理事务和文种的要求，用最朴实的语言，最简练的文字，把内容直截了当、清楚明白地表述出来，以解决实际问题。语言不尚奢华，而力求简洁、平实，这是应用文区别于文学作品的又一特点。

1.1.2 应用文的作用

应用文是人们处理事务、传播信息、沟通联系的必不可少的工具，小到请假条、申请书，大到政府工作报告、科研成果的表述等，都离不开它。具体说来，应用文的作用主要表现在以下几个方面。

1. 指导和规范作用

应用文是人们管理社会的有效工具。为了使工作有组织、有领导、有条理地进行，上级机关往往通过发布文件的形式将所制定的路线、方针和政策逐级传达下去，使干部群众提高认识，统一思想，以便更好地部署任务，指导下级工作。与其他传播手段相比，以应用文的形式传达上级机关指示，履行领导职能，更为庄重、严肃，也更为有效。

应用文不仅具有指导作用，还具有规范人们行为的作用。如法规性应用文，是经过全国人民代表大会或国务院和地方政府通过的，是依据宪法和各种法律条文的要求而制定的，这类应用文的目的就是使国家的各项活动有法可依、有章可循。此外还有许多应用文，都不同程度地规定了人们的行动准则和行为方向，成为大家遵守和执行的标准，具有规范和准绳的作用。这类应用文一经发布，就必须坚决执行，任何人都不得违反。

2. 联系和知照作用

随着社会经济的快速发展，个人与个人之间，个人与集体之间，不同的机关、团体、企事业单位之间，乃至于不同的国家、地区之间，都会发生各种公务联系和业务往来。应用文就是上下级、同级或不相隶属单位之间联系业务、协调关系的有效工具。应用文这种交流和联系的作用是可以把全国各地乃至世界各国紧密地联系在一起，互相配合，协调一致，以实现共同的预定目标。反之，如果我们的这种联系与交流受阻或不畅，就会影响我们的工作，造成工作上的被动和失误。

应用文还具有知照作用。上级制定的方针、政策和指示、意见等，需要尽快向下级传达；下级的希望、要求、工作情况以及部门、单位的各种动态，特别是一些新情况、新问题、新经验，也需要及时向上级反映；同级或不相隶属机关之间相互商洽工作，交流情况，协作共事，也需要用一定的书面材料来告知，而这一切都是由应用文来承担的。

3. 凭据和参考作用

一份应用文，既是制发机关开展某项工作意图的凭证，又是收文机关贯彻执行、开展工作的依据。上级机关在制定方针政策或指导工作时，除了进行实地调查外，还要参考下级机关上报的各类材料，如请示、报告、计划、总结、简报等。而下级机关在开展工作、处理问题时，往往也把上级的有关文件，作为判断是非的主要依据。

应用文反映了国家机关、社会团体、企事业单位一定时期的具体情况。当它们完成特定的历史使命后，往往被作为文献资料或历史档案材料加以保存，有的还可能成为反映某一时期政治、经济、文化、军事、外交等方面的珍贵历史资料，所以应用文还具有凭据和参考作用。

应用文的作用还有很多，随着社会经济的快速发展，科学技术的不断进步，应用文与社会发展、人们生活之间的关系会越来越密切，使用的频率也会越来越高，还会有更多的功用表现出来。

1.1.3　应用文的类型

应用文的种类繁多，随着使用范围的不断扩大，新的文种还将不断出现。根据不同的划分标准，可以从不同的角度对应用文进行分类。

按使用主体分，可分为公务文书和私人文书。

按应用领域分，可分为机关应用文、经济应用文、军事应用文、涉外应用文等。

按功能特征分，可分为指导性应用文、报请性应用文、知照性应用文、调研性应用文、计划性应用文、法规性应用文、记录性应用文等。

按内容和使用的范围分，可分为公文、事务应用文、日常应用文、经济应用文、诉讼应用文、新闻宣传应用文、学术论文等。

值得注意的是，这些划分的界限本身并不十分严格，各类文种之间常常有交叉的现象，可以交互使用。

1. 公文

公文就是党政机关、社会团体、企事业单位在进行公务活动时所使用的体式完整、内容系统的各种正式文书。根据国务院 2000 年 8 月 24 日发布的《国家行政机关公文处理办法》的规定，公文共有 13 类。它们是：命令（令）、决定、公告、通告、通知、通报、议案、报告、请示、批复、意见、函、会议纪要。

2. 事务应用文

事务应用文是机关、团体、企事业单位或个人在工作和学习中经常使用的、具有很强实用性、事务性的应用文体，如计划、总结、调查报告、简报、规章制度等。这些应用文尽管不属于公文的范围，但它们也有一定的惯用格式，使用的范围很广，使用频率也很高。

3. 日常应用文

日常应用文是人们在日常生活中用来处理日常事务的一般应用文，如书信、启事、请柬、讣告等。日常应用文与人们的日常生活、人际交往活动关系密切，使用范围很广。虽然也有一定的格式，但不十分严格，写作较灵活自由。

4. 经济应用文

经济应用文是人们在经济领域中经常使用的反映经济情况、处理经济事务、解决经济问题的专用文书，如市场调查报告、市场预测报告、可行性研究报告、经济合同、广告、招标书、投标书等。这类应用文专业性强，格式较为固定，写作这类应用文需要有一定的经济专业知识和经济领域的实践经验。

5. 诉讼应用文

诉讼应用文是案件的当事人或其他诉讼参与人为保护和实现自身的合法权益，依照法定的诉讼程序制作的具有法律效力或法律意义的专用文书，如起诉状、上诉状、答辩状、申诉状等。这类应用文格式固定，写作这类应用文需要了解诉讼程序，熟悉有关的法律条文。

6. 新闻宣传应用文

新闻宣传应用文是以大众传播为媒介，用来传播信息、沟通情况、报道各单位的工作动态和情况的文体，如消息、通讯、评论、简讯等。

7. 学术论文

学术论文是对某一学术课题进行专门探讨和研究，发表自己的学术见解、表述科学研究成果的应用文。高等学校学生毕业前所写的毕业论文，也是一种学术论文。

▶ 写作训练 ◀

一、阅读下面表彰决定，结合应用文的特点和作用进行评析。

教育部 共青团中央
关于表彰全国三好学生、优秀学生干部和先进班集体及其标兵的决定

2006 年 4 月 11 日

为深入贯彻《中共中央 国务院关于进一步加强和改进大学生思想政治教育的意见》和《中共中央 国务院关于进一步加强和改进未成年人思想道德建设的若干意见》，充分发挥典型育人的作用，引导广大青年学生成长为中国特色社会主义事业的合格建设者和可靠接班人，教育部、共青团中央决定，对两年来在争先创优活动中取得突出成绩的个人和班集体予以表彰，决定授予北京大学何巍等 10 名同学为"全国三好学生标兵"，吉林大学王佐等 5 名同学"全国优秀学生干部标兵"，中国人民大学马克思主义学院 2004 级博士生班等 10 个班集体为"全国先进班集体标兵"荣誉称号；授予北京理工大学王科等 151 名同学为"全国三好学生"，清华大学马扬飚等 136 名同学为"全国优秀学生干部"，北京师范大学文学院汉语言文学 2002 级（1）班等 194 个班集体为"全国先进班集体"荣誉称号。

这次受到表彰的集体和个人是全国广大青年学生和班集体的优秀代表，集中体现了当代青年学生积极、健康、向上的精神风貌。受到表彰的同学认真学习邓小平理论和"三个代

表"重要思想，自觉树立科学发展观，具有坚定正确的政治方向和良好的思想道德品质，学习刻苦，成绩优异，积极承担各项社会工作，热心为同学服务，为社会服务，充分发挥了示范带动作用，在广大同学中享有较高的威信。受到表彰的先进班集体，有积极上进、遵纪守法、热爱集体、文明健康的良好班风，有勤奋、严谨、求实、创新的优良学风，在社会实践、校园文化、学术科技、志愿服务等各项活动中成绩显著。教育部、共青团中央希望广大青年学生以他们为榜样，勤于学习，善于创造，甘于奉献，大力弘扬社会主义荣辱观，努力成长为德智体美全面发展的优秀人才。希望受到表彰的先进个人和集体戒骄戒躁，再接再厉，取得更大的成绩。希望各级教育部门、共青团组织和全国普通高等学校、高等职业学校和中等职业学校，更加广泛、深入、持久地开展争创活动，大力加强对学生的思想道德教育，为培养造就中国特色社会主义事业的合格建设者和可靠接班人作出新的贡献。

（教育部公报，2006 年第 7、8 号）

二、根据自己的情况，写一份学习应用文的计划。

1.2　应用文的构成要素

应用文和其他文体一样，都是由一定的内容及与内容相适应的一定的结构形式构成的。内容的构成要素是材料和主题，形式的构成要素是结构和语言。但应用文写作与文学写作对各构成要素的要求是不同的。了解二者的区别，掌握应用文的构成要素，对写好应用文是至关重要的。

1.2.1　主题

主题是指作者通过文章的全部材料和表现形式所表达出的中心思想和基本观点，是文章的"灵魂"和"统帅"，在一篇文章中占据中心地位。没有主题的文章，其实只是东拉西扯的材料。一篇文章材料的选取、结构的安排、语言的运用、表达的方式及标题的确立，都要根据主题的需要来确定。如果离开了主题，题材、结构、语言等就失去了主脑，文章就无所依附。

1. 主题的表现形式

一篇文章质量的高低、价值的大小，其决定因素在于主题是否正确、鲜明、深刻和集中。对主题的这些基本要求，不论是应用文还是文学作品，都必须遵循，不能有例外，但在主题表现的形式方面，两者又存在着明显的差异。

在应用文中，主题通常称之为论点、观点和主旨，它一般采用对客观事物直接表明态度和提出意见的方法来直陈观点，行文主旨十分明确。一般应用文的主旨在标题中能直接显示出来，如《国务院办公厅关于做好当前减轻农民负担工作的意见》一文，其主旨一目了然，真正做到陆机所说的"立片言以居要，乃一篇之警策"。此外，在文章开头或结尾部分明确提出行文目的也屡见不鲜。

文学作品则是通过对人物的刻画、事件的讲述和情景的描写来展示生活，作者的观点多寓于人物、事件、景物的描写和评述之中，不是十分明显地表达出来，而是让读者自己去体味作者所要表明的思想倾向。

总之，应用文主要是运用逻辑思维，以抽象的形式反映世界；文学作品则主要运用形象思维，以具体的形象反映生活。

例如，同是反映民族资产阶级软弱性及其所领导的辛亥革命的不彻底性，毛泽东的《湖南农民运动考察报告》和鲁迅的小说《阿Q正传》，就采用了迥然不同的表现形式。毛泽东在这篇著作里，深刻地概括了辛亥革命失败的根本原因，并充分肯定了农民在农村大变动中的巨大作用，直接而鲜明地表明了自己的观点，点明了本文的主题。鲁迅在他的小说中也对辛亥革命作了类似的反映，不过他是通过阿Q这一典型形象展现了当时农村的活生生的画面，从而提出了中国革命的根本问题——农民问题，间接而深刻地表明了自己的观点，点明了反帝反封建的革命斗争主题。

2. 应用文主题的要求

（1）正确。所谓正确有两层意思：一是正确领会写作意图；二是对某事物或某问题的认识是正确的。应用文写作属于奉命性，往往是根据领导意图和指示精神进行写作，主题的产生和确定受命题的限制。此外应用文写作的命题是实际工作中要解决的具体问题，因而其主题只能在指定的要解决的具体问题中产生、确定，作者如何认识问题、解决问题的思想观点就是应用文写作的主题。这就要求我们必须认真学习领会上级有关文件精神，领会领导意图，全面了解和掌握实际情况，要能够正确反映事物的发展规律，所阐明的观点、提出的主张，要符合党和国家的路线、方针和政策，符合有关法律、法规，符合客观实际。

（2）鲜明。所谓鲜明就是指文章的主题要明确，作者的态度要明朗，提倡什么，反对什么，不可模棱两可，似是而非，要让读者一看就明白。主题鲜明，对于应用文来说尤为重要。应用文是用来直接办事的，如果主题不鲜明，态度含混不清，受文者就难以贯彻实施。因此要密切联系党和国家的方针政策，立场鲜明地把主题表现出来，使读者一目了然。

（3）集中。所谓集中，就是指中心突出，主旨单一。一般说来，一篇文章只有一个主题，不能多中心。应用文都是"一文一事"，即一篇应用文只能有一个主题、一个中心，表达一个思想，说明一个问题。这就要求我们坚持"一文一事"的原则，围绕中心议题说深说透，坚持重点论，反对多中心。只有这样才能使文章中心明确，重点突出，便于传递、理解和贯彻，从而更好地提高办事效率，解决实际问题。

（4）深刻。所谓深刻就是指文章内容有深度，能够揭示事物的本质，反映事物的内部规律性。主题要开掘得深刻，就要加强分析，在揭示事物的本质上下工夫，也就是要善于透过现象看本质，挖掘别人看不到的或者虽然看到了但缺乏认识深度的东西。

1.2.2 材料

所谓材料就是作者为一定的写作目的，直接或间接地从社会生活中收集到的各种情况、事例和统计数字。材料是写作的物质基础，是文章的血肉。主题和材料是构成文章内容的两个基本要素，两者相辅相成，缺一不可。主题统率材料，材料表现主题。

材料的外延相当宽泛，素材、题材、资料等都可以称为材料。但材料的具体含义及其要求在应用文和文学作品中是有区别的。素材和题材，多用于文学创作活动中，一般将收集来的未经加工整理的原始材料，称为素材，而把写入文章中的材料称为题材。就应用文来说，材料是指写入文章的、用来表现主题或阐明事理的一系列事实和道理，如引文、资料、数字等。至于收集来的未经加工整理的事实和道理，通常称为资料，类似于文学创作中的素材。

1. 材料的收集方法

应用文中的材料有两类：一类是直接材料，即通过作者的观察体验、调查采访而得到的材料；另一类是间接材料，即通过查阅现有的资料，如各种记录、报表、统计数字、书籍、报刊、部门的档案等得到的材料。在应用文写作过程中，必须重视材料的搜集和选择工作。搜集材料的方法一般有以下几种。

（1）观察体验。观察，就是用眼睛看。观察是人们认识客观事物的基础，这里讲的观察不只是一般的看看而已，而是用科学的眼光观察世界，做生活的有心人。要善于透过表层现象去看本质，发现相关事物间的矛盾与联系。体验，就是亲身实践，用全部身心去感受。观察和体验是人们感知外部世界、搜集材料的主要途径，但二者又是有区别的，观察一般是比较客观的，体验则带有浓厚的主观感情色彩。一般消息、通讯、总结等文体的写作往往采用这种方法。

（2）调查采访。这是应用文写作获取材料的基本方法。有些现实材料，仅仅依靠平时的观察和体验是无法得到的，还必须通过有目的、有计划地实地调查采访而获取。调查的方式有全面调查、典型调查、抽样调查、追踪调查等，调查常用的方法有开座谈会、个别访问、发放问卷等。

（3）查阅资料。即通过查阅现有材料和历史资料，来获得写作材料。通过观察和调查所获得的直接材料是有限的，还必须通过查阅资料去获取大量的间接材料，如上级的文件，单位的各种记录、报表、统计数字等。这种方法对于应用文写作来说用得最多。

2. 应用文材料的要求

（1）选择最能表现主题的材料。主题是在占有材料的基础上形成的，主题确立后，又反过来统率材料。在文章写作过程中，必须围绕主题来决定材料的取舍，决定主次与详略。凡是能有力说明、烘托、表现主题的材料就选用；与主题无关，不能说明、烘托和表现主题的材料，就要坚决舍弃。只有选择那些足以表现主题的材料，才能抓住要点，有针对性地解决问题。

（2）选择真实的材料。所谓真实的材料就是实有其事，确凿无疑，合乎实际情况。也就是说材料所反映的内容是现实生活中客观存在的，经过核实的事实是准确无误的。不仅如此，就连一个数字、一个百分比也是真实的、准确无误的。应用文的生命在于真实，写作时必须选用真实可靠的材料。要使材料真实准确，就必须做好对所选用的材料审核工作，尤其是细节材料，更要对其真实性负责。

（3）选择典型的材料。所谓典型，就是选择那些能深刻地揭示事物的本质，能以小见大、以一当十的材料，即通过个别反映一般，通过个性反映共性。典型材料有"以一驭万"的功效，文章要在有限的篇幅中给人以更多的信息，就必须舍弃一般的、平淡的、不具有代表性的材料，选取那些最能深刻反映事物的本质、具有广泛代表性和强大说服力的材料，这样才能增加文章的深刻性、鲜明性和生动性。

（4）选择新颖的材料。所谓新颖就是指选择有时代气息、有新意，能引领时代发展、社会进步的材料。应用文写作具有很强的现实性，材料新颖，才能写出适应时代发展的文章，才能让读者耳目一新。这就要求我们在选择材料上，要紧跟时代步伐，善于观察、发现、搜集那些反映新思想、新面貌、新情况、新成果、新经验、新问题的材料，并进行科学的总结和概括，这样写出的文章才能起到应有的作用，才有指导意义，才能吸引人，才有说服力。

1. 2. 3　结构

结构是指文章内容的组织和排列形式，就是在确定主题和选好材料后，根据写作目的对材料进行合理、有序地组织和安排，使之构成一个和谐统一的有机整体。如果说主题是文章的灵魂，材料是文章的血肉，那么，结构就是文章的骨架。

一篇文章的篇章结构如何，直接影响表达效果。结构安排得好，就会使主题鲜明突出，内容层次清楚，材料衔接自然，文章显得集中、完整、统一、和谐，能增强它的表现力和感染力。结构松散杂乱，主次失调，必然会影响甚至损害内容的表达，削弱文章的思想性和艺术性，因此在撰写文章时要特别注意结构的安排。

1. 结构的表现形式

文学作品在结构上灵活多样，最忌雷同。因为文学作品是社会生活的反映，社会生活是丰富多彩而又错综复杂的，因此反映社会生活的文学作品，其结构的安排也不能拘于成法而千篇一律。如叙事性文学作品，大多是以人物的思想情感或中心事件为主线贯穿全篇，它往往以情节发展为线索，通过人物的性格冲突，来展现人物的命运和结局。因此在结构布局时，讲究曲折变化，运用悬念巧合等来吸引人去阅读。

应用文则不同，它的篇章结构较为单一、平直，没有曲折变化、悬念巧合，不以奇巧取胜，在长期的使用过程中逐渐形成了它惯用的格式和语体风格。应用文种类繁多，体裁不同，它的篇章结构的表现形式也就不同。目前，广泛使用的应用文结构大体可分为以下几类。

一类是法定格式，是指国家行政机关公文和相当一部分具有公文性质的应用文、它们有统一的、规定的格式要求。如公文、规章制度等。

另一类是惯用格式，是指人们在长期的应用文写作实践中约定俗成的应用文格式。这些惯用格式，虽不是政府机关明文规定的，也不像法定格式那么严格，但整体结构形态不可随意变更，有一定规律性。如调查报告的基本型是：基本情况—分析—建议和措施；学术论文的基本型是：绪论—本论—结论，形成提出问题—分析问题—解决问题的基本结构形态。

此外还有一类，即王若虚所说的"定体则无，大体须有"。它们没有固定格式，但一般的体式还是有的，有较大的灵活性。如广告等。

总之，文章的结构和体裁有一定的关系，各种文体都有一定的结构形式。因此撰写应用文要考虑所使用的文种，按所用文种安排结构，不能标新立异，别出心裁。

2. 应用文结构的要求

不论是应用文还是文学作品，确定结构都必须从表达主题的需要出发，都必须反映事物的客观规律和内部联系，同时还必须体现不同体裁的特点。

（1）要服从表现主题的需要。文章的结构安排，就是要把内容材料组合成一个统一的有机整体以表现主题。主题是文章的统帅，它不仅制约材料的选择，也是安排结构的依据。因此，文章内容的详略先后、层次段落的划分等，都必须围绕主题，紧扣主题，为表现主题服务。

（2）要符合人们的思维规律。文章层次的划分与段落的安排，最能展示作者的思路与文章的结构。应用文写作中，要特别注意根据主旨的需要安排好层次段落，以清晰地展示作者的思路。如写调查报告，无论是用于反映重要情况，还是用于介绍先进典型或是揭露问题，都必须把事实叙述清楚，而这些都要求作者遵循着"提出问题—分析问题—解决问题"的逻辑顺序安排层次。而提出问题、分析问题、解决问题的过程，正符合人们认识问题的思维规律。

（3）要适应不同文种的体式特征。应用文的种类繁多，各类文种都有自己的特点，因此，在应用文中不可能设计一种普遍适用的模式，而要根据每个文种的特点，安排结构形式。如通知，就要写通知的目的、通知的事项和执行的要求；写章程则一般以总则、分则和附则作总体布局。这就要注意研究、把握公文和其他应用文的体式特征，体现各类文种的特点，不能强求一致。

（4）结构要完整、严谨、统一。就是指构成文章的各个部分和谐地组织在一起，彼此相互联系，使文章的组织结构尽量做到脉络分明，层次清楚，前后呼应，首尾完整，详略得当。

总之，文章的结构和体裁有一定的关系，各种文体都有一定的结构形式。但文章结构并不是一个固定的框框，因为客观事物多样复杂，现实生活千姿百态。如果墨守成规，文章就成了毫无生气的"八股文"了。构思文章时，既要考虑文体的自身特点，不能随心所欲，又要掌握结构的一般规律，再求创新。

1.2.4　语言

语言是写文章的工具。没有好的语言，任何深刻的主题、典型的材料、精巧的结构也无从体现。

1. 语言的表现形式

文学作品的语言特点是生动、形象，即通过语言的描绘，把人们带入特定的人、景、物、事中，引发读者的想像，感染净化读者的心灵。所以文学语言生动、富有文采，带有一定的感情色彩，经常对日常语言进行超常规的组合排列，并赋予超常的意义，同时创造出含蓄深沉、有激发性和召唤性的语言来。

应用文的语言特点是庄重、平实、直向、简洁，即在写作应用文时，要使用规范化的书面语言，开门见山、直截了当地把问题、看法表述出来。在叙述事件经过时，不像其他文章那样详细，那样惟妙惟肖，而是简明扼要，准确、朴实。此外应用文语言还要求得体，即语言的运用与行文的目的、对象和谐一致，恰如其分。

为了把文章、作品的内容表达好，就要精心选择、刻意锤炼语言。无论应用文还是文学作品，其语言都应准确、简练、生动。

2. 应用文语言的要求

（1）准确性与模糊性的统一。准确性是指应用文的语言必须十分准确，不允许词义的模棱两可，似是而非。这就要求在词汇方面，大量使用介词结构和限制性词语，如"一切"、"凡"、"均"等；在语法方面，要求句子成分完整，一般不用省略句，以免产生歧义。强调应用文语言的准确性，必然涉及人类语言的另一特征——模糊性，即表述对象类属边界不清晰和性质状态不确定的语言，如"老年、中年、青年、少年"、"基本上、原则上"等。

人们对应用文语言往往强调准确性，而排斥模糊性。其实，准确性和模糊性是对立统一的，它们在一定条件下可以互相转化，从一般规律上说，模糊是绝对的，精确是相对的。准确的表述既有赖于精确的词语，同时也离不开模糊语言。模糊词语不等于含糊不清，而是表现在事物的定性上是确定的，而在定量上是不确定的，或无法确定的。

应用文写作中注意准确性与模糊性的统一，首先可以加大文字容量，达到应用文写作的基本要求"文约而事丰"，即以少量的词语包含更大的信息量；其次使受文者易于贯彻执行，能够达到表意准确的效果。

（2）简洁性与严密性的统一。所谓简洁，就是语言简洁干净、洗练，用尽可能少的文字表达尽可能多的内容。应用文最是实用，唯其实用，便要求语言简洁，这样才能加快办事速度，提高办事效率。但如果以为简洁就是文字越少越好，甚至为求简洁而使应用文表达欠明白，就有失公允了。所以在注意应用文的简洁性时，还要注意其严密性。这两种语言相结合，既把事物表达得言简意明，又能把各个方面的道理讲得清晰透彻。

严密性是指应用文的语言严谨周密，所表达的意思能够照顾到各个方面，没有矛盾，没有疏漏，这是应用文的实用性所决定的。一篇应用文，如果写得松散凌乱、前后矛盾，就不能体现机关工作严谨周密的作风，就会给工作带来损失。如公文、经济合同、诉状等，在语言表达方面稍有疏漏，就可能被人钻空子。

要使应用文的语言既简洁又严密，达到言少而意足，形简而旨丰的境界，可采用以下方法。

一是适当使用古词语。沿用古词语，是应用文的独有特点。有些古汉语中的单音词，在现代汉语中，已不能单独运用或很少运用了，但在应用文中还能作一个词用。如："兹介绍"中的"兹"，"来函已悉"中的"悉"，"该机关实行减员"中的"员"。此外"当否"、"业已"、"鉴于"、"为盼"、"为荷"等都不是现代词语的说法，但仍在应用文中使用，可以使应用文的语言更庄重、更简洁。

二是大量使用介词结构。为了保证行文的简洁与严密，应用文语言常常大量使用介词结构，将目的、根据、条件、对象等繁复内容纳入简单的介词结构之中。例如："为"、"为了"、"根据"、"依据"、"遵照"、"在"、"对"、"对于"、"除了"、"于"等都是应用文中常见的介词。

（3）平实性与生动性统一。应用文是用来布置工作、汇报情况的，它的语言大都是叙述、说明，一般不用描写、抒情等艺术手段，所以应用文语言朴素无华、通俗易懂。应用文讲究平实，但并不意味没有文采，不生动活泼，因为应用文还有一个使人接受的问题，如果语言枯燥乏味，就会影响文章的宣传效果。因此在强调应用文语言平实的同时，还力求表达得形象一点，生动一点。

要做到平实性与生动性统一，首先表现在词语的选用上，切忌死板、老套，要给人以新鲜感；其次在句式的选用上，要有变化，综合运用各种句式；最后恰当运用修辞方式。如："产品积压和三角债仍是困扰经济发展的突出问题"一句中"困扰"一词拟人辞格的运用使文章增色不少。

▶ 写作训练 ◀

一、阅读下面文章，指出其各自的文种，并从文章的主题、结构、语言和表达方式等方面进行对比分析，比较二者的异同。

（一）

中宣部 中央文明办 新闻出版总署 文化部 教育部 解放军总政治部宣传部
中华全国总工会 共青团中央 全国妇联 中国科协 中国作协
关于开展全民阅读活动的倡议书

2006 年 4 月 5 日

1995 年，联合国教科文组织把每年的 4 月 23 日定为"世界读书日"，提出"让世界上每一个角落的每一个人都能读到书"，让读书成为每个人日常生活不可或缺的一部分。每年的 4 月 23 日，在世界的五大洲，在不同语言的国度里，人们不约而同地做着同样的事情——读书。这是全世界读书人共同的节日！

中国人历来就有"读万卷书、行万里路"的传统，中华民族从来就是一个热爱学习、勤奋读书的民族，它是我们民族精神动力不竭的源泉。我们要继承和发扬这个优良传统。今天，人类已迈入新的世纪，读书不仅成为一个人修养的标志之一，也成为人们完善自我、塑造自我、提升自我、凝聚智慧的重要途径之一。可以说，一个人如果从小就能养成良好的阅读习惯，一生都会受用无穷。一个民族具有热爱阅读的追求与渴望，这个民族就会充满智慧和希望。虽然今天阅读的含义更为宽泛，已远远不限于图书甚至纸介质出版物，但仍然不可否认，在那浩渺的书卷里，博大精深的中华文化得以汇聚，光辉的中华民族精神得以传承，灿烂的中华文明得以延续。放眼 21 世纪的今天，国力的竞争已开始变为文化与科技的竞争，世界文明的步伐镌刻着知识的烙印前行，中华民族的腾飞也必将以知识凝聚力量，而读书是我们知识的重要来源，是当代中国发展进程中的巨大动力和社会风尚。

"书籍是人类进步的阶梯"。从古至今，爱书、惜书、读书都为世人所推崇，人们通过阅读来获取知识，增长本领，提升品位，推动社会走向更高的文明。当前，我们的经济水平已经发展到了一定阶段，我们必须在关注物质文明建设的同时，更加关注精神文明建设。要通过扎实有效的读书阅读活动，使所有公民树立起正确的荣辱观，让中华民族的传统美德和社会主义的道德规范在头脑中深深扎根并成为行为道德准则。

在全国上下积极创建学习型社会的今天，继承和发扬读书的优良传统，大兴勤奋学习之风，意义重大而深远。为此，中共中央宣传部、中央文明办、新闻出版总署、文化部、教育部、解放军总政治部宣传部、中华全国总工会、共青团中央、中华全国妇女联合会、中国科学技术协会、中国作家协会等 11 家部委共同向全社会提出，在 2006 年 4 月 23 日世界读书日前后，开展"爱读书，读好书"的全民阅读活动，并为此倡议如下。

一、全国各地区各部门各团体，要积极开展全民阅读活动，倡导全民为构建社会主义和谐社会和全面建设小康社会，为中华民族的伟大复兴而努力读书，终身学习。

二、全国各地各有关部门要开展丰富多彩的读书推广活动，为全民阅读营造良好的读书环境，鼓励多读书，读好书。提倡在"世界读书日"这一天，全国各地的图书馆围绕"全民阅读"组织讲座、荐书、咨询、展览等读书宣传活动。全国各大书店、书城开展优惠售书活动，各地各有关部门还要开展"向困难群众"赠书等专项活动，让全民人人有书读，家家有书香。

三、鼓励读者积极参与"我最喜爱的一本书"的征文活动。该征文活动将于 4 月开始在各相关媒体同时举行，并在 2007 年的"世界读书日"公布优秀征文结果。让全民共同参与读书，体验读书喜悦。

开卷有益！让我们亲近图书！让我们相约"4·23"！传承中华民族精神，书写中华民族现代文明，是历史与未来赋予我们每个中华儿女的使命，让我们共同珍惜今天的节日，让我们逐渐形成"爱读书，读好书"的时代风尚，让我们从读书中汲取力量和智慧，为中华民族的伟大复兴而努力奋斗！

（教育部公报，2006 年第 10 号）

（二）

读书人是幸福的人

谢 冕

我常想读书人是世间幸福的人，因为他除了拥有现实的世界之外，还拥有另一个更为浩瀚广阔也更为丰富的世界。现实的世界是人人都有的，而后一个世界却为读书人所独有。由此我又想，那些失明或不能阅读的人是多么的不幸，他们的损失是无可补偿的。世间有诸多的不平等——财富的不平等，权力的不平等，而阅读能力的拥有或者失却体现为精神的不平等。

一个人的一生，只能感受自己拥有的那一份欣悦，那一份苦难，也许再加上他亲自闻知的那一些关于自身以外的经历和经验。然而，人们通过阅读，却能进入不同时空的诸多他人的世界。这样，具有阅读能力的人，无形间获得了超越有限生命的无限可能性。阅读不仅使他多识了草木虫鱼之名，而且可以上溯远古下及未来，饱览存在的与非存在的奇风异俗。

更为重要的是，读书，加惠于人们的不仅是知识的增广，而且还在于精神的感化与陶冶。人们从读书学做人，从那些往哲先贤以及当代才俊的著述中学得他们的人格品质。人们从《论语》学得智慧的思考；从《史记》学得严肃的历史精神；从《正气歌》学得人格的刚烈；从马克思学得入世的激情；从鲁迅学得批判精神；从列夫·托尔斯泰学得对道德的执著。歌德的诗句刻写着睿智的人生，拜伦的诗句呼唤着奋斗的热情。一个读书人，是一个有机会拥有超乎个人生命体验的幸运人。

一个人一旦与书本结缘，极大的可能是注定了其将成为与崇高追求和高尚情趣相联系的人。说"极大的可能"，指的是不排除读书人中也有卑鄙和奸诈，况且，并非凡书皆好，在流传的书籍中，并非全是劝善之作，也有无价值的甚而起负面效果的。但我们所指的读书，总是以其优秀品质得以流传的一类，这类书对人的影响总是良性的。我之所以常感读书幸福，是从喜爱文学并读文学书的亲身感受而发。一旦与此种嗜好结缘，人多半因而向往于崇高一类，对暴力的厌恶和对弱者的同情，使人心灵纯净而富正义感，人往往变得情趣高雅而得以避凡俗。或博爱、或温情、或抗争，大体总引导人从幼年到成人，一步一步向着人间的美好境界前行。笛卡儿说："读一本好书，就是和许多高尚的人谈话"，这就是读书使人向善；雨果说："各种蠢事，在每天阅读好书的影响下，仿佛烤在火上一样渐渐熔化"，这就是读书使人避恶。

所以，我说，读书人是幸福的人。

（谢冕．每一天都平常．哈尔滨：黑龙江人民出版社，2003.）

二、对本学期班级情况进行全面搜集，为写班级总结做准备。
三、对班级和周围学生的消费情况进行调查，写一份大学生消费情况调查报告。

1.3 应用文的表达方式

所谓表达方式，即文章表达思想时所使用的方式，是指作者用书面语言反映客观事实、表达思想、抒发情感、说明问题时所采用的具体手段和方式。

应用文写作，无论采用何种表达方式，其目的都在于介绍情况、总结规律、解决问题，这是应用文写作的本质所决定的。

要想用语言将写作意图准确、鲜明地表现出来，就需要选择合适的表达方式。文学作品是以艺术形象感染读者，通过想像、虚构、夸张、抒情等手法来反映生活的本质。在文学作品中，常用的表达方式是：叙述、描写、抒情、议论和说明。应用文作为一种实用性的文体，要把对问题的处理和解决办法直接明白地告诉对方，因而它的表达方式通常只用叙述、议论和说明，至于抒情和描写除了在一些通讯报道、广告语、演讲辞中有时使用外，大部分应用文基本不用或很少使用。

1.3.1　叙述

所谓叙述，就是对人物的经历、行为或事情的发生、发展、变化过程所作的交代和表述。在应用文写作中，叙述是一种最基本、最常用的表达方式。它与其他文体写作一样，应具备 6 个要素：时间、地点、人物、事件、原因、结果。在叙述时一般要把什么时间、什么地点、什么人、什么事以及因果写清楚，给读者以清晰而完整的印象。当然，并非每一篇文章一开头就必须把六要素都交代清楚，倘若读者不会发生疑虑，其中某些要素可以不交代。

叙述在应用文中的作用是：介绍人物的经历和事迹；交代事情的基本情况、前因后果；陈述事件发生、发展与变化的过程。

1. 叙述的人称和方式

（1）叙述的人称。叙述的人称实际上是叙述的立足点，即作者站在什么位置，从哪个角度去叙述人物、事件，用什么身份、什么口气叙述问题。应用文中叙述的人称，主要有第一人称与第三人称两种。

第一人称的叙述是站在"我"、"我们"的立足点上来进行的，作者以参加人、见证者的身份出现，以"我"或"我们"的口气叙述所见、所闻、所历、所感。第一人称叙述有三大优点：一是可以给读者以真实感、亲切感，增强文章的感染力；二是便于直接抒发自己的感情；三是便于揭示和剖析自己的内心活动。但第一人称叙述要受时间、空间的限制，反映生活有一定的局限性。

第三人称是站在"他"、"他们"的立足点上来进行的，即以局外人的身份，以第三者的口气从旁叙述别人的事情，所以称文章中的人物为"他"或"他们"。第三人称叙述不受时间、空间的限制，灵活、自由，可以弥补第一人称的缺陷，能反映广阔的社会生活，但不如第一人称那样容易使人感到亲切。

应用文一般是从本单位的立足点上叙述事情的，因而多数用第一人称。为简要起见，常使用无主句。但会议纪要、调查报告、消息、通讯等文体，一般都采用第三人称，客观地把事实讲述出来。

（2）叙述的方式。叙述的方式也就是叙述的顺序问题。应用文中的叙述方式，有顺叙、倒叙、插叙等。

顺叙是按事件发生、发展的先后顺序进行叙述，即从开端、发展、高潮到结尾，这是一种最基本、最常用的叙述方法。它能把事情叙述得有头有尾，来龙去脉交代清楚。应用文中大多采用这一种叙述方式。

倒叙是把事件的结局或事件中最突出的部分提到开头，然后按事件的发展过程来叙述。运用倒叙能给人一种强烈的印象，突出重点，构成悬念，使文章富有吸引力，引人入胜。在应用文中，倒叙用得比较少，一般只在通讯、调查报告的写作中才用到。

插叙是在叙述过程中，由于表达的需要，中断原来的叙述，而插入另一段有关的叙述。插叙的内容与中心事件的关系一般是补充、注释、对比和说明的关系。恰当地运用插叙，可以丰富文章的内容，深化主题，使文章结构富于变化。应用文中插叙用得也比较少，一般只在消息、通讯等文体中才用到。

2. 应用文叙述的要求

（1）叙述简明，概要精当。应用文中的叙述不像文学作品中的叙述那样要求具体详尽、细腻逼真，而是抓住主要事实，作概要精当的叙述，不求面面俱到，只是就事论事，简明概括，一目了然。

（2）详略得当，突出重点。应用文在叙述人物或事件时，凡是重要的地方或能深刻表现主题的地方，要详细，有所侧重，突出重点。对于次要的地方或不需要详细交代的地方，就要略写，无须使用大量笔墨。否则，轻重倒置，冲淡要害，影响主题的表达。

（3）客观真实，平铺直叙。应用文中的叙述不像文学作品那样可以灵活地使用插叙、倒叙，也不像文学作品那样追求悬念和情节的曲折。一般来说，应用文中的叙述要求直截了当，平铺直叙，明明白白。

1.3.2　议论

议论就是对某个问题或事件进行分析和评论，表明自己的观点和态度。在应用文中，议论使用频率较高，评论类、演讲类、诉讼类、学术类等文体，都需要通过议论来分析原因，判断是非，发表见解，表明观点。应用文中的议论以事实为根据，不掺入个人主观好恶情感，抓住要点，作简洁、明了的议论。

议论在应用文中的作用是：评价作品中的人物和事实；通过事实材料进行分析推理；阐明观点，表明态度。

1. 议论的方法

一段完整的议论有三要素，即论点、论据和论证方式。论点，就是作者在文章中对某个事物、某个问题提出的主张、看法和作出的判断。论据，就是用来证明论点的事实和道理。论证方式，就是把论点和论据按照一定方式联系起来，运用论据证明论点的方法和过程。

应用文中论证的方法主要有：例证法、引证法、喻证法、类比法、对比法、因果法、反证法等。

例证法，是以事实作为论据，举例来论证论点。这是最常用的方法，所选的事例要具有代表性、典型性。

引证法，就是引用党和国家的有关方针、政策的条文或权威论述、科学上的公理、定义等作为论据来证明论点的方法。

喻证法，就是通过打比方，用具体的事物来证明抽象的道理。用来打比方的可以是具体的事实，也可以是寓言、神话或其他材料。

类比法，就是将某一事物和另一事物放在一起比较其相同点，以某一事物的正确或谬误来证明另一事物的正确或谬误的方法。

对比法，就是将两种性质、特征相反的情况进行比较，形成鲜明的对照，从而显示出它们的本质。

　　因果法，也称分析法，这种方法是以公认的道理或基本原则作论据，通过分析问题、剖析事理来揭示论点和论据间的因果关系，从而证实论点的正确。

　　反证法，不从正面着手论证自己论点的正确，却去论证相反论点的错误，从而间接证明自己论点正确的方法。

　　2. 应用文议论的要求

　　(1) 论点正确，论据可靠，论证合乎逻辑。论点是议论的中心，它必须符合客观事物的本质规律，符合党和国家的方针政策，符合人民群众的愿望。论点要针对社会生活中的实际问题提出自己的主张、看法和要求，要有的放矢。论据是支撑论点的，论据不充足、不真实，得出的结论就不能令人信服。论证中，论点与论据之间的联系包含着种种推理，推理要准确，分析要严密，从而使整个论证过程无懈可击。

　　(2) 简要分析，就事论理。应用文的议论一般是在叙述、说明的基础上进行的。它无须作长篇大论，作复杂的多层次的逻辑推理，也不像一般议论文章那样一定要具备论点、论据、论证这样一个完整的议论过程，而是抓住实质作简要分析，就事论理，依靠真实典型的客观事实，来直接证明观点。

　　(3) 实事求是，不带个人感情色彩。在文学作品中，作者常常寓情于理，带着个人的感情展开议论。而应用文中的议论一般是就事论事，实事求是，不带个人感情色彩，表现得较为客观冷静。

1.3.3　说明

　　说明就是对事物的性质、形状、特征、功能等方面的情况加以解说、阐释的表达方式。说明在应用文写作中使用非常广泛，如经济类、法规类、科技类以及公文等都要运用到说明。可以说，说明是应用文的基本表达方式。

　　应用文中说明的作用：阐释概念；解说名词；对事物的某一方面情况或原理进行解说等。

　　1. 说明的方法

　　应用文中说明的方法主要有：定义说明、举例说明、比较说明、比喻说明、数字说明、图表说明、分类说明等。

　　定义说明，就是通常所说的下定义，是指用准确简明的语言揭示事物特有的本质属性的说明方法。运用定义说明，能使读者对事物有一个比较明确的概念。

　　举例说明，就是列举实例来说明事物特征的说明方法。运用举例说明能把比较抽象复杂的事物说得具体而明晰。

　　比较说明，就是将两样事物或两种以上的事物放在一起比较，以具体地说明某事物在某方面的特征。比较可分为纵向比较和横向比较。纵比，就是以同一事物的不同发展阶段的情况作比较；横比，就是用互相关联的两个事物进行比较。运用比较说明可以具体突出地说明某事物在某方面的特点。

　　比喻说明，就是打比方，是凭借两事物之间的相似点，以此事物比作另一事物的说明方法。这是一种形象说明的方法，它可以使抽象的道理具体化，或使说明更为生动活泼。

　　数字说明，就是运用数字从数量上说明事物或道理的一种说明方法。数字说明是一种较强说明问题的方法，但数字运用要准确，不得有误。

　　图表说明，就是用图画和表格的形式来说明事物的特征。运用图表说明，可以节约文字，便于比较，使人一目了然。

分类说明，就是把被说明的事物按一定的标准分成若干类别，逐类加以说明的方法。

2. 应用文说明的要求

（1）内容要科学。说明是一种传授知识的表达方式，因此它的内容必须正确，具有科学性。所谓科学，就是能把握事物的本质、特征和规律，正确地把知识表达清楚。这就要求熟悉和了解说明对象，科学地解说事物和事理。

（2）表述要客观。科学的规律是不以人的意志为转移的，作者要站在客观的立场上去解说事物，阐明事理，不要把自己的主观意志强加入说明之中。

（3）文字要准确、简明、恰当。对有关概念、事物的说明，文字要准确严密、简洁恰当，包括图表、数字都必须准确无误。

上述表达方式，在实际运用中常常是互相交织，相互融合的，不能截然分开。叙述中往往包含说明、议论；说明中往往穿插着叙述、议论。

【示例1-1】《爱心倡议书》中有关×××同学情况的一段叙述

×××同学于2012年以优异的成绩考入我校外语系××班，入校以来，她思想进步，学习刻苦认真，连续两年荣获校奖学金；平时关心同学，尊敬师长，生活节俭，是一位深得老师们喜爱、同学们尊重的好学生。就在她为新的学习生活而踌躇满志时，病魔却向她伸出了无情的手，她不幸患上了白血病。×××同学来自山东沂蒙山区的一个贫困农民家庭，父母均是农民，家里兄妹多，且全在读书。2011年父亲外出打工受伤至今卧病在床，而×××同学所患的白血病仅化疗就需要巨额的资金，高昂的治疗费用对于一个经济条件极度困难的家庭来讲，是无法承受的。

【示例1-2】《国务院办公厅关于进一步加强古籍保护工作的意见》中的一段议论

我国古代文献典籍是中华民族在数千年历史发展过程中创造的重要文明成果，蕴涵着中华民族特有的精神价值、思维方式和想像力、创造力，是中华文明绵延数千年、一脉相承的历史见证，也是人类文明的瑰宝。古籍具有不可再生性，保护好这些古籍，对促进文化传承、联结民族情感、弘扬民族精神、维护国家统一及社会稳定具有重要作用。同时，加强古籍保护工作，也是建设社会主义先进文化，贯彻落实科学发展观和构建社会主义和谐社会的客观要求。

由于诸多原因，当前我国古籍保护存在不少突出问题，如现存古籍底数不清，古籍老化、破损严重；古籍修复手段落后，保护和修复人才匮乏，尤其是少数民族古籍保护和整理人员极度缺乏，面临失传的危险；大量珍贵古籍流失海外。因此，加强古籍保护刻不容缓。地方各级人民政府和有关部门要从对国家和历史负责的高度，充分认识保护古籍的重要性，进一步增强责任感和紧迫感，切实做好古籍保护工作。

【示例1-3】《禁止传销条例》中的一段说明

第七条 下列行为，属于传销行为：

（一）组织者或者经营者通过发展人员，要求被发展人员发展其他人员加入，对发展的人员以其直接或者间接滚动发展的人员数量为依据计算和给付报酬（包括物质奖励和其他经济利益，下同），牟取非法利益的；

（二）组织者或者经营者通过发展人员，要求被发展人员交纳费用或者以认购商品等方式变相交纳费用，取得加入或者发展其他人员加入的资格，牟取非法利益的；

（三）组织者或者经营者通过发展人员，要求被发展人员发展其他人员加入，形成上下线关系，并以下线的销售业绩为依据计算和给付上线报酬，牟取非法利益的。

▶ 写作训练

一、阅读下面一份简报，分析它的表达方式。

感动上大　让爱回家

——上海大学团委开展大型慈善帮困系列活动

据不完全统计，上海大学每年有超过 500 名来自兄弟省市的大学生因家庭经济困难而不能回家过年。为了帮助他们顺利回家同家人团聚过年，上海大学团委联合校社区管理部于近期开展了"感动上大，让爱回家"大型慈善帮困系列活动，得到了学校党政领导的大力支持，在广大学生中反响良好。

系列活动之一："爱的力量"

2006 年 12 月 9 日，"感动上大，让爱回家"大型慈善募捐活动启动，这是整个系列活动的核心，也是其中最重要的环节。活动覆盖上海大学所有的学生宿舍楼，在募捐活动中，同学们纷纷慷慨解囊、捐款捐物，献出自己的一份爱心，向那些等待回家过年的贫困同学伸出援助之手，用真情谱写着一首首"感动上大"的动人诗篇。影视学院的研究生陶文文，在了解了贫困生不能回家过年的难处之后，毫不犹豫地捐出了两千元的奖学金；身为上海大学学子的解放军同志李耕，在结对活动中主动要求资助一位来自井冈山的贫困同学完成学业；还有一位来自贫困家庭的宋聚超，得知了那些同学窘境之后，感同身受，在经济条件并不宽裕的情况下，毅然捐献了 200 元人民币……这些同学在捐款献爱心的活动中，用自己的实际行动深深地感动着身边的每一个人。在爱的力量下，上海大学 3 个校区在为期一个月的慈善募捐中掀起了一阵献爱心的热潮。据不完全统计，截至 2007 年 1 月 17 日，募集善款已达 11 万元。

系列活动之二："爱的见证"

在爱心募捐进行得如火如荼的同时，一场"感动上大　让爱回家"现场爱心大签名活动于 2007 年 1 月 9 日、10 日中午在益新及南区食堂前有声有色地开展。10 米长的横幅迎来了一批又一批的老师与同学，每个人都在横幅上留下了对身边贫困大学生的美好祝愿。现场的募捐箱渐渐变满了，它承载的不仅仅是金钱，更是一颗颗真挚的爱心。每个参与募捐的人，身上都会贴有印着"感动上大　让爱回家"的"爱心 Logo"，当学校人群中贴有"爱心 Logo"的师生渐渐增多时，冬日的上海大学四处充满了爱的暖意，那些祝福语和一张张贴纸更成为感动上大爱的见证。

系列活动之三："爱的传递"

冬日中，爱的暖意仍在不断地蔓延。1 月 10、11 日，轰轰烈烈的"爱心传递"接力跑如火如荼地展开了。这次爱心接力跑寓意将爱心传递，三个校区的众多同学积极参与其中，把千万人的爱心化为了声势浩大的爱心接力。接力跑活动共分 16 个点，在新校区由新世纪学生社区、南部学生社区构成，跨越了整个上大新校区，在嘉定学生社区有 10 个点，在延长校区则由研究生社区、爱心屋和西部学生社区 3 个点组成。

沿途爱的力量感染着上大的各个校区，参加此次爱心传递的数百位同学用炽热的爱心温暖着冬季的上大。活动的旗帜在大家手中传递，沿途中当同学们将一张张"爱心 Logo"贴纸贴满了旗帜，他们的爱心在整个传递过程中得到了升华。活动过程中，还有许多同学积极组织了现场募捐和演出。

系列活动之四："爱的升华"

2007 年 1 月 17 日，"感动上大，让爱回家"大型慈善晚会在新校区大礼堂隆重举行，将整项活动推向了高潮，使爱心得到了升华。晚会作为系列活动的缩影，体现了"感动上大，让爱回家"慈善活动募集善款、帮助家庭经济困难的外地同学能够回家和父母家人团聚过新年的爱心创意，并用短片重现了系列活动的历程。系列活动中涌现出的好人好事感染着在场的每一位师生，当 20 位感动校园人物上场时，会场响起了经久不息的掌声。伴着《让世界充满爱》的动人旋律，晚会落下帷幕。

"感动上大，让爱回家"大型慈善系列活动虽然圆满落幕了，但爱还在延续。此次活动让学子们深深感受到了温馨的校园、温暖的乐园、和谐的家园。大家共同的爱还将继续在上大谱写一篇又一篇动人的乐章。

上海大学团委

（上海共青团简报，2007（10）.）

二、根据提供的材料，对下面一份表彰性通报的开头进行修改。

2011 年 12 月 20 日夜 3 时 30 分，天黑蒙蒙的，伸手不见五指，××公司的张强因在公司加班，才刚刚下班。当他经过××手机大卖场时，发现有两个黑影从窗户里跳了出来，他想这两人是不是在偷东西？怎么办？在这危急的时刻，他想到："我是一名共产党员，人民的财产受到损失，我不能置之度外。"于是他立即追了上去。这两名歹徒一看张强追了上来，就拔出刀威胁他说："你不要多管闲事，否则要你的命。"张强没有退缩，一边打 110 报警，一边与他们扭打起来。歹徒在他的头上、后背捅了 5 刀，鲜血流了一地。但他不顾身体受伤，顽强地与歹徒拼搏，直到 110 赶到，把歹徒抓获。

第2章

2.1 公文写作概述

公文是公务文书的简称。公文有广义和狭义之别，广义的公文指党政机关、企事业单位及社会团体在公务活动中所使用的各类文字材料，既包括《国家行政机关公文处理办法》中所规定的法定性公文文种，也包括日常、经济、法律、科技等应用文以及机关常用事务性应用文。狭义的公文，仅指《国家行政机关公文处理办法》中所规定的法定性公文文种。本章所指的公文是狭义范畴的公文，它是党政机关、社会团体、企事业单位在进行公务活动时所使用的体式完整、内容系统的各种正式文书。

2.1.1 公文的特点

1. 法定性

公文是由法定机关或组织制发的，代表着法定机关或组织的意图，在法定机关或组织的权限范围内具有法定的权威性和约束力。所谓的法定机关或组织，即依法成立并能以自己的名义行使权力和承担义务的各级机关、团体和企事业单位。公文的起草者，只是组织的代笔人，因此制定公文必须与党的方针政策相符合，保证各项政策的贯彻落实。

2. 权威性

国家行政机关的公文代行国家职能，是国家的管理工具，代表国家的权力和意志，传达制发机关的决策与意图，对受文单位产生强制性作用。公文一经发文机关制发，有关组织和个人必须不折不扣地执行，认真地、及时地按照文件的规定与部署去做，否则就要受到国家的制裁或行政处罚，因此公文代表着制发机关的法定权威。

3. 规范性

公文不是随意撰写的。为维护公文的权威性和严肃性，国家以法规的形式对公文的名称、种类、使用范围、行文格式、制作程序等作出了严格的规定。每种公文，都有一定的使用范围和规定格式，这就要求在撰写过程中要遵守这些规定和格式。公文不规范，不仅会影响公文的正常运转和效用的发挥，也会给文书工作带来许多麻烦。

2.1.2 公文的种类

公文的种类，通常称为文种，不同文种有不同的名称。机关行文必须从实际出发，根据本机关的职权范围、所处的地位与发文的目的，正确使用公文的种类，不能乱用。办什么事，用什么文种，一定要选用准确，做到对号入座。否则就会妨碍收文机关对文件意图的准确理解，失时误事，造成不应有的损失。

国家对统一公文的种类和使用方法非常重视，1981 年 2 月，国务院办公厅就发布了《国家行政机关公文处理暂行办法》，将国家行政机关的公文种类归纳为九类 15 种。后来又多次进行修订。目前使用的是 2000 年 8 月 24 日修订，于 2001 年 1 月 1 日起施行的《国家行政机关公文处理办法》，其中规定，公文种类主要有以下 13 种。

（1）命令（令）。适用于依照有关法律规定公布行政法规和规章；宣布施行重大强制性行政措施；嘉奖有关单位及人员。

（2）决定。适用于对重要事项或者重大行动做出安排，奖惩有关单位及人员，变更或者撤销下级机关不适当的决定事项。

（3）公告。适用于向国内外宣布重要事项或者法定事项。

（4）通告。适用于公布社会各有关方面应当遵守或者周知的事项。

（5）通知。适用于批转下级机关的公文，转发上级机关和不相隶属机关的公文，传达要求下级机关办理和需要有关单位周知或者执行的事项，任免人员。

（6）通报。适用于表彰先进，批评错误，传达重要精神或者情况。

（7）议案。适用于各级人民政府按照法律程序向同级人民代表大会或人民代表大会常务委员会提请审议事项。

（8）报告。适用于向上级机关汇报工作，反映情况，答复上级机关的询问。

（9）请示。适用于向上级机关请求指示、批准。

（10）批复。适用于答复下级机关的请示事项。

（11）意见。适用于对重要问题提出见解和处理办法。

（12）函。适用于不相隶属机关之间商洽工作，询问和答复问题，请求批准和答复审批事项。

（13）会议纪要。适用于记载、传达会议情况和议定事项。

根据公文行文的往来方向，公文可分为上行文、平行文、下行文。上行文是下级机关向上级机关的行文，如报告、请示；平行文是平级机关或不相隶属机关之间的行文，如函；下行文是上级机关对所属下级机关的行文，如命令、决定、公告、通告、通知、通报、批复、会议纪要。在实际运用过程中，上行文、平行文、下行文会出现交叉使用的现象，如通知主要用于上级机关对下级机关的联系，但有时也用于平行机关或不相隶属机关之间。

2.1.3　公文的格式

公文的格式，是公文撰制、处理的规范。国家对公文的制定有统一的标准格式，其目的在于准确、有效地撰制、收集、传递和存储公文信息，提高公文处理效率，以适应现代化管理的需要。目前使用的是国家质量技术监督局 1999 年 12 月 27 日发布、2000 年 1 月 1 日实施的《国家行政机关公文格式》，即中华人民共和国国家标准 GB/T 9704—1999。公文的格式，必须严格遵守，不得标新立异，自行其是。

公文的格式一般由秘密等级和保密期限、紧急程度、发文机关标识、发文字号、签发人、标题、主送机关、正文、附件、发文机关落款、成文日期、印章、附注、主题词、抄送机关、印发机关和印发日期等组成。可分为文头、主体和文尾 3 个部分。

1. 文头部分

文头部分在公文首页上端，约占 1/3 的版面，用横线与正文部分隔开。这一部分要素有发文机关标识、发文字号、秘密等级和保密期限、紧急程度、份号、签发人等。

1）发文机关标识

发文机关标识即文件名称，指发文的名义。它由"发文机关名称＋文件"组成，如"国务院文件"、"××市人民政府文件"。发文机关必须写全称或规范化简称。如联合行文，主办机关应排列在前。

发文机关标识位于文头上部正中央，用醒目庄重的大号字体套红印刷。党政机关或较大单位一般使用固定的文件头，常常不写落款，而以印章为标志。

2）发文字号

发文字号，也称文号，是发文机关当年发文总数的顺序编号。它由发文机关代字、发文年度和顺序号组成，缺一不可。如"国办发〔2012〕9 号"，其中"国办"是国务院办公厅机关代字，"发"为发文，〔2012〕为年份，"9 号"就是该文在 2012 年发文中的第 9 号文。联合行文的发文字号，只标主办机关的发文字号。

3）秘密等级保密期限

秘密等级，简称密级，指公文秘密程度的等级。凡属秘密文件，都要标注密级。按国家有关规定，可分为 3 个等级：绝密、机密、秘密。秘密等级一般写在公文的右上角，标明密级和保密期限。

4）紧急程度

紧急程度是指公文送达和办理的时间限度，分"特急"和"急件"两个等级。一般写在公文的右上角，秘密等级之下。

5）份号

份号，又称份数序号，是将同一文稿印制若干份时每份公文的顺序编号。一般公文不印份号，绝密、机密公文要印份号，按号登记分发给收件人。如需标识公文份号，用阿拉伯数字顶格标识在左上角。

6）签发人

上报的公文，应当在首页注明签发人姓名，以表示对上报公文的郑重和负责。签发人，是代表机关最后审核并批准公文生效的领导人。在通常情况下，重要文件由机关主要负责人签发，一般文件由分管该项工作的领导人签发，一般下行文不标签发人。签发人姓名的位置在发文字号右侧空两格位置处，写"签发人：×××"。

2. 主体部分

主体部分是公文的最主要部分，其要素包括公文标题、主送机关、正文、附件、发文机关落款、成文日期、印章、附注等。

1）公文标题

公文标题是公文的眉目，是对公文内容和性质的揭示。公文标题应当准确地概括公文的主要内容并标明公文种类。通常情况下，完整的公文标题由"发文机关＋事由＋文种"3 个要素构成，其中"事由"是对公文主要内容准确而简要的概括。有时根据实际情况，公文标题可以省略其中一项或两项，但绝不能省略文种。标题中除法规、规章名称加书名号外，一般不用标点符号。

2）主送机关

主送机关也叫收文机关、受文机关，是指发文机关要求对公文予以办理或执行的对方机关。一般放在标题下面，正文的上面，顶格书写。主送机关应写全称或规范化简称、统称，主送机关较多，一般使用泛称，如"各直属单位"。

主送给上级机关的公文，主送机关一般只有一个；主送给下级机关的公文，可以根据需要确定一个或若干个。主送给下级机关的公文，有两种情况：一是普发性公文，即上级机关对所属各个下级机关普遍发送的通知、通报等，需要下属机关执行或了解的公文，同时主送多个机关；二是专发公文，一般来往联系工作的公文，或内容只针对某个机关的公文，只需主送一个机关。

主送机关是发文机关行文的主要对象，是要靠它来解决实际问题的，因此拟文前要正确认定主送机关。把主送机关搞错了，就会造成责任不明，公文需要解决的问题就会无人解决。但不论是上行文或下行文，都只能主送给某一机关而不是某一机关的领导者个人。

3）正文

正文是用来表达公文的具体内容，是公文最重要的组成部分。文种不同，内容不同，正文的写法也不同。公文内容要符合党和国家的方针政策，实事求是，切合工作实际，符合法律规范，符合发文机关的职权。

4）附件

附件是对主件而言，附属于主件的文字材料。它是某些公文的重要组成部分，但不是每份公文都有附件。带有附件的公文，应在正文后发文机关名称前注明附件的标题和件数，即在正文的下一行，空两格书写。例如，"附件：1.××××"。

常见的附件一般有两类：一类附件是正文的补充或说明，如请示、报告后面所附的材料、图表、统计数字等；另一类附件实际上是主要文件，正文只起批准、发布、通知或按语的作用。

5）发文机关落款

发文机关，是公文的作者或发出单位。发文机关要写全称或规范化简称，联合行文，主办机关排列在前。如使用固定的文件头，常常不写发文机关，而以印章为标志。

6）成文日期

所有的公文都有日期，日期表明公文发出或生效的时间。公文一般以领导人签发的日期为准；联合行文以最后签发机关领导人的签发日期为准；电报以发出日期为准；会议通过的公文，以通过的日期为准；法规性公文，以批准日期为准，或以专门规定的具体生效、开始执行的日期为准。日期用汉字序数词书写，不用阿拉伯数字，必须写全年月日。日期一般写在发文机关落款之下，会议通过的文件，则标在公文的标题下。

7）印章

印章就是机关公章，是公文开始生效的标志，公文除会议纪要和以电报的形式发出的以外，都应加盖公章。印章要端正、清晰，应盖在文件末尾发文日期处，上不压正文，下要压年月日，即所谓"骑年盖月"。联合行文时，联合行文机关都应加盖印章，主办机关印章在前。

8）附注

附注就是需要说明的其他事项，公文如有附注，应当加圆括号标注，放在日期下面。一般公文没有附注。

3. 文尾部分

文尾部分是公文的附加部分，主要对公文印发情况加以说明，其要素包括主题词、抄送机关、印发机关、印发时间和印刷份数等。

1）主题词

主题词是对公文基本内容的准确概括，是由反映公文主要内容的规范化名词或名词性词组组成。主题词的位置在文尾发文日期之下，居左顶格书写，后标冒号，冒号之后写主题词的内容。公文主题词是为了适应办公自动化的需要，在实践中总结出来的，按照一定规则进行编码，能为计算机所识别。主题词一般由名词或名词性词组组成，以不少于 3 个、不超过 5 个为宜。公文的主题词应包括 3 个方面内容的词：一是类别词，即反映公文主要类别的；二是类属词，即反映公文具体内容的；三是文种词，即反映公文形式的。这 3 个类型的词依次标出，两个词之间空一格，不用标点符号。如《国务院办公厅转发教育部等部门关于进一步加快高等学校后勤社会化改革意见的通知》，主题词为：学校 改革 意见 通知；《关于举办第四期省级普通话水平测试员资格考核培训班的通知》，主题词为：普通话 测试员 资格 培训 通知。

2）抄送机关

抄送机关是除主送机关外需了解该份公文内容或协助执行任务的有关机关。抄送机关的名称一般放在主题词下、印发机关之上，左空一格书写。

发文机关送达被抄送机关的公文大体有两种情况：一是发文机关只要求被抄送机关了解发文内容，属"报告、告诉、备案"性质；二是发文机关要求被抄送机关协助主办机关执行任务的，被抄送机关应主动配合，协助做好有关工作。在实际写作中，往往把级别比制发机关高的机关放在第一行，用抄报；与制发机关平级、下级或不相隶属的相关机关放在第二行，用抄送。

3）印发机关

是指发文机关负责印发公文的部门，即发文机关办公厅（室）或秘书处（科）。印发机关位于抄送机关之下，一般要写全称。

4）印发时间

印发时间，实际上是指印发该公文的时间。印发时间和印发机关在同一行，居右空一格。

5）印刷份数

印刷份数，简称印数，是指一份公文的总份数。位于印发时间的正下方，写"共印××份"，用圆括号括上。

以上是公文的总格式，不能颠倒，不能打乱。但并不是每一份公文都要求每一个项目齐备。

【示例】常用公文格式

说明

×××××文件

××发〔2012〕××号

发文机关标识

发文机关字号

- -

×××关于×××××的通知

标题

××××：

主送机关

　　×××××××××××××××××××××××××

×××××××××××××××××××××××××××

×××××××××××××××××××××××××××

×××××××××××××××××××××××××××。

×××××××××××××××××××××××××××

×××××××××××××××××××××××××××。

正文

　　附件：1.×××××

　　　　　2.×××××

附件

二〇一二年×月×日

（印章）

落款和日期

主题词：×× ×× ×× ××

主题词

　　抄送：××××，××××××，××××

抄送单位

××××办公室　　　　　　　　××××年×月×日

印制单位和日期

（共印×份）

印制份数

写作训练

一、指出下列发文字号存在的问题，并进行修改。

1.×府办字〔2012〕十二号

2.×办发〔2012〕4 号

3.〔2012〕×政字 27 号

4.××玩具厂发〔2012〕12 号文

5.×办字〔2012〕第 23 号

二、根据下列标题的内容，标出主题词。

1.《国务院办公厅关于进一步做好新时期广播电视村村通工作的通知》

2.《关于对八省市建筑安全生产工作督查情况的通报》

3.《关于命名国家园林城市的决定》

4.《关于举行××省十六届运动会的请示》

5.《关于组织开展危旧房屋安全大检查情况的报告》

三、请将下文按照公文的标准格式制作成模拟的公文正本，要有文头、正文、文尾部分。

××市政府于二〇一二年十月八日给全市各县、区人民政府，市各委、办、局，市各直属单位发了一份公文（×政发〔2012〕177 号），决定对××市第二批群众文化先进单位进行表彰，文后附先进单位名单（名单略）。具体内容如下。

近年来，我市各有关单位紧紧围绕市委、市政府的工作部署，加快群众文化事业建设步伐，加大文化"四基"建设力度，广泛开展群众文化活动，活跃和丰富了群众的精神文化生活，有效地推动了我市群众文化事业的进步与发展。为鼓励先进，发扬成绩，不断促进我市群众文化事业再上新台阶，经市政府研究，决定对市审计局等 20 个群众文化先进单位予以表彰。

希望受到表彰的单位再接再厉，与时俱进，争取更大的成绩。全市各级各部门要学习先进，开拓进取，努力开创群众文化工作的新局面，为我市"三个文明"建设做出新的更大的贡献。

2.2 通　　知

通知按字面上理解，就是把事项通过传达使人知道的意思。作为公文的通知，它是机关、社会团体、企事业单位用于批转下级机关的公文，转发上级机关和不相隶属机关的公文，传达要求下级机关办理和需要有关单位周知或者执行的事项，任免人员等。通知是公务活动中使用最多的一种文体。

2.2.1 通知的特点

（1）应用的广泛性。通知的使用范围相当广泛，上至最高的行政机关，下至基层单位，都可以用通知行文。此外它的内容广泛，大到全国性的重大事项，小到单位内部的一般事项，也都可以用通知行文。

（2）鲜明的告知性。通知的作用就在于布置工作，传达上级指示，批转或转发公文，任免干部等，而这一切都是通过告知的方式来体现的。

（3）特定的多样性。在各种公文中，通知的种类多，用途广，使用频率高，这就形成了通知特性的多样化，即不同种类的通知，往往各具自己的特性。

2.2.2 通知的类型

通知的类型很多，可以按不同的标准进行划分。按性质和内容划分，有指示性通知、会议性通知、发布性通知、批转性通知、任免性通知、知照性通知等。

（1）指示性通知。即用以布置工作，对某项工作有所指示、有所安排的通知。

（2）会议性通知。即告知有关单位或个人参加某种会议并提出相应要求的通知。

（3）发布性通知。即用以传达有关方针政策，发布有关法规和条例、规定、办法、实施细则等规章和有关重要文件的通知。

（4）批转性通知。即用以批转下级有关公文，转发上级、同级、不相隶属相关单位来文，指导下级具体工作的通知。

（5）任免性通知。即用以宣布有关人员任免事宜的通知。

（6）知照性通知。即用以告知某一事项或某些信息，不需要执行或办理的通知，如节日活动安排、调整机构、启用或废止公章等。

2.2.3 通知的结构与写法

通知一般由标题、主送机关、正文、落款、成文日期等组成。

1. 标题

通知的标题应当准确简明地概括公文的主要内容，一般采用公文规范式，即"发文机关＋事由＋文种"，如《国务院办公厅关于深入贯彻工会法支持工会工作的通知》。有时也用省略式"事由＋文种"，如《关于进一步加强水路公路危险化学品运输管理的通知》；或只写文种"通知"。有的还根据具体情况写明"紧急通知"、"重要通知"、"补充通知"等。

2. 主送机关

即受文对象，一般应在正文之上的首行顶格书写。

3. 正文

由于通知类型不同，其正文的具体写法也不一样。

(1) 指示性通知。上级机关对下级机关某项工作有所指示和安排，而根据内容又不能用"命令"、"指示"的，用指示性通知。指示性通知一般由通知缘由、通知事项、通知结语3个层次的内容构成。

通知缘由，即在正文的开头写明制发本通知的依据、目的，要具体、充分，以增强说服力。往往采用"据……"、"为了……"、"由于……"等语句，然后以"特通知如下"之类的惯用语引起下文。

通知事项，是通知内容的核心，交代指示的具体意见，必须有特定的指示性与安排性，即对有关时限、地点、规定、办法、任务等要交代清楚。

通知结语，即正文的结尾部分，常以独立设段的形式，提出希望、号召和执行要求等。

(2) 会议通知。正文多由通知缘由和通知事项两个层次组成。

通知缘由，一般简要写出召开会议的目的、意义及会议名称等，有时也可酌情不写缘由。

通知事项，即要准确写出会议的议题、时间、地点以及与会者的条件、范围等。根据需要，有些会议通知还要写明会议期限、注意事项和有关会前的准备等等，或对与会者提出要求和希望。

(3) 发布性通知。国家行政机关或有关单位在发布（或废止）行政法规和条例、规定、办法、实施细则等规章制度和其他重要文件时所使用的通知。这类通知的附件实际上是主要文件，因此正文一般都简短而精练，由制订原因、被发布文件名称、发布单位要求组成。如"根据……，我们制订了《××××实施办法》，现印发给你们，请遵照执行。"被发布的文件以通知附件的形式一并下达给有关单位执行。

(4) 批转性通知。此类通知，包括批转性通知和转发性通知。批转性通知的正文一般由两部分组成，即"发文语"和"批示语"。

发文语，即先以发文机关的身份简要地写出对所批转、转发文件的基本意见或态度，然后再根据所批转文件的性质及重要性写出"请参照执行"之类的要求。

批示语，则简述所发文件的意义，然后写明贯彻执行的时限、方法、目标或补充性要求，最后提出希望。

无论是批转性通知还是转发性通知，一般均有"附件"，即所批转或转发的文件。

(5) 任免性通知。由任免根据和任免事项组成。任免根据，行文应力求简洁，有时可省略。任免事项，写明任免人员姓名及其任免职务，每位被任免人员应分别列段写出，有时也用"特此通知"作结。

(6) 知照性通知。向有关单位告知某件事情，交代有关事项，要求有关单位和成员知晓，用知照性通知。这类通知正文极其简洁，一般只有两个层次，即通知缘由和通知事项，有的也可不用"特此通知"之类结语。

4. 落款和成文日期

在正文右下方写公文制发机关名称和成文日期，如有固定的文件头，可只写日期，然后加盖制发机关印章。

【示例2-1】指示性通知

国务院办公厅关于进一步做好新时期广播电视村村通工作的通知

国办发〔2006〕79号

各省、自治区、直辖市人民政府，国务院各部委、各直属机构：

为贯彻落实党的十六届五中全会精神，按照党中央、国务院关于推进社会主义新农村建设和进一步加强农村文化建设的部署，经国务院同意，现就进一步做好新时期广播电视村村通（以下简称"村村通"）工作有关问题通知如下。

一、充分认识做好新时期"村村通"工作的重要性和紧迫性

（一）做好新时期"村村通"工作是实践"三个代表"重要思想、落实科学发展观的内在要求，是全面建设小康社会、构建社会主义和谐社会的重要内容，是推进社会主义新农村建设的重要举措，是农村公共文化服务体系的重要组成部分，是当前农村文化建设的一号工程，是深受广大农民群众欢迎的民心工程，对于宣传党和国家的方针政策，传播先进文化，普及科技知识，提高农民群众的思想道德和科学文化素质，促进农村经济社会协调发展，具有十分重要的作用。

（二）"村村通"工程实施以来，有效扩大了农村广播电视覆盖面，解决了近亿农民听广播难、看电视难的问题，取得了显著成效。但是，从总体上看，目前农村广播电视建设还处于较低水平，广播电视覆盖还存在"盲区"，一些农村地区还存在收听收看广播电视节目套数少、质量差的问题，农村广播电视无线覆盖效果滑坡严重。农村广播电视发展现状与中央提出的建设社会主义新农村的总体目标、与农村经济社会协调发展的要求、与农民群众日益增长的精神文化需求还有很大的差距，迫切需要进一步加快发展，全面推进新时期"村村通"工作。

二、切实明确新时期"村村通"工作的目标任务

（三）做好新时期"村村通"工作要坚持以邓小平理论和"三个代表"重要思想为指导，全面贯彻落实科学发展观，紧紧围绕建设社会主义新农村的总体目标，坚持把社会效益放在首位，以政府为主导，加强领导、统筹协调、加大投入、强力推进，不断提高农村广播电视基本服务水平。

（四）做好新时期"村村通"工作的目标任务是，按照"巩固成果，扩大范围，提高质量，改善服务"的要求，进一步巩固农村广播电视建设成果，完善农村广播电视基础设施建设，大力提高农村广播电视无线覆盖水平，逐步消除"盲区"，增加收听收看广播电视节目套数，丰富服务"三农"的广播电视节目内容，建立健全推进"村村通"工作的长效机制，构建农村广播电视公共服务体系。

（五）到2010年底，全面实现20户以上已通电自然村通广播电视的目标。要按照"技术先进，安全可靠，经济可行，保证长效"的原则，因地制宜地采取适合本地特点的技术手段实现"村村通"。鼓励距离城镇较近、有条件的农村采取有线光缆联网方式进行建设，边远、居住分散地区采取共用卫星接收（俗称"村锅"）方式进行建设，使"盲村"的农民能够收听收看到包括中央和本省的4套以上的广播节目和8套以上的电视节目。同时，加强管理，保证"村村通"工程按规定接收广播电视信号，防止违规接收境外节目。

（六）从农村实际出发，充分发挥各地现有广播电视无线发射转播台（站）的作用，通过加快设备更新改造、增加转播节目套数、加强运行维护，大力提高农村地区的广播电视无线覆盖水平，使广大农民群众能够无偿收听收看到包括中央第一套广播节目、中央第一套和第七套电视节目，以及本省第一套广播电视节目的4套以上的无线广播节目和电视节目。

（七）坚持贴近农村实际、贴近农村生活、贴近农民群众的原则，逐步增加节目播出时间，提高节目制作质量。各级广播电视部门要加强与科技、教育、司法、文化、卫生、体育、农业、林业、水利、气象等部门的合作，不断丰富节目资源，增加科技兴农、法律知识、卫生防疫、文化娱乐等服务"三农"的广播电视节目。少数民族地区要提高译制能力。

三、大力推进新时期"村村通"工程建设

（八）继续加大对"村村通"工程建设的资金投入。省、市两级政府负责解决20户以上已通电自然村"盲村"收听收看包括中央和省级的4套以上的广播节目、8套以上的电视节目的"村村通"工程建设资金，并切实落实修复"返盲"设施资金；省、市、县级政府分别负责解决转播本级广播电视节目的无线发射转播台（站）的机房和设备的更新改造资金。中央政府负责组织"村村通"卫星平台建设，对中部地区国家扶贫开发工作重点县、贫困人口集中分布地区、革命老区、少数民族地区和西部地区的"村村通"工程建设给予一定资金补助，对全国县及县以上转播中央第一套广播节目、中央第一套和第七套电视节目的大中功率无线发射设备的更新改造给予一定补助。

（九）继续加大对"村村通"工程建设的政策支持。国家对建设、经营县级以下农村有线电视网络的单位给予一定期限的税收政策扶持。对用于覆盖农村地区的广播电视节目发射台（站）、转播台（站）和监测台（站）的用电，执行国家规定的非普工业类电价标准，不执行峰谷分时电价政策。

（十）在国家广播电视机构控股51％以上的前提下，鼓励其他国有、非公有资本投资参股县级以下新建有线电视分配网和有线电视接收端数字化改造。

四、努力建立健全推进"村村通"工作的长效机制

（十一）按照中央关于深化文化体制改革的要求，建立和完善农村公共文化服务体系，加强县、乡（镇）广播电视机构的公共服务职能，建立健全以县为中心、乡（镇）为基础、面向农户的农村广播电视公共服务体系，努力提高服务水平。要积极推进县、乡（镇）广播电视管理体制改革，保障农村地区广播电视事业的健康持续发展。

（十二）按照分级负责原则，地方各级政府负责农村广播电视管理维护机构日常经费，并按有关规定转播好中央广播电视节目。省、市、县级政府分别负责解决转播本级广播电视节目的无线发射转播台（站）的机房和设备的运行维护经费。中央政府保障"村村通"卫星平台运行维护经费，对原"西新工程"范围的新疆维吾尔族自治区、内蒙古自治区、宁夏回族自治区和青海、甘肃、云南、四川省藏区"村村通"工程维护经费给予适当补助；对全国

县及县以上转播中央第一套广播节目、中央第一套和第七套电视节目的大中功率无线发射设备的运行维护经费给予一定补助。

（十三）因地制宜，采取各种有效措施，建立、完善"村村通"公共设施设备运行维护机制。要加强维护，巩固成果，充分发挥已完成"村村通"工程作用，坚决防止"返盲"现象发生。已有的县、乡（镇）两级维护中心或维护站要加强管理，配备专门的广播电视管理力量，也可委托社会广播电视维修机构代为维护，带动和促进"村村通"运行维护机制的建立和完善。

五、进一步加强做好"村村通"工作的组织领导

（十四）各地要切实加强组织领导，明确政府分管负责同志牵头，广播电视、发展改革、财政等有关部门负责同志参加，形成政府统一领导、部门密切配合的工作协调机制。要切实把做好"村村通"工作纳入地方各级政府工作的重要议事日程，纳入地方经济社会发展和社会主义新农村建设的总体规划，纳入公共财政支出预算，纳入扶贫攻坚计划，纳入干部考核的内容，确保"村村通"工作顺利推进。

（十五）各级广播电视、发展改革、财政等有关部门要切实履行职能，加强对"村村通"工程建设的监督，并做好验收检查，确保工程质量。"村村通"工程建设要以县为单位，制订方案，落实资金，组织施工，扎实推进。国家继续对大宗的、统一的"村村通"设备实行集中招标采购，其他设备由各省（区、市）统一组织招标采购。对"村村通"工程建设资金、运行维护经费，要分别设立专户管理，确保专款专用，不得截留和挪用。各地要合理制订农村有线电视收费标准，对低收入用户实行收费减免政策。要按照法定程序加强审计监督，保证资金全部用于"村村通"工程建设。

国务院办公厅

二〇〇六年九月二十日

（国务院公报，第32号，2006-11-20.）

【示例2-2】会议通知

关于召开全省高校安全工作会议的通知

各高校：

经研究，定于2012年3月6日召开全省高校安全工作会议。现将有关事项通知如下。

一、会议主要内容

深入贯彻落实全国高校安全稳定工作会议精神，总结2011年高校安全工作，部署2012年工作任务，研究探讨高校安全工作目标管理的有关问题。

二、参加会议人员

各高校分管安全工作的领导和保卫处处长。

三、会议时间及地点

3月5日下午到××市××路××号紫金饭店一楼大厅报到。饭店总机：×××××。3月6日上午8点30分开会，会期一天。

四、其他事宜

1. 报到时各单位提交 2011 年工作总结和 2012 年工作打算各 1 份。大会发言单位提交书面发言材料 100 份。

2. 请各单位认真做好准备，安排好与会人员参加会议，食宿费用自理。

联系人：×××，联系电话：××××××

××省教育厅××处

二〇一二年二月二十六日

【示例 2-3】发布性通知

关于印发《××职业技术学院 2011—2012 学年第二学期工作计划》的通知

各系（部）、各部门：

《××职业技术学院 2011—2012 学年第二学期工作计划》经院党委批准，现印发给你们，请你们根据学院的工作计划，结合本部门实际，认真贯彻落实。

附：《××职业技术学院 2011—2012 学年第二学期工作计划》

中共××职业技术学院委员会

二〇一二年三月二日

【示例 2-4】批转性通知

国务院办公厅转发发展改革委员会关于完善差别电价政策意见的通知

国办发〔2006〕77 号

各省、自治区、直辖市人民政府，国务院各部委、各直属机构：

发展改革委《关于完善差别电价政策的意见》已经国务院同意，现转发给你们，请认真贯彻执行。

实行差别电价政策，有利于遏制高耗能产业的盲目发展和低水平重复建设，淘汰落后生产能力，促进产业结构调整和技术升级，缓解能源供应紧张局面。各地区、各部门要统一思想，充分认识实施和完善差别电价政策的重要意义，全面落实科学发展观，增强对能源、资源、环境问题的紧迫感和危机感，从全局和战略高度出发，认真做好落实差别电价政策的各项工作，加快推进资源节约型、环境友好型社会建设，促进建立节约能源、资源和降低能耗的长效机制。各地区要加强领导，精心组织，及时进行督促检查，确保政策落实到位。同时，要切实采取有力措施，制订预案，做好企业关停并转及职工安置等善后准备工作，维护社会稳定。

国务院办公厅

二〇〇六年九月十七日

（国务院公报，第 32 号，2006-11-20.）

【示例 2 - 5】任免性通知

关于×××等同志任职的通知

××市林业局：

经研究决定：

任命×××同志为××市林业局局长，免去其×××市经委副主任职务。

任命××同志为××市林业局副局长。

××市人民政府

×年×月×日

【示例 2 - 6】知照性通知

关于社会科学系更名为公共管理系的通知

各系（部）、各部门：

为了适应社会发展的需要，经研究决定，社会科学系更名为公共管理系，人员关系、管理机制均不变，原社会科学系印章封存，同时启用公共管理系印章。

附件：印章样式

××职业技术学院

二〇一一年十一月十三日

写作训练

一、指出下文存在的问题，并进行修改。

××县公安局通知

全县各照相馆：

根据上级指示精神，进行第二代身份证换证拍照工作。我们研究召开照相馆负责人会议，现将有关事项通知如下。

一、会议时间：二〇〇五年三月十二日到县政府第一招待所报到。

二、参加会议人员：全县国营、集体、个体照相馆的负责人，不得缺席，否则将对其作停业处理或取缔，并请派出所负责人出席会议。

三、参加会议人员应带伙食费和住宿费。

四、请各位务必到会。

此致

敬礼

二〇〇五年三月二日

二、写作

1. 为了丰富广大中、小学生的暑假生活，培养他们的集体主义精神和自立能力，提高他们的综合素质，××科技活动中心将在暑假期间举办"走进大自然"青少年科技夏令营。夏令营期间将组织中小学生考察自然生态环境，学习植物知识和野生动物保护知识，开展动手制作活动。内容安排：第一天：夏令营开营式，科技小制作，观看科普录像；第二天：参观科技馆、××野生动物园，无线电探雷活动讲座及实践；第三天：参观游览××森林公园，学习辨别野生植物。时间为7月12日—15日，费用为每位营员收费280元（含：餐饮、住宿、交通、器材、保险、门票、活动费）。报名方式，以学校或社区街道为单位，20人免收一位老师费用；本地学生除学校组织外，也可以个人报名。请你以××市科技活动中心的名义给全市各中、小学写一份通知。

2. ××县乱砍滥伐森林问题十分严重，请以县委和县人民政府的名义下发一份通知给各乡镇党委、政府。

具体精神为：要大力宣传和严格执行《中华人民共和国森林法》，制止乱砍滥伐森林现象，如果制止不力，将追究党委书记和乡长的责任。对于破坏森林的任何单位或个人，要按情况分别进行处理，该退赔的必须退赔，该罚款的必须罚款，该惩办的要依法惩办。制定乡规民约，加强林政管理，严格执行木材采伐审批和运输管理制度，没有林业部门发给的证明，不得采伐、运输和销售木材。

3. 中、高考即将开始，为维护群众利益，确保广大考生有一个安静的学习、考试和休息环境，国家环保总局给各省、自治区、直辖市环保局发出一份《关于加强中高考期间噪声污染控制与监督检查的紧急通知》。××省环保局要求将这份文件发到各市环保局，并结合××省实际提出一些具体要求。按公文格式撰写此份文件。

4. 为了加强全市市政工程安全文明施工管理，保障市政工程施工安全，预防和减少重大安全事故的发生，创建"和谐文明"城市，××市市政工程安全监督站决定于2012年6月20日上午8：30在××大桥三航局项目部（地址：××区××路15号）召开"××市市政工程安全文明施工现场会议"，请全市各区建设局、市政建设、监理单位负责安全管理的负责人和施工单位项目经理参加，会期半天。请你为××市市政工程安全监督站写一份通知。

2.3 通 告

通告是在一定范围内公布应当遵守或周知的事项时使用的一种公文。通告的使用范围很广，它既可以由国家、地方各级行政机关发布，也可以由基层单位发布；既可以是下行文，也可以是平行文。

2.3.1 通告的特点

（1）内容的规范性。通告的内容比较具体，它往往对某些事项作出具有权威性的规定，要求有关范围内人员严格遵守。

（2）对象的广泛性。通告的内容往往涉及生活的各个方面，所以发文对象比较广泛，党政机关、企事业单位、人民团体都可以发布通告。

（3）形式的多样性。一般公文是用文本形式印发的，而通告不仅可以用文本的形式印发，还可以张贴或登报。

2.3.2 通告的类型

通告按内容性质分，有事项性通告和规定性通告两大类。

（1）事项性通告。就是向有关对象广泛告知，主要是专业性部门用于公布具体的事务，如停水、停电、因道路维修等原因禁止车辆通行、出租车验照、单位更名等具体事项。

（2）规定性通告。就是在一定范围内公布政府有关法令、法规、政策，要求有关人员必须严格遵守或执行的通告。

2.3.3 通告的结构与写法

通告由标题、正文、落款及成文日期组成。

1. 标题

通告的标题比较灵活，一是只写文种"通告"；二是省略式"事由＋文种"，如《关于开展城镇房屋普查的通告》，或"发文机关＋文种"，如《××市公安局通告》；三是公文规范式，如《××市关于实行夏季统一作息时间的通告》。

2. 正文

通告系普发性公文，不必写主送机关。通告的正文一般由通告缘由、通告事项和通告结语三部分组成。

（1）通告缘由。要阐明发本通告的原因、依据和目的，说明为什么发通告，必须写得简明、充分，用"特通告如下"领起下文。

（2）通告事项。是通告的主体，写通告的有关事项或有关规定。事项性通告应写明具体的通告事项；规定性通告应写明具体规定、执行要求及贯彻执行的时期。这些事项和规定是要有关范围知道和遵守的，因此内容要具体，措辞要准确，这样才有利于有关方面领会和遵守。可不分段，也可以采取分条列项的形式写出，一条写一个内容，层次要有机相连，文字表达要准确、严密、通俗。

（3）通告结语。即提出要求、希望，或明确指明执行时间、执行范围、有效期限，或采取"此告"、"特此通告"之类的惯用语。根据情况，有的通告可不用结语。

3. 落款和日期

写明发文机关、成文时间。

2.3.4 通告与通知的区别

通告与通知有许多相似之处，但也存在着差别。

（1）适用范围不同。通告的适用范围比较广泛，涉及的是较大范围内的众多对象；而通知的适用范围比较具体，往往是特定的机关团体、企事业单位及个人。

（2）公布方式不同。通告可以采用宣传工具公布，往往不存在着保密的问题；而通知多以文件下达的方式公布，有些通知还有特定的保密要求。

（3）规范性能不同。通告的内容常常具有法规作用，它对某些事项作出权威性的规定，要求有关范围内人员严格遵守；通知的规范性及约束性，没有通告那样突出、有力，在通常情况下，只用来指导工作活动，对下级机关或个人有一定的约束力。

【示例 2 - 7】事项性通告

关于××路禁止机动车通行的通告

经有关部门批准，××区××路将进行扩建施工。为保证工程的顺利进行及施工期间的道路交通安全与畅通，根据《中华人民共和国道路交通安全法》和《中华人民共和国道路交通安全法实施条例》的有关规定，决定自 2006 年 3 月 18 日起至 2006 年 6 月 30 日止，××区××路禁止机动车通行。禁行期间过往机动车可绕行××区××路行驶。

特此通告。

××市公安局公安交通管理局

二〇〇六年三月十二日

【示例 2 - 8】规定性通告

关于禁毒的通告

近年来，我市一些地方毒品泛滥，贩毒、吸毒等毒品违法犯罪活动猖獗，严重危害社会治安秩序，危及人民群众的身心健康、家庭和睦。为切实推进禁毒人民战争的深入开展，依法严惩毒品违法犯罪活动，保护广大人民群众身心健康，维护社会治安秩序，根据我国现行法律法规的规定，特通告如下。

一、全市各级人民政府、各机关、团体、企业、事业单位和广大人民群众要积极投身禁毒人民战争，主动支持、协助、配合禁毒职能部门和政府机关严厉打击毒品违法犯罪活动，形成全民拒毒、防毒和参与禁毒的浩大声势，坚决遏制毒品违法犯罪发展蔓延，坚决夺取禁毒人民战争的全面胜利，为全市经济社会的健康快速发展做出应有的贡献。

二、有下列毒品违法犯罪行为之一的违法犯罪人员、负案在逃人员、服刑脱逃罪犯、劳动教养脱逃人员，限于 2005 年 8 月 31 日前到公安司法机关投案自首，争取从宽处理。逾期拒不投案自首或者继续进行毒品违法犯罪活动的，坚决缉捕归案，依法严厉查处。

（一）走私、贩卖、运输、制造毒品的；

（二）非法持有毒品的；

（三）包庇走私、贩卖、运输、制造毒品的犯罪分子，或者为毒品犯罪分子窝藏、转移、隐瞒毒品或者犯罪所得财物的；

（四）非法运输、携带制毒原材料或配剂进出境，或者非法买卖制毒原材料或配剂的；

（五）非法种植罂粟、大麻等毒品原植物，或者非法买卖、运输、持有未经灭活的罂粟等毒品原植物种子或者幼苗的；

（六）引诱、教唆、欺骗他人吸食、注射毒品，或者引诱、教唆、欺骗、强迫未成年人吸食、注射毒品，或者容留他人吸食、注射毒品的；

（七）非法向走私、贩卖毒品的犯罪分子或者吸食、注射毒品的人员提供国家规定管制的麻醉药品、精神药品的；

（八）有其他涉毒违法犯罪行为的。

三、吸食、注射鸦片、吗啡、海洛因、大麻、可卡因、冰毒、摇头丸、氯胺酮（K 粉）

及国家规定管制的其他能够使人形成瘾癖的麻醉药品、精神药品的人员，限于 2005 年 8 月 31 日前主动到当地公安机关登记并接受戒毒。在规定期限内主动登记、毒瘾较轻的，公安机关可视情况决定让其在强制戒毒所外实行限期戒毒；逾期拒不登记的，一经发现，一律送公安机关强制戒毒所强制戒毒，强制戒毒后又吸食、注射毒品或限期戒毒期间仍然吸食、注射毒品的，一律依法送戒毒所劳动教养。

四、毒品违法犯罪人员、负案在逃人员以及吸食、注射毒品人员的家属、亲友，要积极规劝有关人员投案自首和主动登记，对为毒品违法犯罪人员和负案在逃人员通风报信、提供藏匿场所或资助其逃跑的，依法追究其刑事责任。

五、旅馆、娱乐服务场所、出租屋业主及从业人员对场所内发现的毒品违法犯罪活动必须予以制止，并立即向公安机关报告；对发现的毒品违法犯罪活动不制止、不报告，或者窝藏、包庇、纵容毒品违法犯罪活动的，依法追究单位负责人和有关人员的法律责任。

六、鼓励广大人民群众积极检举、揭发毒品违法犯罪活动，提供毒品违法犯罪线索。检举、揭发毒品违法犯罪活动、提供毒品违法犯罪线索、协助抓捕毒品犯罪分子的有功人员，市人民政府和公安机关将予以保护，并给予奖励。知情者可向以下单位举报：

1. 汕头市禁毒办公室，电话：8275676；

2. 汕头市公安局指挥中心，电话：110；

3. 汕头市公安局缉毒大队，电话：8277921。

七、本通告自公布之日起施行。

汕头市人民政府

二〇〇五年六月二十四日

（汕头日报，2005－06－25.）

写作训练

一、指出下文存在的问题，并进行修改。

关于维护学校秩序的通告

为了搞好我校的精神文明建设，维护社会治安秩序，根据有关精神，现将有关事宜通告如下。

一、通告的必要性：学校是建设社会主义精神文明、培养"四化"建设人才的重要阵地，必须有一个良好的教学环境。

二、没有经过允许，校外闲杂人员不得进入学校的教学区、生活区。

三、不得进入学校的礼堂、体育场等公共场所，不准辱骂、殴打师生员工，追逐、调戏女教职员工和女学生。损坏校舍、围墙、教学与科研设备及一切公共设施要赔偿，不准许占用学校房屋、财物、场地、道路。不准携带各种枪支、弹药、凶器和易燃、易爆、剧毒、放射性物质及其他危害安全的物品进入学校。

四、汽车、拖拉机等未经许可不准进入学校。进入学校的要按规定路线行驶，不准开快车、鸣高音喇叭。

五、凡违反本《通告》者，学校广大师生员工有权上前批评劝止，对触犯《刑法》、违反《治安管理处罚条例》者，由当地公安机关依法处理。特此通告。

××市教育局

2012 年 9 月 8 日

二、写作

××市政府决定 8 月 15 日上午 9 时在解放路举行盛大欢迎集会，欢迎从抗洪前线归来的解放军某部官兵。因此 8 月 15 日上午解放路上禁止一切机动车辆通行。请以此为材料自定文件，将上述情况告知全体市民。

2.4　通　报

通报是用于表彰先进、批评错误、传达重要精神或者情况的一种文体。通过对具有普遍意义的典型事例、成功经验和失败教训进行通报，达到宣传和教育的作用。

2.4.1　通报的特点

（1）典型性。通报无论是表彰好人好事，还是批评坏人坏事，都是选取有代表性的典型材料，使人有所启迪，受到鞭策，得到教益，并达到预期目的。因此写通报要善于选择典型事例，使通报内容具有广泛的指导性和普遍的适用性。

（2）教育性。通报是正式的公文，它所涉及的事项往往具有普遍的指导和教育意义，无论是表彰先进、批评错误还是通报情况，其目的都是使人们受到激励，得到启发，或使人们有所借鉴和警戒，以不断提高思想认识，改进工作。

（3）时效性。制发通报是为了有利于当前工作的进行，因此只有迅速及时地将正面的、反面的或重大的典型事物报道出来，让有关单位或有关人员学习，通报才能起到应有的作用，免得时过境迁，失去通报应有的作用。

2.4.2　通报的类型

通报的分类因标准不同，可以有多种分法。从性质上分，有情况通报、表彰性通报和批评性通报。

（1）情况通报。是用来传达重要精神、重要情况的通报，目的是让下级了解上级的重要精神、工作意图或者全局的情况。

（2）表彰性通报。是指以表彰先进单位和先进个人为主要内容的通报，目的是宣扬先进，树立榜样，做好工作。

（3）批评性通报。是以披露事故、揭发错误、批评过失、总结教训为主要内容的通报，目的是惩戒坏人和防止类似的错误和事故的再度发生。

2.4.3　通报的结构与写法

通报由标题、主送机关、正文、落款和日期组成。

1. 标题

通报的标题与其他公文的标题一样，一般常用公文规范式，即"发文机关＋事由＋文种"；也可采用省略式，即"事由＋文种"；或只写文种"通报"。

2. 主送机关

除普发性通报可以不写主送机关，一般通报都必须写明主送机关。

3. 正文

通报正文的写法比较灵活，一般要把通报情况的缘由、时间、地点、经过、结果、要求等交代清楚，并分析所陈述内容的性质、意义等。由于不同通报的内容、性质、功能等方面各有差异，所以正文的写法也有所区别。

（1）情况通报。情况通报的正文，关键在于对情况的掌握要确切、全面、充分。首先要交代制发通报的原因、目的；其次对所出现的事情予以说明，阐明道理；最后提出指导性意见和解决问题的措施和办法。

（2）表彰性通报。正文应写清以下三层内容。首先概述先进事迹，即简要写出何人或何单位，在何时何地何背景下，有何先进事迹；然后简要评价，即进行分析、评议，归结其积极意义，以利于人们学习借鉴；最后提出表彰，发出号召，也有的以"特予以通报表扬，以资鼓励"之类的惯用语作结。

（3）批评性通报。一般也由三层内容构成：首先概述典型事故或错误行为的主要事实，注意把人物、时间、地点、事件和结果写清楚；其次对所通报错误、问题或事故进行分析评议，说明产生的原因和造成的危害，并提出处理意见和决定；最后提出要求，指出要从中吸取教训，以防止类似事情的再度发生。

4. 落款和日期

写明发文机关、成文时间。

【示例 2-9】情况通报

全国桶装水企业卫生许可证情况监督检查情况通报

卫办监督发〔2006〕1 号

各省、自治区、直辖市卫生厅局，新疆生产建设兵团卫生局，卫生部卫生监督中心：

根据《卫生部办公厅关于开展瓶（桶）装饮用水生产企业卫生许可情况监督检查的通知》（卫办监督发〔2005〕200 号）（以下简称《通知》），我部组织开展了瓶（桶）装饮用水生产企业卫生许可情况专项监督检查，现将有关情况通报如下。

一、专项检查情况

各地按照《通知》要求重点检查了辖区内瓶（桶）装饮用水生产企业卫生许可情况及是否符合《饮用天然矿泉水卫生规范》、《定型包装饮用水企业生产卫生规范》和《瓶（桶）装饮用纯净水卫生标准》等。总体上看，大多数瓶（桶）装饮用水生产企业均持有有效的卫生许可证，现场从业人员持有效健康证明；生产厂区的选址、总体布局、生产车间结构合理；水处理工艺、消毒、包装容器、灌装和包装、检验等生产过程以及成品储藏、运输符合卫生要求；有防蝇、防鼠、防尘等设施，洗手消毒、更衣、废水排放系统符合卫生要求；多数企业的食品卫生管理规章制度较完善，配备了专职或兼职卫生管理人员。截至 2005 年 12 月

22日，天津、河北、山西、内蒙古、辽宁、吉林、安徽、福建、江西、山东、河南、湖北、湖南、广西、海南、四川、重庆、贵州、陕西、青海、新疆等21个省、自治区、直辖市上报了检查情况。据不完全统计，共监督检查生产企业7 331户，对无卫生许可证和虽持有卫生许可证但不具备保证卫生质量条件的瓶（桶）装饮用水生产企业进行了严肃查处，警告和责令限期改正1 031户，罚款53户，罚款累计176 650元，吊销卫生许可证15户，取缔无卫生许可证企业251户。其中四川省共检查瓶（桶）装饮用水生产企业329户，给予罚款行政处罚35户，罚款73 950元。山东省共检查企业1 900余户，责令整改367户，依法取缔127户。陕西省各级监督部门对所管辖的生产企业进行了抽检，并将结果向社会发布，对改善市场秩序，正确引导消费起到了积极作用，受到消费者好评。湖南省对省内454户企业进行了全面监督检查，并在全省饮用水生产企业推行食品卫生监督量化分级管理，摸索科学有效的监管模式。

二、存在问题

通过专项监督检查发现，主要存在以下几方面问题。

（一）少数企业无卫生许可证违法从事生产经营活动，部分企业卫生许可证未按时换发、审验。

（二）少数企业的在岗人员未取得健康检查合格证明，部分企业未制订净化系统的清洗、维护制度及水源管理制度，有的企业虽有索证制度，但在实际工作中未真正严格落实。

（三）企业卫生设施不健全或不按程序操作。比较突出的问题是二次更衣间无洗手、消毒设施，未按要求及时更新滤膜或反渗透膜，故意减少消毒液更换频次，未定期对水处理设备进行反冲或消毒等。

（四）企业内部质量控制机构职责不明晰，原始记录和管理文件不完整，质量控制中的关键工艺参数不精确等问题。

三、下一步工作要求

（一）积极贯彻落实《食品卫生许可证管理办法》有关规定，严格审查企业卫生许可条件，把好入口关，进一步加强许可后的监督管理工作，加大对瓶（桶）装饮用水生产企业产品的市场监管力度。

（二）在瓶（桶）装饮用水生产企业中积极推行食品卫生监督量化分级管理制度，引导企业注重自我约束和管理，加强卫生意识。

（三）加强部门间联系与沟通，将卫生许可证的发放、吊销、注销等情况及时通报质检和工商等部门，并及时向上述部门了解生产企业的生产许可证和营业执照发放、吊销、注销等情况。

二〇〇五年十二月三十一日

（经济参考报，2006-01-24.）

【示例2-10】表彰性通报

关于表彰2004年度国家重点风景名胜区综合整治先进单位的通报

建办城〔2005〕71号

各省、自治区建设厅，直辖市建委（园林局）：

2004年是国家重点风景名胜区开展综合整治工作的第二年。各地建设行政主管部门和国家风景名胜区管理机构按照建设部关于开展全国风景名胜区综合整治工作的总体部署，精心组织，积极推进，特别是在强化机构职能、拆除违章、标志标牌设置和监管信息系统建设等方面狠抓落实，做了大量工作，使风景名胜区环境面貌有了较大改善，综合整治取得明显成效。为表彰先进，进一步推动国家重点风景名胜区综合整治工作的深入开展，建设部决定授予北京市八达岭特区办事处等38个单位"2004年度国家重点风景名胜区综合整治先进单位"荣誉称号；北京市石花洞风景名胜区等28个风景名胜区设置的标志被评为"国家重点风景名胜区优秀标志"；北京市十三陵特区办事处等12个单位被评为"国家重点风景名胜区监管信息系统建设先进单位"。

全国各重点风景名胜区要认真向先进单位学习，结合本地实际，扎实工作，开拓进取，使综合整治工作迈上新台阶，努力实现综合整治既定目标，为促进风景名胜区事业持续、健康发展做出新的贡献。

附件：1. 2004年度国家重点风景名胜区综合整治先进单位名单；
2. 国家重点风景名胜区优秀标志名单；
3. 国家重点风景名胜区监管信息系统建设先进单位名单。

中华人民共和国建设部办公厅

二〇〇五年八月二十九日

（建设部网站）

【示例2－11】批评性通报

关于××县××山森林火灾的通报

各区、县人民政府，市属相关委、办、局：

2011年12月13日上午9时32分，××县××乡境内的××山发生一起森林火灾。由于起火位置海拔较高，地形复杂，加上风力较大，大火迅速蔓延。发生山火后，市领导高度重视，迅速组织力量进行扑救，经市武警、市公安森林分局和干部群众800余人近24个小时的奋勇扑救，于14日上午9时将山火全部扑灭，过火面积24公顷，没有人员伤亡。

这次火灾的发生，给当前森林防火工作敲响了警钟，也暴露出我市森林防火工作仍然存在薄弱环节和漏洞。麻痹思想严重，侥幸心理突出，宣传教育不到位，群众防火意识淡薄，管护责任不到位，野外火源控制不力。为此，各单位要从这次火灾中认真吸取教训，特别是当前森林防火期、春节期间，各单位要高度重视，切实把预防森林火灾的各项措施抓到位、落到实处，防止森林火灾的发生。

为严肃纪律，市森林防火指挥部决定如下。

一、对××县人民政府予以通报批评，并要求其向市政府写出书面检查。

二、责成××县防火办尽快查清起火原因，严惩肇事者。

三、按照行政责任追究制的要求，对相关责任人（含护林员）给予相应的责任追究。

××市森林防火指挥部

二〇一一年十二月十五日

写作训练

一、指出下文存在的问题，并进行修改。

××县公安局关于表扬汪中华同志的通报

各分局、派出所：

2012 年 1 月 12 日早上 7 点半，汪中华同志开车经过××县××大桥时，发现围了许多人，原来是一位穿着红色棉衣的姑娘掉入水里，但没有一人下去营救。原来河里的水不深，但都是淤泥，上面结了一层薄冰。人要下去，必然会弄得满身淤泥，天气那么冷，谁也不愿下去。汪中华看着穿着红色棉衣的姑娘在河里冻得瑟瑟发抖，心想自己是共产党员，关键时候一定要挺身而出。于是他脱下棉衣跳入冰冷的河中，把姑娘抱了上来，开车快速送到县医院，然后悄悄走了。

汪中华同志的这种不顾个人安危，想群众所想的精神值得大家学习。决定给予通报表扬，并颁发奖金，以资鼓励。

二、写作

1. 根据下列材料，代××区教育局（英才中学为其所属）发一份通报，表扬李正兰同学，并号召全区学生向她学习。

11 月 21 日晚，李正兰同学路过××饭店门前时，捡到一个黑色的公文包。等了很长时间不见人来认领，她就把公文包打开，发现内有人民币 3 万余元、各种证件及发票若干。她根据证件上的电话找到了失主。当失主拿到公文包时，感动得泪流满面。他抽出一沓钱硬塞给李正兰，李正兰拒绝了。问她叫什么名字，她也不说，失主根据她穿的校服才知道是英才中学的学生。

2. 近段时间来，由于天气寒冷，学生迟到、旷课现象严重。尤其是旅游班的赵××、陈×连续三天未出勤，而且态度恶劣。根据学院规定，决定给予通报批评。请你拟一份通报。

2.5 报　　告

报告是向上级机关汇报工作，反映情况，提出意见或者建议，答复上级机关询问时使用的一种陈述性公文。报告属于上行文，也是公文中使用频率较高的文种之一。报告行文的目的是让领导机关了解本单位的工作情况，为领导机关制定政策、指导工作提供依据。

2.5.1　报告的特点

（1）材料的客观性。报告所汇报的情况和问题，为上级主管部门及时了解情况并进行有效的科学决策提供了重要的依据。因此，撰写报告绝不能凭空想像，更不允许有丝毫的夸张或虚假的成分存在，而是要依据客观事实进行撰写。

（2）内容的汇报性。报告属陈述性公文，即这件事情如何做，在做这件事情中有什么经验、教训，今后打算怎样办都要向上级机关进行汇报。这种陈述是概括性的，要求粗线条的勾勒，而不必详述过程，这样才能引起领导机关的注意和重视，从而更好地指导工作。

2.5.2 报告的类型

报告的种类很多，可以从不同的角度将之划分为不同的类型。根据性质的不同，报告可分为综合报告和专题报告两种；根据时间期限的不同，可分为定期报告和不定期报告两种；根据内容不同，可分为工作报告、情况报告、建议报告和答复报告等。需要说明的是，有些专业部门或个人使用的报告文书，如"审计报告"、"考察报告"、"立案报告"、"评估报告"、"调查报告"、"述职报告"等，虽然标题也有"报告"二字，但其概念、性质和写作要求与行政公文中的报告不同，不属于行政公文范畴。

（1）工作报告。是向上级机关或重要会议汇报工作情况的报告。它主要用于总结工作，反映某一阶段、某个方面贯彻落实政策、法令、批示的情况。有时是全面报告工作情况，有时就某件事或某项工作做专题汇报。

（2）情况报告。是向上级反映有关情况、重大问题等写的报告。它往往用于向上级反映工作中的重大情况、特殊情况和新动态等。这种报告便于上级机关根据下级情况，及时采取措施，指导工作。

（3）建议报告。是下级机关向上级机关提出建议或设想的报告。

（4）答复报告。是用于答复上级询问或查询事项的报告。它往往是下级机关针对上级机关提出的询问或要求，经过调查研究后所作的陈述情况或者回答问题的报告。

2.5.3 报告的结构与写法

报告一般由标题、主送机关、正文、落款和日期等部分组成。

1. 标题

报告的标题，多数不写发文机关，一般由"事由＋文种"构成，其格式如"关于×××××的报告"；也有采用公文规范式标题的，即由"发文机关＋事由＋文种"3 个要素构成。

2. 主送机关

报告一定要有主送机关，一般只写一个主送机关。

3. 正文

通常由报告缘由、报告事项和报告结语 3 个层次的内容构成。

（1）报告缘由。即报告的开头部分，集中概括说明所写报告的目的依据，之后用"现将……情况报告如下"之类的惯用语，转入下文。也可将该部分省略，直接写报告事项。

（2）报告事项。即报告的核心部分，要具体写出报告的基本内容。如果篇幅较长，问题较多，可分条列项地陈述。这方面的行文、重点和取舍，应根据报告的具体情况、需要和类型灵活掌握，要有所侧重，不可教条化、程式化。

（3）报告结语。常用一些惯用语来收束全文。如"以上报告，请审查"、"以上报告，如无不妥，请批转有关单位执行"、"特此报告"等。

几种常用报告正文的写法如下所述。

（1）工作报告。导语，简要揭示出报告的基本内容。主体，一般包括基本情况、主要成绩、经验体会、存在问题、基本教训、今后意见等几部分，以便上级了解情况，指导工作。这类报告比其他类型的报告长，应恰当地安排其层次结构，可分条列项，也可列小标题分部分或分问题写。结语，常用"特此报告"、"特此报告，请审阅"或"以上报告，当否，请审

"核"等习惯用语，一般不要求答复。

（2）情况报告。情况报告是向上级机关反映情况的报告。这类报告必须写清"情况、问题、打算"3个方面内容。即要把情况或问题的经过、原委结果、性质写明白，对它的基本看法写清楚，有的还要提出处理意见，以便上级了解和作出指示。

（3）建议报告。建议报告的内容一般比较集中。正文分两部分：一为情况分析，二为意见措施。情况分析即介绍情况、分析问题，以便为后面提出建议提供依据，这一部分一般写得比较简单，常以"特提出以下意见（或建议）"等领起下文。意见措施部分是在前一部分的基础上提出做好某项工作的意见、措施和建议，这是这类报告的重点，往往采用条文式写法，要求写得清楚明白。

（4）答复报告。答复报告是被动行文，要求有针对性的将上级所询问的问题答复清楚，不能避而不答或答非所问。答复报告正文包括答复依据和答复事项两部分。答复依据侧重简洁介绍报告的起因或根据，常用的行文格式："×年×月×日，收到××机关发来（或交办）的××文件"，接着概述执行或办理的情况及结果，对于上级查询事项，必须如实一一陈述答复。结语多用"特此报告，仅供参考"、"专此报告"等之类的惯用语作结。

4. 落款和日期

写明发文机关和成文日期。

【示例2-12】工作报告

2005年中国奥委会工作报告

刘 鹏

各位委员：

2005年是北京奥运周期的开局之年。为备战2008年北京奥运会，做好开局之年的工作，中国奥委会全体委员在执委会的带领下，团结协作，取得了一系列丰硕成果。在此，我代表执委会感谢各位委员对执委会工作的支持。现在，我代表执委会向大会作中国奥委会2005年度工作报告，请各位委员审议。

一、承办国际会议，扩大对外影响

2005年9月，中国奥委会和广州亚运会组委会、亚奥理事会共同在广州组织承办了第24届亚奥理事会代表大会。亚奥理事会代表大会是亚洲地区级别最高、规模最大的体育会议。亚奥理事会主席及执委、国际奥委会亚洲委员、亚洲各国和地区奥委会代表等320多人出席了会议。其间还举行了亚奥理事会执委会会议、亚奥理事会下设的体育和财务委员会会议、国际奥委会团结基金与各奥委会秘书长联席会议等多起会议。

中国奥委会与广东方面密切配合，在会议组织、对外联系、活动安排等方面作了大量具体细致的工作，保证了会议如期圆满地举行。亚奥理事会及各方代表会后纷纷来函对大会成功举办表示祝贺，对我组织工作表示赞赏，对我热情接待表示感谢。

2005年12月，中国奥委会还在北京承办了世界奥运选手协会会议，来自22个国家的代表参加了会议。来访的世界奥运选手协会的执委和各国代表对此次大会的组织工作给予了很高的评价。

承办上述国际会议，不仅锻炼了组织会议的能力，而且及时归纳总结，为将来举办大型活动积累了经验、储备了力量。

二、接待十运会来宾，多做友好工作

2005 年 10 月在南京举行的第十届全运会是新的奥运周期中一项最重要的国内赛事。十运会对内是中国备战 2008 年奥运会的一次大练兵，也是各省、市、自治区展现各自体育实力的盛会；对外进一步展现了我国的竞技体育水平和办赛能力，增强了国际社会对我国办好奥运会的信心，是宣传我国改革开放伟大成就的大舞台。

我们接待了国际奥委会主席罗格等 10 多位国际奥委会委员和 9 个国家及港澳地区的体育界高层领导来宁观摩全运会。罗格主席一行访华期间，访问了北京、南京、西安、青岛和上海，观摩了全运会和 F1 大奖赛，所到之处受到中国奥委会和当地政府的热情接待。国家主席胡锦涛在十运会开幕式前亲切会见了罗格主席一行。中共中央政治局委员、北京市委书记、北京奥组委主席刘淇在北京会见并宴请了罗格一行。

通过接待国际奥委会委员和各国奥委会领导人观摩全运会，达到了宣传中国体育、扩大中国奥委会对外影响、进一步巩固和发展我们同国际奥委会及各国奥委会友好关系的目的。来访的国际奥委会委员和有关国家及地区体育界领导对于全运会给予了高度评价，称赞场馆设施现代化、组织工作周密细致、工作人员热情尽职、参赛运动员成绩优异、开幕式文艺演出丰富精彩，使他们有理由相信北京奥运会一定会取得圆满成功。

三、参加洲际综合性运动会，锻炼年轻队伍

第四届东亚运动会于 2005 年 10 月 29 日至 11 月 6 日在我国澳门举行，这是澳门回归后首次举办的国际综合性运动会。为充分体现对澳门的支持，我国派出了东亚运动会创办以来参赛规模最大的代表团，取得 120 块金牌 59 块银牌 31 块铜牌、名列金牌榜和奖牌榜首位的优异成绩，获得了运动成绩和精神文明的双丰收。

首届亚洲室内运动会于 2005 年 11 月 12 日至 19 日在泰国举行，共有来自 37 个国家和地区的奥委会派团参赛，我国派出了 158 人的代表团，并获得 24 块金牌 18 块银牌 15 块铜牌、金牌总数第一的优异成绩，证明了我国在非奥项目上的发展潜力。

尽管我们在这两个运动会上取得了优异成绩，但应该清醒地看到，我们在东亚运动会的一些项目上表现还不太理想，与国际水平差距加大；亚洲室内运动会因为是第一次举办，有些代表团没有派出强大的阵容参赛。因此，我们丝毫不能松懈，要刻苦训练，争取更好的成绩。

四、配合亚运会组委会工作，发挥指导作用

长春亚冬会的各项筹备工作正在有条不紊地进行。目前亚冬会 6 个比赛场馆正在建设中，所有场馆的新建和改造将于今年 6 月完工，之后将接受亚奥理事会和国际单项体育组织的检查验收。竞赛组织、媒体宣传、市场开发等工作也在稳步推进。亚组委先后于 2004 年 7 月、9 月和 2005 年 1 月举行了亚冬会宣传口号征集、会徽、吉祥物的发布活动，取得了良好的社会效果。今天亚奥理事会协调委员会正在长春考察，全面检查亚冬会筹备工作。现在距离长春亚冬会还有整整一年的时间，我们要加强责任感和紧迫感，全力配合长春组委会搞好各项工作。

广州亚运会虽然还有 4 年的时间，但组委会成立和启动阶段是整个筹备工作的基础和关键。2005 年 7 月召开了第十六届亚运会组委会第一次执委会会议和全体大会，这标志着组委会工作的全面启动。组委会的组织机构即将组建、场馆规划和市场开发方案正在研究论证过程中。广东省、广州市政府对亚运会组织工作高度重视，力争办成一届具有"中国特色、广东风格、广州风采"的体育盛会。中国奥委会将配合广州亚组委，积极发挥指导监督作

用，推动筹备工作的开展。

五、开展体育外交，加强合作沟通

（略）

再过几天就是春节，谨向大家拜个早年，祝大家新春愉快，合家欢乐！

谢谢大家。

二〇〇六年一月二十日

（中国奥委会网站）

【示例 2－13】情况报告

关于治理教育乱收费自查情况的报告

市政府办公室：

自×政传发〔2003〕112号《关于开展治理教育乱收费专项检查的通知》下发后，学校党政领导高度重视，认真组织学习国家七部委和省、市政府部门下发的文件精神，深刻认识治理教育乱收费工作的重要性和紧迫性，严格按照文件中规定的检查内容和要求，认真细致地做好学校治理教育乱收费自查工作。现将自查情况报告如下。

一、加强领导，明确职责，为治理教育乱收费工作提供组织保障

学校党政领导对治理教育乱收费工作一直高度重视。自市政府办公室下发《关于开展治理教育乱收费专项检查的通知》后，学校于9月16日下午召开了有分管领导及相关部门负责人参加的专题工作会议，传达七部委和省、市政府部门下发的4份文件精神，讨论分析学校教育收费情况，充分认识做好治理教育乱收费工作的重要意义，并对学校的治理乱收费工作进行了深入细致的研究和全面部署，要求各级领导和部门从实践"三个代表"重要思想的高度，从切实维护广大群众的根本利益出发，增强做好治理教育乱收费工作的责任感、使命感和紧迫感，把治理教育乱收费工作作为一项重大的政治任务来完成，严格按照上级部门下发的文件规定要求，认真做好每一环节的工作。学校成立了在党委领导下，由纪委书记、分管副院长具体负责，纪检、监察、财务、学生处、总务处、教务处、办公室等部门负责人参加的专门工作机构。各部门之间，既有明确分工，又能协调配合，切实保证了学校收费自查工作的有效开展。

二、扩大舆论宣传，强化舆论监督

在治理教育乱收费的工作中，学校把扩大舆论宣传、强化舆论监督作用作为治理乱收费工作的一个重要手段，主要是加强和落实教育收费公示制度。近一个时期以来，学校充分利用橱窗、广播、板报、校园网等各种宣传媒体，广泛宣传学校的收费政策、收费项目、收费标准和学校的收费情况。特别是新生入学，学校向每一位学生、学生家长反复宣传和解释学校收费的政策规定和具体标准，使他们明白什么是正常收费，什么是乱收费，做到心中有数，一目了然。同时，大力宣传中央和省市各级政府关于坚决治理教育乱收费的决心和措施，公布了校内举报电话，自觉接受群众的监督。

三、严格执行教育收费政策，规范收费行为

学校明确规定，校内的一切收费行为，必须以国家物价部门制定的收费政策为依据，凡是不符合政策、超范围或超规定标准收费的必须进行治理。主要做了以下两方面工作。

1. 认真开展自查工作，查找工作差距

学校财务部门根据七部委下发的《关于开展治理教育乱收费专项检查的通知》中规定的16 项检查内容，组织专门人员，逐一进行对照检查。根据学校的实际情况，检查的重点是校、院系、各部门从 2002 年春季以来所有的收费项目，主要是新生入学的学费、代办费等，对各类票据进行了规范整理，填写了教育收费情况自查报表。从统计报表中的数据来看，两年来，我院无一项超标准收费，而且绝大多数收费项目低于国家规定标准。

2. 进一步完善财务管理制度，推进收费工作的规范化

建立和完善规章制度，也是我们治理教育乱收费工作的一项重要内容，因为只有完善的财务制度，才能有效地保证各项收费工作的规范进行。学校根据新的财务管理法律、法规，对学校现有的各项财务制度和规定进行了修订和完善，制定了具有较强针对性、便于操作执行的账务管理、现金管理、票据管理的监督机制，以规范收费行为，使管理工作有章可循。同时，我们力求保证制度的权威性，学校领导一再强调，凡是制定好的规章制度都要不折不扣地执行，让制度真正起到规范约束作用。

四、加强监督检查，加大惩处力度

学校坚持以有效的监督来保证收费行为的规范。在这次治理乱收费的过程中，学校纪检监察等部门全程、全方位参与其中，加强监督检查，对可能出现乱收费的部门或收费不规范的环节，进行重点检查。纪检监察部门在人手较少的情况下，坚持半天检查一个院系或部门。学校对纪检、监察工作的要求是，对任何反映学校乱收费行为的举报，都要进行切实查处，做到举报一起，查处一起，一查到底，严肃处理，决不姑息迁就，到目前为止，学校没有接到一起反映乱收费的群众举报。同时，我们坚持奖惩分明，对执行制度规范，管理严谨的部门和人员也给予了表扬和鼓励，促进了学校治理乱收费工作有序、高效地进行。

附：教育收费情况自查报表

××职业技术学院

二〇〇三年九月十八日

【示例 2-14】建议报告

全国人民代表大会澳门特别行政区筹备委员会
关于建议筹委会结束工作的报告

全国人民代表大会常务委员会：

全国人民代表大会澳门特别行政区筹备委员会（以下简称"筹委会"）自 1998 年 5 月 5 日成立以来，按照《中华人民共和国澳门特别行政区基本法》和全国人民代表大会及其常务委员会的有关决定，有计划、有步骤地展开了筹建澳门特别行政区的各项工作。筹委会所做的工作主要有以下几个方面：一是组建了由 200 名澳门永久性居民组成的、具有广泛代表性的澳门特别行政区第一届政府推选委员会；二是主持推选委员会选举产生了澳门特别行政区第一任行政长官人选；三是决定了澳门特别行政区第一届政府机构和主要官员的设置；四是制定了澳门特别行政区第一届立法会的具体产生办法，对原澳门最后一届立法会中由选举产生的议员过渡

为澳门特别行政区第一届立法会议员进行了确认，并主持了推选委员会对缺额议员的补选工作；五是筹组了澳门特别行政区司法机关；六是就澳门居民的国籍问题、澳门原有法律的处理、增加在澳门特别行政区适用的全国性法律等问题提出了建议，报请全国人大常委会作出决定。

今年 11 月 19 日筹委会第十一次会议期间召开的筹委会主任委员会议认为，筹委会负责筹备成立澳门特别行政区的各项任务已基本完成。考虑到澳门特别行政区 12 月 29 日即告成立，主任委员会议认为筹委会应在澳门特别行政区成立后尽快结束工作。为此，建议全国人大常委会在 12 月中旬举行的会议上就筹委会于 1999 年 12 月 20 日后结束工作一事作出决定。在此之后，筹委会将于 2000 年 1 月 10 日召开最后一次全体会议，宣布结束工作。

全国人民代表大会澳门特别行政区筹备委员会

一九九九年十二月三十日

（国务院公报，第 2 号，2000 - 01 - 20.）

▶ 写作训练 ◀

一、指出下文存在的问题，并进行修改。

关于在学生宿舍楼外进行餐饮等营业的报告

校党委：

为了更好地服务学生，方便学生就餐，我公司准备在学生宿舍楼外开设餐饮等服务，现将有关问题报告如下。

一、在 7 号宿舍楼前面搭建一大棚，可以采取招标的方式，从社会上招聘，经济独立核算，自负盈亏。

二、在 8 号楼下开设一超市，由我公司负责。人员从社会上招聘，待遇同一般企业。

三、招聘办法采取自愿报名，统一考核，择优录取。

当否，请批示。

××大学后勤服务总公司

二〇〇七年四月二十日

二、根据下面提供的材料，以后勤服务总公司的名义向学校起草一份报告。

11 月 14 日晚 11 时，六号楼 508 室男生宿舍发生火灾，经过近半小时的扑救，大火被扑灭，未造成人员伤亡。事故是由烟头未熄灭造成，后勤服务总公司已进行了相应处理，并制定规章制度，要求所有学生不得在宿舍吸烟，以防止火灾的发生。

2.6 请 示

请示是下级机关向上级机关请求指示、批准使用的一种公文。下级机关在工作中出现新情况、新问题，自身难以处理时；对上级的有关方针、政策、规定不甚明确难以开展工作时；在处理上级明文规定必须经请示批准后才能办理的事项时，往往都需要写请示。

2.6.1　请示的特点

（1）内容的请求性。请示属于请求性的上行文，即本机关打算办理某件事情，而又无权自行决定，或者无力去做，或者不知道应不应该去办，必须请求上级主管部门批准或同意之后，才可以去办，因此不能仅仅陈述事情，而要请求上级机关批准。

（2）行文的超前性。请示的事项，都是要求上级明确表态、核准、解释和答复的，在没有得到应允之前，不能执行。因此请示是事前行文，而不能事后行文。

2.6.2　请示的类型

按内容来划分，请示可分为请求指示和请求批准两种。

（1）请求指示。这类请示多涉及政策上、认识上的问题。是指下级机关对有些方针、政策、规定在理解上有分歧或者不能准确理解，对工作中发生的重大问题或一些新情况、新问题依据原先规定难以处理，需要请上级给予解释或指示时使用此类请示。

（2）请求批准。这类请示多涉及人事、财务、机构等方面的具体问题。往往是指下级机关在办理某一件事项时，遇到某些困难和问题，或者按规定自己单位无权决定和处理的事项，需要请求批准后才能办理时，使用此类请示。

2.6.3　请示的结构与写法

请示一般由标题、主送机关、正文、落款和日期等几部分构成，有的请示还需要有附件。

1. 标题

请示的标题一般由"发文机关＋事由＋文种"3个要素构成，有时发文机关可以省略，但不能缺少事由和文种，如《关于举行江苏省第十六届运动会的请示》。

2. 主送机关

根据《国家行政机关公文处理办法》规定，"请示"一般只写一个主送机关。如需要同时送其他机关，应用"抄送"的形式。除领导交办的事项外，请示不要直接送领导个人。

3. 正文

一般由请示缘由、请示事项、请示结语构成。

（1）请示缘由。要说明请示的原因，为什么提出请示，有什么理由。这一部分是能否得到上级认可批准的关键，用语要简要，说理要充分，有理有据。这一部分写好了，上级机关认为此事可办，才有可能批准。

（2）请示事项。这是请求上级机关予以指示、批准、答复的具体事项。请示事项必须明确、具体、可行，同时提出自己的看法或处理意见。如请示的事项比较复杂，则要分清主次，一条一条地写。

（3）请示结语。以请求语作结，多以独段的形式，语气中肯地再次提出请求。常用的有"以上请示，请予批准"、"以上请示当否，请批示"、"是否妥当，请指示"、"当否，请复示"、"以上事项，如无不妥，请予批复"等。

4. 落款和日期

写明发文机关和成文日期。

2.6.4　请示与报告的区别

请示与报告两个文种相当接近，因此有许多地方相同或相近，但毕竟是两个不同的公文文种，其区别具体表现在以下几方面。

（1）行文目的不同。请示是为解决某一问题而请求上级机关指示或审核批准的；而报告的目的则是为了让上级机关了解、掌握情况，沟通上下级联系。

（2）性质要求不同。请示属呈请性公文，需要上级机关给予批复回答；报告属陈述性公文，故不需要上级回复。

（3）行文时限不同。请示必须在事前行文，而报告则事前、事后及事情进行中皆可。

（4）内容含量不同。请示必须坚持"一文一事"，即"一事一请示"的原则，而报告则一事数事皆可。

报告和请示是两种不同的公文，因此报告与请示必须严格区分开来，是请示不能标作"请示报告"，否则易使上级机关误解为就是报告，不利于问题的及时解决，是报告就不要提出请示事项，提了也得不到回答。

【示例 2-15】请求指示

关于《会计人员职权条例》中

"总会计师"既是行政职务又是技术职称的请示

财政部：

国务院 1987 年国发〔1987〕××号通知颁发的《会计人员职权条例》规定，会计人员技术职称分为总会计师、会计师、助理会计师、会计员四种，其中"总会计师"既是行政职务，又作为技术职称。在执行中，工厂总会计师按《条例》规定，负责全厂的财务会计事宜。可是每个工厂，尤其大工厂，授予总会计师职称的人有四五人，究竟由哪一位负责全厂的财务会计事宜，执行总会计师的职责与权限呢？我们认为宜将行政职务与技术职称分开，总会计师为行政职务，不再作为技术职称，比照最近国务院颁发的《工程技术干部技术职称暂行规定》将《条例》第五章规定的会计人员职称的"总会计师"改为"高级会计师"。

以上意见是否妥当，请指示。

××省财政厅

×年×月×日

（常青，陈新华，吕晓洁. 大学应用写作. 北京：北京大学出版社，2005.）

【示例 2-16】请求批准

关于成立××职业技术学院普通话培训测试站的请示

省语委办：

我院是经教育部批准，省市双重领导的普通高等专科学校，现有教师 600 余人，学生 6 000 余人。学院自成立以来，院领导十分重视普通话的推广工作，把推普工作列为素质教育的重要内容，紧密结合职业教育特色在全校开展了形式多样的推普活动，部分系科已将普通话培训课程纳入教学计划之中。学院先后选派5名教师参加省级普通话水平测试员资格考核培训班学习，获得了省级普通话水平测试员资格。目前我院有设施较为完备的普通话水平测试场所、有9个专用语音室和推普所需的各种教学设备，具备了成立普通话培训测试站的条件。

根据×语〔2001〕7号《关于印发〈关于加强"十五"期间学校语言文字工作的意见〉的通知》、×语〔2001〕8号《关于在全省高校、中等职业学校开展普通话水平测试的通知》等文件精神，进一步提高我院师生普通话水平，使我院推普工作走向正轨，确保我院顺利完成"十五"期间推普工作任务，特申请成立××职业技术学院普通话培训测试站。

以上请示妥否，请批复。

××职业技术学院

二○○一年五月十日

写作训练

一、指出下文存在的问题，并进行修改。

关于如何建砖瓦厂的请示报告

县委、县政府：

为扩大经济，增加乡财政收入，我们乡对如何建砖瓦厂进行了讨论。一种意见是必须建砖瓦厂，因为可以增加财政收入；一种意见是不能建砖瓦厂，因为建砖瓦厂会占用耕地，不符合国家政策；还有一种意见是再等一等，多方论证，看有没有必要建。究竟要不要建砖瓦厂呢？请领导审批，我乡坚决贯彻执行。

特此报告。

××乡人民政府

×年×月×日

二、写作

1. 光明机械厂从市区搬往50公里外的开发区，虽在开发区盖了一些职工宿舍，但仍有一部分职工住在市区，往返交通极为不便。为解决这部分职工的交通问题，厂里决定向上级请求批准购买一辆大客车作班车使用，其上级单位为××市光明机械有限公司。根据以上材料（可扩充），代光明机械厂写一份请示。

2. 向阳中学为了改善办公环境，拟自筹资金建一幢办公楼，特向区教育局请示，请代向阳中学撰写此请示报告。

2.7 函

函是不相隶属机关之间相互商洽工作、询问或答复问题，或者向有关主管部门请求批准等事项时所使用的一种公文。函作为公文中唯一的一种平行文，其写法虽然简单，但使用频率大，使用范围广。它不仅可以在平行机关之间行文，而且可以在不相隶属的机关之间行文，其中包括向上级机关或下级机关行文。

2.7.1　函的特点

（1）对应性。除请示与批复外，与其他公文相比，函的突出特征就在于它是以一组的形式出现的，有来函必有复函，有问函必有答函，往往是两两相对。

（2）灵活性。函的行文关系灵活，可以平行，也可上行或下行，没有其他文种那么严格特殊行文关系的限制。此外，函的格式灵活，大体依照公文的一般格式行文，但其程式性并不严格。篇幅可长可短，行文可叙可议，撰写方式比较灵活自由。

（3）商讨性。来函与复函之间，一般不存在指挥与被指挥的关系，仅仅具有平行的或不相隶属的公务商洽关系，所商定的意见，供各方处理工作时参考。

2.7.2　函的类型

函从格式上分，有公函和便函。从内容和用途上分，可分为商洽函、询问函、答复函。从行文方向上，可分为去函（来函）和复函。

（1）去函。是指为了商洽工作、联系事项或询问问题、征求意见而给对方发的函，可分为商洽函和询问函。去函在接收单位则叫来函。

（2）复函。是针对商洽函或询问函所作答复的函。答复一定要依据本机关的职责范围、本机关的客观条件和能力去解答。

2.7.3　函的结构与写法

具体写作中，要区分公函和便函。公函和便函都是处理公务的信件，不同在于：公函是一种正式公文，有完整的公文格式；便函不属于正式公文，不需要完整的公文格式。便函格式简单，一般无标题，无发文字号，同一般书信。上款写主送机关名称，后加冒号；另起一行空两格写正文；最后写落款和发函日期并加盖公章。

公函格式比较正规。一般由标题、主送机关、正文、落款和日期等部分构成。

1. 标题

一般由"发文机关＋事由＋文种"组成，如《××部关于选拔出国人员的函》；有时也可省略发文机关，只写事由和文种，属答复性质的函必须在标题中标明复函字样，如《关于劳动争议案件管辖范围的复函》。

2. 主送机关

即函的受文单位，一般只写一个主送机关。

3. 正文

（1）去函。开头，写发函缘由，为什么发此函，即去函的依据、缘由。主体，询问或商洽事项，这是去函的核心，要具体明确，清楚地陈述要询问或商洽的事项与问题。结语，多以独段的形式，写明要求，或提出希望或表示谢意等，均要力求谦虚、简洁。常以"敬请函复"、"盼予函复"作结。

（2）复函。开头，写回复的根据，常用的格式如"×年×月×日……函收悉"、"×发〔200×〕×号函收悉"、"×年×月×日贵单位关于……的来函收悉，现答复如下"。主体，即答复事项。针对来函所询问、商洽或征求意见的事项，一一作出明确具体答复，即表示同意或不同意，不同意是什么原因，或应该怎么办，不应该怎么办；或对询问的问题做出说明。结语，常以独段的形式，用"特此函复"、"专此函告"、"此复"等作结，一般不宜用"此致、敬礼"之类敬语收尾。

4. 落款和日期

写明发文机关和成文日期。

【示例2-17】去函

关于选派教师进行实践锻炼的函

××公司：

为了全面提高我院教师素质，培养一批"双师型"教师，根据××省教育厅《关于开展2006年高等职业院校教师培训工作的通知》（×教师〔2006〕××号）文件精神，我院决定从现有教师中抽调2名骨干，到贵单位进行实践锻炼，时间从2006年9月初至2006年12月底。

可否，请函复。

××职业技术学院

二〇〇六年六月十日

【示例2-18】复函

国务院办公厅

关于同意在"中国藏学研究珠峰奖"获奖证书上使用国徽图案的复函

国办函〔2006〕36号

中央统战部：

你部《关于申请在"中国藏学研究珠峰奖"获奖证书上使用国徽图案的函》（统函〔2006〕258号）收悉，经国务院领导同志批准，现函复如下：同意在"中国藏学研究珠峰奖"获奖证书上使用国徽图案。请你部监督中国藏学研究中心和中国西藏文化保护与发展协会正确使用，切实维护国徽尊严。

国务院办公厅

二〇〇六年四月二十九日

（国务院公报，第18号，2006-06-30.）

写作训练

一、指出下文存在的问题，并进行修改。

西山乡人民政府函

云岭乡政府：

据悉贵乡收割机很多，我乡目前收割机严重不足，已严重影响我乡农业生产，为此，特发此函，请贵乡支援我乡收割机 8 台，望能照此办理，并请及时复函。

西山乡人民政府

×年×月×日

二、写作

1. ××专科学校准备派 2 名教师到××大学进修韩语，但由于进修韩语人员太多，学校无法满足需要，××大学决定今年不再接受韩语进修生。请你为××专科学校写一去函；为××大学写一复函。

2. 新兴中学今年扩大招生，英语教师严重不足，拟向××外国语学校借两名英语教师。请你代新兴中学拟写一去函。

2.8 会 议 纪 要

会议纪要是用来记载和传达会议情况和议定事项时所使用的一种公文。它是根据会议记录和会议文件及其他有关材料加工整理而成的，反映会议基本情况和精神，并要求有关单位执行的一种文体。有的需要发给下级机关执行的会议纪要，可以"通知"形式发出。

2.8.1 会议纪要的特点

（1）纪实性。会议纪要的基本任务之一就在于真实地记录会议的主要实况和主要精神，因此，纪实是撰写会议纪要的基本原则。这就要求会议纪要必须严格遵循特定的会议目的和指导思想，依据会议的实际情况、发言记录、结论性意见或问题来行文，凡与会议无关的或会议未涉及的问题，一概不写。

（2）纪要性。即会议纪要不是把会议中所涉及的所有情况、所有问题无一遗漏地都写出来，而是把那些重要的情况和研究决定的重大问题、决策意见写出来，摘其要而记之。

（3）综合性。即它是在对会议中各种材料、与会人员的发言以及会议简报等进行综合分析和概括提炼的基础上形成的，具有整理和提要的基本特点，而不能像会议记录那样，呈现原始的自然状态。

2.8.2 会议纪要的类型

以内容性质为标准，可分为行政例会纪要、工作会议纪要、座谈会议纪要。

（1）行政例会纪要。即根据行政机关的办公会议或行政例会所研究决定的内容而整理形成的纪要。

（2）工作会议纪要。即根据专门性工作会议所研究的重要问题及其结论性的意见等整理形成的纪要。

（2）座谈会议纪要。即根据座谈会所讨论的重要问题及其结论性意见以及会议的有关情况而整理形成的纪要。

2.8.3 会议纪要的结构与写法

会议纪要一般包括标题、正文、落款和日期。

1. 标题

会议纪要的标题一般有 3 种形式。一是公文规范式标题"机关名称＋会议名称（事由）＋文种"，如《××市农贸市场管理工作会议纪要》；二是"会议名称＋文种"，如《报告文学座谈会纪要》；三是正副标题法《开创农业生产的新局面——××县农业会议纪要》。

2. 正文

一般由会议概况、会议内容、会议要求组成。

（1）会议概况。即会议纪要的开头部分，该部分是会议自然概貌的简介，旨在先给人总的印象。内容有：召开单位、会议时间地点、与会人员构成、会议议程安排等，有的还要交代召开会议的动因和目的、主要领导人在会上的活动及会议所产生的意义与作用等。

（2）会议内容。即会议纪要的主体部分，该部分一般要写出以下几方面的内容：一是会议讨论的事项，即要对讨论的事项进行评价；二是会议研究的问题，即综合写出与会者发言的主要观点；三是今后的指导思想，即写明要遵循什么原则或精神来开展今后的工作活动；四是今后的工作打算，即要切实指明今后应该怎样做。以上 4 个方面，不宜面面俱到，可针对会议纪要的不同类型或实际需要分别有所侧重。一般说来，行政例会纪要的正文，宜简明扼要地侧重表述会议所研究的问题与决定；工作会议与座谈会议纪要，其正文应层次清晰地侧重综述与会人的发言。

（3）会议要求。即会议纪要的结语，该部分既可酌情提出贯彻落实会议精神、具体要求，也可发出特定号召，提出有关希望，有些会议纪要可以不设结语。这部分每一段落开头，往往冠以"会议认为"、"会议强调"、"会议决定"、"会议指出"等习惯性的开头语。

3. 落款和日期

可在标题下，也可在正文后，有些会议纪要也可省略这一部分。

2.8.4　会议纪要的撰写方式

（1）记录式。按照与会人发言的先后顺序，分别写出发言人的姓名，有时还需在姓名后用小括号注明其工作单位及职务等，然后择要写出各自发言的主要内容。这种方法多用于学术性的座谈会议纪要。

（2）归纳式。按照会议目的和会议精神的若干方面，把众多的意见、复杂的事项、大量的材料等分别按性质归类整理，然后再予以逐层逐段的阐述。具体行文，可以采用条款式，把归类之后的内容分条列项地陈述；也可采用板块式，给每个大段分别列出小标题，这种写法多用于内容复杂、涉及面较广的大型工作会议纪要。

（3）概述式。按照会议的基本目的和会议精神，把会议的发言、讨论、决策等情况予以综合性的概括阐述。这种写法，多用于内容单纯、问题集中、意见统一的行政例会纪要。

【示例 2-19】行政例会纪要

全国现代物流工作部际联席会议办公室第三次会议纪要

2005 年 11 月 30 日，全国现代物流工作部际联席会议办公室召开第三次会议。会议由全国现代物流工作部际联席会议办公室主任、国家发展改革委经济运行局巡视员李扬同志主持。部际联席会议办公室各成员单位的联络员参加了会议。会议有关情况如下。

一、会议通报了青岛会议后部际联席会议办公室的有关工作

为更好地贯彻落实今年9月在青岛召开的全国现代物流工作会议精神，及时准确地将有关情况向国务院报告和各省区市通报，今年10月，全国现代物流部际联席会议办公室向国务院报送了《关于全国现代物流工作会议有关情况的报告》。曾培炎副总理批示："建议刊登《信息参考》"。温家宝总理，黄菊、吴仪副总理分别圈阅。国务院办公厅秘书局于11月9日，在《信息参考》摘要刊登了《我国现代物流发展情况存在问题及下一步工作部署》。与此同时，部际联席会议办公室还编印了国家发展改革委欧新黔副主任、铁道部胡亚东副部长、交通部冯正霖副部长、民航总局李军副局长和海关总署龚正副署长等有关部门领导在会上的讲话，及时发送各省区市现代物流工作牵头部门、部际联席会议各成员单位和国务院其他有关部门。

二、会议研究了《关于促进我国现代物流业发展的意见》工作计划的落实情况

全国现代物流工作部际联席会议后，各部门根据《关于促进我国现代物流业发展的意见》近期工作计划，对文件的政策要点进行了认真落实。

国家发展改革委会同有关部门认真研究解决企业重复纳税和行政性审批的问题。一是组织开展部分物流企业营业税差额纳税试点工作。为贯彻落实9部门文件要求，合理确定物流企业营业税计征基数，解决物流企业营业税重复纳税的问题，经国家税务总局同意，选择了部分物流企业进行营业税差额纳税试点工作。根据协会推荐，专家认定，并在发展改革委网站上公示后，提出了一批物流企业营业税差额纳税的试点备选企业，现已正式推荐国家税务总局。二是为落实取消经营国内铁路货运代理和联运代理的行政性审批，加强对货运代理经营资质和经营行为的监督检查政策，起草了《关于加强联运市场管理工作的通知》，并分别征求了铁道部和交通部有关司局的意见，拟尽快下发。

商务部重点开展的工作有三。一是要求各地全面清理并废除各类不符合国家法律、法规由部门或地方制定的地区封锁、行业垄断、市场分割的有关规定。经国务院法制办同意，下发了《商务部办公厅关于进一步做好清理在市场经济活动中实行地区封锁规定工作的通知》（商建字〔2005〕14号）。截至11月，全国已有28个省区市基本完成了清理工作，其中23个省区市向社会公布了清理结果。二是积极推进物流市场对外开放。根据我国入世承诺，双边、多边协议和自主开放的有关规定，对相关法规、规章进行修订，予以落实。目前《外商投资国际货物运输代理企业管理办法》正在修订，近期可出台；外商投资物流企业的有关政策正在修改完善。三是取消国际货运代理企业经营资格审批，加强后续监管。会同国家工商行政管理总局出台《关于国际货运企业登记管理有关问题的通知》和《国际货运代理企业备案（暂行）办法》。

交通部按照《立法法》的有关规定，将落实取消水路货运代理的行政审批工作与《水路运输管理条例》的修订相结合，拟将水路货运代理的行政审批改为登记。《条例》（送审稿）已报送国务院，现正积极配合国务院法制办的审核工作，并将按照修订后《条例》的规定贯彻落实。

信息产业部成立了关于我国物流信息化发展与建设的软科学研究项目组，开展了物流信息化水平及公共物流信息平台的调查研究工作，多次召开会议，研究讨论。目前，研究工作已经基本结束，正在起草政策性指导意见，计划年底前完成。

公安部积极采取措施，落实货运车辆通行、停靠便利的有关政策。一是部分省市与当地城管部门协商，提出物流通道建设的布局规划，合理安排货运集散地。二是部分城市，如郑州、厦门等地采取发放通行证的办法，允许物流企业车辆在货运车辆禁行的时段通行。三是部分城市采取重点保障措施，如宁波、广州、上海等地对重要物资运输车辆采取优先通行措

施,青岛市开辟了集装箱专用通道,天津市对有大量货物装卸的公建设施,按照不同建筑性质规定了装卸车位数量标准。

海关总署在"简化通关手续"方面取得积极进展。一是与国家质检总局签订了《关于建立关检合作机制备忘录》。目前,部分地方海关与质检部门已签订了合作协议,实现了"提前报检、提前报关、货到验放"。二是积极推进区域通关一体化。进一步简化、规范跨关区快速通关,实施"属地申报、口岸验放"方式,探讨建立虚拟的跨关区审单中心。三是实施粤、港、澳跨境快速通关,已取得实质性进展。

国家税务总局正在抓紧做两个方面的工作。一是会同国家发展改革委进行物流企业营业税差额纳税试点工作。根据国家发展改革委推荐的试点物流企业名单,明确试点企业,研究制定试点企业营业税优惠政策,合理确定营业税计税基数和抵扣增值税。二是正在抓紧制定符合条件的物流企业统一缴纳所得税的申报程序和办法。

国家民航总局改革民航货运销售代理审批制度,制定新的空运销售代理管理办法。民航新的认可空运代理资格的机构——中国航空运输协会已于2005年9月成立,《中国航空运输协会航空运输销售代理资格认可管理办法》(送审稿)正在审批中,争取在年底前出台。

国家工商总局树立服务意识,加强执法监管,为物流企业发展创造良好环境。严格按照国家的法律法规,落实取消前置性审批的工商注册;允许符合条件的物流企业在企业名称中使用"物流"字样并作为行业用语;根据《国务院关于第三批取消和调整行政审批项目的决定》取消了国际货运代理企业的经营资格审批,并会同商务部出台了新的管理办法。

国家质检总局加强"绿色通道"建设和信息化建设,逐步实现电子申报、电子检验、电子监管,建立快速验放系统。

国家标准委在推动建设统一、科学、完整的物流标准体系方面做了许多基础性工作。一是发布了《物流企业分类与评估指标》国家标准。二是会同国家发展改革委等8部门,编制发布了《全国物流标准2005—2010年发展规划》。三是《物流术语》、《托盘》等国家标准的制修订工作正在加紧进行,争取明年上半年完成。四是向国务院有关部门和标准化技术委员会发送了《关于编制2006年物流国家标准制修订计划项目的通知》,2006年计划正在落实。

三、会议初步讨论了下步工作

会议认为,自2004年8月经国务院批准,国家发展改革委等9部门《关于促进我国现代物流业发展的意见》发布以后,特别是2005年全国现代物流工作部际联席会议制度建立以来,联席会议各成员单位高度重视,做了大量工作,联席会议机制的作用逐步显现,对全国物流工作起到了推动作用,取得了阶段性成果。

会议初步确定,按照2006年一季度末召开全国现代物流工作部际联席会议第二次会议进行工作准备。会议主要内容:一是总结2005年各部门推动现代物流业发展的工作,通报全国现代物流运行状况;二是研究协调物流发展中的重大问题;三是研究确定明年全国现代物流工作部际联席会议的工作重点。会议要求办公室各成员单位,按照会议精神,认真总结工作,理清思路,继续深入开展工作,对联席会议第一次会议提出的落实9部门文件工作计划,未落实的抓紧工作。同时要研究提出2006年重点工作的具体意见和建议,共同为部际联席会议第二次会议做好准备工作。

二〇〇六年一月十二日

(中华人民共和国国家发展和改革委员会经济运行局网站)

【示例 2 - 20】座谈会议纪要

部分城市综合防灾座谈会会议纪要

为了研究城市综合防灾对策，总结全国建设系统抗击台风等自然灾害的经验，建设部质量安全司于 2005 年 11 月 9 日在上海市召开了"城市综合防灾座谈会"，来自广西、广东、福建、浙江、安徽等省（区）建设厅和上海、南京、青岛、大连等市建委的有关代表出席了会议。会议交流了各地建设系统抗击台风的经验，讨论了综合防灾的工作重点，研究了城市综合防灾的对策措施。建设部质量安全司副司长尚春明同志作了会议总结。现将座谈会有关情况纪要如下。

一、会议认为，随着我国经济的快速发展和全球气候的变暖，台风等自然灾害对城市经济和社会发展的危害性越来越大，造成损失的形式也趋于多样。特别是，今年以来，"麦莎"、"云娜"、"海棠"和"龙王"等台风，其中心风力强度均超过了 12 级，是近十年来所罕见的，给我国部分地区造成了巨大损失。台风所造成的破坏不仅直接表现在砸伤（死）人畜、摧毁房屋、淹没农田等传统损失上，而且台风带来的暴雨水淹城市、倒灌地下空间，破坏地下停车场、毁坏变配电设施和供水设施等次生灾害所造成的重大损失也是前所未见的。据福建省统计，仅"龙王"台风就给福建省造成了 370 万人口受灾，水毁车辆数千辆，死亡达百人，直接经济损失 32 亿。与会同志认为，在当前建设和谐社会的时期，建设部召开综合防灾座谈会，研究、总结和推广各地成功的经验，切合当前的工作实际，发挥了建设部门在经济建设和综合防灾中的重要作用，通过交流可以更好地指导各地的工作，避免灾害损失，从而保证人民生命和财产安全，意义重大。

二、会议高度评价了上海、浙江等地抗御台风的经验和做法，认为各地在近年来的实践和探索中总结出来的防台经验值得肯定和推广。上海市的基本经验是：高度重视迎台风、精心准备保重点、认真抢险抓后续。建设系统各部门和各单位能够围绕预案、早做筹谋；能够迅速建立应急通信体系，确保指挥系统运转正常和政令畅通；能够优势互补、齐心协力、发扬团队作用形成合力；能够群策群力，依靠科技，科学地决策，并按照预案做好一系列减少损失的"规定动作"。浙江省克服侥幸心理，提出了"宁可十防九空，不怕兴师动众，为保障人民生命安全舍得劳民伤财"确保安全的要求，总结出"防、避、抢"的三字防台经验。具体做法是：突出重点，统筹考虑和全面部署建设系统的防台工作；各级领导按照预案靠前指挥，深入一线，指导督查地方的应对准备；指挥中枢加强值班，随时掌握台风动态并处理问题；及时恢复，抢抓灾后重建工作。这些经验和做法经受了实践的考验，证明是科学和行之有效的。

三、会议要求，各地要认真总结经验，加强组织领导，加快综合防灾的机构和组织体系建设，整合建设系统的资源，进一步落实协调和承担有关综合防灾任务的具体部门；各地要加强研究，拓展工作思路，探索新形势下综合防灾管理模式；各地要加快综合防灾的法律法规制度建设，进一步完善和细化各类防灾预案，提高依法和高效处置能力；各地要重视和加强综合防灾能力的建设，特别是要重视科技进步在提升综合防灾能力和手段方面的作用，切实提高防御能力；各地要做好专业救灾队伍的建设，保证关键时刻能够拉得出、打得响，发挥专业救灾的优势；各地还要加强综合防灾教育，做好科普宣传活动，使建设系统的每一个从业人员都能够了解和掌握相关防灾知识，努力减少建设系统的安全事故，降低死亡人数。

建设部安全生产管理委员会办公室

二〇〇五年十二月一日

（建设部网站）

◆ 写作训练 ◆

一、指出下文存在的问题，并进行修改。

石桥镇砖瓦厂搬迁问题协调会议纪要

2007 年 3 月 12 日，李××副县长协同拆迁办、规划局、国土资源局、公安局、工商局、地税局、供电局、石桥镇政府等单位负责同志在县政府会议室召开了石桥镇砖瓦厂搬迁问题协调会议。会议认为，搬迁石桥镇砖瓦厂是我县重点工程建设的需要，是依法管理土地的需要，根据县政府《关于禁止用农业用地建窑烧砖、造坟等行为的通告》规定，石桥镇砖瓦厂必须在 7 天内停止生产，进行搬迁。现将会议主要精神传达如下。

李××副县长在会议作了重要指示，会议决定。

1. 由拆迁办牵头，石桥镇政府配合，做好砖瓦厂业主的宣传动员工作，并就砖瓦厂搬迁补偿事宜与其洽谈，尽可能达成一致意见。

2. 双方要努力在拆迁上达成一致意见。如双方不能就搬迁补偿事宜达成一致意见，砖瓦厂所涉及的管理部门必须根据各自责任，发出停产搬迁的有关文书，要求其业主要补交相关的税费，供电部门要停止供电。到时间还不搬迁，由拆迁办牵头制订搬迁方案，各有关部门配合，依法实施强制搬迁。

3. 必须按照客观公正的原则对砖瓦厂资产进行评估，搬迁补偿标准参照此前搬迁砖瓦厂的补偿标准。

××县拆迁办公室

二○○七年三月十三日

二、将下面会议记录整理成会议纪要。

第八个卫生月动员会记录

时间：×年 3 月 18 日上午

地点：市政府第三会议室

与会人员：创建卫生城市领导小组成员单位负责人

主持人：汪××秘书长

副市长李××：要通过卫生月活动使中小马路、城乡结合部等出现新的变化，让市民切身感受到卫生月的效果。

汪××：先讨论一下卫生月的活动安排。

经讨论决定：3 月 31 日为卫生月活动宣传日，全市掀起宣传高潮；4 月 7 日为居住环境整治日；4 月 11、18、25 日为单位卫生和环境卫生薄弱环节整治日。

各成员单位表态：

××区政府：我们要以整治住宅和环境卫生为重点，将动员、发动工作做到每家每户，努力为居民创造净化、美化的环境。

共青团××市委：开展全市团员、青年"双休奉献两小时，为您带来环境美"主题活动。

市工商局：要求各级工商部门以"规范市场秩序，整治市场环境"为主题，加强市场监督和执法力度。

市商委：要求全市商业系统职工人人参与，为市民营造舒适美观的购物环境。

市建委：以直接关系市容环境的工地卫生为重点，层层发动，做到文明施工。

市教委：号召全市各大中小学生人人动手整治校园、教室内外环境。

市工委：要求各所属企业，认真开展卫生教育，发动职工参与卫生整治劳动。

市环卫局：要求广大环卫职工规范作业，重点将中小马路的积存垃圾清除干净。

市巡警总队：对卫生状况差的中小道路或路段进行集中整治，加大执法力度，确保一方环境整洁。

副市长李××总结：各地区和系统对卫生活动月要精心组织、周密安排，落实卫生整治工作。要动员广大群众以主人翁的姿态投入环境整治活动。有关部门要强化监督检查。卫生月后，要落实长效管理措施，尤其要完善制度，健全机制，提高管理水平。

第3章

事务应用文写作

3.1 计　　划

计划就是对一定时期内要做的某件事、要完成的某项任务，预先拟定目标，提出具体要求，制定相应措施的一种应用文。在人们的日常生活和工作中，计划起着指导和监督的作用，是检查各项任务完成情况的依据，对指导、推动和保证各项任务完成有着重要的作用。

3.1.1　计划的特点

（1）明确的目的性。计划是为达到某个目标、完成某项任务而制定的，因此制定计划目的要明确，如果目的不明确，不仅计划无法制定，而且也毫无意义。

（2）很强的预见性。凡计划都是在预测的基础上，对未来的工作任务所作的构想。所以事前就需要对所做工作进行设想，做什么工作，达到什么目的，如何去做，实施过程中可能会遇到什么情况或问题及采取哪些相应的对策等，都要有一个正确的设想。

（3）措施的可行性。为实现预期目标，必须有切实可行的措施与方法，这样才能保证工作任务的完成。因此计划的目标不能定得过高，步骤、措施和要求要具体、细致，具有可操作性。

3.1.2　计划的类型

计划是一个统称，我们在日常工作中所常见的"安排"、"方案"、"意见"、"设想"、"规划"等，均属于计划这个范畴，它们的区别主要体现在内容的详略和时限的长短上。

（1）安排。安排是预计短期内要做的，内容较为具体，并偏重于工作步骤和时间的计划，如《一周工作安排》。

（2）计划。所定的任务比较单一，时间比较具体，并限期完成，有较强的约束性。

（3）规划。是比较全面的、长远的，带有战略性、发展性的计划。

（4）设想、打算。是初步的、粗线条的、不太成熟的非正式的计划，如《××公司人事制度改革设想》、《××公司 2012 年工作打算》。

（5）要点。用于上级对下级布置一个阶段的工作或某项主要任务，需要交代政策，提出具体要求或意见的计划。

（6）方案。是对某项工作，从目的要求、方式方法到具体步骤都做出全面部署与安排的计划，如《××市政府机构改革实施方案》。

3.1.3　计划的内容与结构

1. 计划的内容

计划的内容指一般计划共有的基本内容，通常包括以下要素。

（1）目标。即回答"做什么"的问题，就是根据需要与可能，提出一定时期的目标和任务。这是计划的灵魂，也是计划的核心内容。应具体说明要完成什么任务，达到什么指标，做好什么工作，开展什么活动等。目标制定对计划的撰写及计划的实施至关重要，目标过高或过低都不合适，这就要深入调查研究，制定切实可行的目标。

（2）方法与措施。即回答"怎么做"的问题，就是实施计划的方法和措施。这是实现计划的切实保证。应具体说明要达到既定目标需要什么手段，动员哪些力量，创造什么条件，排除哪些困难等。这一部分，应当写得具体明确，切实可行。应写明哪个部门主管负责，哪些单位协同配合，否则，会产生扯皮、推诿、"踢皮球"的现象。

（3）步骤。即回答"什么时候完成"的问题，就是工作的步骤和安排。计划的实施有一个完成的先后顺序问题，因此制定计划时要把计划完成的日程安排出来。每项重要任务的完成，都有它的阶段性，而每一阶段又有许多环节，它们之间常常是互相交错的。因此在拟写计划时，必须全局在胸，统筹安排，哪些先干，哪些后干，哪是重点，哪是一般，都应当有明确的认识，分清轻重缓急。在时间安排上，要有总的时限，还要有每一阶段的时间要求，以及人力、物力的相应安排。

2. 计划的结构与写法

计划一般是由标题、正文、落款和日期组成。

1）标题

一般由 4 个要素构成，即"计划单位＋计划时限＋计划内容＋文种"，如《××公司2012年经营体制改革计划》；有时也可省略单位名称，但在落款处要写明单位名称；也有的标题不写计划内容或其他项目，只写计划种类。

2）正文

一般包括计划依据和计划事项。

（1）计划依据。主要写指导思想和制定计划的依据，说明为什么做，依据什么做。主要内容有：对基本情况的分析；对整个计划的概括；说明依据党和国家的有关方针、政策和上级的指示精神、当前的形势、本单位的具体情况等。这是制定计划的基础，要写得简明扼要。

（2）计划事项。写计划的任务要求与完成任务的方法步骤，即回答做什么、怎么做、何时完成，这是计划的核心。由于计划的种类很多，拟制计划没有固定不变的格式。在行文上，有以下几种形式。

一是条文式。就是用文字形式来叙述说明的计划，常常分若干条款或若干部分来阐述。一般是将目的、任务、措施等全部以条文形式列出，不分门别类。内容简单的计划用这种形式比较合适。

二是表格式。就是用表格形式来反映有关项目和内容的计划，常常用数字和数据来表述，项目、内容基本上是固定的，数字、数据则按表格填写。对于任务项目多、数字多而不需要多加说明的可用表格式，使人一目了然。

三是条文表格结合式。既有文字叙述，又有表格体现，一般以数字、数据表格为主体，辅以简要文字说明。一般内容复杂的计划采用这种形式。

计划不论采取哪种形式，都必须包括目标、方法和措施、步骤几项内容。

3）落款和日期

写明计划的制定者和制定计划的日期。

【示例 3 - 1】计划

"三年千万"再就业培训计划

在深化国有企业改革和实施再就业工程中，为帮助下岗职工转变就业观念，提高职业技能，尽快实现再就业，制定本计划。

一、指导思想

贯彻落实十五大精神和中央经济工作会议的要求，把组织下岗职工再就业培训作为当前和今后实施再就业工程的重要任务。充分动员社会各方面的力量，实行在政府指导和扶持下，个人自学、企业组织和社会帮助相结合，大力开展多种形式培训，提高劳动者素质；更好地运用就业政策和就业服务手段，促进培训与就业的结合，为下岗职工再就业创造条件。

二、目标任务

总体目标：从 1998—2000 年的三年中，为 1 000 万下岗职工提供职业指导和职业培训服务（对 1 000 万下岗职工普遍进行职业指导，对其中 600 万人进行职业技能和创业能力培训）。通过努力，使下岗职工树立新的就业观念，转业转岗人员掌握实用技能，自谋职业者增强创业能力。

具体任务：1998 年 300 万人；1999 年 350 万人；2000 年 350 万人。

工作重点：抓好纺织、铁道、军工等重点行业下岗职工的再就业培训工作。三年中对纺织行业 120 万人、铁道运输业 40 万人、军工行业 40 万人、煤炭行业 50 万人，开展职业指导和职业培训。其他行业可根据实际情况确定培训人数。

实际成果：下岗职工的就业观念有明显转变，职业技能和再就业能力普遍提高，培训后再就业率有显著增长。

三、工作内容

（一）搞好摸底调查。劳动部门要组织有关部门开展培训供求情况的调查，掌握下岗职工的数量、素质状况和就业意向，建立下岗职工培训需求档案；了解本地区、本行业社会生产发展和劳动力市场对劳动者技能的需求状况；了解各类职业培训机构的培训条件、专业设置和培训能力。以此为依据，统筹安排下岗职工的再就业培训。

（二）开展职业指导。要建立下岗职工职业指导制度，帮助他们认清就业形势，更新就业观念，树立自主就业意识；为他们提供职业需求信息并介绍求职方法，指导他们制定个人再就业计划和措施。职业指导的具体实施，可在职业培训机构中开设专门的职业指导课，或由职业指导人员深入企业，提供咨询服务；也可采取让再就业成功者介绍经验或组织巡回演讲等多种形式。

（三）组织职业技能培训。职业培训机构要根据劳动力市场需求和下岗职工的特点，确定培训项目，制定培训计划，着力开展适应性职业技能培训。在学制上，可以实行全日制、非全日制、学时制或学分制等。在培训方式上，可利用现有培训机构组织集体办班，或采取企业与职业培训机构联合办班，也可利用广播电视、函授等现代化教学手段进行培训，还可鼓励个人自学。要突出培训的针对性和实效性，一般以短期和以掌握实际操作技能培训为主，使下岗职工较快地提高再就业技能。

（四）进行创业能力培训。对准备自谋职业，特别是有创办小企业意向的下岗职工开展创业能力培训，使他们熟悉国家相关政策和法规，了解开业或创办企业必备的知识和程序，掌握经营管理方法，提高适应市场的能力，指导他们制订切实可行的创业方案，帮助他们解决落实过程中的问题，在他们开业后还应继续进行必要的咨询服务和业务指导。

（五）做好技能鉴定工作。职业技能鉴定机构应对要求参加技能鉴定的下岗职工，介绍有关鉴定的政策和程序，提供鉴定考核服务。对考核合格者，按规定发给职业资格证书。

（六）提供就业服务。对取得培训结业证书和技术等级证书的下岗职工，职业介绍机构可根据其所学专业技能，纳入劳动力市场信息库，为其办理劳动人事档案存放，并尽快沟通与用人单位和有关部门的联系，优先推荐就业。可以开设专场招聘洽谈会，使其直接与用人单位见面，增加就业机会；还可以推荐到用人单位试工。职业介绍机构应主动帮助用人单位与职业培训机构建立联系，从经过培训的对口人员中录用人员；对于愿意自谋职业的，要积极与有关部门联系，帮助落实开办手续、经营场地、减免税费等。劳动就业服务企业可根据实际情况，为培训学员提供实习场所，并根据企业实际需要，优先接纳下岗职工就业。

四、工作方式

（一）要发动全社会力量积极参与和实施再就业培训计划，为下岗职工提供培训服务。要鼓励工会、共青团、妇联和民主党派及公民个人参与培训计划的实施，要联合教育部门的大专院校、职业学校为再就业培训增添力量，充分发挥它们的自身优势，利用现有设施，挖掘培训潜力，做好再就业培训工作。对于具备条件且承担再就业培训任务比较好的教育、培训单位，经劳动部门确定，可以作为再就业培训定点单位，给予相应的扶持；对于组织下岗职工中的困难群体人员进行培训的，给予适当经费补贴。

（二）大力鼓励和支持行业部门和企业做好下岗职工转业培训工作。要充分利用行业和企业现有的培训设施和师资力量，对下岗职工开展多种形式的转岗转业培训。行业和企业的再就业服务中心要指定专人负责组织下岗职工的培训工作，并根据下岗职工分流安置计划方案，制定切实可行的再就业培训计划和措施。对准备进行产业结构调整或即将兼并破产的行业和企业，要加大在职职工的培训力度，进行失业风险、竞争意识教育和多种新技能培训，为其转业转岗准备条件。

（三）劳动部门要指导所属的就业训练中心和技工学校积极行动起来，主动承担再就业培训任务，发挥骨干作用。同时，要制定相应的政策，使培训经费的使用与市场需求及培训机构的业绩挂钩，同时，可采取培训资格认定、培训项目招标、培训成果考核等方式，使培训更加适应市场需求，取得直接促进就业的效果。还可采取有效措施，激励下岗职工改变被动等待救济为主动参加再就业培训。要积极运用广播电视、函授教育等手段，为下岗职工自学技能提供远程教学和辅导。要通过组织政策理论研讨和经验交流、表彰先进单位和个人等多种形式，推动和指导再就业培训工作的开展。

五、保障措施

（一）加强组织领导。劳动部和社会保障负责再就业培训的总体规划、政策协调和指导工作，并与国家经贸委、有关行业主管部门及全国总工会、全国妇联、共青团中央等加强协调。

各地劳动部门要在当地政府再就业工程领导小组的领导下积极开展工作。与有关产业部门加强联系，协助制定培训规划，做好组织实施再就业培训计划的协调指导、监督检查和相关服务工作。有关行业主管部门要加强对本行业再就业培训工作的领导，指导企业组织实施再就业培训工作。

（二）多渠道筹措、合理使用培训经费。实施再就业培训计划的经费采取多渠道的方式筹措。要根据《职业教育法》的规定，积极争取当地政府财政的经费投入，并从教育费附加中提取一定比例用于再就业培训。行业、企业组织培训，所需经费从职工教育经费中支付。再就业服务中心组织下岗职工培训所需经费，按有关规定，从拨付给再就业服务中心的有关费用中支付。其他培训机构开展培训所需经费应多方筹措。对根据市场需求组织下岗职工开展的培训项目，确需扶持的，经劳动部门审核，可由再就业基金予以适当补贴。在再就业基金尚未建立的地区，应争取各级政府加大对下岗职工培训的投入，由财政拨付专项经费，予以扶持，并与失业保险金中的转业训练费统筹使用。在对培训机构进行补贴时，要与其培训下岗职工，特别是其中困难群体人员的数量、培训项目、期限、培训合格率和就业率等因素挂钩。

各省、自治区、直辖市劳动部门应根据再就业培训计划，与财政部门协商，制定再就业培训经费的筹集、使用和管理办法。

（三）提供信息服务。劳动部门职业介绍机构要利用多种手段，广泛收集职业需求信息，进行职业供求情况分析和预测，并向社会公布。要主动与职业培训机构建立联系，沟通情况，为其确定培训方向、专业设置和招收下岗人员提供信息服务。对经过培训的下岗职工，要向社会发布求职信息，并积极向用人单位推荐。

（四）做好宣传工作。要充分发挥新闻媒介的舆论导向作用，运用各种宣传形式，大力宣传就业形势、就业政策、培训措施和办法，宣传下岗职工参加培训后实现再就业的典型事例，使广大下岗职工了解培训的重要性，引导下岗职工积极参加再就业培训。要大力宣传行业、企业和各类职业培训机构开展再就业培训的成功经验和做法，推动职业培训机构积极承担再就业培训任务，促使下岗职工再就业培训工作不断深入开展。

劳动和社会保障部

一九九八年二月四日

（劳动和社会保障部网站）

【示例 3-2】工作要点

2006 年全省电化教育工作要点

根据全国电教馆馆长会议精神和教育厅的总体部署，结合我省实际，今后一段时期我省电教事业发展的思路和设想是：

抓住一个中心　以资源建设与服务为中心；

强化两项职能　行政管理和业务指导；

抓好三个重点　教研、培训和实验校工作；

促进四个发展　信息化基础设施有较大的发展；基础教育资源建设有较快的发展；信息技术课程建设有全面的发展；信息技术的应用水平要有扎实的发展。

今年的重点工作是：

一、以资源建设与服务为中心，努力为中小学提供优质服务

1. 加快山西基础教育资源网的调整和建设力度，充分发挥省级资源库的带动和辐射作用；

2. 继续做好电子音像教材的编制、审查和发行工作；

3. 做好资源的组织、调配、技术咨询、技术培训和应用培训工作。

二、以农村中小学现代远程教育工程实施为重点，促进农村教育信息化发展

1. 继续抓好第一期远教工程的教师培训工作；

2. 积极做好第二期远教工程的准备工作；

3. 把农村中小学现代远程教育的应用作为工程建设的关键环节，摆在更加突出的位置。

召开全省农村中小学现代远程教育工程应用工作现场会议，及时总结推广"三种模式"下的典型教学经验。

三、积极开展培训工作，继续加大教师教育技术培训

1. 远教工程人员和校长培训工作；

2.《信息技术》学科教师培训工作；

3. 积极参与中小学教师教育技术能力培训工作。

四、加强《信息技术》学科课程建设，建设具有山西特色的信息技术学科教研体系

围绕新教材的使用，认真组织教师培训、教研和课程质量评估等工作。

五、以"现代教育技术实验校"为抓手，带动中小学校实验研究和应用水平

1. 抓实"13150"工程；

2. 继续举办全省初中物理、化学，小学科学、思想与生活信息技术与学科课程整合教学能手观摩评选活动；

3. 争取"13150"工程和全国教育科学规划教育部"十一五"重点课题、中央电教馆立项课题研究工作的链接，进一步提高研究水平；

4. 召开初中信息技术应用现场会。

六、加强队伍建设，提高自身素质

1. 实施"人才强馆"战略，引进人才，培养推进基础教育信息化建设的高素质人才；

2. 加强各级电教骨干人员培训力度；

3. 组建专家队伍，充分依靠和发挥专家的指导引领作用。

七、充分发挥电教系统整体优势，积极推进山西基础教育信息化支持服务体系建设

（山西电教，2006（1）.）

【示例 3-3】方案

××职业技术学院二〇一一—二〇一二学年度
"创建最安全学校"活动方案

一、工作目标

1. 坚持"打防结合、预防为主"与"标本兼治、重在治本"的原则，从教育入手，坚持不懈地对青年学生开展安全、法制、心理健康、道德修养等方面教育，增强学生的安全意识与法制观念，预防违法犯罪，提高遵纪守法的自觉性。

2. 完善安全稳定的规章制度。如值班巡查、防盗、防火、卫生、扫黄打非、校园秩序

等，要建立完善、明确的规章制度与防范措施，做到有章可循，便于落实。

3. 严防校园治安事件发生，做好防火、防盗、防易燃易爆、保障食品安全等工作，确保校园良好安全秩序。结合部门、行业安全工作实际，开展安全文明办公室、财务室、计算机室、实验室、学生宿舍、教室、食堂、工厂、锅炉房、供电设施、仓库等创安工作，做到人防、技防、设备防相互统一。

4. 齐抓共管，群防群治加强安全管理，及时排除隐患。加强对外来人员的安全管理，完善"四工人员"的用工管理制度和台账工作。加强公众聚集场所、劳动密集型场所消防安全隐患排查和治理，并建立和完善各种消防档案、台账，要做到规范完整、项目分类齐全、增补及时。做好政保工作，依靠广大师生员工开展与"法轮功"等邪教组织的斗争，注重校园网络安全工作，做好群体性事件的预防与处置，防止各种纠纷激发和引发的群体性矛盾和群体性上访。

二、实施方法

1. 各部门、各院（系）部按照属地管理办法，谁主管谁负责。按照签订安全责任书的要求，落实各项安全工作责任制和安全责任追究制。

2. 各部门、各院（系）部在二〇一一年十二月对各自担负安全工作中的隐患和漏洞展开自查自纠，并写出自查整改报告。

3. 二〇一一年十二月底，将由学院相关安全职能部门牵头，组织对各单位创建工作进行初评，学年末进行总评，考评结果作为学院对各单位年度考核的重要内容之一并予以公布。创建成绩突出的，学院给予表彰、奖励，创建工作差的将受到批评。

4. 二〇一二年一月—二〇一二年四月，对照××省××市创建最安全学校活动检查评比标准，各部门、各单位要有所侧重地开展安全专项整治活动，整理归档好与安全工作有关的硬、软件材料。

5. 二〇一二年五月将接受教育主管部门创建工作检查、评比和验收。

三、考核内容与标准

（略）

二〇一一年十一月三十日

写作训练

一、指出下文存在的问题，并进行修改。

××公司××科 2012 年度工作打算

新的一年开始了，随着中国经济的迅猛发展及公司规模的日益壮大，增强公司市场竞争力和业内影响力，是我们的最终目标。作为科室的主要负责人，如何顺应公司的发展潮流？如何完成今年的任务？如何制度化经营管理业务部门？实现这些目标需要投入更多的工作热情及制定更加精细的工作计划。

1. 信息是决定业务成功与否的主要因素之一。现在已经进入信息时代，而公司本来就是从事信息产业的，但去年对网络重视不够，因此 2012 年首先要建立公司网站，利用网络搜索信息，开拓业务视角。其次利用业内人士提供的信息，这种资源是非常宝贵的，也是需要重点维系的。

2. 老客户的工程延续及老客户介绍新客户是当前公司最重要的一种业务手段，这类业务是公司的实力的体现，也是对公司服务的一种回报。但是此类业务还是有较深的潜力可挖的，我们科应当担负起延续关系与挖掘潜在业务的工作。做到定期回访，及时反映，以及配合其他部门做好售后工作。

3. 应结合公司现有的制度，专门制定一套可行的操作制度，内容应当包括：奖惩机制、考勤补贴、差旅报销、培训计划、项目分析、每月总结等方面。

4. 公司目前的项目时间一般都是比较紧凑的，为了完成任务，或多或少都会出现部门之间的工作步骤不一致现象，如何避免此类现象的出现和尽量减少因此产生的不良后果，也是我们科今年工作的一个重点。

通过以上4点，2012年的业务开展工作将会有一个全新的面貌，我们科一定努力完成2012年经济指标！

二、写作

1. 写一份本学年的课余学习计划。

2. 应我××经济开发区阳光集团的邀请，日本××贸易公司董事长小岛一郎一行将于今年5月21日来××经济开发区进行友好访问，时间为两天。小岛一郎一行将考察××经济开发区，并就蔬菜加工出口问题与我××经济开发区阳光集团洽谈业务。请根据上述情况为××经济开发区阳光集团制订一份接待方案。

3.2 总 结

总结是对过去的某个时期、某个阶段、某个方面已完成的工作进行回顾归纳，分析评价，从而找出规律性的认识，用于指导今后工作的一种应用文体。

总结的使用范围很广，党政机关、人民团体、企事业单位，凡做工作的地方都需要工作总结。从时间上看，年有年终总结，季有季度总结，月有月份总结，有时做完一项工作，也要总结一下，所以在人们生活中离不开总结。

3.2.1 总结的特点

（1）过程性。所谓过程性，就是做每一件工作，总是有一定过程，有一定时间跨度。总结工作时，要反映出事情发展变化的过程来，包括工作怎样开始的，又是怎样发展的，期间遇到了什么问题，这些问题是怎样解决的，解决的效果如何。

（2）条理性。即对所做的工作要分清层次、有条理地予以反映，不能把一些散乱的、复杂的甚至是支离破碎的材料，堆砌起来了事。

（3）概括性。总结不只着眼于对实践活动情况与过程的复述，还要从现象中探求事物发展变化的必然性。它不满足于回答"做了什么"的问题，而是要进一步揭示"做了什么"之中的本质。总结应从纷纭复杂的现象中，分析概括出事物存在和变化的规律。

（4）理论性。即写总结时，不论是成功的经验还是失败的教训，都要提高到理论上加以认识，分析它的必然性，找出带有规律性的东西。通过总结，用来指导今后的工作，不能就事论事，要有一定的理论色彩。

3.2.2　总结的类型

总结可以从不同角度进行分类。按内容分，有工作总结、生产总结、科学实验总结、学习总结、思想总结；按范围分，有单位总结、部门总结、个人总结；按时间分，有年度总结、季度总结、月份总结、阶段总结；按性质分，有全面总结、专题总结。

（1）全面总结。是对某一单位、某一部门工作进行的全面性总结。它要展现该单位、该部门一定时期工作的全貌，其内容丰富，篇幅较长。

（2）专题总结。是对一定时期的某项工作或某一方面的问题进行的专门性总结，其特点是内容单一，针对性强，篇幅较短。

3.2.3　总结的内容与结构

1. 总结的基本内容

写总结，要求不同，因而总结的内容也不同。但总结是从工作中产生的，又要回到工作中去指导工作，从这一点上讲，总结的内容既要有工作过程中的各种情况的反映，又要有对这些情况的归纳、评价，以便找出规律性的东西。因此，总结大多包括以下 5 个方面内容。

（1）基本情况。即简要交代在什么情况下，做了什么工作，取得了哪些成效等，给人一个总体印象。这一部分内容主要是使读者对工作的情况有个大致的了解，或引起对总结中涉及的主要问题的注意。

（2）工作成绩。这是总结的一个主要内容，占据的篇幅较多。要写明取得了哪些成绩，是经过怎样努力取得的，采取了哪些有效的办法与措施。

（3）经验体会。这是总结的重点和中心，也是总结的目的之所在。工作成绩部分是务实，这部分是务虚。它从基本事实出发，有的放矢地对所做工作进行理论性分析。写总结不能简单地就事论事，而要结合对主要做法的叙述，对工作作综合分析，提炼出带理论色彩的鲜明观点，找出工作中带规律性的东西。

（4）存在问题。总结工作，应持"一分为二"的观点，既要肯定成绩、经验，又要找出问题和教训。这部分内容应说明工作中还存在哪些应解决的问题而暂时没有解决，应做的工作还没有做好或没有做扎实。当然，有一些经验总结是为了宣传先进经验，因而只写经验，不写存在问题。

（5）今后意见。这是总结的结尾部分，它是根据已经取得的经验，针对存在的问题，提出切实可行的改进措施和工作打算，指出今后的努力方向，起到表达决心和展望前景的作用。

就一篇总结而言，以上内容不一定全部都要写上，可以根据不同的目的要求有所侧重，或着重谈情况与成绩，或着重谈经验和体会。总之，一切应从实际出发。

2. 总结的结构与写法

总结的基本结构除落款和写作日期外，通常包括标题和正文两部分。

1）标题

总结的标题，形式多样。大体可分为以下 3 种形式。

（1）公文式标题。公文式标题的构成形式一般是"单位名称＋时限＋内容＋文种"，如《××局 2006 年工作总结》。这种形式的标题一般适用于全面性总结，当然不一定在一个标题中同时要出现这 4 个因素，可视具体情况而有所省略。

（2）文章式标题。这是一种类似文章标题的写法，形式多样，不拘一格。或是总结内容的概括，或是经验的总结，或是标明总结的范围，如《群策群力 拓展旅游开发新思路》。专题总结往往采用这种标题形式。

（3）正副标题。这种形式的标题是把文章式标题和公文式标题结合起来使用，一般正标题概括总结的内容或基本经验，副标题补充说明总结的单位名称、时限与种类等。如《改革出效益——××商场 2006 年工作总结》。这种标题主旨突出，清晰醒目，容易引起人们的注意。

2）正文

总结的正文由前言和主体组成。

前言。即写在前面的话，总结起始的段落，其作用在于用简练的文字概括交代总结的内容，让读者对总结的全貌有一个概括的了解，为阅读、理解全篇打下基础。这一部分内容或者说明所要总结的问题、时间、地点、背景、事情的大致经过；或者将总结的中心内容、主要经验、成绩与效果等作概括的揭示；或者将工作的过程、基本情况、突出的成绩作简要的介绍。

主体。即总结的主要内容。由于总结种类较多，内容复杂，这一部分可根据总结的目的和内容的要求采取不同的结构形式，不能死板地分成几大块。

根据内容特点，总结的结构形式有如下几种。

（1）综合式。所谓综合式，就是按照总结的基本内容所包括的基本情况、工作成绩、经验体会、存在问题和今后努力方向依次叙述。这种写法类似于工作汇报，常用于对某些工作的全面总结。

（2）总分式。首先概述总的情况，然后把一个时期的工作分为几个方面，每个方面的工作逐一写出情况、成绩、经验等，也就是对每项工作分别进行回顾、评价和总结。这种写法的好处是内容集中、眉目清楚，适用于较大单位或全面总结。

（3）阶段式。就是根据工作过程中的几个阶段，按时间先后分成几个部分来写。这种写法在叙述每个阶段时，把工作情况、经验教训结合在一起写。它的好处是便于看出整个工作的发展进程、各个阶段的特点和经验。对周期长而又有明显阶段性的工作，宜采用这种写法，但要注意防止记流水账。

（4）体会式。即以体会（而不是工作本身）为中心安排结构，着重谈经验和规律。根据几点体会，把有关工作情况综合成几个具体问题，从不同角度进行总结，寓情况于体会之中。写法上常常夹叙夹议，逻辑关系非常严密。或以主次为序，或以轻重为序，或以因果为序，这种写法多适用于专题总结。

（5）两段式。这种写法是把全文分成两大部分，第一部分是概述情况，第二部分侧重总结经验体会。这种写法与上一种略有不同，即先集中谈成绩或缺点，然后再谈体会，或把问题与设想单独作为一个部分放在结尾，但整个结构的主体还是两个部分。这种写法多适用于问题比较集中的专题总结。

根据表达方式，总结的结构形式可以分为以下几种。

（1）部分式。即把总结的内容分为几个部分，每个部分冠以小标题或标明序号。这种写法层次清楚，内容集中，一目了然。

（2）条文式。即将总结的内容按性质和主次轻重逐条排列，用数字标明顺序。这种写法行文简要，眉目清晰，灵活自由。

（3）贯通式。这是为了使行文前后相连，即不再列一、二、三条目，也不再分小标题，而是把总结的内容按事物发展的先后顺序或事物的内部逻辑关系，分成几个层次，全文贯通，一气呵成。这种写法显得紧凑自然，适宜较简单的总结。

3）落款和日期

总结与其他文种一样，也要署名，一般在正文的右下方写明总结的单位和日期。如是在报刊上发表的总结，一般将署名写在标题下。

【示例 3－4】全面总结

2006 年雷州市渔业科技入户工作总结
雷州市海洋与渔业局

2005 年我市启动了渔业科技入户工作，通过大力推广对虾健康养殖技术，有效地解决了药物残留问题，目前群众基本上都知道哪些药物是禁用药物，并在生产中拒绝使用，我市水产品质量安全水平得到提高。2006 年按照《全国农业科技入户示范工程管理办法（试行）》和《广东省渔业科技入户示范工程 2006 年技术指导工作方案》的要求，在总结上年经验的基础上，结合我市渔业生产的实际，确定了以解决对虾、扇贝养殖可持续发展问题为重点，进一步调整和完善工作方案。主导品种增加了扇贝，专家组、技术指导员和示范户也作了相应的调整。我局按照所制定的实施方案，精心组织，周密部署，紧抓落实，使我市渔业科技入户工作不断向广度、深度推进，取得了显著成效。2006 年我市渔业科技入户示范工程实施情况如下：

一、主要做法及基本经验

（一）组建机构，保障科技入户工作有序开展

为了保证渔业科技入户工作有条不紊地开展，我市专门成立了市渔业科技入户工作领导小组，组建专家组和确定技术指导单位。领导小组由市委分管渔业的副书记任组长，市委办副主任和市海洋与渔业局局长担任副组长，成员由财政局、科技局、农业局、海洋与渔业局、广播电视台有关领导和各示范镇分管渔业的领导组成。领导小组办公室设在市海洋与渔业局，负责渔业科技入户的日常工作，同时各示范镇也相应成立了渔业科技入户工作领导小组。制定渔业科技入户工作方案，领导、协调、统筹、规划渔业科技入户工作。专家组由我局根据工作需要从科研单位聘请专家教授及当地有知名度的对虾养殖专家学者组成。专家组主要负责拟订我市科技入户示范工程技术实施方案，协助遴选示范户，评审技术指导单位的技术工作方案，落实各项技术管理措施，负责培训、技术指导养殖户，检查、督促技术指导单位和技术指导员开展工作。确定雷州市水产技术推广站为技术指导单位，负责示范户技术指导、培训和咨询服务、制定技术指导工作方案等工作。为了增强每个人的工作责任感，2006 年我们将工作任务分配到人，各负其责。同时与各位专家及技术指导员签订了聘用合同，发放聘书。

（二）调整遴选示范户　（略）

（三）评选科技示范户小组长　（略）

（四）安排技术指导员及时入户指导　（略）

（五）及时组织专家进村入户巡回指导（略）

（六）制定切合实际的技术路线和指导方案（略）

（七）加强养殖技术培训（略）

（八）利用通信手段提高技术指导工作效率（略）

（九）认真组织测产汇总，客观评价科技入户指导工作效果（略）

（十）积极开展无公害产地认定（略）

二、项目实施绩效

今年是我市实施渔业科技入户示范工程项目的第二年，我们通过严密组织，加强管理，做到"科技人员直接到户、良种良法直接到塘、技术要领直接到人"，在省、市（县）专家和技术指导员的艰苦努力下，在去年渔业科技入户工作的基础上取得了显著成效。

（一）示范户增产增效明显

通过技术培训和多途径多形式入户指导，示范户技术水平得到普遍提高，生产效益也达到增产增收的目标。据统计，对虾养殖示范户 2006 年总产对虾 4 318 吨、产值 9 396.2 万元，利润 2 800.6 万元，比去年的 3 904 吨、8 057.9 万元、1 230.4 万元，分别增长10.6%、12.5%、11.9%；扇贝养殖示范户总产扇贝 360 吨、产值 136.8 万元，利润 57.6万元，比去年的 221 吨、79.4 万元、39.2 万元，分别增长 10.8%、9.4%、10.7%。

如纪家镇海联虾场陈耐坚（示范户）养虾面积 170 亩，前年由于虾病困扰造成亏本，去年在专家杜国平和技术指导员蔡汉秋等的指导下，17 口虾塘养殖南美白对虾全部成功，获纯利润达 50 万元，彻底扭转该养殖户经济的被动局面。该示范户今年接受专家的意见和技术指导员郭少玲的生产指导方案，对虾塘进行改造，生产再上一层楼，全年养殖两造对虾均获成功，营利近 100 万元。该示范户对科技入户示范工程给予了高度的评价，说"这才是真正为人民谋利益最真实的工程"。示范户肖旺鑫有地膜高位精养虾塘 160 亩，上半年由于急于提早放苗，选购的虾苗质量不够好，放养 40 天就发病，颗粒无收，亏损了 50 多万元。后来在专家和技术指导员的指导下，5 月底重新放苗，指导员每月到塘头指导 4～5 天，遇到问题及时向专家请教，经过 100 天左右的精心管理，取得了全面成功，营利 180 多万元。再如乌石镇镇西、镇南渔业村委会的余权、冯亚明等 20 个转产转业渔民扇贝养殖户，弃捕从养三年，由于缺少扇贝养殖技术，生产效益不显著。今年被选为示范户后，在专家和技术指导员的悉心指导下，终于尝到养殖致富的甜头，平均每户增收 1.38 万元。

（二）增强了渔民水产养殖质量安全管理意识（略）

（三）辐射带动渔民增产增收（略）

（四）探索了渔业科技推广新机制（略）

三、存在问题

（一）技术指导员服务手段落后

技术指导员进村入户指导时没有必需的仪器设备，遇到问题只靠"望、闻、问、切"和经验判断，一些问题不能得到及时有效的解决，使技术指导员的工作成效大打折扣。

（二）项目经费拨付太迟，不能及时支付技术指导员的交通、伙食、通信等补助费，影响技术指导员的入户指导积极性。

（三）对技术指导员的管理缺乏激励机制，造成一些技术指导员责任心不够强，有时示范户在生产过程中遇到困难和问题，技术指导员不能及时赶到现场加以指导解决。

（四）渔民科技素质低，接受能力不强，一些指导技术措施不能落实，影响先进实用技术的快速推广。

四、2007 年的工作设想

2007 年我市渔业科技入户工作主要从如下几方面加以改进。

（一）根据主推技术的需要，重新遴选示范户。淘汰一些在科技入户实施过程中不能认真履行职责、辐射带动能力不强的示范户。

（二）鼓励和支持渔民成立对虾养殖联合会，通过联合会把松散的养殖户联结起来，帮助我们更好地开展科技入户工作。

（三）以实施科技入户示范工程为桥梁，把水产加工企业与养殖户联结起来，为加工出口企业建立标准化、规范化的出口原料生产基地，进一步增强我市水产品市场竞争力。

（四）进一步完善科技入户技术方案，区分不同条件的养殖池、不同养殖区、不同养殖模式和不同起点，制定针对性较强的科技示范户片区技术指导方案，分类开展技术培训、指导，提高科技入户工作效率。

（五）将广东海洋大学水产养殖毕业生专题和暑期科技下乡活动与雷州市科技入户工作相结合。在专家直接领导下，派学生驻点建立（片区）对虾养殖技术指导服务站，其主要任务是指导和帮助养殖户学习水质分析技术、掌握水体水质分布变化规律和水质控制技术。

（水产科技，2007（1）.）

【示例 3 - 5】专题总结

立足职业教育　注重普及提高

——××职业技术学院推普工作总结

说好普通话，用好规范字，提高语言文字应用能力，是素质教育的重要内容。如何做好普及普通话和用字规范化工作，对于培养学生创新精神和实践能力，全面提高素质具有重要意义。高等职业学校是培养应用型人才的学校，如果我们忽略了这一阵地，那么，我们就难以培养出社会所需要的专门人才和合格劳动者，所以职业院校也必须做好语言文字工作。几年来，我院在推广普通话的工作中，作出了一些尝试，下面就将其总结如下。

一、开展推普工作的依据和思路

××职业技术学院是 1999 年 6 月由原××职业大学和××职教中心的合并成立的，全院共有教职工 500 余人，学生 6 000 余人。合并之前，学校对专业建设、教学改革较为重视，而对推普工作重视不够。1999 年 6 月两校合并后，新一届学校领导对推普工作极为重视，当年就选派教师参加省语委举办的普通话水平测试员培训班，并成立了普通话培训测试站，以推动全院普通话工作的顺利开展。

作为一所高等职业技术学院，我院的推普对象与师范院校不同。一般师范院校在推广普通话中，注重对学生进行普通话过关考核。但由于我院的情况与其他高校不同，专业多（全院共有 40 多个专业），学生杂（有大专、中专、成人教育等），人手少（只有 5 名推普员），起步晚（1999 年才开始），因此必须走与别人不同的路。怎样开展推广普通话工作？我们工作的思路是：立足职业教育，注重普及提高。

二、做法与经验

(一) 以推广为主、考核为辅

当前，国家对中小学教师、师范学校的师生提出了严格的要求，必须参加普通话考核，对其他学校的学生虽提出了一些要求，但不是很严格。如果采取师范院校的"一刀切"的做法，每个学生都必须通过普通话的考核也是不现实的，而且推广普通话是一项长期的工程，仅靠一两次考核也是不够的。针对我院的实际情况，我们在推广普通话的做法上，采取了以推广为主、考核为辅的办法。

推广为主，不是放任自流，而是要有目的、有计划地进行。首先是学校领导高度重视，提高全校师生对推广普通话工作的认识。其次是加强管理，学校领导把普及普通话、用字规范化工作列入议事日程，制定切实可行的工作计划，建立必要的工作制度，形成上下一致、齐抓共管的工作格局，确保推普目标按期实现。三是从实际出发，实事求是，遵循规律，因势利导，有目标、有组织、有计划地逐步推广普通话。

(二) 以点带面，重点突破

由于我院师生较多，全面推广普通话有一定的难度，因此我们选择好推普工作的突破口，通过个别带动一般。

1. 以专业为突破口。（略）

2. 以教师为突破口。（略）

3. 以优秀骨干为突破口。（略）

(三) 多种形式，百花齐放

在普通话教学安排上，我们不作统一要求，而是根据专业性质来确定。如旅游、文秘、新闻、管理等专业，把普通话训练课作为一门必修的技能课列入教学计划，做到有计划、有大纲、有考核。对其他专业则不作具体要求。

在活动的开展上，则形式多样，没有固定模式。由学校语委办、教务处牵头，举办普通话培训班，进行普通话测试；由工会、宣传部牵头举办教师诗歌朗诵会等；由团委牵头举行演讲比赛、主持人大赛、大学生辩论赛等。通过这些活动的开展，在全院形成了学、练、讲普通话的风气。

三、收获与体会

经过短短两年的努力，我院推普工作取得了一定的成绩。这主要表现在以下几点。

1. 自觉讲普通话已蔚然成风。由于在全院开展了推广普通话工作，师生对讲普通话的认识大大提高，普通话已成为今日的校园语言。

2. 师生普通话水平显著提高。经过培训，师生的普通话水平大大提高，反映教师讲课语言听不懂的现象已成为过去，学生的普通话过关率也大大提高。

3. 师生踊跃报名参加普通话测试。虽然目前我们没有对全院师生提出硬性要求，必须参加普通话测试，但许多师生踊跃报名。一年多时间，已有800多名学生自愿报名参加测试，一些教师也积极准备，争取今年参加普通话测试。

相信随着时代的前进、学校的发展，我院的推广普通话工作完全有条件朝着更高的目标迈进，为普通话在我国的全面普及而作出应有的努力。

二〇〇一年三月

写作训练

一、指出下文存在的问题，并进行修改。

2011 年度个人学习总结

一年一度的学习生活总体来说还是不错的，学习上积极认真，生活上独立自主。

回顾一年的学习生活，仿佛还是昨天的事。在这一年中，我是如何度过自己大学时光的呢？我绞尽脑汁想使自己记起一两件事来，好像还不曾有过使自己以之为荣的事。

上课时，能认真做好笔记，课后作业也能认真完成，但平时大部分时间都在玩，直到考试前，才拼命地看书，背重点内容，有时还搞通宵，以后一定要注意。

大学的生活还是丰富多彩的。系里组织了各种活动，有演讲比赛、卡拉 OK 比赛、主持人大赛、文明宿舍评比。文明宿舍评比最有意思了，我们宿舍平时不大干净，但是每到要评"文明宿舍"，我们宿舍可以说是最干净的。我还参加了表演，虽然表演时，我心里难免有些紧张，但这又是不得不做好的事，只有去克服。

大学的学习生活很快就会过去，我要努力学习，好好表现自己，塑造全新的自我。

二、写作

1. 写一份个人学习经验总结。

2. 对本学期班级工作进行回顾，以班级的名义写一份总结。

3.3　调 查 报 告

调查报告是对客观实际进行深入、周密的调查研究和分析综合后写成的反映调查研究成果的书面报告。简单说，对某一事物或者某一问题进行调查研究后所写出来的报告，就是调查报告。调查报告通常反映重大的典型、重要的经验和突出的问题，是实际工作中一种常用的文体。

常见的调查、调查汇报、情况调查、考察报告等都属于调查报告。调查报告在公务活动中应用广泛，它可以是汇报工作的材料，为方针、政策的制定及办法、措施的出台提供参考和依据；也可以公开发表，或宣传介绍，或呼吁揭露，反映实际情况及其本质规律，推动工作顺利开展。

3.3.1　调查报告的特点

（1）客观性。客观性就是尊重客观实际，靠事实说话。调查报告对社会存在的反映是客观的，不以好恶来判别是非，不以个人感情来改变事实存在，而是要尊重客观事实，由事实本身出发来认识规律。只有这样，调查报告所反映的规律性结论才有普遍指导意义，才有利于工作决策。

（2）针对性。调查报告具有明确的针对性。写调查报告的根本目的是通过反映情况，研究问题，提供经验，以推动工作顺利开展。因此，必须抓住上级需要了解或群众普遍关心的问题，从实际出发，有针对性地深入调查。调查报告的针对性越强，它的实际作用就越大。

（3）典型性。调查报告的典型性是指在调查报告的写作过程中所采用的事实、所揭示的问题具有代表性，被调查研究的对象本身具有典型意义。通过调查报告，能解剖一个"麻雀"，得出普遍性结论，用于指导面上的工作。

（4）系统性。调查报告的系统性是指以充分的、典型的事实为研究基础，用科学的态度、辩证的眼光处理材料，从而找出事物的内在联系，抓住事物的本质和主要方面，得出结论的推理过程。

3.3.2　调查报告的类型

调查报告由于涉及的内容广泛，表现形式也多种多样。根据不同的需要和标准，调查报告可划分为许多不同的种类。根据调查对象反映的范围不同，可以分为综合调查报告和专题调查报告；根据调查对象所反映的内容不同，可以分为反映情况型、探讨研究型、总结经验型、揭露问题型和史实考证型调查报告。从实际运用的情况看，常用的有以下几种。

（1）反映情况型。这种调查报告主要反映某地区、某单位、某行业或某一个方面的基本情况或综合情况，所反映的情况一般比较全面、完整和真实。它侧重较全面地反映现状，说明基本面貌及发展趋势，剖析存在问题的症结，为领导机关了解情况、研究问题、制定政策提供依据。

（2）总结经验型。是以社会生活中值得推广的先进经验、优秀典型为调查对象，通过对这些对象进行调查研究，并提出若干值得人们借鉴和思考的问题。这类调查报告所反映的情况常具有典型性，目的在于以点带面，总结推广经验，指导全局工作。

（3）探讨研究型。针对实际存在的有一定代表性或某种倾向性的问题进行探讨，侧重于反映问题的特点，分析问题存在的原因，提出切实可行的解决问题的意见、措施。这一类调查报告往往为解决某项工作中的关键问题，或为了进一步完善某一政策，经过周密的调查和详尽的研究，从理论上大胆探索，并提出意见或对策，作为领导决策时的参考。

（4）揭露问题型。这种调查报告是用大量事实，揭露某一问题的真相，以引起人们的重视，达到弄清是非、教育群众、解决问题的目的。这类报告，揭露问题灵活，针对性强。

3.3.3　调查报告的结构与写法

1. 调查报告的撰写步骤

调查报告的形成过程分为 3 个阶段，即调查阶段、分析阶段和报告阶段。

1）深入调查，这是撰写调查报告的基础

调查之前要有充分的准备。要学习领会党和国家的方针、政策，掌握科学的分析方法，提高分辨是非的能力，同时还要明确调查的目的和任务，只有事先明了要调查什么内容、解决什么问题，才能避免调查的盲目性，少走弯路，提高调查工作效率。具体操作上，要拟订调查提纲，初步设计调查的内容、时间、方式和步骤。

2）分析研究，这是撰写调查报告的关键

分析研究调查材料，其实质是分析研究社会现实及其问题，对社会现实的准确深刻认识，又决定了调查报告主旨的归纳和提炼，因此，这一环节直接关系到调查报告的优劣成败。

要全面、深入、细致地分析研究各种调查材料。要特别注意分析研究调查材料的表象真实与本质真实，注意分析研究问题发生与解决的偶然性与必然性，注意分析研究成功经验的个体效应与普遍意义等。只有对大量的调查材料进行去粗取精、去伪存真、由此及彼、由表及里的鉴别、分析，才能准确把握其内涵，提炼出正确、深刻的主旨。

3）撰写报告，这是撰写调查报告的具体操作

要围绕调查报告的主旨，对所掌握的材料进行选择和取舍。要将那些最能说明问题、最为典型、最能表现主旨的材料，有机地组织在调查报告中，使之既能充分展示调查报告的客观内容，又能揭示出深刻的主观思想。此外还要把研究这些材料所得出的具体认识或经验教训写出来。

2. 调查报告的结构与写法

1）标题

标题是调查报告的眉目，它应反映调查的课题或文章的中心。

（1）公文式标题。这是调查报告标题的主要形式，一般采用公文规范式，如《××市委关于党员先进性教育工作情况的调查报告》。有时也可用省略式，即"事由＋文种"，如《关于电动车市场的调查报告》。

（2）文章式标题。这类标题主要用于报纸杂志上，如《大学毕业生热衷学而优则仕》、《菜篮子为何越拎越重》。

（3）正副标题。正标题为中心观点或正文内容的概括，副标题标明调查的课题或对象、范围等。有时由于正标题高度概括凝练，不能完全反映事件或范围，副标题则作补充交代，如《为了造福子孙后代——××市山林现状调查》。这类标题一般用于公开发表的调查报告。

2）正文

正文主要分导语、主体两部分。

导语。又称前言、引言，一般是提示本文最主要的内容或提出展开正文的引子，以吸引读者阅读正文。其内容包括调查的目的、调查的内容、调查的对象、调查的时间和地点、调查的方法等。导语主要有以下几种写法。

（1）全文内容概述法。即介绍调查对象的概况，交代必要的背景，简述全文的主要内容。

（2）突出成绩（或问题）法。即在开头就提出主要成绩或重要问题，吸引读者为追根导源而阅读全文。

（3）主旨直述法。直接把文章的主题或调查的结论在开头写出。这种写法能提纲挈领，统摄全文。

（4）调查过程简介法。简要地说明调查的时间、地点、对象、范围、方式、目的，使读者了解调查的过程和写作意图，并扼要点明文章的基本观点。

（5）提出问题法。开篇提出一个发人深思的问题，造成悬念，引起读者阅读正文的兴趣。

导语总的要求是简明扼要，避免与主体部分重复。如果没有必要，可以不写前言，直接进入主体部分，把前言的内容包容在主体部分中。

主体。这是调查报告的核心部分，是导语的引申展开，也是结语方式的根据所在。这一部分对调查得来的事实和有关材料进行叙述，对所做出的分析、综合进行议论，对调查研究的结果和结论进行说明。由于涉及的材料多，这一部分的结构形式要特别注意。

（1）根据逻辑关系安排材料的结构，有纵式结构、横式结构、纵横式结构。

纵式结构，是按调查的先后顺序或事物发展变化的过程顺序来组织材料的。

横式结构，是按问题的性质或事物的特点来组织材料的，并把有关材料分门别类地归入各种性质或特点之中，多用小标题来标明各类问题与情况的性质、特点。

纵横式结构，兼有"纵式"和"横式"两种结构形式的特点，总体上按时间顺序安排材料，在具体叙述时又按横式结构展开叙述。

以上这3种结构，以纵横式结构常为人们采用。

（2）根据内容表达的层次组成的结构，有以下几种："情况－成果－问题－建议"式结构，多用于反映情况型的调查报告；"成果－具体做法－经验"式结构，多用于介绍经验型的调查报告；"情况介绍－原因分析－探讨对策"式结构，多用于探讨研究型的调查报告；"事件过程－事件性质结论－处理意见"式结构，多用于揭露问题型的调查报告。

3）结尾

这部分的内容是小结调查的过程和主要结果，陈述调查研究的结论或阐明所调查现象产生的原因和具有的影响，并提出解决的办法或建议等。结尾常用的写法有以下几种。

（1）总结全文，深化主题。有些调查报告在分点叙述后，需要在结尾处根据全文得出结论，借以强化主旨。

（2）提出建议、对策，引起注意。有些调查报告常常在文章的结尾处针对调查的内容提出一些建议，以引起有关领导和有关方面的注意，促进问题的解决。

（3）提出问题，启发思考。即在文章结尾处，有针对性地提出一些问题，启发读者思考。

文无定法，写调查报告不必拘泥于某一结构，有时可根据表达需要调整结构或把"情况"与"分析"结合起来写，或把"探源"与"献策"糅合在一个部分。总之，每部分内容的多寡或结构上的分并，应视情况而定，但各部分要有严密的内在联系，全篇应是一个完美的构思整体。

【示例3-6】反映情况型调查报告

把脉大学生就业心态与需求

——广西高校毕业生就业现状及就业服务需求的调查报告

陈 坤 刘业晔

日前，中国广西人才市场在南宁举办了一场大学生就业服务座谈会，来自广西大学、广西民族大学、广西医科大学等自治区内10所高校的学生代表参加了会议。此间，中国广西人才市场对参会的高校学生代表进行了问卷调查，借此了解当前高校学生的就业现状和他们对就业服务的需求。

高校毕业生就业心态关键词

关键词一：担忧形势

2007年全国高校毕业生将达495万人，比2006年增加82万人，随着高校大学生的不断增多，他们面临的就业压力也逐渐加大。调查显示受访者对就业形势表现不乐观，83.33%的受访者认为就业形势严峻，这表明就业严峻已成为高校学生的普遍共识。尽管如此，仍然有44.44%的受访者对就业前景持较为乐观的态度，对找到工作保持一定的信心。

关键词二：缺乏规划

在"职业规划"逐渐风靡于社会，并对个人求职具有愈来愈重要意义的时候，广西高校毕业生对此却不甚了解。数据显示：大多数高校毕业生对自己的职业生涯规划较为模糊，66.7%的受访者坦然承认自己的职业规划较为模糊，甚至有5.6%的受访者坦承根本没有职业规划，只是走一步，算一步。另外，调查还显示大学生的就业心态相对"短视"，66.7％的受访者认为就业的主要目的是实现人生目标，也有受访者认为就业的首要目的是为了建设家庭奠定基础和解决生存需要，仅有5.9％的受访者选择为社会做贡献。

关键词三：渐趋务实

在当前就业形势比较严峻的现实面前，大部分高校毕业生们的就业心态趋向理智。"先就业再择业"成了高校毕业生们的普遍共识。调查中，有66.7％的受访者表示会先就业后择业，这表明高校学生的就业心态有了很大程度的转变。在就业考虑上，高校学生也渐显成熟。83.3％的毕业生最关注的是个人发展机会，薪酬福利和工作地点则退居其后。和以往大学毕业生"宁要城市一张床，不要农村一套房"的心态不同，调查显示了一个新现象：越来越多的高校毕业生愿意到基层就业。16.7％的受访者表示愿意到基层就业，61.1％的受访者表示有可能到基层就业。

关键词四：薪酬期望值调低

据调查统计，受访者对工作的月薪期望主要定位集中在1 000～2 000元之间，所占比例分别为72.2％。在这个幅度区内，定位1 500～2 000元之间的人数较多，所占比例达66.7％，选择1 000元左右和3 000元以上的人数较少，各自所占比例均为5.6％。在最低月薪要求上，选择800元左右、1 000元左右和1 500元左右的比例分别为27.8％、38.9％和27.8％，但也有受访者表示能接受600元的月薪，只是比例不高，只有5.5％。

从调查情况看，大部分毕业生理想薪酬较以前有所调低，已经开始与市场接轨。

大学生的就业需求关键词

关键词一：信息获取

目前大学生获取就业信息的主要渠道是就业网站或人才网站，大部分大学生都比较关注就业信息网站。调查显示，就业网站和人才网站是受访者获取就业信息最有效的渠道，其次是校园招聘会和学校就业信息公告栏。由此可见，政府所属人才服务机构应加强和高校的联系，互通信息，更好地为高校毕业生提供就业服务。

关键词二：就业指导

调查显示：就业信息获取、求职技巧经验和就业心理辅导、就业技能培训和职业生涯规划是受访者最感兴趣的就业指导内容，其所占比例分别为38.9％、38.9％、33.3％、27.8％和22.2％。

虽然根据上面的分析，大学生急需职业生涯规划的就业指导，但是大学生本身并不最关注此类内容，他们更关心如何去提高自身能力及素质，增强就业竞争力。受访者最感兴趣的就业指导形式是经验分享，然后才是专题讲座、案例分析和就业模拟体验。调查显示，就业指导的专题讲座是目前高校就业指导的最主要形式，但并不是最受大学生欢迎的。能提供经验分享的学长和案例介绍的企业专业人士最受大学生欢迎。因此，高校应届毕业生较需要就业技巧和行业及专业人才需求的信息指导；非应届毕业生较需要职业规划、职业定位等方面的专业指导。

专家指导意见

针对这份调查，中国广西人才市场人才交流部经理袁晶结合多年从事高校毕业生人才中介服务经验，对我区大学毕业生就业提出了几点建议。

建议一：储备能力

从调查情况看，大部分受访者认为影响就业成功的首要因素是能力，比较缺乏的素质依次是相关工作经验、专业知识和能力及解决问题的能力。工作经验是高校大学生进入就业市场时普遍遇到的门槛，因此他们更为关心如何通过实习提高工作经验。33.3％的受访者认为自己缺乏的素质是专业知识和能力，33.3％的受访者认为自己的求职能力一般。这说明大部分高校学生对自己在高校所学知识和技能缺乏自信，对自己职业素质能否符合用人单位要求缺乏信心，同时也反映了当前高校教育内容跟不上用人单位的需求。要想顺利实现自己的职业理想，大学生应该努力提高自身的专业素养和心理素质，为求职储备能力。而且储备能力并不是到了大四才开始准备，从科学的角度说，整个大学期间都应该打好基础：一年级了解自我，二年级锁定感兴趣的职业，三年级有目的提升职业修养，四年级初步完成学生到职业者的角色转换。

建议二：戒躁戒急

面临严峻的就业形势，大学生就业亦不可着急焦躁，盲目跟风。现在部分大学生就业趋向于条件相对比较宽松的单位，很多大学生存在盲目跟风、相互攀比的误区。比如说，同学已经就业了，自己没就业感到很没面子；同学们基本上都是在城市就业，如果自己选择农村就证明没能力或者没有社会关系，很丢脸……大学生应该关心自身所在地区的经济发展情况、所学的专业适合到什么样的岗位去工作、性格特点兴趣爱好应该怎么跟自身专业结合起来等问题。做到从实际出发，实事求是。

（广西日报，2007－04－09.）

【示例 3－7】探讨研究型调查报告

关于非公有制企业职工劳动保护问题的调研报告

劳动保护部

根据工会十四大提出的全面推进非公有制企业工会工作的思路，结合全总"组织起来，切实维权"的要求与部署，针对非公有制企业伤亡事故多、职业危害严重、职工安全健康权益屡遭侵犯的严酷现实，为促进国家进一步健全和完善企业安全卫生监督管理体制，及时修订和完善职业安全卫生法律法规及相关政策，有效保障工人阶级的新成员——进城务工人员的职业安全，卫生权益及探索各级工会促进、推动非公有制企业加强劳动保护工作的有效方法和最佳途径，我部对非公有制企业进行了调研。调研采取向全国各省（自治区、直辖市）总工会下发调研提纲和赴非公有制经济发展较快的上海、天津、浙江、江苏四省市实地考察的形式。经过调研，基本了解了这些地区非公有制企业劳动安全卫生状况和工会劳动保护工作情况。现将调查情况及政策建议分述如下。

一、非公有制企业劳动安全卫生基本情况及存在的主要问题

上海、天津、浙江、江苏四省（直辖市）都是非公有制经济发展较快的地区。截止到2003 年底，上海市共有非公有制企业 29.17 万家，从业人员 31.81 万人，分别比 2002 年增长 29.8％和 26.9％；天津市有非公有制企业 403 万家，实现经济产值 405.17 亿元，占全市GDP 的 20％以上；江苏省非公有制企业占全省企业总数的 93％以上，仅南通市就有非公企业 27 413 家，占企业总数的 96％；浙江省除银行、邮电、电力等国家控制的行业外，已没有国有企业。全省非公有制企业 30 余万家，从业人员 414 万人，GDP 总量名列全国第四位。在我们充分肯定非公有制经济迅猛发展，成为国民经济增长的重要支撑和解决社会就业的主要渠道，为全面建设小康社会做出巨大贡献的同时，也应看到非公有制企业在安全生产和职工劳动保护方面还存在着不少的问题。2003 年，上海市私企职工因工死亡 177 人，占

全市因工死亡总数的 39.33％；天津市非公有制企业因工伤亡 58 人，占全市伤亡总数的 68％；江苏省非公有制企业事故起数与死亡人数均占全省的 67％；浙江省是非公企业大省，也是安全事故重省，生产安全事故总数位居全国第三。其中，非公有制企业发生工业伤亡事故 736 起，死亡 756 人，分别占全省事故总数和死亡人数的 82.4％和 89％。

四省（市）非公有制企业劳动安全卫生状况是：

1. 大部分国有改制企业能够认真贯彻"安全第一，预防为主"的生产方针，注重安全投入，职业安全卫生工作基础扎实，机制健全，管理到位，无论改制前还是改制后，这类企业都能一如既往、扎扎实实地开展劳动保护工作。

2. 大部分规模以上民营企业、外商投资企业、合资企业和私营企业由于自身发展已经跨越了原始积累阶段，经济实力雄厚，劳动安全卫生工作从制度到管理都比较健全和规范。这类企业不仅能认真执行国家安全生产和职业病防治的法律法规，按国家政策为职工上各种保险（工伤、医疗、养老、失业、生育），而且江苏、浙江两省部分对外加工企业还能主动按照国际市场竞争要求，自觉建立 OHSMS（企业自律性的）职业安全健康管理体系。浙江省一部分面向欧美的外向型企业还做好了应对 SA8000（社会责任认证标准）挑战的准备，这部分企业劳动保护现状也比较乐观。

3. 大部分规模以下（浙江标准，职工 100 人以下，月产值 500 万元以下）非公有制中小企业、韩、台资企业，个私企业由于尚处于资本原始积累阶段，片面追求经济效益，重生产、轻安全，无视劳动者生命和健康权益，企业劳动保护形势严峻。

(1) 设备陈旧，条件落后，环境恶劣，安全生产基础薄弱。（略）

(2) 劳动安全卫生防护用品欠缺，不按期发放，职业危害难以避免。（略）

(3) 随意延长劳动时间，加班加点严重。（略）

(4) 随意剥夺职工接受安全教育培训的权利。（略）

(5) 企业安全生产管理薄弱。（略）

二、非公有制企业劳动安全卫生问题的原因

非公有制企业事故多发、职业危害严重的原因是十分复杂的，它是由企业赖以生存、发展的内外因素相互作用、相互影响形成的。

1. 一些地方政府错误的政绩观和盲目追求增长率的行为，为一批不具备基本安全生产条件的非公有制企业提供了滋生的土壤。（略）

2. 政府监督管理体制不顺，基层监督力量薄弱，企业监督无法到位。（略）

3. 安全生产企业负责的运行机制尚未建立。

4. 安全生产及劳动保护法律法规尚不健全完善，制定和修改相对滞后。（略）

5. 伤亡赔偿、经济处罚标准过低不足以刺激企业增加安全生产及劳动保护投入。（略）

6. 工会"群众监督参与"职责难以落实。（略）

7. 进城务工人员自身安全意识薄弱、安全技能差、安全素质低也是导致非公有制企业事故多发的原因之一。（略）

三、工会维护职工劳动安全卫生权益的经验及做法

调查中，我们着重对如何加强非公有制企业工会劳动保护工作进行了了解，我们认为各级工会以下的一些经验及做法很有借鉴意义。

1. 建立健全工会劳动保护监督检查组织。（略）

2. 健全基层工会组织机构，将工会工作的重心下移。（略）

3. 对非公企业工会主席实行选派制和设立非公有制企业工会主席益权保障基金，为非公企业工会主席依法履行维护职责奠定了基础。（略）

4. 建立非公企业职业安全卫生维护机构，构筑工会主动参与平台。（略）

5. 在流动性行业，用"两个跟着走"的方法实现企业劳动保护工作"关口"前移。（略）

6. 构筑监督参与新格局。（略）

7. 加强工会劳动保护监督检查员业务培训。（略）

8. 通过"上一级工会代行基层工会部分维护职责"，协助非公有制企业工会落实维护职能。（略）

9. 拓展"安康杯"竞赛活动的覆盖面。（略）

四、相关的对策建议

1. 进一步提高对非公有制企业劳动保护工作的认识，明确政府在推动企业安全生产、保障职工安全健康权益问题上的主导责任。（略）

2. 进一步落实和完善职业安全卫生相关法律法规，推动建立安全生产企业全面负责机制。（略）

3. 进一步加强对非公有制企业的职业安全卫生监督管理，充分发挥行政执法的威力。（略）

4. 进一步加强舆论监督，努力营造"关爱生命、关注健康"的良好社会氛围。（略）

5. 进一步改进和完善职业安全卫生教育培训体制，有效提高职工安全生产素质。（略）

6. 进一步加强对非公有制企业工会工作的指导，推动和协助企业工会将维护职工劳动安全健康权益的职责落到实处。

（1）落实以人为本的科学发展观，自觉地把维护职工劳动安全健康权益、保障职工体面劳动作为工会维护职工"劳动权益"的主要内容。（略）

（2）健全和完善非公有制企业劳动保护监督检查体系。（略）

（3）加强非公有制企业工会主席、工会劳动保护干部和工会劳动保护监督检查员的培训工作，提高他们的维权能力。（略）

（4）加强对非公企业工会劳动保护工作的指导，协助企业履行维护职责。（略）

（5）积极开展针对事故多发企业和职业危害多发行业的职业安全卫生检查活动。（略）

（6）继续深化"安康杯"竞赛、"一法三卡"等活动，充分发挥工会劳动保护品牌活动的效力。（略）

（7）加强对 SA8000 的研究，促进企业职业安全卫生工作。（略）

（中国工会劳动保护网）

▶ 写作训练 ◀

一、指出下文存在的问题，并进行修改。

关于广告对消费者影响的调查报告

我们这次进行的社会调查，主要是关于消费情况的调查。在调查过程中，我们发现，广告对消费者购买产品的影响太大了。

在我们的调查人群中，有 96% 的人群是通过网络、海报、电视广告和报纸广告的途径了解产品的，这个结果完全可以体现广告宣传工作对产品的影响了。

在我们的调查人群中，有 40% 是大学生，可以这么说，大学生是一个极大的消费群体。大学生对时尚、对生活有着独到的见解和追求。一方面，他们关注时尚、追求流行，另一方面，他们又崇尚个性化的独特风格，喜欢标新立异。在产品消费上，大学生的质量和品牌意识较强，品牌消费高度集中。但追求品牌消费的同时，他们并不盲从。电视、杂志等媒体是大学生获取知识、信息的主要渠道和来源。

对于制造商来说，广告是他们不可多得的一把生财工具，认为广告对品牌消费产生影响的有 60%，有影响就说明有可能购买该产品。

对于消费者来说，根据广告来判断自己到底要不要该产品，这个产品是不是适用于自己，在同类产品中到底买哪个等信息都是从广告中获取的，可以说，广告已经成为了商品的一部分。

凡事都有利弊之分，对于产品来说，广告既然是利刃，就会割出血，许多品牌就是错误地做了广告，结果就倒了。如秦池酒业，做了中央台的"标王"，可惜广告投入产出比太大了，企业入不敷出，没多久就倒闭了。

可以说，广告对消费影响很大。

二、写作

采用问卷和个别访谈的方法，对本校学生的课余活动或阅读情况、消费情况等作一个调查，写一份调查报告。

3.4 简　　报

简报就是简明情况的报道。它是机关、团体、企事业单位内部用来反映情况、通报信息、交流经验、推动工作时经常使用的一种文体。

简报简要报道单位内部各方面的情况，方便、快捷。各机关内部编发的"动态"、"简讯"、"情况反映"、"情况交流"、"内部参考"都属简报。简报不具备公文的法律效力和行政效力，只是通过报道工作中的新情况、新问题、新经验和新成绩，让上级了解下情，有效地指导工作。

3.4.1 简报的特点

（1）真实性。简报的一个重要作用就是向决策机关反映情况，提供决策依据，所以内容必须真实可靠，所用事例、数据、情况及涉及的对象、时间、地点和条件都应准确无误，切忌道听途说，文过饰非，弄虚作假。

（2）新颖性。撰写简报的目的是向上级汇报工作，对下级指导工作，向同级单位通报情况和交流信息，使读者从所反映的新情况、新经验和新动态中获得新的认识。因此，要在"新"上下工夫，选择能体现时代特征的报道角度，力求反映新情况、新问题、新经验和新动向。

（3）简明性。简报的篇幅有限，因此要注意内容的简明扼要，抓住事物的本质特征，表达力求干净、利落。简而明，是简报得以存在的根基。

（4）时效性。简报的写作和编发速度要快，要抓住时机迅速及时地作出报道，失去了时机也就失去了简报的作用。如果简报"慢半拍"、"马后炮"，错过时机，就无须再编发了。

3.4.2 简报的类型

简报从内容上分,有业务简报、专题简报、会议简报;从形式上分,有专题简报、综合简报。

(1) 业务简报。业务简报是专门反映机关内部和本部门、本系统日常业务工作情况的。这类简报又分为定期和不定期两种,都是长期性的。例如《金融简报》、《教改动态》、《水文简报》等。

(2) 专题简报。专题简报是针对某些工作、某项任务而专办的简报,也叫中心工作简报。这类简报主要反映该项专门工作的动态、问题、经验及典型材料等,它具有一定时间性,专门工作结束后,简报也随之停止,如《非典工作简报》、《先进性教育活动工作简报》等。

(3) 会议简报。会议简报主要用于报道重要会议筹备过程及会议代表发言摘要、会议决议等,如《大学生思想政治工作会议简报》、《全国物流工作会议简报》。不是任何一个会议都出简报,只有那些大、中型的重要会议才出简报。会议简报一般由会议秘书处或主办单位编写,是一种临时性简报。

3.4.3 简报的内容与结构

1. 简报的内容

简报的内容,主要是围绕本单位学习、讨论和贯彻各个时期党的中心工作,及时反映各级干部、群众的思想动向;也可以是汇报本单位重要工作、重大活动及一些突发性的重大事件,特别是那些具有典型意义的工作经验。

具体来说,简报经常报道的内容有以下几方面:会议消息;上级机关的工作部署和指导意见;领导同志的重要讲话;带有方向性的重要活动;有典型意义的工作经验;广大群众关心的问题;政策、措施的反馈信息;工作中出现的新情况;重大突发性事件等。

2. 简报的结构与写法

简报的格式大体可分为报头、文稿、报尾 3 部分。

1) 报头部分

报头在简报第一页的正上方,约占全页的 2/5,用间隔线与文稿部分隔开。报头的内容包括:简报名称、期数、编发单位、印发时间、密级、编号等项目,其中简报名称多数套红。

2) 文稿

这是简报的主要部分。

(1) 标题。标题是简报内容的总提要,要力求确切、简短、醒目。简报的标题自由灵活,可用新闻标题法,也可用文章标题法,还可用公文标题法。会议简报一般不另列标题,如登多份材料,在前面封面上要列出目录。

(2) 正文。简报的正文与新闻报道有许多相似之处,一般由导语、主体、结尾、背景材料几部分组成。

第一,导语。即简报所载文章的开头语,它要求用简洁的语言概括全文的内容,反映主要事实,以便引导读者阅读下文。导语的方式多样,写简报时,可根据内容表述的需要,分别采用叙述式、提问式、结论式、描写式等。

叙述式。即在正文开头部分,先把全文最主要的事实或主要内容,用摘要综合的方法简明扼要地叙述清楚。这种方式可以使读者读了导语就能把握全文概貌或中心内容,形成总体印象。这是目前运用得比较多的一种方式。

提问式。即用设问句的形式作为开头，把简报反映的主要问题提出来，以造成悬念，吸引读者阅读下文。

结论式。这是把对某个问题分析研究后所得出的结论放在简报的开头来写，然后再在主体部分阐述具体事实。

描写式。即用生动形象的语言，把与简报内容有关的特定场景描写出来，使读者有身临其境之感，从而增强简报的吸引力。

第二，主体。主体是简报的主干部分，一般是紧承导语，把导语中提出的中心内容，用足够的、典型的、有说服力的材料加以具体化，或把导语中提出的问题分层次地具体叙述。可以叙述取得的成绩，分析取得成绩的原因；也可以具体介绍做法及效果；还可以反映情况，提出存在问题，也可以几项兼而有之。

要把主体部分的材料安排好，关键在于安排好叙述顺序。简报主体的结构方式有"纵式"和"横式"两种。"纵式"即按事物发生、发展的时间顺序安排，简报选用的材料是一个问题、一种情况或一个事件时，常常用这种方法。"横式"即按事理分类，各材料之间是平行并列的关系。当简报反映涉及面宽，但共性突出的问题时，或集中报告多种意见、发言或多角度说明问题，多方面地揭示事物的意义时，常用这种方法，为了醒目往往使用小标题。

第三，结尾。简报的结尾往往只是三言两语。或简要概括一下全文的内容，以加深印象；或集中总结成绩，以强调效果；或发出号召，以推动工作；或指出发展趋势，以引起注意。有时结尾也可不要。

有的简报还在正文前加编者按语，也叫编者按，说明编发此份简报的原因或目的，以引起读者的重视。按语是简报的编者及有关领导审查文稿后，对文稿的内容性质所作的说明性和评论性的文字。"编者按"是代表简报编发单位的意见，一般放在简报文章标题之上，也可以放在标题之下，有的用括号括住，有的用比正文略大的字体刊印，加以突出。

常见的按语写法：一是批示性按语，即编者根据领导人的意见，提出简报内容和借鉴的原则要求；二是提示性按语，把简报的中心内容提示出来，便于读者迅速把握文章精神；三是评价性按语，表明编者对简报内容所报道的事实的看法，引导读者掌握政策界限。

3）报尾部分

由发送单位和印发份数组成。这部分写在最末页下端两道横线中。左边写发送单位，这是对简报分送范围的限定，分抄报、抄送；右边写本期共印份数。有的简报没有报尾，如单位内部印发的简报、会议简报等。

【示例3-8】业务简报

防汛抗旱简报

第 124 期

江西省防汛抗旱总指挥部办公室编　　　　2011 年 11 月 1 日

赣江下游水位创新低　沿岸各地确保供水安全

10 月以来，我省降雨比往年偏少，特别是 10 月 14 日至 30 日，全省平均降雨量仅 14 毫米，为历年同期均值 41 毫米的 34%，受此影响，赣江、抚河等主要江河水位下降明显，鄱阳湖及五河控制站水位除饶河外均低于多年同期均值。10 月 31 日 8 时，赣江樟树站、丰城站再创历史新低，南昌外洲站 13.72 米，仅比历史最低水位高 0.8 米，低于多年同期均值 3.61 米。

面对严峻的低枯水位形势，省防总密切关注，制定了《赣江中下游枯水水量调度预案》，赣江中下游沿岸城镇按照预案落实了应对低枯水位的措施，确保城镇供水。南昌、丰城、樟树等沿江城市近年在对取水设施进行改造的同时，采取了临时应急取水措施，确保极枯低水位时的供水需要。2010 年，南昌市筹措资金 340 万元，为日供水 60 万吨的青云水厂新建一座临时取水泵房，并将日供水 30 万吨的朝阳水厂取水管道继续向江心延伸，将最低取水水位降至 12 米，并做好 11 米的应对预案，增强了取水能力。丰城市第一、二水厂经过更新改造，目前可保证丰城站水位处于 15 米时城市供水。

截至 10 月 31 日，赣江沿岸城市供水正常。据省水文局预测，未来 5 天赣江中下游水位仍将缓慢下降。

（江西防汛信息网）

【示例 3-9】中心工作简报

中国联通保持共产党员先进性教育活动简报

第 81 期

中国联通先进性教育活动领导小组办公室　　　　2005 年 8 月 30 日

中国联通第二批省分公司先进性教育活动扎实有效开展

（二）

——广西分公司开展"党员干部下基层，服务群众促发展"主题实践活动。近日，广西分公司党委发出《关于组织开展"党员干部下基层，服务群众促发展"主题实践活动》的通知，要求机关各支部抽调素质好、能力强的党员干部和党员骨干服务基层，走进社区，真正发挥"一个党员一面旗帜"的作用，使基层尽快感受到开展先进性教育活动带来的新气象、新变化。分公司党委指出，党员下基层一要办实事，二要交朋友，三要听意见，四要提建议，五要抓服务。

——河北分公司自学与集中学习相结合搞好党员先进性教育活动。河北分公司党委要求各党支部每周根据活动安排制定学习措施和方案，督导党员学习，要求党员必须按照日程安排自学和集中学习，并记录学习笔记。因出差不能参加集中学习的，必须向支部书记请假，并及时主动补课。公司先进性教育活动办公室成立检查组随时检查或抽查公司党员个人学习笔记，对个人笔记不合格的，党支部不予验收。

——湖北分公司领导班子带头以先进性教育活动促进创建节约型企业。湖北分公司党委书记及党委成员在先进性教育活动中坚持边学习边指导，身先士卒、率先垂范，积极创建节约型企业，全面开展各项节约工作，在先进性教育活动开展过程中发挥模范带头作用。在全省年中工作座谈会召开期间，领导班子成员与省及部分市州分公司参会人员，集体乘坐交通车参会，体现了领导干部带头从现在做起、从身边的小事做起厉行节约、杜绝浪费的良好风气。

——四川分公司形成"先进性标准"大讨论"两个成果"。从 8 月初至 8 月中旬，四川分公司 16 个党支部分别进行了"先进性标准"大讨论，形成"党员的先进性标准"和"不合格党员的表现"两个成果，并以公司先教办文件的形式将形成的"两个成果"向全体员工公布，请全体员工对公司党员进行监督，共同将先进性教育活动引向深入。四川分公司党员先进性标准从思想政治、党性修养、组织纪律、工作作风、敬业爱岗、勤奋学习、廉洁自律等 7 个方面提出要求。四川分公司不合格党员的 6 种具体表现是：理想信念不坚定；精神状态欠佳；艰苦奋斗的意识欠佳；团结和纪律的意识欠佳；服务意识欠佳；组织观念欠佳。

——重庆分公司以绩效考核双向沟通为契入点开展谈心活动。重庆分公司郊县业务中心担负着近郊 13 个区县分公司的经营、建设、维护和管理工作，为实现先进性教育活动与经营工作"两不误、两促进"的目标，郊县业务中心党总支正确处理先进性教育活动与各项工作的关系，以季度绩效考核双向沟通为契入点深入开展谈心活动，使先进性教育活动与中心正在进行的二季度绩效评估工作有机结合起来，整个先进性教育活动得到了更加有效的开展。

——云南分公司组织党员收看先进性教育宣教片。省分公司党委根据云南省委关于在学习动员阶段认真组织开展"四个一"活动的要求和省分公司先进性教育活动学习动员阶段工作安排，组织机关及昆明分公司党员观看先进性教育宣教片《一心为民的好书记郑培民》。

（中国联合通信有限公司网站）

【示例 3－10】会议简报

北京市学生联合会第九次代表大会工作简报

（第一期）

学联九大秘书处信息组编

学联九大盛情迎来与会代表　大会预备会等各项工作顺利完成

12 月 22 日，北京会议中心彩旗飘扬，到处洋溢着喜庆的气氛和青春的气息。下午 1 点，方力同志带领大会工作人员欢迎与会代表，截止到下午 2：30，324 名代表中的 307 人、36 名列席代表全部正式报到。大会工作人员热情接待到会代表，报到工作井井有条，进展顺利。大会的周到安排和工作人员的细致服务得到与会代表的一致好评。

到会代表精神振奋、热情洋溢，对新世纪第一次学联代表大会的圆满成功寄予很高期望。代表们认为，这次大会是在党的十六大、北京市第九次党代会、北京市第十一次团代会胜利召开之后，召开的一次具有重要意义的会议，是北京市学生联合会全面贯彻十六大精神、谋划未来发展的一次盛会，必将成为北京市学生联合会抓住新机遇、谋求新发展的重要契机和新的起点。代表们表示，他们将以实际行动努力把这次大会开成一个隆重、热烈、团结、奋进的大会。

下午 4 点，大会预备会在会议中心报告厅召开。会上，市学联秘书长谢庆同志作了大会筹备工作报告。自学联九大筹委会正式成立以来，经过近三个月的紧张工作，选举产生了本次大会的代表，确定了北京市学生联合会第九届主席团候选单位，起草了工作报告，完成了代表提案的整理工作。本次学联代表大会还制作了宣传展板，组织了"北京青年学生先锋论坛"和"拥抱青春"联欢活动。编辑制作了《北京高校学生会主席文集》，落实了宣传报道及各项会务工作。

今天的预备会、主席团会、分团会等各项工作顺利完成。

（北京市学生联合会网站）

▶ 写作训练

一、指出下文存在的问题，并进行修改。

××校区举办了第五届学生运动会

××校区于 11 月 8 日至 10 日，举办了第五届校园运动会，有 24 个班级参加，运动员近 300 名，比赛项目有 20 多个。参赛选手发扬了"友谊第一、比赛第二"的体育精神，积极参加比赛，取得了较好的成绩，涌现出了一批优秀的体育人才和优秀班级。本届校园运动会的成功举办，进一步凝聚了学生的集体精神，带动了学生参加体育锻炼的热情，既丰富了校区的精神文明建设，又为建设和谐校区注入新的活力。

二、根据下述材料，编写一份系团总支活动简报。

9 月 18 日，在新生中介绍团总支、学生分会，鼓励同学们向团总支、学生分会递交申请书。

9 月 25 日，参加院拔河比赛，有 12 支代表队参加，我系取得第三名。

9 月 27 日，我系在南院礼堂举办了一场"我为港城喝彩"文艺晚会。有歌曲联唱、舞蹈、小品、快板等节目。

10 月 11 日，对团干进行培训，30 多人参加了培训。

10 月 14 日，参加"希望杯"新生篮球赛，获第二名。

10 月 20 日，我系积极响应学院号召，组织全系同学无偿献血。我系同学积极响应，共有 223 名同学报名。

10 月 28 日，我系参加院金秋书画展，共有 6 人获奖。

11 月 2 日，我系举办卫生宿舍评比，评出 6 个文明宿舍。

11 月 19 日，我系举办首届才艺大赛，包括唱歌、舞蹈、小品、乐器、书法、朗诵等项目。

3.5　规　章　制　度

规章制度是指国家机关、社会团体、企事业单位所制定的具有法规性和约束力的文书。它是各级各类组织依法施行管理的重要工具，是要求有关人员认真遵守、照章办事的有约束力的文书。

3.5.1　规章制度的特点

（1）规定的具体性。规章制度对它所涉及对象的有关方面，都要作出相应的规定。应该怎样，不应该怎样，都必须一一写明，甚至为什么要这样，规定后又如何实施，也要进行交代。总之，问题的各个方面都要涉及，不能有一点疏忽与遗漏，这样才能使"行为不规"者无空可钻，也才便于"循规蹈矩"者有章可循。

（2）结构的条理性。不管是章程、条例、规定，还是办法、细则、规则，几乎全部是条款式结构，条分缕析，一一说明。这是规章制度所具有的严密性在结构方式上的具体体现，应该怎样，不应该怎么样，界限要分清，各个方面都要有相应的规定。如果按一般的结构方式，把各个方面都放在一起而不分条款地加以说明，那就容易出现模糊不清或丢三落四的情况，执行起来也就不那么方便了。因此规章制度必须用条分缕析的方式，一条一款，一目了然，是非清楚，以便于执行。

（3）语言的严密性。规章制度的严密性也要在语言上体现出来，否则即使面面俱到，也还会因语言运用得不够准确而留下漏洞；即使条分缕析，也还会因措辞的模棱两可而造成混乱。因此规章制度的语言必须严密，每一章、每一条、每一款，甚至每一句话、每一个词，都必须有肯定的属性，有明确的含义，有质的规定。

3.5.2　规章制度的类型

规章制度的种类很多，常用的有以下几种。

（1）章程。凡是对某种组织或团体的性质、宗旨、任务、组织结构、组织成员及活动规则等作出规定的叫章程。如党章、团章、工会章程、作协章程等。

（2）条例。凡是对某一方面的工作、活动或某一机关的组织、职权及某些专门人员的任务、权限作出原则性规定的，统称之为条例。

（3）规定。规定是对某一方面的工作、活动比较原则地作出具体规范的法规性文书。规定比起章程和条例，它所规范的对象和范围比较集中，措施和要求也比较具体，但比起办法、细则等，又显得更具原则性。

（4）办法。办法就是对某一项工作或活动作出具体安排或提出措施的规范性文书。

（5）细则。是根据上级机关已公布的有关条例、规定或办法，结合本地区、本单位的实际情况制定的具有一定的补充性、辅助性的详细法则。

（6）制度。是为加强对某一部门工作的管理对严格组织纪律而制定的一种要求有关人员共同遵守的准则。

（7）规则。是管理具体事务或活动时所制定的规章，它在一定范围内对特定的工作活动或生产程序作出带有程式化、制度化的规定和准则。

（8）守则。是对局部范围内有关人员作出具体要求和规定，要求严格遵守的行为准则。

（9）公约。是一定范围或行业的成员，在自觉自愿的基础上，经过集体协商而制定须共同遵守的道德规范和行为准则。

3.5.3　规章制度的结构与写法

规章制度一般由标题、签发、正文组成。

1）标题

规章制度的标题有两种形式，一是"单位名称＋事由＋文种"构成；另一种是省略式，由"事由＋文种"构成，如《图书借阅制度》，机关内部使用的规章制度大都使用这种标题。也有的只标明单位和文种的标题。如果所制定的规章制度是暂行或试行的，则可在标题内写明，也可在标题后或下面加标号注明，但两者不能同时出现在标题中。

2）签发

即发布单位名称和发布时间，一般放在标题下用括号注明规章制度的发布单位和通过的日期或批准、公布的日期，如《国家行政公文处理办法》（2000 年 8 月 24 日国务院发布）。

3）正文

规章制度的正文一般说来，有以下 3 种形式。

（1）章条式。分章分条，各章条数前后相连。第一章为总则（或总纲），最后一章为附则，中间各章统称为分则。每一章下面都分条，少则一条，多则几十条不等。而且条款从第一章的第一条一直连下去，一竿子到底，直到附则的最后一条，即下一章的条款数是接着上一章的条款往下排的，这就是所谓的"章断条连"。条下还可分款，但条连款不连。各款独立编次，有些条款所规定的内容很复杂，要分几个层次才能说明清楚，故款下还要分目。章和条的写法一律采用汉字序数词，如"第三章第七条"。而款与目的写法大多采用汉字数词"一"和"（一）"，一般不用阿拉伯数字来表示条款，有时分目就以分行形式表示。一般内容比较复杂，篇幅也较长的，如章程、条例、规定等多采用这种方式。

（2）条款式。即全文都采用条款式，不另分章，开头就是第一条，一直条到最后。如《保守国家机密暂行条例》，全文共 20 条，一贯到底，中间不用章断开。序言和结语列入条款时，分别放在第一条和最后一条或最后几条。

（3）序列式。即只有主体，没有序言和结语，全文用序号"一、二、三、四"等依次标注。某些规程、规则、须知、公约等就常用这种方式，把内容一一分条写明。但仍应按内容的轻重、主次安排次序。

3.5.4 常用规章制度的写法

1. 章程

1）标题

只有一种形式"组织名称＋文种"，如《中国共产党章程》。

2）签署

作者与发文日期一律以括号形式署于标题下方，须注明会议名称与通过日期，一般是把会议名称与通过日期分两行书写。

3）正文

采用章条式，分章分条，各章条数前后相连。第一章为总则（或总纲），最后一章为附则，中间各章统称为分则。

总则部分一般要说明这样几个内容：该组织的性质、宗旨、任务，有的还要说明一下组织名称、指导思想或组织本身的建设要求。分则部分一般要对这样 3 个大的方面作出规定：该组织的组织成员、组织构成及其他有关问题（如纪律制度、与有关组织的关系及经费问题等）。安排的顺序是从成员到组织，自上而下，由内到外，先主后次，分几章则看有关方面的内容。附则是最后一章，一般只要讲清生效期与实施要求就行了。章程最后并不一定都设附则一栏，如不设附则，那么开头的总则（或总纲）也不作为第一章出现，而是独立于各章之前，既不分章也不分条，分则部分才分章分条，分则结束，整个章程也就结束了。

2. 条例

1）标题

一般采用"事由＋文种"或"名称＋事由＋文种"。采用这样的标题格式，是因为它所规范的对象都是与国家生活的有关准则密切相关，与法律、法令联系密切，强制性特别突出，必须在标题里鲜明地揭示主题。

2）签署

位置与章程相同，一律放在标题下面，但格式有别，是以公布机关与公布日期来表示的。

3）正文

格式有两种。一种是章条式，另一种是条款式。章条式，与章程的格式差不多，稍有不同的是，条例的第一章一定是总则，不可以独立于各章之前，条数当然也是从总则部分开始分下去，最后也一定设一章附则。条款式，即不另分章，开头就是第一条，依次分条到最后。

条例的内容有 3 个部分。开头，简明扼要地阐述制发本条例的法律和政策依据，制发条例的原因和目的。主体，是条例所规定的具体内容，也就是"条例"所在。这里的"条"就是从正面规定的条文，包括应该怎样做和不应该怎样做这两方面的内容。这里的"例"不是事例，而是指从反面加以说明的例设，即如果做不到该怎么处理的规定。条例所具有的强制性，主要就是通过"例"体现出来的。这一部分的内容安排，一般要求条前例后，以条为主，正反相辅相成。结尾，说明一下实施要求、生效日期、解释与修改权属、与原来有关文件的关系及其他未尽事宜的处理办法，以特别强调它的严肃性与行政约束力。

3. 规定

1）标题

规定的标题一般有两种写法。一是"发文机关＋事由＋文种"构成，如《国务院有关行政区划管理的规定》；二是"事由＋文种"，如《关于评定中级职称问题的补充规定》。

2）正文

规定正文一般由缘由、规范、说明 3 部分组成。缘由部分交代制定规定的目的、依据、指导思想、适用原则、范围等；规范部分即规定的实质性内容和要求；说明部分则说明有关执行要求等。

规定有 3 种表达方式：一是序列式，按序号依次规定的内容；二是条款式，把规定的内容用条款的形式逐条加以明确；三是章条式，全文分若干章，第一章为总则，最后一章为附则，中间为分则。

4. 办法

1）标题

一般由"事由＋文种"构成，如《汽车品牌销售管理实施办法》。二是"发文机关＋事由＋文种"构成，如《中华人民共和国海关进出口货物报关单修改和撤销管理办法》。三是由"原件标题＋实施办法"构成，如《中华人民共和国学位条例暂行实施办法》，它和原件同时产生，是对原件全面实施的办法，用这种标题。

2）正文

实施办法的正文一般由缘由、规范和说明 3 部分组成。缘由，是关于制定办法的目的、意义、依据、指导思想、适用原则和范围等说明文字；规范，是办法的实质性内容和要求、执行办法的具体依据；说明，是对规范项目的补充说明，其中包括用语的解释、解释权、修改权、公布实施时间及执行要求等。

办法一般采用两种表达方式：一是条款式，全文按序列条，条下有时设款分项；另一种是章条式，全文分若干章，第一章为总则，最后一章为附则，中间为分则。

【示例 3-11】章程

中华全国新闻工作者协会章程

中华全国新闻工作者协会第七届理事会第一次会议通过
(2006 年 10 月 25 日)

第一章 总 则

第一条 中华全国新闻工作者协会（简称中国记协）是中国共产党领导的中国新闻界的全国性人民团体，是党和政府同新闻界密切联系的桥梁和纽带。

第二条 中华全国新闻工作者协会的宗旨是：团结全国各族新闻工作者，以马克思列宁主义、毛泽东思想、邓小平理论和"三个代表"重要思想为指导，全面落实科学发展观，坚持党在社会主义初级阶段的基本路线、基本纲领和基本经验，坚持新闻工作为人民服务、为社会主义服务、为全党全国工作大局服务，加强新闻队伍建设，维护新闻工作者的合法权益，推动新闻工作改进创新，开展同香港特别行政区、澳门特别行政区、台湾地区和国际间的新闻交流与合作，为繁荣和发展我国社会主义新闻事业，为把我国建成富强、民主、文明、和谐的社会主义现代化国家而奋斗。

第三条 中华全国新闻工作者协会遵守中华人民共和国宪法和法律，依照本章程和自身特点开展工作，发挥提供服务、反映诉求、规范行为的作用。

第二章 任 务

第四条 组织和推动新闻工作者学习马克思列宁主义、毛泽东思想、邓小平理论和"三个代表"重要思想，树立和落实科学发展观，贯彻执行党的路线、方针、政策，坚持马克思主义新闻观，坚持正确的舆论导向。坚持和发扬党的新闻工作的优良传统，解放思想，实事求是，与时俱进，开拓创新，不断提高新闻工作的水平。

第五条 会同有关部门和新闻单位进行新闻从业人员的教育、培训工作，开展新闻理论研究、业务交流等活动，提高新闻工作者的政治思想素质和业务水平，建设一支政治强、业务精、纪律严、作风正的新闻队伍。

第六条 鼓励新闻工作者深入实际、深入基层、深入群众，使新闻报道更好地贴近实际、贴近生活、贴近群众。

第七条 建立和完善新闻奖励机制，开展新闻评奖活动，促进多出精品、多出人才，培养名记者、名编辑、名评论员、名播音员和名主持人，培养新闻事业经营管理和科技人才。评选和表彰优秀新闻工作者和先进集体。

第八条 维护新闻工作者的合法权益，反映新闻工作者的意见和要求。

第九条 推进新闻行业自律，规范新闻从业行为。推动新闻工作者树立和践行社会主义荣辱观，弘扬新闻职业精神，恪守新闻职业道德。督促新闻工作者遵纪守法，遵守《中国新闻工作者职业道德准则》。倡导廉洁自律，纠正不正之风。

第十条 面向基层，服务基层，加强同基层新闻单位特别是西部和少数民族地区新闻工作者的联系与交流，推动基层新闻工作的开展。

第十一条　关心新闻工作者的工作条件和身心健康。关心离休、退休的老新闻工作者，引导和协助他们从事力所能及的有益的社会活动。

第十二条　开展调查研究，掌握新闻行业信息，为有关部门决策提供服务，为新闻界和社会各界提供行业信息服务。

第十三条　贯彻"一国两制"方针，加强同香港特别行政区、澳门特别行政区、台湾地区新闻团体、新闻媒体和新闻工作者的交流与合作。做好港、澳、台记者采访的接待、管理和服务工作。增进同海外华侨华人新闻团体、新闻媒体和新闻工作者之间的友谊、交流与合作。

第十四条　贯彻我国独立自主的和平外交政策和推动建设和谐世界的重大战略思想，在创造良好的国际舆论环境中发挥记协的独特作用。广泛发展同国际、区域性新闻团体和各国新闻界之间的友好往来，增进相互间的了解与合作；加强同常驻我国的外国记者的联系，帮助他们开展正常业务工作。

第十五条　兴办新闻出版等事业，开展有关的咨询服务和经营活动。

第三章　会　　员

第十六条　本会实行团体会员制。全国性新闻媒体，省、自治区、直辖市和新疆生产建设兵团新闻工作者协会，全国性新闻团体，主要新闻教育、研究机构，承认本会章程并交纳会费者，可成为本会团体会员。

第十七条　凡申请加入本会者，须经本会书记处审核批准。团体会员自愿退会时，须书面报告本会。严重违法或不履行会员义务的团体会员，经书记处审核并报主席会议批准，取消其会员资格。

第十八条　本会会员有下列权利与义务：

（一）推举本会理事；

（二）参加本会组织的活动；

（三）遵守本会章程，执行本会决议，接受本会委托的任务；

（四）对本会工作提出建议、批评，实行监督；

（五）按时交纳会费。

第四章　组　　织

第十九条　本会最高权力机关为全国理事会。全国理事会的职权是：

（一）决定本会工作方针和任务；

（二）听取并审议常务理事会的工作报告；

（三）制定或修改本会章程；

（四）选举常务理事会。

理事会由理事和特邀理事组成，每届任期五年。理事和特邀理事有选举权和被选举权。

全国理事会届中开会一次，由常务理事会召集。

第二十条　常务理事会在全国理事会闭会期间负责执行全国理事会决议。常务理事会会议每年举行一次。

第二十一条　常务理事会选举主席一人、副主席若干人，任命书记若干人组成书记处。书记处主持本会日常工作，重大问题提交主席会议或常务理事会决定。常务理事会根据需要决定并推举名誉主席。

第二十二条　主席、副主席缺额时，由常务理事会选举增补。常务理事调离原单位或因故缺额，需要更换或增补时，由原会员单位举荐，经主席会议同意，全国理事会授权常务理事会确认，该会员单位原常务理事的职务自行卸任。理事调离推举单位或因故缺额时，由推举单位推举适当人选继任理事，该会员单位原理事的职务自行卸任。

第五章　地方记协和专业记协

第二十三条　地方记协是当地党委领导的地方性人民团体。地方记协按自己的章程，根据本地情况开展工作。全国性专业记协是中央主管部门领导的专业性人民团体。专业记协按自己的章程，根据本行业的情况开展工作。省、自治区、直辖市、新疆生产建设兵团记协和全国性专业记协是本会的团体会员，本会同其进行工作联系。对由本会主管的社团组织，本会依据民政部有关规定，实施各项管理。

第六章　经　　费

第二十四条　本会经费来源：（一）会费收入；（二）国家资助；（三）本会兴办的事业、企业收入；（四）海内外捐赠和其他收入。

第七章　附　　则

第二十五条　本章程解释权属常务理事会。

（中华新闻传媒网（中国记协网））

【示例3-12】条例

中华人民共和国车船税暂行条例

第一条　在中华人民共和国境内，车辆、船舶（以下简称车船）的所有人或者管理人为车船税的纳税人，应当依照本条例的规定缴纳车船税。

本条例所称车船，是指依法应当在车船管理部门登记的车船。

第二条　车船的适用税额，依照本条例所附的《车船税税目税额表》执行。

国务院财政部门、税务主管部门可以根据实际情况，在《车船税税目税额表》规定的税目范围和税额幅度内，划分子税目，并明确车辆的子税目税额幅度和船舶的具体适用税额。车辆的具体适用税额由省、自治区、直辖市人民政府在规定的子税目税额幅度内确定。

第三条　下列车船免征车船税：

（一）非机动车船（不包括非机动驳船）；

（二）拖拉机；

（三）捕捞、养殖渔船；

（四）军队、武警专用的车船；

（五）警用车船；

（六）按照有关规定已经缴纳船舶吨税的船舶；

（七）依照我国有关法律和我国缔结或者参加的国际条约的规定应当予以免税的外国驻华使馆、领事馆和国际组织驻华机构及其有关人员的车船。

第四条　省、自治区、直辖市人民政府可以根据当地实际情况，对城市、农村公共交通车船给予定期减税、免税。

第五条　车船税由地方税务机关负责征收。

第六条　车船税的纳税地点，由省、自治区、直辖市人民政府根据当地实际情况确定。

跨省、自治区、直辖市使用的车船，纳税地点为车船的登记地。

第七条　车船税的纳税义务发生时间，为车船管理部门核发的车船登记证书或者行驶证书所记载日期的当月。

第八条　车船税按年申报缴纳。具体申报纳税期限由省、自治区、直辖市人民政府确定。

第九条　车船的所有人或者管理人未缴纳车船税的，使用人应当代为缴纳车船税。

第十条　从事机动车交通事故责任强制保险业务的保险机构为机动车车船税的扣缴义务人，应当依法代收代缴车船税。

税务机关付给扣缴义务人代收代缴手续费的标准由国务院财政部门、税务主管部门制定。

第十一条　机动车车船税的扣缴义务人依法代收代缴车船税时，纳税人不得拒绝。

第十二条　各级车船管理部门应当在提供车船管理信息等方面，协助地方税务机关加强对车船税的征收管理。

第十三条　车船税的征收管理，依照《中华人民共和国税收征收管理法》及本条例的规定执行。

第十四条　本条例自 2007 年 1 月 1 日起施行。1951 年 9 月 13 日原政务院发布的《车船使用牌照税暂行条例》和 1986 年 9 月 15 日国务院发布的《中华人民共和国车船使用税暂行条例》同时废止。

附：

车船税税目税额表

税　　目	计税单位	每年税额	备　　注
载客汽车	每辆	60 元至 660 元	包括电车
载货汽车	按自重每吨	16 元至 120 元	包括半挂牵引车、挂车
三轮汽车低速货车	按自重每吨	24 元至 120 元	
摩托车	每辆	36 元至 180 元	
船舶	按净吨位每吨	3 元至 6 元	拖船和非机动驳船分别按船舶税额的 50% 计算

注：专项作业车、轮式专用机械车的计税单位及每年税额由国务院财政部门、税务主管部门参照本表确定。

（国务院公报，第 5 号，2007 - 02 - 20.）

【示例 3 - 13】规定

北京奥运会及其筹备期间外国记者在华采访规定

第一条　为了便于北京奥运会及其筹备期间外国记者在中国境内依法采访报道，传播和弘扬奥林匹克精神，制定本规定。

第二条　北京奥运会及其筹备期间，外国记者在中国境内采访报道北京奥运会及相关事项适用本规定。

本规定所称北京奥运会是指第 29 届奥林匹克运动会和第 13 届残疾人奥林匹克运动会。

第三条　外国记者来华采访，应当向中国驻外使领馆或者外交部授权的签证机构申请办理签证。

持奥林匹克身份注册卡的外国记者，在奥林匹克身份注册卡的有效期内免办签证，凭奥林匹克身份注册卡、有效护照或者其他旅行证件可多次入出中华人民共和国国境。

第四条　外国记者来华采访所携带的合理数量的自用采访器材可以免税入境，有关器材应当在采访活动结束后复运出境。

外国记者办理自用采访器材免税入境的，应当到中国驻外使领馆办理器材确认函，入境时凭器材确认函和 J-2 签证办理通关手续；持奥林匹克身份注册卡的外国记者，可以凭第 29 届奥林匹克运动会组织委员会出具的器材确认函办理通关手续。

第五条　外国记者因采访报道需要可以在履行例行报批手续后，临时进口、设置、使用无线电通信设备。

第六条　外国记者在华采访，只需征得被采访单位和个人的同意。

第七条　外国记者可以通过外事服务单位聘用中国公民协助采访报道工作。

第八条　北京奥运会外国记者服务指南由第 29 届奥林匹克运动会组织委员会依据本规定制定。

第九条　本规定自 2007 年 1 月 1 日起施行，2008 年 10 月 17 日自行废止。

（国务院公报，第 1 号，2007 - 01 - 10.）

【示例 3 - 14】办法

《国家学生体质健康标准》实施办法

一、《国家学生体质健康标准》（以下简称《标准》）的实施工作在教育部、国家体育总局的领导下，由各级教育行政部门管理，体育行政部门指导，学校组织实施。

二、《标准》的组织实施工作在校长领导下，由学校体育教研部门、教务部门、校医院（医务室）、学工部门、辅导员（班主任）协同配合共同组织实施。《标准》的测试应与学生的健康体检有机结合，避免重复测试。学生的《标准》测试成绩按评定等级记入《国家学生体质健康标准登记卡》，小学列入学生成长记录或学生素质报告书，初中以上学校列入学生档案（含电子档案），作为学生毕业、升学的重要依据。对达到及格以上成绩的学生颁发证章。《标准》的实施工作记入教师的教学工作量。

三、学生《标准》测试成绩达到良好及以上者，方可参加三好学生、奖学金评选；成绩达到优秀者，方可获体育奖学分。《标准》成绩不及格者，在本学年度准予补测一次，补测仍不及格，则学年《标准》成绩为不及格。普通高中、中等职业学校和普通高等学校学生毕业时，《标准》测试的成绩达不到 50 分者按肄业处理。

四、因病或残疾学生，可向学校提交免予执行《标准》的申请，经医疗单位证明，体育教学部门核准后，可免予执行《标准》，并填写《免予执行〈国家学生体质健康标准〉申请表》，存入学生档案。对确实丧失运动能力、免予执行《标准》的残疾学生，仍可参加三好学生、奖学金、奖学分评选，毕业时《标准》成绩可记为满分，但不评定等级。

五、认真上好体育课、积极参加体育活动、每天锻炼时间达到 1 小时者，奖励 5 分，计入学年《标准》总成绩。

六、属下列情况之一者，其《标准》成绩记为不及格，该学年《标准》成绩最高记为 59 分：

1. 评价指标中 400 米（50 米×8 往返跑）、1 000 米跑（男）、800 米跑（女）、台阶试验的得分达不到及格者；

2. 体育课无故缺勤，一学年累计超过应出勤次数 1/10 者。

七、各地、各学校在实施《标准》时要树立"安全第一"的指导思想，健全各项安全保障制度，落实安全责任制，加强对场地、器材、设备的安全检查。要认真做好学生的体检工作，对生病学生实行缓测或免测。

八、全国各级各类学校每年均直接将本校各年级《标准》测试数据，通过中国学生体质健康网（网址中文域名：中国学生体质健康网，英文域名：www.csh.edu.cn），报送至教育部"国家学生体质健康标准数据管理系统"，上报数据的时间为每年 9 月 1 日至 12 月 31 日，上报测试数据的工具软件，由学校在中国学生体质健康网上免费下载使用。

九、高职、高专类学校参照有关要求执行。

十、教育部每年公布各省、自治区、直辖市实施《标准》的基本情况；每学年对教育部直属高校本科新生《标准》测试结果，按生源所在地进行统计，并以省、自治区、直辖市为单位进行公布。

十一、各地教育、体育行政部门对本地各级各类学校实施《标准》的情况，要认真检查监督。要将《标准》的实施情况纳入各级政府教育督导内容和评估指标体系，并作为对各级各类学校进行评优、表彰的基本依据。对弄虚作假、徇私舞弊者，给予通报批评，情节严重者，给予行政处分。

十二、为保证《标准》测试数据的科学性、准确性，各地、各学校招标、选用的《标准》测试器材必须是经国家认证认可监督管理委员会批准的相关认证机构认证合格的产品。

十三、本办法由教育部负责解释。

写作训练

一、指出下文存在的问题，并进行修改。

××中学关于加强自行车管理的规定

最近，骑自行车上学的同学越来越多，虽然学校已划定自行车停放的范围，但有许多同学仍不够重视。近来自行车乱放的情况越来越严重，不仅出现了几起自行车丢失情况，而且造成校园的混乱，因此，为了进一步加强自行车管理，特作以下规定：

1. 骑自行车者，必须经过班主任同意；

2. 自行车必须按规定停放，分班级放在指定的范围内；

3. 进入校园不许骑车，沿路道右边推行，禁止逆行；

4. 对违反规定的，要批评教育，处 5 元或 10 元的罚款；

5. 本规定由校保卫科负责解释。

2012 年 9 月 6 日

二、根据所给材料写一份规章制度。

某校新建了一个办公自动化实验室，内有计算机、打印机、复印机、一体化速印机、扫描仪、传真机、摄像机、照相机等。由实验室的人员负责保管，使用这些设备只能是上课时间，一般不得外借，如确需外借，则要履行一定手续，还要注意安全、防火防盗。

请你写一份规章制度，贴在实验室，以便人们遵守。

第4章

日常应用文写作

4.1 书　信

书信是人们用书面形式传递信息、思想、互通情感的日常应用文。在现代社会，书信的使用频率相当高，已渗入□□□□□□□面，从□□机关、各类组织、企事业单位到个人都在广泛使用它。

书信包括一般书信和专用书信两种：一般书信是指私人间来往的信函，主要是亲人、朋友、同事、同学间互致问候，涉及个人情感、学习、生活的书信；专用书信也称事务书信，是在特定场合或因某种特殊需要而写的具有专门用途的信件，如介绍信、证明信、感谢信、表扬信、慰问信等。

4.1.1　介绍信

介绍信是本单位的人外出联系工作时用以证明身份、说明任务的一种简单的书信。持信人可以凭此同有关单位或个人联系、商洽某些事项，收信单位或个人可以从对方的介绍信里，了解来人的职务、要办的事项、具体的希望和要求等。

1. 介绍信的特点

（1）介绍性。介绍信能够介绍来人的身份、来访目的、希望、要求等事项。

（2）证明性。介绍信能够证明持介绍信者的真实姓名、身份，防止冒名顶替。

2. 介绍信的类型

（1）专用介绍信。事先印制好格式，使用时只需在空白处填写有关内容。共有两联，一联是存根，另一联是介绍信的本文，两联正中有间缝。

（2）普通介绍信。用单位公用信笺临时撰写或打印出来，具备介绍信的相关要素。

3. 介绍信的结构与写法

1）标题

一种只写文种"介绍信"；另一种是"发信单位＋文种"，如《××大学介绍信》。

2）称谓

即收信对象。凡收信对象是单位的，要写单位的全称或规范化简称；收信对象是单位领导的，要写明其职务。

3）正文

正文包括3个方面内容：一是被介绍者的姓名、身份、人数、政治面貌等；二是接洽事项和具体希望、要求等；三是谦敬用语，表示客气或敬意的话，如"请接洽"、"请予接洽为盼"等。

4）祝颂语

介绍信正文结束后，一般写上"此致"、"敬礼"，以示对对方的尊重。

5）落款和日期

写发信单位名称，并加盖公章。对于专用介绍信，要在存根和介绍信之间的骑缝线上加盖公章。日期要写全年月日。

6）有效时间

有效时间或有效期限在正文的下面，用括号加以括注。有效时间一般为三至七天，不宜过长。期限数字要用大写汉字表示，以防篡改。

4.1.2　证明信

证明信是以机关、团体、个人的名义凭确凿的证据，证明某人的身份、经历或者证明有关事件真实情况的专用书信。证明信主要起证明作用，一般由单位或熟悉情况的个人来写。

1. 证明信的类型

（1）作为身份证件的证明信。主要用来介绍被证明人的身份，证明被证明人的历史情况等，以便于更好地开展工作。

（2）作为旁证材料的证明信。主要以组织、个人的名义证明某人、某事的真实性，作为办事、做结论的依据材料。

2. 证明信的结构与写法

1）标题

一种是直接写文种"证明"、"证明信"；另一种是"事由＋文种"，如《关于××问题的证明》。

2）称谓

即收信单位名称，证明信多数情况下没有称呼。

3）正文

根据要求，实事求是地写清被证明的事实。证明学历的，应写清姓名、性别、年龄、何年考入何校、学何种专业、何年毕业；证明是否参加某项活动的，应据实证明参加与否，如参加了，应写清时间、地点、具体情况等；证明证件丢失的，应写明失主姓名，丢失时间、地点、经过、失物号码、特征等；证明身份的，应写清单位名称、姓名、性别、年龄、职务或职称、沿途经过、工作任务、希望和要求等。作为旁证材料的证明信，要写清时间、地点、人物、事情发生的经过、结果等内容。

4）结语

正文写完后，可另起一行左空两格写上"特此证明"，也可直接在正文结尾处写出。

5）落款和日期

出具证明的单位（或个人）名称，并加盖公章或个人印章、手印等。日期要写全年月日。

4.1.3　自荐信

自荐信是自己向有关单位、部门或领导者推荐自己欲从事某种工作、承担某种任务的书信。现代社会，人才流动频繁，双向选择的余地很大，向用人单位自我举荐，已成为多数人谋取职位的重要手段。自荐信作为用人单位和个人之间的媒介，是自我介绍、让用人单位评估自我的第一步。写好自荐信，对用人单位的选择起重要作用。

1. 自荐信的特点

（1）简明性。文字简明、直接，多用短句，少用长句。在重点突出、内容完整的前提下，尽可能简明扼要，不要陷入无关紧要的说明。段落要分明，每段只表达一个意思，全篇不宜超过一页纸。

（2）针对性。自荐信主要是针对用人单位某个岗位、某个职务来写的，因而要突出自己与用人单位需求条件相符的专长、性格和能力，不要面面俱到。

（3）展示性。用人单位录用与否，主要取决于自荐人的成绩、特长、才能等个人条件，因此，自荐人要充满自信地展示自己非同一般之处，突出自己的优势和长处，让用人单位刮目相看。

（4）求实性。自荐信的材料要具体明确，多使用实例、数字等具体的说明，不要使用模糊、笼统的字眼。要如实反映自己的情况，不要夸夸其谈或者言过其实，不要给对方留下哗众取宠的感觉。

2. 自荐信的结构和写法

1）标题

标题是自荐信的眉目，居中写明"自荐信"3字即可。

2）称呼

写用人单位的人事部门或单位负责人，有时也用泛称。对用人单位明确的，可直接写明单位名称，如"尊敬的××公司人事部"、"尊敬的××公司王经理"。在用人单位不确定的情况下，可写"尊敬的公司人事部领导"、"尊敬的总经理先生"等。

3）正文

自荐信一般包括下面3部分内容。

（1）开头。可以写用人信息的获得渠道，自荐人的自我介绍，自荐的岗位、职务，或是自己可以承担什么工作。在这一部分可以说明自己要谋求这一岗位的理由，也可以对所应聘的单位或职位表明自己的仰慕之情。开头表述应简洁明确、干脆利落，不宜过多过长。

（2）主体。即展示自己的才能和特长，这是自己从事某项工作、承担某种任务的独特条件。可以从以下几个方面介绍：首先详细介绍自己的专业优势，参加过的项目，取得的成绩，以往的经验和业绩等。如果是应届毕业生，可以介绍自己学习的主要专业课程，参加的专业实践活动及在各类专业竞赛中的获奖情况等。要充分展示自己在专业方面的突出成绩，使自己在众多应聘者中脱颖而出。其次介绍自己的工作能力及爱好特长，包括自己担任过的社会职务，自己的组织能力、人际交往能力、口头表达能力等。个人的兴趣、爱好及特长也是竞争的优势，可以根据需要适当表达出来。再次，如果用人单位明确，可以谈谈对企业的认识、了解，表达迫切要求工作的愿望及录用后的打算。撰写这部分时，要把握分寸，力求用事实和数据说话，并注意扬长避短，突出自己的优势与长处。

（3）结尾。再次表达求职的愿望、希望获得的机遇，起到吸引和打动对方的作用。还可以表达出希望对方给予回信及盼望能有一个面谈机会的愿望。如"希望给予面试的机会"、"热切地盼望着贵公司给予答复"等。

4）祝颂语

最后以表示敬意或祝愿的话作为结束，如"此致 敬礼"等。

5）落款和日期

写"自荐人：×××"，然后写上年月日。如用打印机打出，则在自荐人姓名处仍需要亲笔签名。

6）附件

这也是自荐信的重要组成部分，它是自荐信以外的其他材料。如简历表、学历证书、成绩单、资格证书、技术等级证书、论文、获奖证书及能证明自己优势的有关材料。如果材料多，应依次标上序号。这些材料是有关个人专业优势和能力特长的验证，对用人单位有较强的说服力。

在信末写上通信地址、邮政编码、联系电话等，以方便联系。

4.1.4　表扬信

表扬信是对单位、集体或个人的先进事迹、优秀品质和优良作风进行表扬的信件。表扬信可以以组织的名义写，也可以以个人的名义写，其目的是使受表扬的集体和个人受到鼓舞，同时教育人们向先进学习，弘扬社会正气，树立良好的社会风尚。

1. 表扬信的特点

（1）褒奖性。表扬信要表扬的都是那些为社会做出贡献的单位或个人，要通过表扬好人好事来发扬无私奉献、乐于助人的精神，以期形成良好的社会风气。

（2）宣传性。表扬信通过对被表扬者行为、精神的赞颂、肯定，来树立良好的社会风范，让更多的人从中受到感染，汲取力量，起到宣传、教育的作用。

（3）公开性。表扬信虽可以直接发送给被表扬人，但更多的是进行公开张贴、登报，或者在电台、电视台播放，让更多的人知道。

2. 表扬信的类型

（1）上级对下级、团体对个人的表扬。以领导机关或群众团体的名义表扬其所属的单位、集体或个人。这种表扬信既可以在授奖大会上由负责同志宣读，也可以通过新闻媒介刊播。

（2）群众之间的表扬。这种表扬信不仅赞颂对方的好品德、好风格，也有感谢的意思。这种表扬信可以直接寄给本人或所属单位，也可以将表扬信寄给新闻单位，通过新闻媒介进行宣传。

3. 表扬信的结构与写法

1）标题

可直接写"表扬信"。

2）称谓

写被表扬的机关、单位、团体或个人的名称、姓名。写给个人的表扬信，应在姓名之后加上"同志"、"先生"等字样。用于张贴的表扬信，则可不写受信单位。

3）正文

（1）交代表扬的理由。一般要先概述受表扬的人或事迹，再具体叙述事迹的过程，其中要把时间、地点、经过交代清楚。叙述要清楚，突出主要事迹，并要在主要事迹中做到见人、见事、见精神。

（2）指出行为的意义。在叙事的基础上进行评价、议论，赞颂该行为的道德意义。如指出这种行为属于哪种好思想、好风尚、好品德等。赞美夸奖的语气要有分寸感，语言要有亲切感。有时候本部分内容也可以不单独成段，在前一部分的夹叙夹议中体现。

（3）提出希望或要求。对对方提出表扬，或者向对方的单位提出表彰建议，若对方是下级单位，也可提出要求。

4）祝颂语

一般写上"此致　敬礼"，也可写上"祝……"等。

5）落款和日期

写明写信单位名称或个人姓名和成文日期。

4.1.5　感谢信

感谢信是个人或单位为了答谢对方的邀请、问候、关心、帮助和支持而写的专用书信。感谢信可以直接送给对方，也可以在对方所在地的公共场所张贴，还可以通过新闻媒介刊播。

1. 感谢信的特点

（1）感情的鲜明性。感谢信重在致谢，表达感激之情是主体，要写出作者鲜明而强烈的感情色彩来。

（2）对象的确指性。即要写明感谢的确切对象，不能笼统称之，使人不知道感谢的是谁。

（3）事实的具体性。要把事实写具体，把对方的关心、支持、帮助所产生的效果写清楚。

2. 感谢信的类型

（1）给集体的感谢信。这类感谢信，一般是写信者在困难时受到了集体的帮助，从而使自己渡过了难关，走出了困境，所以要用感谢信的方式表达自己的感激之情。

（2）给个人的感谢信。这类感谢信，可以是个人或单位、集体为了表达某个人曾给予的帮助、照顾而写的。

3. 感谢信的结构与写法

1）标题

（1）直接写"感谢信"；（2）"感谢对象＋文种"，如《致××的感谢信》；（3）"感谢双方＋文种"，如《××致××的感谢信》。

2）称谓

写对方单位名称或个人姓名，个人姓名后可加适当的称呼。如果感谢的对象是多个单位和许多同志，也可以没有称谓。

3）正文

正文主要写感谢的内容和感谢的心情，一般分3个层次。

（1）因何事向对方表示感谢。概述事实，表达感激之情。

（2）写感谢对象的先进思想和模范事迹。写清楚对方在什么时间、地点，由于什么原因对自己或单位有什么支持和帮助，尤其要重点叙述关键时刻对方给予的关心和支持。

（3）评价事实，颂扬对方的精神及其产生的影响。指出从事件中表现了对方哪些好思想、好品德、好风格，尤其要将对方对自己的影响，自己应从对方身上学到哪些好思想、好品德写清楚，强调自己的谢意和向对方学习的态度、决心。

对于那种针对多个单位和许多人的感谢信，可以选择一些典型事例表明感谢对象对自己的协助、支持，重点写自己的体会、感受、决心和态度。

4）祝颂语

写"此致"、"敬礼"，"致以诚挚的敬意"，或其他祝愿的话。

5）落款和日期

写明写信单位名称或个人姓名和成文日期。

4.1.6　慰问信

慰问信是以组织或个人的名义向在某方面做出特殊贡献或遇到意外损失、巨大灾难的集体或个人致意，表示安慰、鼓励、问候的专用书信。慰问信可以表达上级或组织的关心，使被慰问者感受到温暖，增强克服困难的勇气，保持不屈不挠的斗志。

1. 慰问信的特点

（1）公开性。慰问信可以直接寄给本人，但大多是以张贴、登报，或以在电台、电视上播放的形式出现的。

（2）鼓舞性。慰问信除了肯定被慰问者的精神、优秀品德之外，主要目的在于鼓舞斗志，激人向上，使他们能从信中汲取力量，继续前进。

（3）沟通性。情感的沟通是支撑慰问信的一个深层基础，它通过或赞扬表达慰问之情、或同情表达关切之意的方式来达成双方情感的交流和相互的理解。要向对方表示出无限亲切、关怀的感情，使对方有一种温暖如春的感觉。

2. 慰问信的类型

（1）对做出贡献的集体或个人的慰问。这类慰问主要针对那些承担艰巨任务、做出了巨大贡献甚至牺牲生命，取得了突出成绩，为单位、地区、国家争得了荣誉的先进个人或集体，鼓励他们戒骄戒躁，继续前进。

（2）对遭受困难或蒙受损失的单位或个人的慰问。这类慰问常常是针对那些由于某种原因（如车祸、火灾、地震、暴雨等）而暂时困难或蒙受巨大损失的集体或个人，对他们表示同情和安慰，鼓励他们克服暂时的困难而加倍工作，以期尽早地改变现状。

（3）节日慰问。这是一种上级对下级、机关单位对支援群众进行的一种节日问候。一般表示对他们以前工作的肯定和赞扬，并祝福他们在今后的工作、学习、生活中心情舒畅，做出更大的成绩。

3. 慰问信的结构与写法

1）标题

（1）直接写文种"慰问信"。（2）"慰问对象＋文种"，如《致×××的慰问信》。（3）"慰问双方＋文种"，如《×××致×××慰问信》。

2）称谓

顶格写收信单位的名称或个人的姓名，个人姓名前加"敬爱的"、"尊敬的"等字样，之后可加"同志"、"先生"等。

3）正文

慰问信的内容大致可分 3 个层次。

（1）发文目的。该部分开宗明义，写清楚发此信的目的是代表何人向何集体表示慰问，并作慰问表示，如"致以节日的祝贺"、"致以亲切的慰问"等。

（2）慰问缘由和慰问事项。本部分要概括地叙述对方的先进思想、先进事迹，或战胜困难、舍己为人、不怕牺牲的可贵品德和高尚风格；或者简要叙述对方所遭受的困难和损失，以示发信方对此关切的程度。要表明对慰问对象的希望、问候、鼓励及关切之情。

（3）结尾。提出希望，表明态度和决心。

4）结束语

以一句慰勉和祝愿的话作结束语，如"致以最亲切的慰问"、"致以诚挚的节日问候"、"祝取得更大的成绩"等相应的话语。

5）落款和日期

写发信者的单位名称或个人姓名及年月日。

4.1.7 贺信

贺信又称祝贺信，是某人、某单位或国家有了喜庆之事，为了对其表示祝贺而写的专用书信。集体或个人在事业上取得优异成绩或机关、团体、企事业单位、个人举行重要会议、召开庆功大会、举行庆祝活动时，用贺信表达表彰、赞扬之意和庆贺、祝福之情，可以加强彼此联系、促进双方交流。

1. 贺信的特点

（1）祝贺性。贺信主要是恭贺对方，为对方取得成就增添喜庆气氛，从而增进相互间的感情。所以贺信要写得感情饱满充沛，充满喜悦兴奋之情。

（2）信电性。通过书信的投递或电子邮件的发送抵达受贺者，庆贺者无法当面宣读，而由受贺者收后阅读，这就要求语言热烈真挚，篇幅不宜过长。

2. 贺信的类型

（1）上级单位对下级单位或所属职工、群众发出的贺信。这种贺信有的是节日的祝贺，有的是对所取得的成绩的祝贺。

（2）同级单位之间的贺信。这种贺信除了表示祝贺之外，还要表示向对方学习，起到互相鼓励的作用。

（3）下级单位、职工给领导机关的贺信。这种贺信除了表示祝贺之外，还要表示下级单位或职工对完成某项任务的决心。

（4）对重要领导人、科学家、艺术家寿辰的贺信。

3. 贺信的结构和写法

1）标题

（1）直接写"贺信"。（2）"祝贺单位＋文种"，如《国务院贺信》。（3）"祝贺对象＋文种"，如《给×××的贺信》。（4）"祝贺双方＋文种"，如《×××给（致）×××贺信》。

2）称谓

顶格写受祝贺方的姓名或单位名称，祝贺会议则写会议的名称。

3）正文

（1）开头。结合当前的形势状况，说明对方取得成绩的大背景，或者某个重要会议召开的历史条件，或祝贺的事由，并表示祝贺，如"值此……之际，谨代表……向……表示热烈祝贺"。

（2）主体。根据受文对象的不同，主体的内容与措辞有所区别：祝贺取得成绩时，要充分肯定和热情颂扬对方所取得的成绩，述评取得成绩的原因及意义；祝贺会议时，侧重说明会议召开的意义和影响；祝贺寿辰时，要以精练的语言叙述对方的品德或贡献。这部分是贺信的实质内容。

（3）结尾。再次表示热烈的祝贺、赞颂。写出祝贺者向对方学习的决心和打算，提出希望，祝愿双方加强友谊等内容。

4）祝颂语

写表示祝愿的话，如"此致　敬礼"、"祝取得更大的胜利"、"祝大会圆满成功"、"祝您健康长寿"等。

5）落款和日期

写明发文单位或个人的姓名，并署上成文时间。

4.1.8　申请书

申请书是个人或集体向组织表达愿望，向机关、团体、单位领导提出请求时使用的一种专用书信。申请书可以申请参加某个组织、某项工作或解决某个问题，在现实生活中用途相当广泛，是个人和组织、下级和上级相互沟通的重要手段。

1. 申请书的特点

（1）内容的单一性。申请书是个人或下级对组织或上级提出的愿望和要求，一般一事一书，内容单一，不能在同一申请书中提出多个申请。

（2）行文的请求性。申请书的写作目的是希望得到上级或组织的批准，实现自己的愿望或要求，因而要求语言简洁、态度谦和。

2. 申请书的类型

（1）按作者分类，可分为个人申请书和单位、集体公务申请书。

（2）按解决事项的内容分类，可分为入团、入党、开业、入学、困难补助、调换工作、建房、领证、承包、贷款申请书等。

3. 申请书的结构和写法

1）标题

直接写"申请书"，也可将主要内容概括出来，如"开业申请书"、"入党申请书"、"入团申请书"、"退休申请书"等。

2）称呼

写接受申请书的组织、机关、团体、单位的名称或有关负责人的姓名，也可在个人姓名后加"同志"、"先生"等恰当的称呼。

3）正文

申请书的正文主要包括申请理由和申请事项。由于内容较多，可分几方面来写，也可以分段写。

（1）申请的理由。申请理由是申请书的重要组成部分，一定要着力写好。一份申请书写得好坏，申请能否得到批准与申请理由是否充足有直接的关系，但并非说申请理由越多越好，集中力量有针对性地写出理由，才是写好申请书的关键。如写开业申请书主要应抓住两条，第一是社会确实需要，第二是自己从事该项业务的经验、技术、资金等条件，至于其他一些对开业没有什么直接关系的理由，可以忽略不写。如果是写入党、入团申请书，则应将自己的入党（团）动机，对党（团）的认识，接受组织考察的态度、决心写出，以表明自己对党（团）组织是有一定的认识，愿望是真诚的、强烈的。

（2）申请的事项。申请事项指申请的意愿或事项，是书写申请书的目的。申请书通常都是单方面的，因而申请事项一般也是很概括的。例如，开业申请书一般写："请贵局根据我的技术、资金等方面的状况，批准我的要求，发给营业执照。"入学申请书则多数写："请学校批准我的入学要求。"

（3）申请人的态度。这一部分对全文起着收束的作用，一般要根据申请的事项，再次表达自己诚恳的愿望、决心和要求等。

4）结语

另起一行，空两格写"特此申请"、"请领导批准"、"恳请领导帮助解决"、"希望领导研究批准"、"此致　敬礼"等表示请求的话。

5）署名和日期

个人申请要写清申请者姓名，单位申请写明单位名称并加盖公章，注明写作日期。

4.1.9　倡议书

倡议书是发起和倡导某种建议，或提议做某些有意义的事情，以引起人们响应而使用的一种专用书信。它是一种建议、倡导，可以在较大范围内调动群众的积极性，使大家齐心协力共同做好一些有益于社会的事务和开展某些公益活动。它宣传了真善美，使人们无形之中受到深刻的教育，是开展精神文明建设的一个有效方法。

1. 倡议书的特点

（1）群众的参与性。倡议书不是针对某个人、某一集体或某一单位而言的，而往往是针对某一类人、一个部门、一个地区、一个行业，甚至是针对全国发出的倡议。所以，具有特别广泛的参与性。

（2）对象的不确定性。倡议书是一种轻松倡导，没有一种强制的感觉，所以被倡议者可以表示响应，也可以不表示响应，而与此无关的个人或群体却可以有所响应。所以，倡议的对象具有不确定性。

（3）内容的公开性。倡议书的内容具有普遍的意义，往往要在一定范围内公布或借助于新闻媒介公之于世，要让广大的人民群众知道了解，从而激起更多人的响应，使大家把倡议的内容付诸实际行动。

2. 倡议书的类型

（1）从发文角度来分，可分为个人倡议书，集体倡议书和企事业单位、机关部门倡议书。

（2）从倡议内容角度分，可分为针对某一具体生活事件问题的倡议书和针对某种思想意识、精神状况的倡议书。

3. 倡议书的结构与写法

1）标题

（1）单行标题形式。可直接写"倡议书"，也可以是规范式"单位名称＋倡议内容＋读者范围＋文种"或省略式，如《北京地区互联网站电子公告服务倡议书》、《保护长城、绿化长城倡议书》、《给电子游戏迷的一封倡议书》等。

（2）正副标题形式。正标题概括倡议内容，副标题由单位名称、读者范围、文体名称构成。如《爱家乡，看港城——××中队致全市小学生的倡议书》。

2）称谓

指接受倡议的对象，可以写有关的人，也可以写有关的组织、部门。

3）正文

（1）开头。写倡议书的背景、原因、根据和目的。倡议书的发出贵在引起广泛的响应，因此必须开宗明义，交代清楚倡议活动的原因，以及当时的各种背景事实，并申明发布倡议的目的，人们才会理解和信服，并自觉地行动。

（2）主体。主要写倡议的具体内容和要求。这部分是响应者行动所遵循的依据，因此必须写得清晰、明确、具体、周全。对于开展怎样的活动、做哪些事情、具体要求是什么、它的价值和意义都有哪些，均需一一写明。倡议的具体事项、希望达到的目标，都要留有余地，切实准确，让响应倡议的人经过努力都能够做到。这部分内容一般是分条列出，从几个方面提出各自的具体要求。

（3）结尾。表示倡议者的决心和希望或者写出建议、信念。如果是由领导机关出面倡议做某些公益事情的倡议书，一般会在结尾写出部署与安排。这部分要富有号召性，给人以奋发向上、积极进取的力量。

4）落款和日期

写明倡议者单位、集体或个人的名称或姓名，并署上发倡议的日期。

4.1.10　建议书

建议书是机关、团体、企事业单位和个人就某件事、某个问题提出具体办法、合理化建议时所使用的一种专用书信。它可以充分调动各方面的积极因素，集中广大群众的智慧，更好地推进工作的顺利开展，是人民群众发表意见、提供建议的一种工具。

1. 建议书的特点

（1）内容的具体性。建议书是对有关部门或上级领导所提的建议，因此要具体明确，要将自己建议的具体内容，采取的措施、方法、步骤一一列出。

（2）操作的可行性。建议书必须实事求是，不要提过高的要求，所提建议必须是经过努力可以实现的，这样才有可能被有关部门或有关领导批准认可。

2. 建议书的结构和写法

1）标题

一种直接写"建议书"，另一种是"事由＋文种"，如《关于增设阅览室的建议书》。

2）称谓

一般是有关的组织、部门，也可以是个人，如写"××杂志社"、"××团支部"、"××同志"等。

3）正文

正文一般由以下几个部分组成。

（1）阐明建议的依据、原因、理由、目的等，以此体现建议的合理性，为受文单位采纳建议打下基础。一般以"为此，我们建议"等语过渡到第二部分。

（2）建议的具体内容。建议做些什么事情，采取什么具体的措施、办法，可行性和必要性怎样，结果会如何。一般建议的内容要分条列出，语言要简洁、明确。

（3）提出建议被采纳的希望，要虚心谨慎，不要用命令的口气。

4）祝颂语

写表示敬意或祝愿的话。

5）落款和日期

署上提建议的单位或个人的姓名，并署上成文日期。

【示例 4-1】介绍信

介 绍 信

××公司：

　　兹介绍我院建筑工程系学生吴明同学等四人，前往贵公司进行为期两个月的毕业实习。请予接洽。

　　此致

敬礼！

××职业技术学院（公章）

二〇一二年三月十日

【示例 4-2】证明信

证 明 信

陈海军，曾于 2008 年 9 月至 2011 年 6 月在我院机电系模具专业学习，学习期满，成绩合格，予以毕业。

　　特此证明。

××职业学院（公章）

2012 年 3 月 15 日

【示例 4-3】自荐信

自 荐 信

尊敬的人事部总监：

　　您好！

　　首先感谢您在百忙之中抽出时间给我一个展示自我的机会。我是××职业技术学院新闻采编与制作专业的应届毕业生，从报纸上得知贵公司招聘网页编辑，我有信心接受贵公司的面试与任何考核。

　　三年的大学生活，我始终努力学习，成绩优异，获得过五次奖学金。我较为系统地学习了新闻学概论、新闻编辑学、新闻采访与写作、电子新闻媒介、网络编辑、网络技术、网络安全与管理、计算机网络与通信等课程。我能熟练使用 FrontPage 和 DreamWeaver、PhotoShop 等网页制作工具。还自学了 HTML 语言，Frontpage、Dreamweaver 等网页编辑软件，Firework、Flash 等网页图形处理软件，可以自如地进行网页编辑。本人自己做了一个个人主页，http://www.LYGCKY.com，日访问量已经达到了 500 人左右。

除了扎实的网络专业知识，我还有较强的写作能力。在校期间，经常参加校内外征文活动，获奖 3 次。还被特聘为校报记者，多次外出采访，在校内外报刊上发表过 10 篇作品。在英语方面，我也已具备了一定的会话能力，可以用英语进行日常的交流，并取得了英语四级证书。

学习之余，我参加了大量的社会实践活动，做过家教、商场促销员，有吃苦耐劳精神和一丝不苟的工作作风。我性格随和，善于与人相处，有团队精神。

贵公司是闻名遐迩的跨国公司，总经理知人善用，重视人才，我非常愿意并渴望到贵公司工作，并愿为贵公司的兴旺发达贡献自己的知识与才华。

热切地盼望着贵公司给予答复！

此致

敬礼！

自荐人：××

×年×月×日

附件：

1. 发表的作品复印件一套
2. 英语四级证书复印件一份

【示例 4 - 4】表扬信

表　扬　信

××大学：

我们是中国人民解放军某部二连的全体官兵。2007 年 1 月 30 日我连战士王刚的母亲来部队探亲，不慎在南京火车站丢失所有的现金和火车票。正当王刚的母亲孤独无助的时候，贵校的林小兰同学伸出了援助之手，她不仅掏钱为王刚的母亲买了火车票，而且一路上端茶倒水，无微不至地照顾王刚的母亲。火车到站后，林小兰同学又帮王刚的母亲安排好了出租车，并预先付了车费，使王刚的母亲安全到达部队驻地。

林小兰同学这种急他人所急、想他人所想的雷锋精神，令我们全体指战员深受感动。我们非常感谢助人为乐的林小兰同学，也感谢贵校培养了这样优秀的学生。我们号召全连干部战士向林小兰同学学习，始终把人民的利益放在第一位。同时也希望贵校领导对林小兰同学予以表扬。

此致

敬礼！

某部二连全体官兵

2007 年 2 月 2 日

【示例 4 - 5】感谢信

感　谢　信

××晚报：

我们是从河南来连云港投资的外地商人，为失而复得的上万元物品，对贵公司车牌号为苏 G55111 的出租车司机师傅表示万分感谢。

昨天下午 2 时 20 分左右，我们在市区乘上了车牌号为苏 G55111 的出租车，并叫司机开到赣榆县城。可司机解释说，到赣榆县城路途比较远，乘出租车的话大概要 70 元，但到汽车站乘坐客车的话只要几元钱。我们听后表示愿意乘坐客车。当出租车驶出几百米时，正巧看到一辆由市区开往赣榆县的客车。见此情形我们急匆匆地下了出租车，却不慎将价值上万元的物品遗忘在出租车上。出租车司机发现后，立即掉转车头追赶客车，追了数公里路后，一直将出租车开到客车前，并鸣喇叭示意，客车才停了下来。当出租车司机上了客车说明情况时，我们才发现自己的包丢了。可是没等我们回过神来问清出租车司机师傅的名字，他已经离开了，只看到了他的车牌号码为苏 G55111。

这位司机师傅拾金不昧、一心为乘客着想的高尚行为让我们感动万分，也让我们感受到了连云港人的高尚品德，增强了我们在连云港投资的信心。请贵报帮助我们找到那位司机师傅，把我们的深深谢意转达给他，祝他好人好报，一生幸福！

此致

敬礼！

××公司业务员：张×× 赵××

2007 年 5 月 13 日

【示例 4-6】慰问信

吴仪致全国护理工作者的慰问信

全国护理战线的同志们：

今天是"5·12"国际护士节，我谨代表国务院向全国的护理工作者致以节日的祝贺和亲切的慰问！向辛勤工作在非典型性肺炎防治第一线、为维护人民群众健康无私奉献的护理人员及广大医务工作者表示崇高的敬意！

从南丁格尔创立护理专业之日起，护理工作便与人道主义精神和以关爱生命、救死扶伤为核心的职业道德密切联系在一起，受到社会和公众的尊重和敬慕。随着社会经济的发展、医学技术的进步，以及人民群众对健康和卫生保健需求的日益增长，护理工作作为卫生事业的重要组成部分，在防治疾病、维护和促进人民群众健康等方面，发挥着愈来愈重要的作用。截至去年年底，我国共有 124.65 万名护士，占卫生技术人员总数的 29.2%，是卫生专业技术队伍中一支重要的力量。多年来，广大护理工作者坚持全心全意为人民服务的宗旨，在平凡的护理工作岗位上，以严谨的工作态度、精湛的护理技术，兢兢业业、勤勤恳恳，为保护人民群众的健康、促进我国卫生事业的发展做出了重大贡献。

在人民群众的身体健康和生命安全受到威胁的时刻，护理工作者始终战斗在最前线，为人民奉献着爱心。在我国部分地区发生非典型性肺炎流行的重大灾害面前，广大护理工作者按照党中央、国务院的统一部署，团结一致，恪尽职守，无私无畏，舍生忘死，把保护广大人民群众的身体健康和生命安全放在第一位，表现出了良好的职业道德和崇高的思想品质。她们夜以继日地工作，视患者为亲人，置生死于度外，涌现出以"人民健康好卫士"——广东省中医院护士长叶欣为代表的一大批感人肺腑、可歌可泣的先进人物和先进事迹。她们用自己的知识与技术、劳动与汗水捍卫着人民群众的健康，谱写出一曲曲新时代的奉献之歌；她们用自己的实际行动实践着"三个代表"重要思想，履行着关爱生命、维护健康的专业职责，弘扬着南丁格尔救死扶伤、勇于献身的人道主义精神，赢得了广大人民群众的信赖和赞誉。

党中央、国务院对非典型性肺炎的防治工作非常重视，对广大护理工作者和医务人员的健康非常关注，对广大医务人员无私奉献的优良品质和忘我工作的革命精神给予了高度赞扬，这是对广大护理工作者和医务人员的极大鼓舞和鞭策，进一步增强了我们战胜非典型性肺炎的信心和决心。

在人类发展历史的长河中，总会遇到这样或那样的困难和挫折。但是，中华民族坚韧不拔、不屈不挠、愈挫愈奋、愈困愈强的精神永远是我们战胜困难、勇往直前的强大力量。目前，战胜非典型性肺炎的任务依然非常艰巨。希望广大护理工作者和医务工作者继续发扬不畏艰险、顽强拼搏的精神，坚定信心、努力工作、克服困难、再接再厉，把爱心和关怀奉献给患者，把温暖和阳光展示给人民。我相信，只要我们紧密团结在以胡锦涛同志为总书记的党中央周围，全面贯彻"三个代表"重要思想，万众一心、众志成城、团结互助、扎实工作，就一定能够取得防治非典型性肺炎工作的最后胜利。

吴　仪

2003 年 5 月 12 日

（央视国际网站）

【示例 4-7】贺信

西北工业大学贺信

西安建筑科技大学：

值此西安建筑科技大学并校 45 周年办学 105 年之际，谨向贵校全体师生致以热烈的祝贺和诚挚的问候！

西安建筑科技大学在办学特色和自主发展方面是一所很有影响的大学，也是我国目前唯一一所以"建筑"命名的大学。并校 45 年来，西安建大已发展成为以建筑和土木工程类专业为特色、以理工学科为主体，兼有文、法、管、艺等类别的综合性大学。为我国尤其是陕西省的经济发展和社会进步、高等教育和科学文化事业的发展起了积极的推动作用。

西工大和西安建大渊源相通、一脉呼应。多年来，两校相互学习、相互帮助、相互促进，建立了兄弟般的友好关系。让我们携手共进、同心协力，为推动我国高等教育事业的发展和社会主义现代化建设事业贡献更大的力量。

衷心祝愿西安建大事业不断发展、再铸新辉煌！祝愿各项庆典活动圆满成功！

中共西北工业大学委员会

西　北　工　业　大　学

二〇〇一年九月十五日

（西安建大报）

【示例 4-8】申请书

复学申请书

尊敬的院领导：

你们好！

我是本院文秘专业 04 级（1）班的学生吴军。我在去年的一次体育课上，由于不慎摔了一跤，造成左腿骨折。经过一个学期的治疗和调养，现已基本痊愈，为了不耽误下学期的课程学习，特提出申请，请求复学。

去年住院以后，由于不能上课，我就向学院提出了休学申请。在家休养这一学期中，我从未放弃过自己的学习。出院不久，我就给自己制定了学习计划。在这一学期中，我自学了教学计划安排的所有课程，借阅了同班同学的课堂笔记，并经常通过网络向任课老师求教。因此，我希望领导考虑让我重新跟原班学习。我不知道这种提法是否妥当，但我希望学校请有关老师对我进行考试后再做决定。

请领导考虑我的申请。

学生：吴军
2006 年 6 月 5 日

【示例 4－9】倡议书

温州市"学雷锋、树新风、我志愿、我行动"活动倡议书

尊敬的温州市民朋友们：

今年是雷锋同志牺牲 50 周年。雷锋是我们几代中华儿女共同学习的楷模，是中国人民的骄傲！以"奉献、友爱、互助、进步"为宗旨的雷锋精神已融入中华民族的血脉，激励着华夏大地上每一个炎黄子孙，积极投身到中华民族伟大复兴和中国特色社会主义事业建设的历史洪流。

新春伊始，万象更新，2012 年是温州"十二五"转型发展的关键时期，"三生融合·幸福温州"的建设需要许许多多的"雷锋"和无处不在的雷锋精神。为此，共青团温州市委、温州日报报业集团和温州市志愿者协会向广大温州市民发出在全市开展"学雷锋、树新风、我志愿、我行动"活动的倡议。

1. 争做"学雷锋、树新风、我志愿、我行动"活动的践行者。积极身体力行，争做一名"温州志愿者"，参与爱心助学、敬老助残、新春送温暖、关爱新居民、绿色环保、文明交通、平安社区等学雷锋志愿服务活动，深入农村、社区、企业、公共场所、公益机构，从身边做起，从点滴做起，勇敢地站在开创温州新风尚的最前列。

2. 争做"学雷锋、树新风、我志愿、我行动"活动的倡导者。积极宣传雷锋精神，鼓励带动身边的人，加入并壮大学雷锋活动志愿者队伍，开展志愿服务理念、交通安全知识、法律知识、低碳环保理念、水资源保护等宣传活动，让瓯越大地"人人学雷锋、天天有雷锋、时时做雷锋"。

3. 争做"学雷锋、树新风、我志愿、我行动"活动的推动者。积极支持学雷锋活动的开展，社会各界要通过捐资、捐物、送医、送技术、探访、结对、办实事等多种方式，支持学雷锋志愿服务活动的开展。

朋友们，时代需要雷锋精神，温州呼唤雷锋精神。让我们迅速行动起来，积极主动、满腔热情地投入到"学雷锋、树新风、我志愿、我行动"活动中来，从我做起，从现在做起，从小事做起，用我们的青春、智慧和汗水让雷锋精神在"三生融合·幸福温州"的建设中发出耀眼光彩。

共青团温州市委
温州日报报业集团
温州市志愿者协会
2012 年 2 月 1 日

（温州网—温州日报）

【示例 4 - 10】建议书

建 议 书

《××晚报》编辑部：

　　我是××大学二年级的学生，在一年多的大学生活中，贵报的"教育专刊"使我受益匪浅。但我觉得，"教育专刊"不仅要传递各种教育信息，还应该给学生提供实际的帮助。为此，本人特提出一点建议。

　　在贵报开设一个"咨询窗口"，让学生把自己生活中遇到的无法解决的困难提出来，安排相应的人员给出指导意见，对于某些有普遍意义的问题，可在报纸上刊登出来。这样既可以帮助有困难的学生，又可以让更多的有类似困难的学生从中得到启发。此建议当否，请编辑们考虑。

曹红妮
2007 年 3 月 20 日

▶ 写作训练 ▶

一、指出下文中存在的问题，并进行修改。

1. ××公司开具的介绍信

介 绍 信

××学校：

　　由于我公司的设备有问题，给贵校带来了很大麻烦。所以今派张山等 4 人前往你处联系设备维修有关事宜。敬请接洽并予以协助。

　　此致

敬礼！

××设备有限公司
2006 年 10 月 26 日

2. ××教授开具的证明信

证 明 信

××同志，曾在我校读书三年。在校期间，未参加任何邪教组织。

　　特此证明。

××大学教授：××
2006 年 4 月 12 日

3. 一位毕业生的自荐信

自 荐 信

××集团负责人：

　　我是××学校××专业今年的毕业生，想到你们单位工作，请给予安排。

在校四年间，本人学习刻苦，团结同学，尊敬师长，成绩优异，有一定实践经验，还是学生会纪检部部长，不录用我，将是贵公司的损失，请慎重考虑，给予答复。

此致

敬礼！

李飞扬

2006 年 12 月 30 日

又及，我的计算机水平很高，有计算机三级证书。

4. ××糕点厂写给××中学的感谢信

感 谢 信

××中学：

昨天我厂车辆在运送糕点途中发生事故，幸蒙你校苏宁、方舟等 10 名同学相助才解了围。他们爱国家、爱集体、做好事不留名的优秀品质使我们深受感动，我们深为祖国有这样的好接班人感到欣慰。

请贵校对他们的精神广为宣传，对他们的行为大力表扬！

××糕点厂

2007 年 10 月 25 日

5. 贺信

贺 信

××工学院：

诞生于 1933 年的××工学院是一所有着悠久历史和优良办学传统的高等学府。在 70 年的办学历程中，贵校依托江苏人文荟萃、人杰地灵的优越条件和雄厚的经济实力，逐步形成了鲜明的办学特色和优势，为国家培养了数以万计的优秀人才，为国家和江苏的经济建设和社会发展做出了重要贡献。70 年风雨沧桑，贵校正迈向建设高水平、有特色的综合性大学的历史征程，我们对贵校取得的成就表示由衷的祝贺。

××艺术学院与××工学院历来交往密切，友谊深厚。因我院今年迎接教育部本科教学评估时间紧、任务重，不能前往出席贵校校庆盛典。我们衷心祝愿贵校以 70 周年校庆为契机，在新的征程上再创辉煌！

恰逢丹桂飘香、秋风送爽之时，贵校迎来了建校 70 周年华诞之喜，××艺术学院 7 000 余名师生员工谨向贵校致以热烈的祝贺和诚挚的敬意！

祝贵校 70 周年校庆活动圆满成功！

××艺术学院

二〇〇三年十月二十三日

二、写作

1. 请你根据自己的专业特长、性格爱好等，向某公司写一封自荐信。

2．××超市举行开业庆典，请你代表化妆品销售公司，向该超市发一封贺信。

3．根据下列消息，为方小姐写一封感谢信。

《××晚报》2007 年 6 月 7 日报道：5 日傍晚，方小姐下班后急匆匆回家，路过海连中路某银行取款机时取了一些现金，却忘了将卡拿出来。后来，一位先生来到同一个取款机上取款，往里插卡时却插不进去，仔细检查才发现里面还有一张卡未取出，他试探性地取了 2 000 元，没想到一叠钞票真的吐了出来。这位先生当即意识到是上个取款人疏忽大意忘了拿回卡，随即报警。路南派出所民警赶到现场，对这位先生表示钦佩和感谢，并要留下他的详细资料，他却怎么也不肯说，并称这是他应该做的，就悄悄离开了。民警通过卡上的信息，多方核实，确认卡的主人是方小姐。当民警询问方小姐是否遗失一张银行卡时，方小姐急忙检查钱包，才发现银行卡丢了。民警将银行卡和 2 000 元现金交给她，并讲述了钱、卡失而复得的经过。方小姐连连称谢，并请求民警一定要想办法找到这位先生。

4．张诺亚在××职业技术学院计算机应用专业毕业后，筹集了 5 万元资金，欲自主创业，开一家"诺亚文印社"，请你为其向工商局写一份开业申请书。

5．×年 2 月 29 日，××市一名打电子游戏的小学生因欠电子游戏厅老板 50 元钱，竟被老板活活打死。请根据这则消息，以一名学生的身份给沉迷于电子游戏的学生写一份倡议书。

6．西城市场自成立以来，方便了群众，但也出现了挤、脏、乱等现象。请你给市场管理处写一封建议书，针对这些现象，提出自己的建议。

4.2　礼　仪　类

礼仪类应用文是指机关、团体、企事业单位或个人在各类社会交往活动中，所用的礼俗性的应用文体。礼仪是礼节和仪式的总称。我国是文明古国，是世界上有名的礼仪之邦，人们的社会交往活动和思想感情的交流，有许多都是通过一定的礼仪形式和一定的文化活动方式进行的。因此礼仪类应用文应用范围很广，在社交活动、公关活动中发挥着重要作用。

礼仪类应用文的种类很多，本节介绍的主要是机关、团体、人民群众在生活、工作中常用的请柬、邀请书、欢迎词、欢送词、答谢词、祝词、祝酒词、讣告、悼词等。

4.2.1　请柬和邀请书

请柬和邀请书都是邀请上级领导、有关单位或个人参加某项活动所使用的一种礼仪文书。它们都是人们为了表示郑重而发的，也都可以作为入场或报到的凭证。但两者却有所区别：邀请书的发出者一般是单位团体，而请柬可以是单位也可以是个人。邀请书的内容比较复杂，篇幅较长，而请柬一般事先印制好，只需将被邀请者的姓名、时间、参加活动内容填入即可。因此，请柬比邀请书更加短小、精练、格式化。

1．请柬和邀请书的特点

（1）邀请性。请柬和邀请书都是在举行重大活动而对方又是作为宾客参加时才发出的，以此表明邀请者对此事的郑重态度、对客人的尊敬。

（2）告知性。请柬和邀请书的主要内容类似于通知，主要起告知作用，使邀请对象可以有备而来，也可以使其对各种事务有一个统筹的安排。

2. 请柬和邀请书的结构与写法

1) 标题

直接写"请柬"或"邀请书",如果有封面,大多在封面上写明。

2) 称谓

即被邀请单位名称或个人姓名。个人姓名后要注明职务或职称,如"××经理"、"××研究员",或写"××先生"、"××女士"。

3) 正文

请柬的正文要写明活动的内容、时间、地点及其他应知事项。邀请书的正文通常要求写出举办活动的内容、目的、时间、地点、活动方式、邀请对象等。活动的各种事宜务必在邀请书中写清楚。若附有票、券等物,也应同邀请书一并送给被邀请对象。若相距较远,则应写明交通路线、来回接送的方式、食宿安排等。其他差旅费及活动经费的开销、来源及被邀请人所应准备的材料、文件、节目、发言等,也应在正文中交代清楚。邀请书一般还有回告单,请被邀请者回答是否能参加活动、邀请书上交代的事宜是否已办、有什么要求等。

4) 敬语

一般以"敬请(恭请)光临"、"恳请光临"、"致以敬意"等作结。

5) 落款和日期

写明邀请单位或个人的姓名,并署上发文日期。邀请单位还应加盖公章,以示慎重。

4.2.2 聘书

聘书,又称聘请书,它是聘请有关人员担任某种职务或从事某项工作时所使用的一种协议性的文书。聘书的使用颇为广泛,很多单位、部门在聘请有关专家、学者、教授、律师或其他人员来本单位、本部门任职时,都会使用聘书。聘请单位或个人向被聘人送聘书,除了表示聘请者对应聘人的敬重之外,还可起到凭据作用。一般在发聘书之前,要先征得对方同意。

1. 聘书的特点

(1) 聘请性。发聘书是聘请某人担任某种职务或某项工作过程中的最后一道手续,聘书决定了聘请的事实和性质。

(2) 简明性。聘书文字简洁,讲清内容和要求即可,叙述、议论、抒情均不需要。

(3) 告知性。聘书对被聘者的任职、要求或权限、待遇等内容都有鲜明的告知作用和确证作用。

2. 聘书的结构与写法

1) 标题

一种是直接写"聘请书"、"聘书"或"聘约";另一种是在"聘书"、"聘请书"诸字的上边或右边用稍小的字体写上聘请单位的名称。

2) 称谓

即被聘者的姓名。对被聘者的称谓要写全称,不能用"王教授"、"张律师"之类不确定的称呼,姓名后可加"同志"等语。有的也可以不写,只在正文中写出。

3) 主体

聘请书的主体,包括聘请的缘由,承担的具体职务、职责、权限、待遇、聘请的起止日期、对被聘者的要求和希望等。如果内容较多,可以分条书写,也可直接写聘请的内容和要求等。

4）结语

大多以"此聘"或"此致　敬礼"等作结，也可以省略不写。

5）落款和日期

署聘请单位（或个人）全称，并盖章。如果以单位负责人名义发聘书，负责人的姓名要由本人书写或加盖签名章，并在姓名前冠以职务名称。另起一行写成文时间。

4.2.3　开幕词、闭幕词

开幕词和闭幕词是一些比较郑重的大中型会议开幕或闭幕时，主要领导人讲话的文稿。开幕词是会议的开头语；闭幕词是会议的结束语。开幕词是一种具有提示性、方向性和指导性的讲话稿，它对会议的进行有重要的指导作用。闭幕词是对开幕词中提出的会议任务完成情况的回答，它不仅能表达出会议的组织领导者对大会成果的正确总结和评价，而且能鼓舞与会人员的斗志，增强他们完成大会提出的任务的信心。开幕词和闭幕词都是会议的重要文件之一。

1. 开幕词、闭幕词的特点

（1）简明性。开幕词、闭幕词语言概括简明，短则几百字，长也不超过一两千字，多用祈使句，表示祝贺和希望。

（2）口语化。开幕词、闭幕词的语言通俗明快，表达生动活泼，层次条理清楚，讲究口头表达效果，注重听众反应。

（3）宣告性。开幕词、闭幕词起着宣布会议开始和结束的作用，因致辞者的身份，使其更加庄重，宣告性更明确。

2. 开幕词、闭幕词的类型

（1）侧重性开幕词、闭幕词。有所侧重的开幕词往往对会议召开的历史背景、重大意义或会议的中心议题等作重点阐发，其他问题则一带而过。有所侧重的闭幕词往往对会议成就、会议要求作重点讲述，其他问题点到即可。

（2）一般性开幕词、闭幕词。一般性的开幕词只对会议目的、来宾、议程、基本精神等作简单介绍。一般性闭幕词也只对会议的情况、效果、希望等作简要概述。

3. 开幕词、闭幕词的结构和写法

1）标题

标题通常有 4 种写法。

（1）直接写"开幕词"、"闭幕词"。

（2）"会议名称＋文种"，如《中国共产党第十二次全国代表大会开幕词》。

（3）"致辞人姓名＋会议名称＋文种"，致辞人姓名既可放在会议全称之前，又可放在会议全称之后，但都必须把会议全称改为"在……上"的介词结构。如《邓小平同志在中国共产党第十二次全国代表大会上的开幕词》、《在中国人民政治协商会议第六届全国委员会第一次会议上邓颖超主席的闭幕词》。

（4）正副标题式。用正标题揭示内容或主旨，用副标题点明致辞人、会议名称、文种名称。

2）署名

在标题下用括号注明致辞的具体日期，如果标题中没有致辞人的姓名，则在日期下方正中写上致辞人的姓名。

3）称谓

对与会代表的称呼，通常用"同志们"、"朋友们"、"各位代表"或"女士们、先生们、来宾们"等。

4）正文

（1）开头。开幕词宣布会议开幕，或向代表表示欢迎、祝贺；闭幕词宣布会议闭幕，表示庆贺，或肯定大会圆满完成预定的使命。

（2）主体。开幕词的主体部分一般包括以下内容：会议的筹备和出席会议人员情况；会议召开的背景和意义；会议的性质、目的及主要任务；会议的主要议程及要求；会议的奋斗目标及深远影响等。

闭幕词的主体部分一般包括以下内容：回顾会议的过程，对整个会议进行总结；提出的今后工作任务、工作目标或方向，并提出相应的要求；对参加、协助会议工作，对保证会议顺利进行的有关单位和人员表示感谢等。

（3）结语。开幕词的结语一般写对大会的祝愿、希望或要求，并发出号召，预祝大会圆满成功。闭幕词的结语一般是向有关方面表示谢意，宣布大会胜利闭幕。

闭幕词的内容必须与开幕词对应。开幕词提出大会的议程和任务，闭幕词要对每项议程的完成情况进行总结分析；开幕词提出今后的基本方针，闭幕词要对完成大会任务而发出号召；开幕词庄严宣布大会开幕，对开好大会向代表提出希望，闭幕词要向为开好大会的各方面人员的努力表示感谢，最后宣布大会胜利闭幕。

4.2.4 欢迎词、欢送词、答谢词

欢迎词、欢送词、答谢词是在公共礼仪场合迎送宾客时使用的，带有礼仪和公关性质的讲话稿。客人来了，主人出面表示欢迎，用欢迎词；客人离开时，主人对客人表示欢送，用欢送词；宾客对主人的热情接待表示感谢，用答谢词。

欢迎词、欢送词与答谢词，在国际、国内的日常事务和人们的交往中使用相当广泛。尤其是在国际交往中，欢迎词、欢送词、答谢词一般并非只是表示迎送、致谢，讲话人还要畅谈双方友谊，也往往就当时的国内外重大问题表明立场与看法，公开发表后常常起到宣传教育的作用。

1. 欢迎词、欢送词、答谢词的特点

（1）礼仪性。欢迎词、欢送词与答谢词都是出于礼仪的需要而使用的，称呼要恰当，要尊重对方的风俗习惯，文中不讲对方忌讳的内容。

（2）情感性。贵宾光临，主人热情接待，宾客诚心感谢。这种感情要通过语言表达出来，使欢迎词、欢送词、答谢词的字里行间洋溢着真挚动人的感情。

（3）口语性。欢迎词、欢送词、答谢词是现场口头表达的，所以在遣词造句上也应注意使用生活化的语言，使表达既富有情趣又自然得体。

2. 欢迎词、欢送词、答谢词的种类

（1）私人交往类。私人交往类一般是在个人举行较大型的宴会、聚会、茶会、舞会、讨论会等非官方的场合下使用的讲话稿，往往具有很大的即时性、现场性。

（2）公务往来类。公务往来类一般在较庄重的公共事务中使用，要有事先准备好的得体的书面稿，文字措辞上的要求也更正式和严格。

3. 欢迎词、欢送词、答谢词的结构与写法

1）标题

（1）直接写"欢迎词"、"欢送词"、"答谢词"。

（2）"讲话场合＋文种"，其中文种也可以是"讲话"，如《在欢迎曼彻斯特市代表团大会上的讲话》。

（3）"致辞人＋讲话场合＋文种"，如《李先念主席在欢迎金日成主席宴会上的讲话》。

2）称谓

对主宾客或首要主人要用全名，并在姓名后加职衔（有时也可只称职衔），还可加"先生"或"同志"等称呼，而在姓名（或职衔）前则加上"尊敬的"、"亲爱的"、"敬爱的"等表示亲切的词语。对在场的其他主客人员，一般用"女士们，先生们"或"朋友们，同志们"等泛称。如迎送的宾客是一个代表团，一般也用泛称，如"尊敬的××代表团各位朋友"、"女士们、先生们"等。

3）正文

（1）开头。正文的开头要以热情洋溢的语句分别表示欢迎、欢送或感谢之情，并交代迎送、答谢的原因。一般写"请允许我"代表谁向谁表示热烈的欢迎（欢送）或表示衷心的感谢。在措辞时，既要突出主要宾客，也要兼顾陪同人员。

（2）主体。正文的中间部分是欢迎词、欢送词与答谢词的主体、核心，其主要内容都写在这里。要交代对方给予自己的照顾、接待、馈赠、授予，表明自己的希望、祝愿、感激之情。

欢迎词在这一部分一般要阐述和回顾宾主双方在共同的领域所持的共同的立场、观点、目标、原则等内容，概括地介绍来宾在各方面的成就及在某些方面做出的突出贡献，同时要指出来宾到访或光临对增加宾主友谊及合作交流所具有的现实意义和历史意义。

欢送词在这一部分要回顾和阐述双方在合作或访问期间在哪些问题和项目上达成了一致的立场，取得了哪些有突破性的进展，陈述本次合作交流中双方的合作和交流给双方带来的益处，阐述其深远的历史意义。对于私人欢送词，还应注意表达双方在共事合作期间彼此友谊的加深增进，以及分别之后的想念之情。

答谢词在这一部分可感谢主人的盛情接待，回顾这个期间内双方愉快的会面、成功的合作，简要地概括对方的新气象、好经验及自己对此的态度，赞扬主人为发展双方的友谊或合作做出的贡献，肯定这次来访或会议的成功及其意义、影响，提出自己的希望等。

（3）结尾。通常在结尾处再次向来宾表示欢迎、欢送、感激之情，并表达自己对今后合作的良好祝愿。

4.2.5　祝词、祝酒词

祝词，也可写作祝辞，是在礼仪性场合对人物、事情、会议或事业表达良好愿望和祝贺的言辞、文章或讲话稿。祝词可以表达情感、增进友谊，是人与人之间、单位与单位之间、国家与国家之间交往活动中不可缺少的重要手段和工具。

祝酒词，是祝词的一种，是在喜庆宴会或外宾招待会上，主人以酒为媒介，向宾客表达良好祝愿的讲话。祝酒，是现代社会招待宾客的重要礼仪。酒并不是祝的对象，而是人们交往中的一种媒介，一种祝愿形式。

1. 祝词的特点

（1）祝愿性。祝词通常是对事物的开始表达希冀、祝愿，因此带着浓浓的暖意，充满着祝福，融注着美好的感情。

（2）直陈性。为了使祝贺对象感到温暖和愉快，受到激励与鼓舞，祝贺人要用口语化的语言直接表达自己的热情、喜悦、鼓励、希望、褒扬之意，感情要外露、直接。

（3）喜庆性。祝词是在喜庆的场合对祝贺对象的一种真诚的祈颂祝福和良好心愿的表达，在措辞上体现出的是一种喜悦、美好之情，有强烈的喜庆色彩。

2. 祝词的类型

（1）工作祝词。工作祝词多用于祝贺会议开幕、奠基、典礼、开班、开业，以及某社团、机构、报刊创办或节日纪念日等。

（2）个人祝词。个人祝词主要用于个人寿诞、婚庆、升迁、升学、乔迁或其他可以庆祝的喜事等。

3. 祝词的结构和写法

1）标题

（1）单标题式。可以只写文种，如"祝词"、"祝寿词"或"祝酒词"等，也可以在前面加上祝词人，变成《××的祝词》，还可以加上祝词的场合，如《××在××大会上的祝词》。

（2）双标题式。可以是正副标题法，如《四化建设的生力军——在共青团第九次全市代表大会上的祝词》，也可以是肩题正题法，如肩题是"在庆祝××公司成立三周年纪念会上"，正题是"××经理的祝词"。有的也可以不写标题。

2）称谓

一般要用全称，称谓要得体。有时还要注意具体场合，尽可能包括全部在场的人，如在有外国首脑及外宾参加的集会或宴会上，先写对外国首脑的称谓，接着写"女士们、先生们"，然后再写"同志们、朋友们"。

3）正文

（1）开头。首先应根据具体情况，或对会议的召开、活动的举行、工厂的开工，或对对方的喜庆、事业有成，或对贵宾的来访等表示祝贺或欢迎。如"向大会表示热烈的祝贺"、"向您八十大寿表示衷心祝贺"、"向您获得劳动模范称号表示衷心祝贺"等。

（2）写祝贺原因、祝贺事项、祝贺的意义等。根据具体情况，既可以追述已经获得的成绩，也可以畅叙友情发展的历史，还可以展望未来。例如，对重要会议或重大事件，可用相当的篇幅介绍形势、背景及重要意义；对重要人物，还要概括其主要功绩，给予适当的评价；对事业有成的某人，也可以简要介绍一下其成就，分析一下取得成就的原因，并给予鼓励。

（3）结尾。写希望、祝愿之语，一般都有固定的语言，如"祝会议取得圆满成功"，"祝开业大吉，生意兴隆"，"祝相亲相爱，白头偕老"，"祝健康长寿"或"福如东海，寿比南山"，"祝取得更大成就"或"更上一层楼"，"为……干杯"，等等。

4）署名和日期

一般情况下，正式的、较为隆重的祝词，都要在正文结尾后署上名字（是单位要写明全称）、日期，有的还要注明具体地点，也有的把日期写在标题下。

4.2.6　讣告、悼词

1. 讣告

讣告，即把某人不幸去世的消息通知死者生前友好、亲属和有关单位及个人。讣告是死者家属或治丧委员会向死者亲友或广大群众报丧的文书。亦称"讣闻"或"讣文"。一般的讣告通常在去世者的工作单位公开张贴；也有的讣告通过报纸、电台、荧屏在更大的范围内公布；还有的把讣告印成单张，作为报丧的通知送交或发专函寄给有关单位和人员。

1）讣告的类型

（1）公告式讣告。是以国家行政公文中的"公告"形式，向国内外公开发布的中央和国家级领导人逝世的信息。

（2）报道式讣告。是以新闻媒体中"消息"的形式，在较大范围内告知死者的情况。报告的对象一般有一定的级别，牵涉的面比较广。

（3）启事式讣告。是讣告中最常见的一种形式，即在机关团体、厂矿、公司、企业、部队、学校等死者生前所活动的范围内采取张贴的方式公布其死亡信息。

2）讣告的结构与写法

（1）标题。一般直接写"讣告（闻）"，字体稍大，正楷书写。有的还会在讣告前冠以死者姓名及称谓或发讣告单位的名称，如《鲁迅先生讣告》、《中共中央、全国人大常委会讣告》。

（2）正文。首先，写明死者职务或职称、姓名、逝世时间、地点、死因、终年岁数。一些重要领导人和社会名流，还可在姓名前加以概括性的评价，如"忠诚的共产主义战士"、"优秀党员"、"著名学者"等。

其次，概括死者的生平事迹，并对其作出评价。有些以单位名义或治丧委员会名义发布的讣告，还要交代死者生病期间单位领导的关心。有时这一部分还要交代死者的去世所造成的损失，我们应该向死者学习什么、继承他（她）的遗志等内容。

再次，写举行吊唁或追悼会的时间、地点及其他有关事项，如家属或生前友好的范围，挽幛、祭仪等送往什么地方，死者关于丧事有何遗嘱，等等。

以上 3 部分内容可根据讣告的类型进行取舍，既可以全写，用多段文字依次表述，也可以省略中间部分的内容，只概括写第一、三部分的主要内容。公告式讣告则由公告本身及其他文件（消息）共同组成。

（3）结语。可写上"特此讣告"、"谨此讣闻"等。

（4）落款和日期。写明发讣告的单位或个人、发讣告的时间。

2. 悼词

悼词，是指在追悼大会上对死者表示敬意与哀思的宣读式的专用哀悼文体。广义的悼词指向死者表示哀悼、缅怀与敬意的悼念性文章。悼词一般由去世者所在单位或其上级领导机关的某一位领导人所作，是死者一生的总结，是生者对死者表示敬意、哀思的体现。其既有对于死者"盖棺定论"的作用，又有对于生者的教育和鼓舞作用。

1）悼词的特点

（1）总结性。悼词要总结死者生平业绩，并充分肯定其社会意义和社会价值，表达对死者的敬意与哀思。

（2）情感性。悼词要饱含深情，寄托人们的哀思，具有化悲节哀、继承死者遗愿的基调。

（3）鼓舞性。悼词要让人们继承已故同志的遗愿、学习其革命精神和优秀品质，为建设有中国特色的社会主义而奋斗。

2）悼词的结构与写法

（1）标题。多用"悼词"二字。但书面发表时，一般用"在追悼××同志大会上×××同志的悼词"或"××同志追悼会悼词"。

（2）正文。开头部分一般包含两层意思：一是以怎样的悲痛心情悼念什么人，二是写明死者去世前所担任的各种职务名称、由于什么原因在何时（具体到年月日时分）不幸逝世、终年多大等。

主体部分一般写两层意思：一是按时间先后顺序介绍死者的生平：出生的时间、地点，何时做何种工作、担任何种职务等。如果死者是党员干部，还要写明何时参加革命工作、何时加入党组织、在各个历史时期历任什么职务。二是对死者一生的正面称颂。一般是根据死者生前的业绩，从几个方面，用一段或几段文字概括地介绍其突出贡献和高尚品德。

结尾部分一般是评价死者去世带来的损失，并指出应从哪几个方面向去世的同志学习，化悲痛为力量，为完成什么任务、实现什么目标而努力奋斗。最后，常另起一段，用"××同志安息吧"或"××同志永垂不朽"结尾。

【示例 4－11】请柬

请　　柬

××先生：

兹定于 4 月 28 日（周六）上午 10 时 30 分，在新海区解放中路 22 号新兴大酒店举行开业典礼。敬请光临。

新兴大酒店（章）

2012 年 4 月 22 号

【示例 4－12】邀请书

邀　请　书

××同学：

25 年前，我们××大学中文系 78 级（2）班同学来到××市进行为期 2 个月的教育实习，与××市结下了深厚友谊。沧海桑田，今天的××市已发生了巨大变化。为了加深了解、增进友谊，××大学中文系 78 级（2）班在××市工作的同学发起组织"××教育实习25 周年纪念活动"，诚恳邀请全班同学来××市故地重游，共叙友情。具体安排如下：

一、报到时间及地点

4 月 15 日（星期五）下午 5：00 前报到。地点：××市凯悦大酒店

二、活动内容及时间安排

4 月 15 日晚 6：30 在凯悦大酒店举行宴会；

4 月 16 日上午 8：30 集中参观××经济技术开发区、乘车游览××风景区；

4月16日下午2:00参观××港口、游览×岛度假区；

4月17日上午自由活动，下午返程。

各位同学接到邀请后，请于4月10日前回电。

联系人：××，电话：×××××××

××大学中文系78级（2）班在××市工作的全体同学

二○一二年三月十八日

【示例4-13】聘书

聘 书

根据工作需要，决定聘任××同志担任讲师职务。聘期三年，从2012年9月起至2015年8月止。

行政领导（签章）：

聘任单位（盖章）：

2012年8月28日

【示例4-14】聘书

聘 书

××教授：

兹聘请您担任我公司的法律顾问，协助本公司处理有关法律方面的事宜。年薪人民币伍万元整（50 000）。期限两年（2012年8月29日—2012年8月28日）。

此聘

××电脑技术公司（盖章）

2012年8月20日

【示例4-15】开幕词

××市第一人民医院第十次职工代表大会开幕词

（2006年11月22日）

王××

各位代表、各位来宾、同志们：

××市第一人民医院第十次职工代表大会在上级工会和医院党委的关心下，今天隆重开幕了。在此，我代表主席团对这次大会的隆重召开表示热烈的祝贺，向莅临大会的列席代表表示热烈的欢迎！向各位职工代表，并通过你们向全院职工特别是在临床第一线的职工致以崇高的敬意和亲切的问候！

第十次职代会是今年医院政治生活中的一件大事，也是广大职工普遍关注的一件大事，经过一个月的充分准备，终于胜利召开了。参加大会的88名职工代表，来自全院各个科室，是在严格履行程序，充分发扬民主，广泛反映民意的基础上，由全院职工认真选举产生出来的。20名列席代表是院各科室、工会小组的负责人。

在过去的几年里，医院全体职工在党政领导班子的领导下，围绕"科教兴院"的主战略，把握医疗卫生改革的发展动向，努力工作，取得了比较好的成绩。医院的职工，是推动医院建设和发展的基本力量，工会是党联系群众的桥梁和纽带。我院业务技术水平和社会效益、经济效益取得了令人瞩目的快速发展和进步，职工的生活福利也有了明显的改善和提高。这些成绩，离不开全院职工的努力，也离不开各个工会小组同志们的辛勤劳动和无私奉献。实践证明，工会是党团结职工、教育职工的重要阵地。

本次会议要在总结"十五"工作成绩的基础上，以科学的发展观为指导，贯彻党的十六届五中全会的精神，以人为本，积极谋划医院的"十一五"规划，为医院今后的五年发展绘蓝图、早准备。本次会议的主要议题有：听取医院"十一五"规划的通报；讨论、审议、表决《医院在职职工住房货币补贴条例》；对职代会的满意度进行测评；进行工会的换届选举，产生新一届的工会领导班子。

各位代表、同志们充分发挥广大职工的主人翁精神，发挥工会组织对医院各项工作的民主参与和监督作用，是对搞好医院工作的有力支持。在上级工会和党委的关心领导下，在医院各部门的热情支持下，各位代表一定不会辜负全院职工的重托，认真完成预定的各项任务，把职代会开成一个民主团结、求真务实、开拓奋进的大会。

希望全体代表积极参与，认真讨论，预祝大会取得圆满成功！

谢谢大家！

【示例4-16】闭幕词

××市第一人民医院第十次职工代表大会闭幕词

（2006年11月23日）

张××

各位代表、同志们：

××市第一人民医院第十次职工代表大会，经过全体代表和同志们的共同努力，已经顺利完成各项议程，今天就要闭幕了。

在两天的会议期间，代表们以高度的使命感和主人翁精神，听取并审议了院长所作的《医院工作报告》，讨论了医院的"十一五"规划，审议并通过了《医院在职职工住房货币补贴条例》。通过这次大会，广大职工干部明确了任务，统一了认识，增强了信心，振奋了精神，必将对我院今后的发展产生积极而深远的影响。

本次大会还收到并立案受理了20份代表提案，这些提案内容涉及医疗护理业务、医院管理、医院建设、生活福利、工会建设等范围。反映了职工代表关心科室、关心医院、关心职工的热情和责任感。各职能科室在收到这些提案后，都尽快提出了受理意见。这些提案的受理和实施将对我院今后的工作和业务建设起到积极的推动作用。各种提案的提出与实施再一次实践了我们职工参与医院的民主决策、民主管理和民主监督的权利。

这次大会，全体代表以高度的责任感认真履行工作职责，大会的全体工作人员努力工作，为大会的顺利进行付出了辛勤的劳动。在这里，我代表大会主席团向全体代表和与会同志，向大会全体工作人员，表示衷心的感谢！

经过大会主席团和全体代表的努力工作，本次大会充分酝酿和民主选举产生了新一届工会委员会，为我院工会工作的顺利开展提供了新的组织保证。借此机会，我提议让我们以热烈的掌声，对当选的新一届工会委员会的各位委员表示热烈的祝贺！对各位代表和为本次大会的胜利召开而做了大量工作的同志表示衷心的谢意！对历届，尤其是上届工会委员会所付出的辛勤劳动表示崇高的敬意和诚挚的感谢！

各位代表、同志们，我们这次会议是一次民主团结、统一思想、继往开来的大会。这次大会提出了我院在"十一五"期间的奋斗目标，对当前和今后一段时间的工作进行了部署，我们的奋斗目标是鼓舞人心的，我们所面临的工作任务是十分艰巨的。要完成这次大会提出的任务，离不开全院职工干部团结一致，共同奋斗。希望各位代表会后要以这次大会为契机，认真学习贯彻会议精神，弘扬"抗非"典斗争中"万众一心、众志成城，团结互助，和衷共济，迎难而上、敢于胜利"的精神，团结全院职工，凝聚集体的力量，勇于面对新的挑战和竞争，脚踏实地地做好本职工作，为实现医院提出的"十一五"工作规划和目标而奋斗。

现在我宣布：××市第一人民医院第十次职工代表大会胜利闭幕！

谢谢大家！

【示例 4-17】欢迎词

周恩来总理在欢迎尼克松总统宴会上的讲话

总统先生、尼克松夫人，
女士们、先生们，同志们、朋友们：

首先，我高兴地代表毛泽东主席和中国政府向尼克松总统和夫人，以及其他的客人们表示欢迎。同时，我也想利用这个机会代表中国人民向远在太平洋彼岸的美国人民致以亲切的问候。尼克松总统应中国政府的邀请，前来我国访问，使两国领导人有机会直接会晤，谋求两国关系正常化，并对共同关心的问题交换意见，这是符合中美两国人民愿望的积极行动，这在中美两国关系史上是一个创举。

美国人民是伟大的人民。中国人民是伟大的人民。我们两国人民一向是友好的。由于大家都知道的原因，两国人民之间往来中断了二十多年。现在，经过中美双方共同努力，友好往来的大门终于打开了。目前，促使两国关系正常化，争取和缓紧张局势，已经成为中美两国人民强烈的愿望。人民，只有人民，才是创造世界历史的动力。我们相信，我们两国人民这种共同愿望，总有一天要实现的。

中美两国的社会制度根本不同，在中美两国政府之间存在巨大分歧。但是，这种分歧不应当妨碍中美两国在相互尊重主权和领土完整、互不侵犯、互不干涉内政、平等互利和和平共处五项原则的基础上建立正常的国家关系，更不应该导致战争。中国政府早在 1955 年就公开声明，中国人民不想同美国打仗，中国政府愿意坐下来同美国政府谈判，这是我们一贯奉行的方针。我们注意到尼克松总统在来华前的讲话中也说道："我们必须做的事情是寻找某种办法使我们可以有分歧而又不成为战争中的敌人。"我们希望，通过双方坦率地交换意见，弄清彼此之间的分歧，努力寻找共同点，使我们两国的关系能够有一个新的开始。

最后我建议为尼克松总统和夫人的健康，为其他美国客人们的健康，为在座的所有朋友和同志们的健康，为中美两国之间的友谊，干杯！

【示例 4－18】欢送词

欢　送　词

尊敬的赖斯团长，

女士们、先生们：

首先，请允许我并代表我周围的所有人，对你们访问的圆满成功表示热烈的祝贺！

一个星期以来，你们参观了我市多个海产养殖基地，提出了宝贵的意见和建议，并本着平等互利的原则，经过认真协商，签订了《××协议》，为双方今后的合作和发展打下了良好的基础。希望我们以后加强合作，不断往来。相信我们的合作一定会有一个光明的未来！

此时此刻，分别在即，我们的心情依依不舍。相聚的时间虽短，我们却结下了深厚的友谊。我市的人民向来热情友好，希望赖斯团长及各位女士和先生，在方便的时候再来我市做客，也欢迎你们带着你们的亲人、朋友，来到我们这个山海相依的城市游玩。我们的友谊之花一定会开得灿烂辉煌！

祝大家一路顺风、万事如意！

【示例 4－19】答谢词

答　谢　词

尊敬的××市长，

××市的朋友们：

首先，请允许我代表全体成员，对××市长及各位朋友对我们的盛情接待表示衷心的感谢。

我们一行五人代表××集团公司首次来贵市访问，此次来访时间虽短，但收获颇大。仅五天时间，我们对贵市的招商引资工作有了比较全面的了解，与贵市建立了友好的合作关系，并成功洽谈了建立工业园区事宜。这一切，都得益于主人的真诚合作和大力支持。对此，我们表示衷心的感谢。

贵市山海相拥，地理条件优越，领导集体锐意改革，国家给予了政策支持，有着美好的发展前景。我们有幸与贵市建立友好的合作关系，为我公司的发展提供了新的契机，必将推动我公司迈上一个新台阶。

最后我代表××集团公司再次向××市的朋友们表示感谢，并祝贵市迅猛发展，再创奇迹。更希望彼此继续加强合作，共创美好明天。

最后，我提议：

为我们之间正式建立友好合作关系，

为今后我们之间的密切合作，

干杯！

【示例 4－20】祝寿词

为庆祝朱总司令六十大寿的祝词

周恩来

亲爱的总司令朱德同志:

你的六十大寿,是全党的喜事,是中国人民的光荣!

我能回到延安亲自向你祝寿,使我万分高兴。我愿代表反动统治区千千万万见不到你的同志、朋友和人民向你祝寿,这对我更是无上荣幸。

亲爱的总司令,你几十年的奋斗,已使举世人民公认你是中华民族的救星,劳动群众的先驱,人民军队的创造者和领导者。

亲爱的总司令,你为党为人民真是忠贞不贰,你在革命过程中,经历了艰难曲折,千辛万苦,但你永远高举着革命的火炬,照耀着光明的前途,使千千万万的人民,能够跟随着你充满信心向前迈进!

在我们相识的二十五年当中,你是那样平易近人,但又永远坚定不移。这正是你的伟大!对人民你是那样亲切关怀,对敌人你又是那样憎恶仇恨,这更是你的伟大。

全党中你首先和毛泽东同志合作,创造了中国人民的军队,建立了人民革命的根据地,为中国革命写下了新的纪录,在毛泽东同志旗帜之下,你不愧为他的亲密战友,你称得起人民领袖之一!

亲爱的总司令,你的革命历史,已成为二十世纪中国革命的里程碑,辛亥革命、云南起义、北伐战争、南昌起义、土地革命、抗日战争、生产运动,一直到现在的自卫战争,你是无役不与。你现在六十岁了,仍然这样健壮,相信你会领导中国人民达到民族解放的最后胜利,亲眼看到独裁者的失败,反动力量的灭亡!

你的强健身体,你的快乐精神,象征着中国人民的必然兴旺。

人民祝你长寿!

全党祝你永康!

(解放日报,1946－11－30.)

【示例 4－21】祝词

在 2004 届硕士研究生毕业联欢晚会上的祝词

省社科院纪检组长、机关党委书记 许辉耀

同学们、老师们、朋友们:

今天我们欢聚一堂,在这里举行晚会,向 2004 届硕士研究生表示最热烈的祝贺!祝贺他们经过三年的学习深造,圆满完成学业,获得硕士研究生学位,祝贺他们就要从一个新的起点,开始人生又一段新的征程!同时,也借此向为了他们的成长倾注了无数心血的老师们表示深深的敬意和衷心的感谢!

毕业的同学们,当年,你们选择了广东省社会科学院,广东省社会科学院也挑选了你们,你们在这里学到了知识,学会了做人,懂得了做事,度过了美好的研究生生活。今天,你们学有所成，即将离开学习生活了三年的母校，离开尊敬的师长，离开朝夕相处的同窗好友，进入新的人生阶段。在以后的日子里，希望你们立为国为民做大事的志向，牢记肩上的责任，努力工作，以无愧于社科人的称号。

毕业的同学们，广东省社会科学院作为你们的母校，庆祝你们的毕业，祝福你们的就业，期待你们的创业。母校会永远像母亲一样支持你们，培育你们，思念你们，欢迎你们。相信你们一定会饮水思源，心系母校，继续为母校的发展建言献策，尽心尽力。母校将注视着你们每一个前进的足迹，为你们的每一个成就而骄傲。

同学们、老师们、朋友们，让我们举起酒杯，共同祝愿19位即将告别母校的同学人生旅途一帆风顺、事业有成、万事如意！干杯！

（广东省社会科学院）

【示例4-22】公告式讣告

中国共产党中央委员会 中华人民共和国全国
人民代表大会常务委员会 中华人民共和国国务院

公 告

中国共产党中央委员会、中华人民共和国全国人民代表大会常务委员会、中华人民共和国国务院以极其沉痛的心情宣告：我国爱国主义、民主主义、国际主义和共产主义的伟大战士，杰出的国际政治家、卓越的国家领导人、中华人民共和国名誉主席、中华人民共和国全国人民代表大会常务委员会副委员长宋庆龄同志因患慢性淋巴细胞白血病，于一九八一年五月二十九日二十时十八分在北京逝世，终年九十岁。

宋庆龄同志的逝世，是我们国家和全国人民的巨大损失。决定为宋庆龄同志举行国葬，以表达我国各族人民的沉痛悼念。

宋庆龄同志治丧委员会已成立。

我国爱国主义、民主主义、国际主义和共产主义的伟大战士，卓越的国家领导人宋庆龄同志永垂不朽！

一九八一年五月二十九日

宋庆龄同志治丧委员会公告

为了表达全国各族人民对我国爱国主义、民主主义、国际主义和共产主义的伟大战士，杰出的国际政治活动家、卓越的国家领导人，中华人民共和国名誉主席、中华人民共和国全国人民代表大会常务委员会副委员长宋庆龄同志的深切哀悼，现决定如下。

一、五月三十一日至六月二日，在人民大会堂举行吊唁。中央党政机关、各民主党派、人民团体和北京市各方面的负责人、各方面的群众代表以及外国驻华使节和在京的国际友好人士，参加吊唁，瞻仰遗容。

二、六月三日下午四时在人民大会堂举行追悼会。中央人民广播电台、中央电视台转播追悼会实况。

三、从五月三十日至六月三日，在北京新华门、天安门、外交部和我国驻外使领馆及其他驻外机构均下半旗致哀，六月三日举行追悼会当天，全国下半旗致哀，同时停止娱乐活动一天。

四、依照我国惯例，不邀请外国政府和友好人士派代表团或代表来华吊唁。

特此公告。

一九八一年五月二十九日

宋庆龄同志治丧委员会

【示例 4-23】新闻报道式讣告

当代文学巨匠巴金 19 时 06 分在上海逝世

新华网上海 10 月 17 日电（记者赵兰英）2005 年 10 月 17 日 19 时 06 分，一代文学巨匠巴金永远离开了我们。

巴金，原名李尧棠，字芾甘，1904 年 11 月 25 日出生于四川成都正通顺街。从 1921 年公开发表第一篇文章，到 1999 年 2 月续写《怀念振铎》一文，巴金一生中创作与翻译了 1 300 万字的作品。他的《激流三部曲》（《家》《春》《秋》）《爱情三部曲》（《雾》《雨》《电》）《寒夜》《憩园》《第四病室》等文学作品，是中国文学的丰碑。

巴金还是杰出的出版家、编辑家。上世纪三四十年代，他曾任上海文化生活出版社总编辑 14 年之久，培育了大批文学青年。巴金晚年奉献社会的伟大之作是五卷本的《随想录》和一座中国现代文学馆。

巴金是第一、二、三、四届全国人大代表，第五届全国人大常委会委员，第六、七、八、九、十届全国政协副主席。2003 年 11 月 25 日，巴金百岁生日，国务院在上海授予巴金"人民作家"光荣称号。

几十年来，尤其从 1981 年担任中国作家协会主席起，巴金在人们心中如一盏长明灯，照亮文坛，给人精神慰藉。

巴金于 1999 年 2 月因感冒发高烧，6 年多来病情反反复复，党和国家尽全力救治，终因恶性间皮细胞瘤等病因，不幸逝世。

【示例 4-24】启事式讣告

讣　告

中国共产党党员、全国劳动模范、××学校原校长×××同志因患胃癌，医治无效，不幸于 2011 年 12 月 7 日凌晨病逝，享年 66 岁。

×××同志的追悼会定于 2011 年 12 月 10 日上午 8 时 30 分在××殡仪馆举行。

特此讣告。

××学校

2011 年 12 月 8 日

【示例 4－25】悼词

在宋庆龄同志追悼大会上的悼词

邓小平

宋庆龄同志因患慢性淋巴细胞白血病，多方医治无效，不幸于一九八一年五月二十九日二十时十八分在北京逝世，终年九十岁。

宋庆龄同志是广东文昌县人，从青年时代就追随伟大的革命家孙中山先生，致力于民族革命事业。一九一三年，她担任孙中山先生的秘书，负责处理同国内外往来的大量机密书信和其他日常工作。一九一五年和孙中山先生结婚。她坚定忠诚、恭谨谦逊，始终是中山先生的亲密战友和得力的助手。一九二一年五月，孙中山先生在广州就任中华民国非常大总统。翌年六月，陈炯明叛变革命，炮轰总统府，叛军进逼，形势危急。宋庆龄同志拒绝先行撤离，对中山先生说："中国可以没有我，不可以没有你。"坚持先送中山先生撤离险境，才在卫士掩护下正面突破火线，身体受到无法补偿的摧残。这一英勇行动，充分表现了宋庆龄同志献身革命事业的坚强意志和卓越胆识。……

宋庆龄同志鞠躬尽瘁，七十年如一日，把毕生精力献给中国人民民主和社会主义事业，献给世界和平和人类进步事业。她在任何情况下都保持着坚定的政治原则性，威武不屈，富贵不淫，高风亮节，永垂千古。尤其难能可贵的是，她跟随历史的脚步不断前进，从伟大的革命民主主义者成为伟大的共产主义者。中国共产党和党的领袖毛泽东、周恩来、刘少奇等同志，很早以前就把她当作自己的亲密的战友、同志和可敬的无产阶级先锋战士。宋庆龄同志逝世前不久，被接收为中国共产党正式党员，实现了她长时期以来的夙愿。这是宋庆龄同志的光荣，也是中国共产党的光荣。宋庆龄同志永远活在中国各族人民心中，永远活在中国共产党人心中。

悼念宋庆龄同志，我们要化悲痛为力量，紧密地团结在党中央的周围，为完成祖国统一的神圣大业，为把我国建设成为高度民主、高度文明的社会主义现代化强国而努力奋斗！

宋庆龄同志永垂不朽！

（人民日报，1981－06－04.）

写作训练

一、指出下面各文中的不当之处，并进行改正。

1. 某酒店的请柬

请　　柬

××先生：

兹定于 2012 年 5 月 18 日在本酒店门口举行开业典礼，请您剪彩。敬请光临。

××酒店总经理：××

2012 年 5 月 18 日

2. 某公司的聘书

聘　书

王工程师：

　　兹聘请您担任本公司的工程师，期限三年（2012 年 12 月 30 日—2015 年 12 月 29 日），请不要推辞为盼。

　　此聘

××纺织机械公司（盖章）

2012 年 12 月 18 日

3. 某学校的讣告

讣　告

　　王××先生因病医治无效，于 2012 年 5 月 1 日下午 4 时 38 分在家中溘然仙逝，享年八十有四。特定于 2012 年 5 月 6 日上午 8 时在××火葬场举行隆重追悼大会，届时请先生的各位好友、学生等光临。

　　特此讣告

××学校（盖章）

2012 年 12 月 18 日

4. 某市运动会闭幕词

闭　幕　词

　　××市第十届运动会在社会各界的大力支持下，在全体运动员、教练员、裁判员及工作人员的共同努力下，已实现了"文明、热烈、精彩、圆满"的目标，今天就要胜利闭幕了。

　　××市第十届运动会于 10 月 26 日开幕，历时 20 多天。共有各县（市、区）6 个代表队的 682 名运动员参加少年组 10 个项目的比赛；有各行各业 27 个代表队 525 名运动员参加成年组 6 个项目的比赛。在各项目的具体赛事中，各级党委、政府及有关部门高度重视，组织严密有序，裁判员公正准确，教练指导有方，运动员顽强拼搏，观众文明热情。共有 9 队 26 人次打破市少年组纪录，涌现出一批水平较高的体育竞技后备人才。实现了运动成绩和精神文明双丰收。

　　在此，我代表市委、市政府向参赛的各代表团和取得优异成绩的运动员、教练表示热烈的祝贺！对为市十运会取得圆满成绩付出辛勤劳动的裁判员、工作人员表示亲切的慰问！对关心和支持本届运动会的各有关单位和社会各界人士表示衷心的感谢！

　　同志们、朋友们，市十运会的成功举办，进一步激发了全市人民团结奋斗、振兴××的巨大热情，让我们在"三个代表"重要思想的指导下，同心同德，奋发进取，开拓创新，与时俱进，为全面贯彻落实科学发展观，为建设我省的体育名城而努力奋斗！

　　市十运会作为我市举办的一次全市性综合运动会，是对我市竞技体育水平和群体体育一次全面检阅，为我市组团参加省运动会打下了良好基础，将有力地促进我市全民健身计划的全面实施和竞技水平的提高，也将很好地促进我市三个文明的建设。

谢谢大家！

5. 欢送词

欢 送 词

同志们、朋友们：

时间过得多么快啊！20 天前我们曾高兴地在这个礼堂集会，热烈欢迎史密斯教授。

在向史密斯教授告别时，我们借此机会请求他转达我们对他的国家和人民的深厚友谊，还请他转达我们对他们的亲切问候和敬意。

今天，在史密斯教授访问了我国的许多地方之后，我们再次欢聚一堂，感到特别亲切和愉快。史密斯教授将于明天回国。

史密斯教授是我们的一位老朋友，他非常熟悉我们各个方面的情况。他在我国逗留期间，仔细地考察了我们的政治、经济、文化和教育。

我们诚恳地希望史密斯教授给我们提出批评、指导和宝贵意见，以便我们改进工作。

祝史密斯教授回国途中一路平安，身体健康。

6. 祝词

祝 词

各位朋友：

大家好！

尊敬的×××先生，愿您永葆青春，永远精神抖擞，事业与生活永远都顺心如意。年年有今日，岁岁有今朝。

能够成为×××先生的朋友，是我们的一大幸事。他不仅具有出众的才干、令人景仰的成就，而且是我们可以患难与共、推心置腹的挚友与知己。

非常荣幸，我受各位委托，代表大家向我们共同的朋友×××先生祝贺生日。

相信大家和我一样，之所以专程赶来参加×××先生的生日晚会，是为了向他表达我们的敬重与谢意。

亲爱的×××先生，我们衷心地祝您生日快乐！

　　　　　　　　　　　　　　　　　　　　　　　　　　　　××

　　　　　　　　　　　　　　　　　　　　　　　　　　×年×月×日

二、写作

1. 省文学研究会邀请刘士杰教授参加于 2012 年 5 月 10 日在××市华裕宾馆举行的民间文学理论报告会，并请他作有关"民间文学的现状与发展"的报告。请代该研究会拟一份邀请书。

2. 某小学欲聘请中国人民解放军某部二连指导员张××担任少先队校外辅导员，任期两年，请为该校拟一份聘书。

3. 请为你们学校校长拟一份本校春季运动会的开幕词、闭幕词。

4.××国××市派代表团前来我国××市考察，商洽成立工业园区事宜，请代双方相关负责人分别拟一份欢迎词、欢送词、答谢词。

5.请为朋友或家人写下春节、元旦、中秋节、母亲节、生日的祝词。

4.3　告　启

告启类应用文是指机关、团体、企事业单位和个人在日常事务工作中因某事向人们陈述、解说、告白的应用文体。它的应用范围和告知范围都相当广泛，无论是单位还是个人，是社会事务还是家庭活动，都可以使用。

4.3.1　启事

启事是机关、团体、企事业单位及个人在一定范围内公开说明情况，提请公众注意，请求他人支援、帮助时所写的一种说明事项的应用文体。启事一般张贴在公共场所，或在大众媒体上刊播。

1. 启事的特点

（1）公开性。启事公开发表，不管是张贴在公共场所，还是在大众媒体上刊播，均是面向社会的、公开的，不具有任何保密性。

（2）告知性。启事虽对社会公开发布，但不是指令性规定，不具备法律效力，没有强制性和约束力，只有知照性。

（3）简明性。不管是为了阅读的方便，还是为了节省版面，启事都要求一事一启，内容简洁明了，竭力做到一目了然。

2. 启事的类型

（1）征招类。包括招聘、招标、招商、招生、招工、招领、招租、征稿、征集、征婚、换房、对调、出租、出售等启事。

（2）声明类。包括遗失、作废、聘请、辨伪、迁移、更名、更正、更期、开业、停业、竞赛、讲座等启事。

（3）寻找类。包括寻人、寻物等启事。

3. 启事的结构与写法

1）标题

（1）直接写"启事"。

（2）直接写事由"寻人"、"招聘打字员"等。

（3）"事由＋文种"，如《寻人启事》。

（4）"启事单位＋文种"，如《××公司启事》。

（5）"启事单位＋事由＋文种"，如《××公司招聘启事》。

2）正文

正文部分主要写明启事内容，一般包括启事目的、原因、内容、事项等。如果内容较多，可以分条列项，逐一交代明白。从结构上看，可写成直陈式和总分式。直陈式是直接陈述有关事情和要求，或写成一段，或分段写出；总分式是在正文的开头先简要、概括地写明启事的缘由、目的和内容，然后再分条列项地标出具体事项。

不同的启事，其正文内容要求也有所差别，下面具体介绍几种常用启事。

（1）招聘启事。主要内容：①招聘方的情况，包括招聘方的业务、工作范围及地理位置等。②对招聘对象的具体要求，包括招募人员的工作性质、业务类型，以及招募人员的年龄、性别、文化程度、工作经历、技术特长、科技成果等。③招募人员受聘后的待遇。④其他情况，应募人员须交验的证件，应聘的手续、具体时间、联系的地点、联系人、联系电话等。

（2）征稿启事。①写明征文的单位、缘由、目的等。②征文的具体要求。可以视征文的情况而定，通常包括以下内容：作者的条件，征文的内容范围、体裁、字数，征文的时间等。③征文的评选、评奖办法等。④对投递稿件的具体要求及方法等。

（3）寻人启事。①交代走失人的身份、特征。主要包括走失人的姓名、性别、年龄、外貌、衣着装束、说话口音等内容。②交代走失的时间、地点。③发现失踪者时的联系方式。④其他。有的寻人启事还会写上几句酬谢之类的话语。另外，对于离家出走的寻人启事，还会写上诸如"本人见到启事后，速回"，或"家人十分想念，本人见到启事速同家人联系"等话语。

（4）寻物启事。①写明丢失物的名称、外观、规格、数量、品牌等，同时可写明丢失的原因、时间和具体地点。②交代拾物者送还的具体方式，或注明发文者的详细地址、联络方式等。③可写上表示谢意、给予酬金等内容。

（5）征婚启事。①征婚者的个人情况，其中包括性别、年龄、身高、长相、学历、工作单位、经济情况、家庭现状、有无婚史、个人爱好等。②要求征婚对象的条件。一般可包括年龄、学历、工作情况、个人爱好、有无婚史、外貌等内容。③征婚者的联系方式。该部分一般包括自己或代转人的通信地址、联系方式，注明是通信或来访等要求。

正文末尾可以写上"此启"或"特此启事"，也可以略而不写。

3）落款和日期

写上启事单位名称和具体日期。如果在标题或正文中已经写明启事单位名称或个人姓名，此处可以不写，只写联系地址、电话号码、邮政编码、联系人等。以机关、团体名义张贴的启事，则应加盖公章，以示负责。在报刊、广播中公开发表的启事常常不写日期，以当日报刊、广播日期为准。

4.3.2 声明

声明是国家、党派、团体或个人向人们公开说明某种重要事情或表明态度、立场的宣告性文体。声明的使用范围相当广泛，大到国家、政党、议会，小到个人都可以发表声明，甚至几个国家间相互约定权利和义务，也可以向全世界发表声明。它通过公开的方式传播，意在表明态度，或说明某事，告白于大众，防止后患。

1. 声明的特点

（1）态度的鲜明性。声明对某些问题和意见的态度明朗、庄重，读者读完后对声明者的立场一清二楚。

（2）内容的条约性。一些由具有法人资格的单位和法定代表人、当事人郑重发布的声明对某些单位或个人有很强的限制性，相关单位或个人必须遵守声明的内容。

2. 声明的类型

（1）态度类声明。表明本单位或本人对某些事情的态度、立场和政治观点，或者提请有关人士或单位注意某些事项。主要包括一些国家、党派、团体发布的声明，一些名牌商品生产者为了打击假冒伪劣商品，维护本企业名誉、专利、商标的声明也属于此类。

（2）事务类声明。主要是为了向人们告知某些事务而发布的声明，与启事有相似性，只不过比启事更正规、庄重些。如一些遗失证件、单据、存根、牌照等，须向有关部门挂失或公开宣布作废的声明，有时也写作启事。

3. 声明的结构与写法

1）标题

（1）直接写"声明"。

（2）"事由＋文种"，如《遗失声明》。

（3）"声明单位＋文种"，如《中华人民共和国外交部声明》。

（4）"声明单位＋事由＋文种"，如《××公司关于××问题的声明》。

如带有很强的抗议和驳斥性质的声明，还可以"严正声明"、"郑重声明"的形式出现。

2）正文

即声明的主要内容，一般由两部分构成：一是阐明发布声明的因由、目的、意义；二是声明的事项，可以简洁地写明告之于众的事情，或声明对事情的意见、态度、立场、愿望及提请有关人员或单位注意的事项。如果事项较多，可分条列项地逐一写明。这两部分内容在写作时可根据需要灵活掌握。如果声明事项单一或不涉及繁杂问题，正文可采用篇段合一的形式。正文末了，一般以"特此声明"作结。

在撰写声明时，对某些问题和意见的态度要非常明确，读者在读了声明之后，要对声明单位和个人反对什么、坚持什么一清二楚，声明的语言要简洁、明快，切忌空洞说教。

3）落款和日期

写上发表声明的国家、政党、团体和个人名称，并签字盖章，同时写上发表该声明的日期、地点。有一些声明，标题中已经有了声明单位，后面可以只署时间，也可以将时间写在标题之下用括号括注。通过报纸杂志、广播电视发布的声明，可不写日期，以报纸杂志、广播电视公布的时间为准。

4.3.3　海报

海报是就公关活动中的某件事情，在往来行人众多的繁华地区或报纸刊物上，公开张贴、悬挂、刊登，向公众迅速报告的一种应用性文体。海报的作用是向人们传递最新的信息，多采用登报或张贴的形式公布，形式多样，灵活简便。

1. 海报的特点

（1）告知性。海报往往通过一定的感情语言告知一定范围内的人们，让人们参与某项活动、了解某些情况、光临某种特定场合。

（2）时效性。海报迅速、明快，及时向大众报道、介绍有关戏剧、电影、体育比赛、文艺演出、报告会等方面消息。

（3）新颖性。海报的内容独特，自成体系，海报的制作者可以对海报的内容进行艺术渲染，使其具有鼓动性和感召力。多数海报都加以美术设计，以使之醒目、美观。

2. 海报的结构与写法

1）标题

海报的标题可写成"海报"、"好消息"；也可用与海报内容相关的文字作标题，如"球讯"、"影讯"、"书画展览"、"周末舞会"、"文艺晚会"、"周末茶座"；也可以吸引人的其他形式出现。海报的标题往往运用各种美术字体写成，涂上颜色，鲜艳醒目。

2）正文

正文主要包括活动内容、时间、地点；举办活动的目的、意义；参加或参观办法，以及其他应注意的事项，如是否凭票入场，票价、售票时间、地点等。

正文的叙述方式可以是叙述，也可以是抒情、议论、叙事的结合。正文之后，常以"欢迎参加"、"敬请光临"等惯用语作结。

海报的结构形式只是相对的，在拟撰海报时，拟撰人员可以根据需要进行艺术处理，甚至用大胆的想像来吸引读者，只要把内容及时间、地点交代清楚就行了。

海报讲究形式美，包括语言美、字体美、编排美。如果有图画，还要追求画面美、形象美。

3）落款和日期

署上单位名称和日期，比较重要的海报可加盖印章。若是张贴性的海报，有些可没有落款。

【示例 4 - 26】招聘启事

中新社海外中心招聘启事

中新社海外中心，系中国新闻社旗下对海外华文报纸提供新闻版面服务的专设机构，每日编辑传送对开 30 版，内容涵盖国际国内时事报道、焦点追踪、财经贸易、体育娱乐等，强调新闻冲击力和持续影响力，追求"时效第一、原创第一、读者第一"的目标。

海外中心现因事业发展需要，进行新一轮招聘，希望业界青年才俊加盟。

一、新闻记者编辑（6 名）应聘条件：

1. 男女不限，户籍不限，年龄在 30 岁以下，条件优异者可适当放宽；

2. 需大学本科或以上学历，专业不限；

3. 有两年以上新闻从业经验，具有对外报道经验者优先；

4. 具有较好的英语读写及编译能力；

5. 需熟练掌握基本电脑技能，会操作北大方正"飞腾"排版软件系统者优先。

二、文学副刊编辑（1 名）应聘条件：

要求具有扎实的文字功底，具有文学作品鉴赏能力。在文学界有广泛人脉者优先。

三、行政财务助理（1 名）应聘条件：

年龄 30 岁以下，女性，大专以上相关专业学历，具有从业经验者优先。

凡符合上述条件之应聘者，请将详细简历、个人照片、求职文件投递至：100037，北京市西城区百万庄南街 12 号中新社海外中心，封面请注明"应聘"。或将详细简历、个人照片、求职文件传送至：yangjiankang@chinanews.com.cn。联系电话：010-88387324

请务必注明有效联络方式，以便通知安排面试。

招聘时间截止至 2005 年 8 月 31 日

（中国新闻网中新网）

【示例 4－27】征稿启事

第五届全国少儿文学艺术作品大赛
征 稿 启 事

为全面推动我国少儿文学艺术教育的发展，激发少年儿童热爱祖国、热爱生活的高尚情操和文学艺术学习的兴趣，发掘和培养文学艺术新人，展现我国少儿文学艺术教育的丰硕成果，为广大少年儿童及教师提供一个交流学习、展示自我的平台，由中国基础教育研究会、中国艺术教育研究会主办，中国教师工作网（www.910job.net）协办第五届全国少儿文学艺术作品大赛，现将比赛事项通知如下：

一、征稿对象及范围

全国 3～18 岁少年儿童及教育工作者均可报名参赛。

二、征稿内容类别及要求

1. 征稿内容：题材不限，要求内容健康、积极向上，反映少年儿童年龄特点及时代气息。

2. 征稿类别及要求：

A. 文学类 包括作文（含英语作文）、诗歌（含英语诗歌）、散文（含英语散文）、小小说、日记、故事、随感、杂谈等，篇幅不限。作品手写稿（须正楷字）或打印稿都可，电子文档文学作品须为 Word 文件格式并附参赛电子标签。

B. 艺术类 ①美术：包括素描、中国画、油画、水彩、水粉、剪纸、版画、漫画、卡通画、儿童画、手工艺品、雕塑、设计（含电脑设计）、电脑绘画等。手工艺品、雕塑、电脑设计、电脑绘画作品要求采用高清晰度 3～5 寸照片或电子文档（JPG 文件格式）参赛；②书法篆刻：包括毛笔书法和硬笔书法（草、篆书请附释文于作品背面）及篆刻。毛笔书法规格不超过 6 尺宣，硬笔书法规格不小于 16K 纸，篆刻作品须 2～6 方拓印好并附上释文；③摄影：数码摄影、胶片摄影彩色和黑白均可，纸制照片规格为 3 寸以上。所有书画摄影作品电子版本均要求为 JPG 文件格式并附参赛电子标签，作品规格不超过 1755×1275 像素。

三、奖项设置

1. 集体组：设"文学（艺术）教育先进学校（单位）"（组织 100 件以上作品）；

2. 园丁组：设组织奖（组织 20 件以上作品）、指导教师奖（学生获奖 5 人以上）及教师作品金奖、银奖、铜奖、优秀奖；

3. 少儿组：设金奖、银奖、铜奖和优秀奖（为鼓励参与，评奖比例为 40％以上）。

四、作品评选程序及进程

2007 年 3 月大赛组委会发布大赛征稿启事。大赛组委会评委办将从 5 月 20 日至 26 日对所有来稿作品进行初评、复评和终评。比赛结果将于 6 月 1 日揭晓，名次获奖结果于 6 月 1 日前在中国教师工作网（www.910job.net）公布，获先进文学（艺术）教育的学校（单位）将在中国教师工作网（www.910job.net）【特色专栏——中国基础教育研究会】"第五届全国少儿文学艺术作品大赛先进单位"专栏特别介绍。特别优秀教师、学生将在"教育之星"、"文学之星"、"艺术之星"专栏推介和发表。所有获奖作者均颁发获奖证书，比赛获奖证书于 6 月 10 日前寄出，以便所有获奖物品在放暑假前能发放到学生手中。比赛结果可登录中国教师工作网【特色专栏——中国基础教育研究会】查询。

五、征稿至 2007 年 5 月 10 日截止（以当地邮戳为准）。每件参赛作品收参赛、评审、通联费 20 元。

　　六、参赛选手必须拥有作品自主版权，大赛组委会不对参赛者作品引起的版权纠纷承担任何责任，组委会有对所有参赛作品宣传、展出、出版等处置权。凡参赛者即遵守并认同此协定。

第五届全国少儿文学艺术作品大赛【东莞】分赛场地址：

广东东莞市东城区阳光澳园阳光儿童馆　陈友国（收）邮编：523123

　　电话：0769 - 22763840 22740330

　　组委会电子邮箱：Zhyszxdgzwh@163.com

第五届全国少儿文学艺术作品大赛组委会

2007 年 3 月

（中国学校招生网）

【示例 4 - 28】搬迁启事

君绅电脑技术有限公司搬迁启事

　　君绅电脑技术有限公司于 10 月 25 日由海连中路 5 号迁往新落成的振兴大厦二楼（海连东路 1 号）。联系电话：5817065

　　欢迎各界朋友惠顾！

君绅电脑技术有限公司

2007 年 10 月 24 日

【示例 4 - 29】开业启事

海天大厦开业启事

　　海天大厦装饰工程已顺利完工，百货商场、酒店定于 5 月 18 日正式开业，欢迎各界人士光临。

海天大厦

2012 年 5 月 10 日

【示例 4 - 30】寻人启事

寻 人 启 事

　　王兆华，女，15 岁，身高 1.5 米。胶东口音，神志有时不清。扎马尾辫，长脸，皮肤微黑，左脸有道 3 公分的烫疤。身穿红白相间的运动服、白色运动鞋。××年×月×日在昌隆步行街走失，有知情者请与××市××区××街××号王一军联系，联系电话：××××××××。定重谢。

×年×月×日

【示例4-31】寻物启事

寻 物 启 事

　　5月1日晚7：00左右，在幸福路6路公交车上遗失黑色公文包一个，内有银行卡一张、发票一本、合同一份及其他物品，有拾到者请与失主联系，重金酬谢。联系电话：××××××××，张先生。

2012年5月2日

【示例4-32】遗失声明

遗 失 声 明

　　因本人不慎，丢失××大学学生证，编号为7654321，声明作废。

××

2012年4月12日

【示例4-33】郑重声明

××公司郑重声明

　　"兰花牌"是本公司于2000年依法申请的注册商标，本公司享有此注册商标的所有权。"兰花牌"餐具是本公司享誉国际市场的名牌产品，深受国内外消费者的信赖。但最近发现某单位，未经本公司许可，擅自制造销售本公司"兰花牌"注册商标标识，并在同类商品上使用此商标。此种行为是违反我国商标法的严重侵权行为。为维护本公司的合法权益，特此郑重声明：凡有上述商标侵权行为的单位，必须立即停止其非法行为。否则一经发现，本公司将诉诸法律，依法追究侵权者的法律责任。

2007年4月12日

【示例4-34】海报

海　报

　　为了丰富大家的娱乐生活，我院于4月30日晚7：30在院礼堂举行歌舞晚会，欢迎同学们前往观看。

××学院

2012年4月28日

【示例4-35】海报

球　讯

中文系教工排球队 PK 化工系教工排球队

欢迎大家前往加油助威

时间：4月28日下午4：30

地点：北院篮球场

中文系

2012年4月25日

写作训练

一、指出下面各文中的不当之处，并进行改正。

1. 招领启事：

招 领 启 事

本社于4月12日下午拾到皮包一只，内有北极星女式手表一只，人民币五百二十元，诺基亚手机一部，望失主前来认领。

镇海旅社

2012年4月12日

2. 技术转让启事：

仿古豪华雕花三防门 现代豪华雕花装饰板技术转让助你致富

本产品一投放市场即供不应求。该产品成本低、强度高、图案精美、造型丰富、高雅华贵、庄重气派，可做各种家具、门板、天花板，是室内外装修的理想材料。

因本产品供不应求，加之为形成集团化经营，本公司拟在各市（县）设立分公司（生产厂），并提供部分资金。为帮助大家依靠科技早日脱贫致富服务，从见报之日起，公司对外技术转让不收分文。我公司拥有生产基地，能生产各种系列产品，欢迎有诚意的生产者到我工厂实地免费参观。

技术转让单位：××省××市现代科技开发有限公司

3. 招商启事：

北京××商城招商

由国家技术监督局中国技术监督情报协会与北京盛金丰工贸公司联办的北京××商城，位于北京繁华的商业黄金地段——西四东大街××号。

北京××商城是全国唯一经国家工商行政管理部门批准以"××商城"注册命名，并在整个经营管理过程中贯穿"保真进货、保真销售、保真服务"三位为一体的新型商业企业。

地址：北京市××街××号 邮编：100800

联络电话：（010）30××101

联络人：王子虚

4. 声明

声　明

本律师作为××经济特区贸易有限公司常年法律顾问，经授权声明如下：

凡未经本公司法人代表授权在××省境内冒用、盗用本公司名义进行的任何形式的商务活动，包括签订的一切合同一律无效，由此产生的后果本公司不予承担。

××经济特区贸易有限公司是经中华人民共和国对外经济贸易合作部批准、具有法人资格的外资企业。本公司自 1999 年成立至今，从未在××省境内等任何地方设立任何形式的办事处或其他分支机构。

本公司依法保留追究违法冒用、盗用者的法律、经济责任的权利。

特此声明

××市法律事务所律师：×××

2012 年 5 月 20 日

5. 海报：

学 术 讲 座

你想了解中东危机吗？你想知道我国的有关政策吗？请来听学术报告。

题目：中东危机和我国的政策

时间：10 月 25 日

××大学公共管理系学生会

2006 年 10 月 24 日

二、写作

1. ××国际大酒店是四星级新型酒店，位于××市 4A 级风景区东西连岛上，交通便捷，环境幽静，集娱乐、健身、休闲、餐饮于一体，适合不同等级的消费者。酒店将招聘客房、餐饮、前厅部门经理各 1 人，35 岁以下，大专以上学历，具有星级酒店相关工作经历 3 年以上者。服务员 50 名，25 岁以下，高中以上学历，男性 1.70 米以上，女性 1.60 米以上。准备的资料：个人简历、学历证书、技能等级证书、身份证、一寸近照两张。材料合格通知面试，材料于 5 月 30 日前寄往或送往××国际大酒店人力资源部。地址：××市××路××号，电话：×××××××，网址：×××××××。请根据以上材料，写一则招聘启事。

2. 桑榆情服饰××专卖店于 5 月 18 日开业。"桑榆情"是中国驰名商标、服装名牌，由××市服装厂定点生产。5 月 18 日至 28 日开业期间，全场商品 8 折优惠。专卖店地址：××市××路××号，电话：×××××××。请根据以上材料，写一则开业启事。

3. 近期某些私人办学及中介机构假借××药业集团的名义发布"联合办学"招收高考落榜生的信息，以毕业后由集团安排工作为诱饵，吸引考生及家长。对此，××药业集团发布声明，××药业集团未和任何一家学校签订"联合办学"合同，也从未以"签订用人合同"形式发布招生、招工信息。请根据以上材料，写一份严正声明。

第5章

经济应用文写作

5.1　市场调查报告

市场调查报告一般简称为"市场调查"，是记录市场调查成果的一种经济应用文。它通过对市场调查获得的情报资料进行整理、分析、归纳，得出恰当的结论，提出合理化建议，从而为经济活动提供重要的依据。

市场调查报告离不开市场调查工作，在写作报告之前，一定要做好市场调查研究工作。要根据确定的调查目的，进行深入细致的市场调查，掌握充分的材料和数据，为撰写市场调查报告打下坚实的基础。

5.1.1　市场调查报告的特点

（1）真实性。市场调查报告一定要从实际出发，实事求是地反映出市场的真实情况。不夸大，不缩小，用真实、可靠、典型的材料反映市场的本来面貌。

（2）科学性。市场调查报告要根据主旨的需要对调查所获得的材料进行严格的鉴别和筛选，并运用科学的方法，进行分析研究、推理判断，从而得出有价值的结论。

（3）时效性。市场调查报告是对市场的及时反馈，而信息化时代的市场瞬息万变，因此市场调查报告必须对市场变化迅速作出快捷的反应，才能显示其价值。

（4）针对性。一是指调查报告内容具有针对性，即每一篇调查报告都是为了说明或解决一个问题；二是指调查报告阅读对象具有针对性，即每一篇调查报告都有明确的阅读对象。每一篇调查报告都必须具有这样的针对性，否则就会出现盲目性。

5.1.2　市场调查的内容

（1）市场需求情况。主要内容包括产品销售对象的数量与构成，消费者家庭收入水平，实际购买力，潜在需求量及其购买意向，如消费者收入增加额度、需求层次变化情况，消费者对商品需求程度的变化、消费心理等。

（2）市场供给情况。主要内容包括商品资源总量及构成，商品生产厂家有关情况，产品更新换代情况，不同商品市场生命周期的阶段，商品供给前景等。

（3）商品销售渠道。主要内容包括渠道种类与各渠道销售商品的数量、潜力，商品流通环节、路线、仓储情况等。

（4）商品价格情况。主要内容包括商品成本、税金、市场价格变动情况，消费者对价格变动情况的反应等。

（5）市场竞争情况。主要内容包括竞争对手情况，竞争手段，竞争产品质量、性能、价格等。

5.1.3　市场调查报告的结构与写法

1. 标题

市场调查报告的标题应概括全文的基本内容，做到准确、简洁、醒目。常见的写法有以下几种。

（1）公文式标题。通常是"调查范围＋调查对象＋调查内容＋文种"，如《关于进口彩电在××市场销售情况的调查报告》、《××市大学生消费情况调查》。这类标题既指明了调查对象，又概括了报告的内容，比较简明、客观，但显得平淡，缺乏生动性。

（2）新闻式标题。或直接揭示调查结论，或直接提出问题，或直接做出判断或评价，如《绒制品在南京市场热销》、《××牌彩电为什么滞销》、《独特的松下经营管理》。这类标题鲜明、生动、一针见血，既提示了调查的中心，又自由活泼，比较吸引人。

（3）复合式标题。又可分为两种形式。一是主标题和副标题的形式：主标题，揭示全文的主题，表明作者主要观点或基本印象等；副标题，标明调查的范围、对象、内容、文种等，如《泥巴换外汇——陶瓷品出口情况的调查》，《"皇帝的女儿"也"愁嫁"——关于舟山鱼滞销情况调查》。二是引题和主标题的形式：引题，交代背景、说明信息的意义等，如《社会对出版界的期望——好书要快出多出，书号绝不能卖》。这种标题综合了多种标题的优点，是市场调查报告经常采用的标题形式。

2. 前言

也称导语、引语、总述，即市场调查报告的开头。前言部分要求紧扣文章的中心或主题，为主体内容的展开做好准备。它具有提示、概括全文的作用。前言的写法因其内容的不同，表现主旨的需要而有所不同。但其共同要求是：用概括的文字，为主体的展开作必要交代与铺垫，务求言简意赅。也有部分调查报告不写前言，起笔就直接进入主体部分或者与主体部分合写。

3. 主体

主体部分是调查报告的核心部分，一般包括 3 方面的内容。

（1）基本情况。基本情况，就是对调查结果的描述与解释说明。市场调查报告是一种靠事实说话、用事实明理的文章，因此必须以叙述为主，通过叙写一系列具体情况和典型事例来反映事物的面貌。对调查情况的介绍要详尽而准确，对于经济运行的具体情况，要有调查数据，其表述可用叙述与图表相结合的方式。从结构上来看，这部分可以按照时间顺序、问题的性质或者问题的类别实事求是地加以表述。

（2）分析或预测。即对所收集的资料进行分析、比较、综合，得出规律性的认识和正确的结论，并通过分析研究，预测市场发展的趋势。市场调查报告虽然不以预测为重点，但很多报告的资料分析，都暗含对市场前景的判断。

（3）建议或措施。在分析或预测的基础上提出切实可行的建议或措施。建议或措施要具体、具有针对性和可操作性。

以上 3 个方面内容以基本情况为中心，其他内容可省略，也可略写。这三方面内容实质涵盖了材料和观点两个内容，而材料和观点的组合方式通常有 3 种类型：一是先叙述事实、摆出材料，然后概括归纳观点；二是先提出观点，然后运用材料加以说明；三是边叙述事实，边发表见解，夹叙夹议。

4. 结尾

一般有前言的市场调查报告，都要有结尾，与前言互相照应。由于市场调查报告的内容不同，结尾形式也有所差别。有的总结全文，深化主题；有的照应前言，点题作结；有的展望前景，催人奋发；有的提出建议，供人参考；有的交代事物产生的影响或群众的意见，反映或概括说明调查结果。无论哪种形式，都必须做到简洁有力，切忌拖泥带水，画蛇添足。如果主体部分写完之后，内容已经表达得很圆满，也可以不再写结语。

【示例 5－1】

长沙家纺用品市场调查报告

近期就长沙的家纺用品市场进行了初步调查，集中就目前竞争品牌在市场终端的状况以及长沙家纺用品市场的基本状况进行了市场调查。调查的主要目的是为了分析长沙家纺用品市场的整体情况，为下一阶段梦洁产品的市场推广及旺季促销做针对性的准备，同时为销售决策提供依据。

一、市场基本概况

目前长沙的主要家纺用品品牌在终端的主要销售渠道和经营模式有以下几种：商场联营或店中店、自营专卖店或加盟专卖店、超市内联营或超市外专卖店、批发市场、团购、家具（家居）大卖场等。而其中商场和专卖店是多数品牌产品的主流销售渠道，也是品牌资源在终端竞争最为激烈的渠道，而超市经营的品牌多数都以大众化、低价位的产品为主，家具（家居）类专业卖场在家纺用品经营上尚未形成气候。

各主要家纺品牌在长沙的终端分布也较为集中，尤其是中、高档品牌在商场和专卖店位置的选择上主要集中在长沙的几个重点商圈内，其中五一商圈、东塘商圈、袁家岭商圈是主要的品牌聚集地，其次是火车站、侯家塘、荣湾镇、红星等商圈。从终端商场的家纺品牌聚集影响力看：平和堂、友谊商城、王府井为第一阵营，春天百货、阿波罗、新世界百货等又为其次。

二、市场调查分析

1. 终端商场调查情况

作为目前长沙家纺品牌的主要销售阵地，商场是重点调查目标。根据商场中家纺品牌所占的位置、面积、品牌影响力以及销售氛围，又分别将几个家纺品牌销售的代表性商场：平和堂、友谊商城、王府井、阿波罗等作为重点调查对象。

从家纺用品在商场中所占的比重及面积来看：王府井百货、阿波罗商场是其中比较有代表性的，家纺产品在店内的展示面积最大且进驻的品牌数量最多，但是品牌的档次较低，价位也较大众化，近段时间又以夏凉用品为主打，都分别设置了夏季床上用品专区。王府井百货主要家纺品牌：博洋、罗莱、多喜爱、梦洁、雅诺士、瑞滋、胜一家居等；阿波罗商场主要家纺品牌：富丽真金、多喜爱、塔山、金穗、爱斯达、佳丽斯、心愿等。从家纺用品在商场中的档次和影响力来看：平和堂、友谊商城是最具代表性的，无论是从品牌的档次、专柜的装修品位和整体形象来看，都显出了高档品位和时尚典雅的氛围，但商场的客流量和销售氛围并不是很理想，购物的成交率也偏低，这与商场的定位有关。

从专卖店的情况来看，罗莱、富安娜在长沙的专卖店比较有代表性。罗莱长沙专卖店设在蔡锷北路，装修档次和品牌形象包装上都是走高端路线的，产品也较为丰富，层次感强；富安娜在东塘、袁家岭、解放西路都设有专卖店，装修档次和整体形象一般，但产品较为实惠，折扣比较大，季节性产品也很有特色。另外，博洋家纺专卖店也设在袁家岭，该地段也散布着另外几家低档品牌专卖店和家居用品店，是目前长沙家纺用品专卖店较为集中的区域之一。

从目前长沙家具（家居）专业卖场看，家纺产品只占次要地位，产品种类和品牌影响力都比较有限，比较有代表性的是万家丽广场"东方家园"，目前在卖场内销售的家纺用品品牌主要是馨而乐、京坛、富安娜等几个品牌。

2. 竞争品牌调查情况

竞争品牌是本次调查的核心，对于梦洁具有竞争力的中、高档品牌，以罗莱、恐龙、喜来登等最具代表性，其表现上都有以下特点：采取多元化品牌策略、引入西方流行的设计元素、终端商场集中在最高档的繁华地段、整体终端形象突显品牌形象的品位和档次。同时，博洋、富安娜、多喜爱、澳西奴等品牌在终端也具备很强的竞争力和影响力。

目前以套件、大包装为主要特色的有：罗莱、富安娜、喜来登等；以散件为主要特色的有：澳西奴、多喜爱、艾迪蒙托等。但各品牌最主要的是套件与散件的交叉组合，销售上更为灵活。

从价位来看：1 000 元/四件套以上为主的品牌有喜来登、罗莱、雅芳婷等，600～1 000元/四件套为主的品牌以澳西奴、艾迪蒙托、多喜爱等为代表。

从品牌定位和品牌印象来看：罗莱品牌整体风格以时尚、优雅、温馨为特色，设计元素中糅入女性化、欧洲风情和复古元素，产品主要以豪华套件、单件组合、欧式套件、被子、枕芯、盖毯、休闲毯、夏令用品等类别为主；恐龙品牌整体沿承法国和意大利的设计风格，将中世纪风格和时尚元素相结合，追求舒适、温馨和有品位的品牌文化；喜来登本身作为国外品牌，其形象更是以西方文化背景为特色，时尚感很强，表现出简约风格，色彩以白色为主调；多喜爱品牌色以蓝色为基调，其整体形象在向消费者传递着和谐风格，表现出日夜相伴、真诚恒久、共享幸福时光的品牌文化内涵。另外，澳西奴、富安娜、博洋等品牌走的是大众化路线，其品牌风格都以温馨、舒适等为表现形式，色彩上也更为丰富和鲜艳，在产品路线上也都采用多元化的设计风格，但个性化普遍不是很强。

3. 终端促销方式情况

各品牌结合自身的品牌定位和销售策略，在终端都以不同形式的促销方式扩张市场份额，扩大品牌影响力，而大多数的促销方式都比较单一和雷同，同时旺季、节假日的促销又是其中重点。

从促销方式看，目前各商场的家纺产品普遍采用的是折扣让利、买赠送礼两种形式，高价位产品大多喜欢采用买赠形式进行促销，如罗莱、喜来登等；而中档价位产品则更多采用打折和返利形式，如多喜爱、卡诺琳娜等产品。各品牌也会根据自己的产品线，进行一些配销和组合销售形式的活动，如季节性产品与非季节性产品的搭配，滞销产品与走量产品的组合等。

从促销力度看，一般强调品牌形象的产品折扣力度都偏小，如喜来登和罗莱等产品，折扣一般都不会超过 8.5 折，而档次中等或大众化品牌形象的产品促销力度更强，如卡诺琳娜在友谊商城打出 7 折促销的口号，爱斯达在阿波罗商场内举行满 200 送 100 的活动等。

另外，品牌产品将折扣促销与会员制度相结合也正成为一种趋势，利用会员制度来稳固消费群体，增进二次消费，同时也能提升品牌形象，更多走高端品牌路线的产品较多采取这样的方式，如喜来登、罗莱等。

三、市场调查总结

1. 走高端路线的家纺品牌不断涌现，在今后一段时期内肯定成为一种趋势，无论是国外品牌还是国内有实力的品牌，对于市场的冲击力度不断加大，在终端的争夺将表现得尤为突出，因此梦洁在自身发展中将要不断迎接挑战，转变思路，寻找更为适合自己的终端发展路线。

2. 终端的占有率并不一定代表品牌的实力，不能一味追求进店率，更应突出重点，在重点的商场投入更多资源，使资源更加集中和优化，形成局部的强势品牌效应，在形象建设和终端管理上体现品牌的内涵和文化。

3. 在促销形式上，传统的促销手段依然有其生命力，关键是形式和表现方式上更加体现一个成熟品牌和高端品牌的手法。同时组合促销和会员促销是重要的手段，产品的搭配和组合是发挥整体效果的重要方式，因此促销的源头应从产品本身的资源入手，在开发和设计的环节中就融合进去；而会员制度是品牌化路线的必由之路，完善的、合理的会员制度能成为很好的促销资源平台。

（李康，全球品牌网）

▶ 写作训练 ◀

一、指出下文存在的问题，并进行修改。

购房基本需求调查

本次调查成功访问了 421 名年龄在 25～55 周岁之间，在未来两年内一定或者可能会购房的消费者，他们均为在购房选择中起决策作用或提出参考建议的家庭成员。

在所有被调查者中，25～29 岁年龄者占 26%，这也是各年龄组中占比例最大的，这个年龄段正是初次置业的高峰。年龄在 30～39 岁之间者有了一定的积蓄，他们出于改善居住环境的需要而购房。40 岁以上年龄的人购房有动迁、为子女准备等原因。在所有受访者中，40 岁以下年龄的人占了总数的 62%，而 40 岁以上购房者所占比例随年龄增大而减小。

从学历来看，本次调查的受访者学历是比较高的。其中大专/大学（71.5%）学历的人为 301 人；高中/中专/技校有 92 人，占 21.9%；余下的人中有 21 人是研究生（5%）；7 人受教育程度为初中或以下。

我们把所有受访者的家庭组成情况分成 4 类：单身、两口之家、三口之家、三代或以上同住。三口之家所占比例为 76%，两口之家所占比例为 12%。说明小型家庭是此次房交会上的购房的主体，而单身者（7%）在购房人群中也占有一定比例。

在本次调查的受访者中，家庭月收入在 5 000～6 000 元之间的比例最大，为 22.7%。家庭月收入在 5 000 元以上的人群占总人数的 74.7%。说明参加此次房交会的人群以中上收入为主。

多数受访者表示，购房时最重视的因素是交通（76%），其次是小区环境（70.7%），列第三、第四位的分别是配套设施（41.7%）和房型（39.5%）。价格仅以 28.1% 的比例列第五位，这是因为购房者在选房时只在自己心理价位之内比较各种类型的住房并作出选择。交通是各类人群都非常关注的问题，这一点不因收入、年龄、职业等的差别而不同。高收入人群对小区环境的关注程度明显要高于中低收入人群。45 岁以上的人对房型的关注程度也普遍高于其他年龄的人。而对于准备初次营建属于自己的温馨小屋的三口之家、两口之家来说，小区环境、小区配套生活设施则显得非常重要。在要求只选择 3 个最重视的因素的条件下，所有购房者对学区、开发商和物业的关注程度都不足 10％。

有 76.9％的人选择了小高层，有 50.5％的人选择了多层。通过与受访者的深入交流，选择小高层而不选多层的人认为小高层的结构好，房屋坚固；小高层更受准备长期居住的中青年的偏爱。只选多层而没有选小高层的人则看中了多层的得房率比较高、物业管理费比较便宜等特点。在选购别墅（4.3％）的人群中，高收入的外企工作人员占了很大比重，其他有购买别墅意愿的人有私企老板、自由职业者等。选择高层的比例为 15.2％，30 岁以下的人选择高层的比例达到了 30％，这个比例明显高于其他年龄组，这与年轻人特有的审美心理、生活习惯有关。

2 房的选择率为 56％，3 房的选择率为 40.8％，这两大类房型占了总需求的 97％。受住房使用功能的影响，两口之家和单身分别有 70％和 59％选择了 2 房，三口之家选择 2 房的比例是 48.5％。2 房房型面积以 101～115 平方米为主，71～85 平方米，86～100 平方米也占有很大的比例。3 房房型面积以 116～130 平方米为主，其次是 101～115 平方米和 131～150 平方米。3 房 2 厅 2 卫、2 房 2 厅 1 卫、2 房 1 厅 1 卫占了总提及数的 67.8％，说明购房者的选择集中度非常高。3 房 2 厅 2 卫与 2 房 1 厅 1 卫是市场需求完全不同的两种房型。3 房或 2 房的其他各种房型之间则存在一定的可互换性。开发商在规划设计房型时可以充分考虑这方面的因素。

由于银行按揭贷款的原因，价格在购房过程中所起的限制作用大大降低了，购房者的选择自由度也就大了，所以他们能够根据自己对住房的实际需求情况去选择，因而使得各类人群之间的需求选择差异变小。各年龄组选择比例最大的均是总价 40 万～49 万元的住房。从家庭月收入方面来看，家庭月收入 4 000～10 000 元的人群选择比例最大的是 40 万～49 万元，家庭月收入低于 4 000 元或高于 10 000 元的人群选择比例最大的则分别是 30 万～39 万元、50 万～59 万元。

二、写作

1. 根据下述材料，撰写一篇市场调查报告。

××市××大学承担了"××市居民家庭酒类消费状况调查"课题，调查时间是 2001 年 7 月至 8 月，调查方式为问卷式访问调查，本次调查选取的样本总数是 2 000 户。

样品类属情况。在有效样本户中，工人 320 户，占总数比例 18.2％；农民 130 户，占总数比例 7.4％；教师 200 户，占总数比例 11.4％；机关干部 190 户，占总数比例 10.8％；个体户 220 户，占总数比例 12.5％；经理 150 户，占总数比例 8.52％；科研人员 50 户，占总数比例 2.84％；待业户 90 户，占总数比例 5.1％；医生 20 户，占总数比例 1.14％；其他 260 户，占总数比例 14.77％。

家庭收入情况。本次调查结果显示，从本市总的消费水平来看，相当一部分居民还达不到小康水平，大部分的人均收入在 1 000 元左右，样本中只有约 2.3％的消费者收入在 2 000 元以上。因此，可以初步得出结论，本市总的消费水平较低，商家在定价的时候要特别慎重。

从买白酒的用途来看，约 52.84％的消费者用来自己消费，约 27.84％的消费者用来送礼，其余的是随机性很大的消费者。

买酒用于自己消费的消费者，其价格大部分在 20 元以下，其中 10 元以下的约占 26.7％，10～20 元的占 22.73％，从品牌上来说，稻花香、洋河、汤沟酒相对看好，尤其是汤沟酒，约占 18.75％，这也许跟消费者的地方情结有关。从红酒的消费情况来看，大部分价格也都集中在 10～20 元之间，其中，10 元以下的占 10.23％，价格档次越高，购买力相对越低。从品牌上来说，以花果山、张裕、山楂酒为主。

送礼者所购买的白酒其价格大部分选择在 80～150 元之间（约 28.4%），约有 15.34% 的消费者选择 150 元以上。这样，生产厂商的定价和包装策略就有了依据，定价要合理，又要有好的包装，才能增大销售量。从品牌的选择来看，约有 21.59% 的消费者选择五粮液，10.795% 的消费者选择茅台。另外，对红酒的调查显示，约有 10.2% 的消费者选择 40～80 元的价位，选择 80 元以上的约 5.11%。总之，从以上的消费情况来看，消费者的消费水平基本上决定了酒类市场的规模。

顾客忠诚度调查表明，经常换品牌的消费者占样本总数的 32.95%，偶尔换的占 43.75%，对新品牌的酒持喜欢态度的占样本总数的 32.39%，持无所谓态度的占 52.27%，明确表示不喜欢的占 3.4%。可以看出，一旦某个品牌形象在消费者心目中形成，是很难改变的，因此，厂商应在树立企业形象、争创名牌上狠下工夫，这对企业的发展十分重要。

2. 选择你所熟悉的某种电子产品，对其在本地的市场销售状况做市场调查，写出一篇小型市场调查报告。

5.2 市场预测报告

市场预测报告是反映市场调查与预测的分析、研究过程及其判断成果的一种书面报告。市场预测报告离不开市场调查与预测，它必须在深入进行市场调查研究的基础上，根据各种市场信息和资料，运用预测的理论、方法和手段，对未来市场商品供需发展的趋势和前景做出分析、测算和推断。

一份有价值的市场预测报告，对于上级经济主管部门制定正确的经济决策；对于生产经营部门合理使用资金、资源、技术力量，调整生产结构，深化内部改革；对于指导社会走上健康的消费轨道，引导社会流动资金向正确的方向投入；对于经济理论和经济决策研究的提高等，都具有十分重要的意义。

5.2.1 市场预测报告的特点

（1）预见性。市场预测报告以预见未来市场状况为主要写作内容和写作目的，它虽也分析、研究预测对象过去和现在的种种情况，但不是以反映历史和现状为目的，而是通过对大量具体现实材料的归纳、分析、推理、判断，来科学地揭示预测对象未来发展变化的趋势，准确预见未来的前景。

（2）科学性。市场预测报告是用来反映未来市场需求信息，为有关部门或企业制订经营决策提供咨询服务的，因此，必须依靠科学的方法来分析研究，在占有详尽的信息资料的基础上，经过严密的推理和科学的运算，得出结论，从而保证预测结果的科学性和精确度。

（3）综合性。市场预测报告是一种综合性很强的文体，它不仅要运用时间序列法、指数函数法、统计表法、集合意见法等多种预测方法，而且还要运用经济学、市场学、统计学、社会学等多种学科理论知识，是经济、政治、文化、技术等诸多领域种种现象和资料的综合反映。

5.2.2 市场预测报告的类型

市场预测报告按照不同的角度，可以划分出多种类型。

（1）按预测的内容分，可分为市场需求量预测报告、市场价格预测报告、商品资源预测报告、市场占有率预测报告。

市场需求量预测报告主要针对商品的质量、种类、规格的产销预测，力求深入地研究影响商品销量变化的环境、季节、顾客群、商业企业的知名度和信誉度等多种因素。市场价格预测报告主要通过生产成本、价格政策、货币流通和供求关系等方面因素的分析，来预测商品价格的浮动变化。商品资源预测报告是对进入市场的商品资源总量及其构成的各种具体商品市场可供量的变化趋势的预测，其预测项目有生产所需要的原料、能源来源和供应保证程度，生产能力、技术、设备、品种、数量、供应渠道，水源、资源、交通条件等。市场占有率预测报告以商品的市场占有率为预测对象，预测商品未来市场前景，为企业制定生产经营计划、销售措施提供依据。

（2）按预测的时间分，可分为长期市场预测报告、中期市场预测报告和短期市场预测报告。

长期市场预测报告指反映预测对象 5 年以上时间发展前景的市场预测报告。中期市场预测报告指反映预测对象 2～5 年时间内发展变化趋向的市场预测报告。短期市场预测报告指反映预测对象 1 年之内发展变化趋势的市场预测报告。

（3）按预测范围的大小划分，可分为宏观市场预测报告和微观市场预测报告。

宏观市场预测报告指对一个国家、一个地区或一个部门某一类或几类商品的总体市场供需状况进行分析和推断的市场预测报告。微观市场预测报告指对一个局部、一个企业或某一种商品的市场供需进行推算和判断的市场预测报告。

5.2.3　市场预测报告的结构与写法

1. 标题

（1）论题式标题。即"预测期限＋范围＋对象＋内容＋文种"，如《2012—2016 年北京市家用轿车需求量预测报告》，其中文种"市场预测报告"可以省略为"预测"、"趋势"、"展望"等字样，如《2012 年世界股市展望》。有时，也可根据内容的需要取舍，省略标题中的一些项目，如《电信资费调整预测》。

（2）论点式标题。即在标题中直接亮明观点，突出主题，如《拍卖市场将进入调整期》、《未来五年汽车消费仍将是我国的消费热点》。这类标题本身就是高度浓缩的市场信息，十分醒目。

（3）正副标题。正标题用于说明作者的观点、看法或者印象，副标题用以点出预测的对象、期限、文种等，如《国产合资进口产品三分天下——降低关税后的家电市场走势预测》。

2. 前言

前言部分独立成段，文字上要求高度概括，简明扼要，或揭示本篇主要内容和预测结论，或陈述预测目的与写作动机，或介绍预测方法、时间、地点、对象、范围等，或概括介绍预测对象的总体情况，还可以三言两语就预测内容提出问题，以引起读者的注意。有时也可以不要前言。

3. 主体

这是市场预测报告的核心，一般包括以下 3 个方面内容。

（1）介绍历史和现状。围绕预测目标，根据预测对象和预测目的的需要，从调查中得来的历史和现状的大量材料中选择有典型意义的、有代表性的数据资料和客观事实作简要陈述和说明，并对能够影响预测对象发展变化的有关因素进行必要的分析，以便为下一步预测未来的发展趋势和提出对策与建议提供事实根据。这部分内容一般采用文字叙述的方法加以介绍，如果内容需要也可以运用数据、表格、附图等帮助说明。无论是文字还是表格，都要做到资料翔实、数据准确。

（2）预测。这部分是预测报告的核心部分，是在对数据资料、客观事实的计算、分析的基础上，从中揭示市场发展变化的趋势和规律。它应包括预测过程和预测结果，行文中必须将整个分析推导的过程充分地展示出来，以增强预测的可信程度和说服力量。预测结果体现在定性、定量、定时、概率4个方面，定性是指即将发生什么事件；定量是指这一事件活动水平有多大等数量方面变化的可能性；定时是指这一事件将在什么时间发生；概率是指发生这一事件的可能性多大。

预测部分的内容较多时，应该注意精心安排，要考虑各部分内容之间的逻辑关系，做到层次分明、条理清楚。

（3）提出对策和建议。即根据预测结果而提出的对策和建议。对策和建议是作者依据预测提出的建设性意见，虽然有现状和预测作依据，但更多的是作者主观意图的表述，只能作为决策的参考，不是决策依从的证据，在文章里，处于次要的地位。

这三部分内容都有相对的独立性，但又难以截然分开，它们紧密结合，形成了一个完整的统一体。从各自涉及的内容和表达方式看，现状是经济工作过去和现实活动的情况、规律、经验的总结，是以记叙方式写成的总结文章；预测是对情况综合分析得出的结论，是通过一系列论证形成的议论文章；建议是供决策的意见，是以说明方式写成的决策方案。在具体的写作过程中，有时可将三方面内容分开叙写，有时也可穿插进行，有时可以把历史和现状同预测发展趋势结合起来分析，有时也可以将预测趋势同提出对策、建议融合在一起。

4. 结尾

市场预测报告的结尾写法较自由，或指明努力方向、未来前景；或分析预测误差，说明预测的效度；或不再写结尾。

【示例 5 - 2】

中国数码相机市场预测

通过对影响因素的分析，笔者认为未来中国数码相机市场家庭用户将会大规模增长，行业用户特定需求日益明显。中低端产品将以个性化和时尚化为发展方向；高端产品一类向高性价比方向发展，另一类向专业摄影品质发展。

一、影响中国数码相机市场发展的因素

1. 宏观经济形势

今年上半年，我国宏观经济运行出现了重要转机。经济增长呈现以下特点：经济增长将比前两年更加平稳；扩大内需政策对即期生产的拉动作用增强；拉动经济增长的供给与需求因素出现了新的变化；企业效益明显好转；市场物价止跌平稳。所有这些变化很大程度上是由于连续两年多采取积极财政政策与外部环境好转共同作用的结果。在这种形势的刺激下，数码相机的市场销量有望稳步攀升。

2. 家庭上网工程

"家庭上网工程"作为加快中国迈入网络社会三部曲中的第三部曲,是中国电信继"政府上网工程"、"企业上网工程"之后发起的又一重要系统工程。实施"家庭上网工程"的目的在于引导中国亿万家庭及个人走进"网络社会",提高家庭中高科技产品、电信业产品和经济生活中最具潜力的信息服务的消费,促进国民经济进一步高速度、高质量发展,使中国经济转变为以高科技信息经济为特点的新型经济。"家庭上网工程"将通过一系列长期的活动使中国广大家庭在获得前瞻性的上网消费经验后,培育出长期的、良性的互联网消费习惯。随着此项工程的深入实施,必将带动互联网相关产品的发展。首先,随着电脑越来越多地步入家庭,多媒体应用也由原来的数码音乐开始转变为数码影音,电子图像、电子相册等时髦概念。人们对能使电脑应用得到扩展的相关产品产生了更大的兴趣,中国的 IT 消费环境也逐步走向成熟。此外,彩色打印机、照片打印机的推出也为数码相机的进一步发展提供了良好的应用基础。其次,互联网的普及彻底改变了人们对 IT 类消费品的认识,信息化和电子化的世界,让更多的人接受了电脑,运用上了电脑,乃至于依赖上了电脑。为了获得更多有效的信息和资料,提高工作的效率和速度,数码相机开始逐步地得到了普通消费者的青睐,加上数码相机与电脑及互联网方便快捷的连接方式和数码相机性能的提高、价格的大幅下降及市场的细分,使得数码相机用户的范围拓宽,应用的范围也迅速扩大,随之市场也开始扩大。

3. 数码相机技术的发展

总的来说,数码相机技术是成像芯片、图像处理法、处理器硬件、电池使用寿命方案以及成像响应时间等相互交织在一起的多元化技术。因此,数码相机技术的发展与电子和计算机等 IT 技术的发展息息相关。就当今的数码影像和数码相机的技术发展来看,数码相机和传统相机应该说是并存的,适用于不同的场合和不同的使用对象。但是,随着数字图像技术、计算机存储压缩技术、CCD 元器件技术以及其他相关的电子技术的发展与成熟,相信数码影像以及数码相机完全可以与传统相机相媲美。数码影像市场的发展已经带动了数码输出技术与市场的高速发展,带动了新的产业革命。由于各厂商逐渐加大了开发力度,技术水平日新月异,新产品层出不穷,由于厂商不同的市场定位,加上开发人员不同的设计理念,数码相机的发展方向逐渐向多元化发展。

(1) 方向之一:高像素发展

从"相机"的视点来看,性能最优化似乎是"正统"的发展方向,沿着这条路走的多是知名的传统相机生产商。在他们看来,既然是相机,就要求拍摄照片的效果越来越好,功能越来越多,像素越做越高。这方面的代表厂商主要有佳能、奥林巴斯、柯达、尼康等。他们追逐的目标是能够让数码相机照出传统的 35 mm 胶片放大的效果。其基本需求点在高档应用上,如图片社、喷绘中心等,并没有定位在普通用户的基本照相要求方面,如1寸到5寸照片的输出、建立电子相册、制作贺卡等。其高昂的单价也不是普通家庭用户能够接受的。代表机型目前有:KODAK DC4800,OLYMPUSS E10,CANNON POWERSHOT G1,NIKON COOLPIX 990 等,价格一般在 5 000 元以上,像素在 200 万以上。这部分相机功能复杂,像素高,对一般家庭用户而言是大材小用,并不是普通用户真正需要的数码相机。

(2) 方向之二:多元化

这方面的代表机型有几种,它们在分辨率、光圈、快门等摄影方面的指标上并不算特别出色,但都具备这样的特点:除了具备数码相机的功能之外,还支持其他的功能。如直接上网、收发 E-mail、播放 MP3 音乐、带有数码录音、全球定位等功能。由于这些产品都是刚刚推出，市场规模还没有形成，成本高昂，所以这几款机子在市场上并不是十分成功，厂家显然也只是做设计概念上的试探。然而，它们所代表的发展方向却不容忽视。随着信息家电的不断发展，数码相机也会向多功能个人电子设备方向发展，这些功能目前还都是大胆的尝试，也许不久的将来，带在人们身上的东西你不知道该称它什么：既可以拍照，又可以录音录像，还可以打电话、无线上网、计算、卫星定位……到那时也许数码相机不能再称为数码相机了，只好称之为个人数字盒了。这个发展方向对于数码相机来说是的的确确的"异化"，然而，放到一个更大的范围去看，正是顺应了电子产品功能整合的潮流。

（3）方向之三：实用化

以往，国内数码相机市场一直被国外大厂商左右，宣传的重点一直放在像素上，高昂的价格也使得数码相机只能被一些专业摄影人员、政府机构、商业机构所使用，国外的厂商希望不断地吹嘘更高的像素以提高其获利率，误导消费者认为数码相机只能是高像素的才能使用，其实不然，像素的高低只能决定输出照片的大小，对一般人来说，数码相机能够输出1～5寸的照片，能够建立电子相册，制作贺卡或者在互联网上与其他人交流就可以了，这样只要像素达到640×480（VGA），也就是35万像素就可以了。基于上述的基本需求，国内开始生产国有品牌的数码相机，以较低的价格满足普通用户的要求。同时，市场冒出了很多VGA级的数码相机，它们并不过于注重分辨率，只要够用就可以，并且加强了和计算机及网络的联系，支持联机录像、发送视频邮件等功能，支持USB高速传输。数码时代为什么非要把照片印到纸上呢？过高的分辨率造成庞大的文件体积，如果不是考虑输出成相片的大小，无论是存储还是传输，文件体积太大都是一种累赘，还不要说1 024×768的分辨率，就是一幅分辨率为VGA级640×480的真彩色数码照片，在屏幕上显示出来，毫发毕现，比5寸的彩色照片耐看多了。随着计算机和网络的普及，也许人们不再需要既不环保又不便保存、不便检索的普通照片，照片存在硬盘或光盘上，永不褪色，可自行任意复制，通过E-mail传给远方的亲人只在弹指之间，为什么不呢？这方面有许多国产品牌，如清华紫光、海鸥等。商家称之为"网络数码相机"，但一直以来，数码相机普及的一个最大障碍就是其不菲的价格，这类入门型的机型避繁就简，以够用为原则，舍弃了一切不必要的功能，降低了功耗。像清华紫光的DS35设计成笔式外观，十分小巧、时尚，带有笔夹，插到个人的上衣口袋即可，同时又配备了皮套、脖挂链，使追逐时髦的年轻人充分展示自己的个性，两节7号电池能够拍摄500多张照片，解决了高档数码相机耗电的缺点，是信息收集的好帮手。清华紫光的DS35数码相机不仅是一个数码相机，同时又是简易数码摄像机，DS35数码相机的脱机连拍速度达到每秒6帧，通过随机附带的软件可以将图片转化为视频文件AVI格式。在连接计算机使用时，清华紫光的DS35数码相机又是一个高档电脑眼，CIF格式下可以以每秒30帧的速度录制视频录像，配合视频邮件软件，将录下的录像发送给亲朋好友，或者运行可视电话软件与亲朋好友面对面地谈话，不亦乐乎。价格也降到了一般消费者容易接受的水平，在今后相当长一段时期，这类入门型、好用、够用的数码相机可能会大行其道，占有相当大的市场份额。

二、对未来数码相机市场预测和分析

数码相机在今后一段时间内成长空间广阔。据调查，中国数码相机的家庭拥有率还比较低，只有19.7%。但是在80.3%的未购买人群当中，有84.2%的被调查人群确信在未来一段时间之内会购买数码相机，表明数码相机市场将会有较大的成长。从消费者对品牌的认识方面看，在品牌知名度调查中柯达、索尼、奥林巴斯、佳能等都位居前列。数码相机的现有用途和潜在用途变化较大，用于业余摄影和旅游摄影的比例有较大幅度的增长，增长率分别达到 31.1% 和 23.7%，这说明数码相机家庭消费将会有较大幅度的增长，同时预示着以家庭消费为主的数码相机市场即将启动。用于工作制图和特殊行业的数码相机需求大幅度递减，表明在专业摄影和特定行业应用领域，数码相机市场发展步伐将放缓。

通过对数码相机用途和功能需求进行交叉分析，显示功能需求结构分化明显。在像素需求上以 200 万及 200 万以下像素需求分布最为密集，需求群体为家庭或个人消费者；其次是 400 万以上像素，主要是满足工作制图等专业摄影需求；而 300 万像素的需求较少。功能结构上以图像及时处理、曝光补偿和自平衡功能需求最多，这些功能较明显的给消费者带来简化的专业摄影的乐趣。

价格因素在数码相机的购买当中也有一定的体现。由于对数码相机的用途和功能结合合理化，消费者开始追求"适合就是最好"这一消费理念，因此在价格需求上以 3 000 元以下为主，这一需求比例达到 63.7%。

可以看出消费者的购买观念随着市场的成长变得理性化，产品需求结构化明显，因此市场细分变得更为重要，同质化产品将会失去市场竞争优势，个性化产品将会成为信息家电发展的主流方向。

（全球品牌网）

▶ 写作训练 ◀

一、指出下文存在的问题，并进行修改。

钢材市场预测报告

根据国家信息中心提供的消息，国内有关人士认为，2003 年下半年至明年，钢材市场供给将保持相对平稳、价格小幅度攀升的态势。但由于各地经济发展不平衡，以及运输等因素的影响，少数钢材品种在局部地区有可能发生较为明显的波动。现对去年下半年和明年的市场情况分析如下。

在去年下半年西方工业国家经济复苏的带动下，出现了世界范围的钢材热，各国对钢材需求量增长，出口量锐减。当今世界最大的钢材出口国——日本，因地震重建任务繁重，钢材出口量大幅下降，进口量迅速上升。世界上许多钢材厂都在寻找钢坯，以提高产品附加值。按这种趋势预算，今年至明年，国际钢材市场形势看好。据预测，今年钢材需求总量与去年相比，增幅不大，明年钢材的需求增长不会太大，供求会达到大体平衡。

去年上半年，全球各钢材企业都在贯彻"限平、停滞、增畅"和"限产压率"的举措，下半年供求形势转向平衡，各钢材厂都会增加"高质量、多品种"的产品，占领市场，力争出口。明年钢材的供求总体将逐渐平衡，但线材等品种有过剩的可能。由于全球钢铁企业的线材生产能力普遍提高，可能会导致线材供大于求。从而在品种、质量、价格上展开激烈的竞争，加大钢铁企业的销售难度。而在短时期内"三板一片"的产量难以大幅度提高，供不应求的局面难以改观，价格仍将居高不下。根据有关部门的预测，今年钢材资源量比去年有所下降。虽然今年资源供给少于需求，但由于有去年结转的大量库存，仍能实现供求平衡。

明年钢材的资源量增幅不会大，但由于需求也不会太旺，也可以达到供求平衡，有的地区还会比较宽松。去年下半年钢材价格总体平衡，今年可能会出现小幅度的波动，这种波动往往出现在一个地区，货紧时价格上涨，货到时价格又会下跌，但总的趋势是价格会在成本上升、出口价上升的推动下，小幅度上升，一般不会再次出现暴涨。

二、写作

1. 下面几个市场预测报告的标题都不完整，请补出来（补的内容可以是假设的）。

（1）2013 年中国股市

（2）服装流行款式与色彩

（3）小家电

（4）健身器材市场需求

（5）今后 5 年电脑供需

（6）2010 年药品价格

2. 请就你所在城市的房地产市场前景写一篇预测报告。

5.3　可行性研究报告

可行性研究报告是对拟建项目的必要性、可能性、客观条件与未来前景进行科学的论证和分析，请求审核、批准的书面报告。

可行性研究报告是对科技研究项目行得通、做得到的程度状况的探讨，它一可为立项提供依据，二可作为筹措资金和向银行贷款的依据，三可作为横向协作的依据。

5.3.1　可行性研究报告的特点

（1）论证性。项目建设追求的是经济效益和社会效益，要提高效益，主要取决于项目实施的各方面条件。可行性研究报告要具体研究项目建设具备的条件，并深入地分析这些条件的利弊，从而论证该项目的可行性和合理性。

（2）科学性。可行性研究报告是项目开发决策的依据，因此，必须以科学理论为指导，进行广泛深入的调查研究，获取大量真实的材料，并以科学的态度对材料进行客观、冷静的分析，使结论科学、符合客观实际，并给社会带来良好的效益。

（3）预测性。可行性研究是投资决策前的活动，它是在事件没有发生之前的研究，是对事物未来发展的情况、可能遇到的问题和结果的估计，因此具有极强的预测性。要联系调查研究的资料，运用切合实际的预测方法，科学地预测未来前景。

（4）综合性。可行性研究是一种系统性很强的现代管理技术，必须把拟建项目的工程、技术、经济、环境、政治及社会因素联系起来，进行多目标综合评价。因此，可行性研究报告在内容上具有综合性，在撰写中需要多方面人员的合作。

5.3.2　可行性研究报告的类型

（1）按是不是工业项目来划分，有工业项目可行性研究报告和非工业项目可行性研究报告。非工业项目包括交通运输、邮电通信、水利、农林，以及城市给排水、房屋建筑、文教、科研、卫生、体育、环境保护等项目。

（2）按项目建设性质划分，有新建项目可行性研究报告、扩建项目可行性研究报告和改建项目可行性研究报告。

（3）按固定资产的再生产划分，则有基本建设项目可行性研究报告和更新改造项目可行性研究报告。而基本建设按项目规模大小，则又可分为大型、中型和小型项目；不同规模的建设项目，其可行性研究报告的复杂程度也是不同的。

（4）按引进技术划分，有技术引进项目可行性研究报告和设备进口项目可行性研究报告。设备进口项目主要是指进口单机设备；而技术引进项目的内容则包括工业产权、专用技术、技术服务等，引进成套设备、关键设备及附带进口为实施技术必须随附的仪器、设备、工具等也属于技术引进项目。

（5）按资金来源划分，有外商直接投资项目可行性研究报告、信贷项目可行性研究报告和现汇进口项目可行性研究报告。

5.3.3　可行性研究报告的结构与写法

1. 标题

通常是"单位名称＋项目名称＋文种"，也可省略单位名称，其中文种既可以是"可行性研究报告"、"可行性研究"、"可行性报告"，也可以是"可行性研究经济评价"。如《××大峡谷狩猎休闲工程项目可行性研究报告》、《建设××高速公路的可行性研究》、《××电厂新建第二生产系统可行性研究经济评价》等。

由于经济评价是可行性研究的核心内容，是项目或方案抉择的主要依据，因此，有些以经济评价为主的可行性研究报告，其标题中的文种可直接为"可行性研究经济评价"。

2. 前言

前言，亦即项目简介，它以简洁的文字介绍项目由来、目的、范围以及本项目的承担者和报告人、可行性研究的概要。

3. 主体

国家计委在《关于建设项目进行可行性研究的试行管理办法》中规定了工业项目可行性研究报告的主要内容，并提出其他行业建设项目可参照工业项目的内容，具体如下。

1）总论

· 项目提出的背景（改扩建项目要说明企业现有概况），投资的必要性和经济意义。

· 研究工作的依据和范围。

2）需求预测和拟建规模

· 国内、外需求情况的预测。

· 国内现有工厂生产能力的估计。

· 销售预测、价格分析、产品竞争能力，进入国际市场的前景。

· 拟建项目的规模、产品方案和发展方向的技术经济比较和分析。

3）资源、原材料、燃料及公用设施情况

· 经过储量委员会正式批准的资源储量、品位、成分及开采、利用条件的评述。

· 原料、辅助材料、燃料的种类、数量、来源和供应可能。

· 所需公用设施的数量、供应方式和供应条件。

4）建厂条件和厂址方案

· 建厂的地理位置、气象、水文、地质、地形条件和社会经济现状。

· 交通、运输及水、电、气的现状和发展趋势。

· 厂址比较与选择意见。

5）设计方案

· 项目的构成范围（指包括的主要单项工程）、技术来源和生产方法、主要技术工艺和设备选型方案的比较，引进技术、设备的来源国别，与外商合作制造的设想。

· 改扩建项目要说明对原有固定资产的利用情况。

· 全厂布置方案的初步选择和土建工程量估算。

· 公用辅助设施和厂内外交通运输方式的比较和初步选择。

6）环境保护

调查环境现状，预测项目对环境的影响，提出环境保护和"三废"治理的初步方案。

7）企业组织、劳动定员和人员培训（估算数）

8）实施进度的建议

9）投资估算和资金筹措

· 主体工程和协作配套工程所需的投资。

· 生产流动资金的估算。

· 资金来源、筹措方式及贷款的偿付方式。

10）社会及经济效果评价

4. 结尾

主要是得出结论和推荐性意见。它要对正文所述要点作优缺点评价，而后提出明确建议。

5. 落款和日期

承办此项可行性研究的单位、负责人及有关的经济、技术、财务等人员签名盖章，同时标明成文日期。签署位置一般在正文右下方，也可移至标题下方。

6. 附件

与项目有关的资料或证明文件，如调查材料、项目建议书、协议书、区域平面图、投资费用表、工艺流程图等必需的图表，其主要是为了说明材料与论证的可靠性，供上级机关审批时参考。

【示例 5－3】

年产 2 000 吨优质大米加工厂建设项目可行性研究报告

一、项目概况

1. 项目名称：××乡年产 2 000 吨优质大米加工厂建设

2. 项目建设地点：×××××

3. 项目联系人：××××××

联系电话：××××××

传真：××××××

4. 项目建设类型：新建

5. 项目建设规模与内容：新建年产 2 000 吨优质大米加工厂

6. 项目投资估算：项目总投资为 350 万元。其中固定资产投资为 300 万元，流动资金 50 万元。

7. 效益分析：项目建成后，年创利税 120 万元。

二、项目建设的必要性和可行性

（一）必要性

1. 粮食是安天下的产业。国以民为本，民以食为天，农业是产粮的主业，无农不稳，无粮则乱，粮食是既有战略意义又有经济意义，粮食为国家经济发展、社会稳定提供物质保证，同时为改善人们生活、提高广大农民群众的物质生活水平、建设小康社会打下良好的物质基础。

2. 优质大米符合人们消费需求。随着人们生活水平的不断提高，吃少吃好吃绿色产品成为人们的消费主流，大米是中国人的主食，普通大米的市场越来越窄，优质大米越来越受人们青睐，生产加工优质大米，是市场消费的需要。

3. 优质大米加工是增加农民收入的需要。粮食生产受自然条件、自然环境和市场的制约非常大。近几年来，农民增产不增收成为制约农业农村经济发展的突出问题。对大宗农副产品进行加工增值，是解决农产品增产不增收的唯一出路。

4. 发展粮食加工是增加财政收入的需要。××是个工业基础薄弱的乡镇，工业对财政收入的贡献率很低。随着农村税费改革工作的不断深入，直接从农产品中获得财税收入的可能性越来越小，只有走农产品深加工的路子，把直接农产品通过工业转化为工业产品，政府财政部门才能获得利税收入。本项目通过选建种植基地，就地加工，适应了当前国家改革趋势，为解决财政增收难问题开辟了新的财源。

5. 粮食生产和加工面临着发展的机遇。首先，在我国大部分地方粮食以及农副产品价格出现自 1998 年以来的粮食价格上涨，为我国进行粮食改革提供良好环境，建立良好的粮食流通体制和运行机制，实现粮食购销市场化和市场主体多元化，充分发挥市场调节在粮食资源配置中的作用。其次，中国已加入世贸组织融入了全球一体化经济。我国粮食生产水平提高，粮食的品质和卫生安全质量有所改善。粮食在国际市场上的竞争能力有所增强，使我国粮食价格在国际市场上的优势得以体现。粮食出口量有所增加，为我国粮食生产销售提供了广阔市场空间。第三，当前粮价回升，国家出台一系列保护和提高粮食综合生产能力的政策措施，从人、财、物等方面向粮食生产体系倾斜，为粮食生产和加工的发展提供了良好的机遇。

综上所述，建立优质大米加工厂是非常必要的。

（二）可行性

项目建设以市场为导向，充分发挥××乡耕地多、产粮多的资源优势。本项目的建设对推动××粮食生产良性循环，做大优化产业结构及农村经济结构的调整，促使粮食生产产业化经营有着促进作用和样板示范作用，对促进农民增收和财政增收有着极其重要的意义。通过对优质稻谷的加工，增加了附加值，把原来的卖原粮变为卖优质大米，推动全乡优质水稻的推广种植。实行产、加、销一体化服务，以市场为导向，企业（工厂）为龙头，基地为背景，农户为依托，农民得益，国家稳定，从而促进××农业经济快速发展，项目的建设切合××农业发展方向，是非常可行的。

三、项目市场供求分析及预测

（一）市场分析

1. 国际大米市场现状。根据有关部门测算，全球 2002 年大米产量为 3.798 6 亿吨，2003 年度全球大米产量预期 3.904 6 亿吨，较上年度增 1 060 万吨。在产量增幅缓慢的情况下，全球大米消费却在不断增加。缺口大米 1 200 万吨。产需出现缺口，库存不断减少，大米价格提升空间较大，今年新增供给不足当年需求，缺口继续扩大。

2. 国内大米市场现状。近年来，随着我国种植结构的不断调整，稻谷的播种面积和产量也逐年减少。根据有关资料显示，我国稻谷已连续 4 年减产，其中早稻减产则更为明显，今年国内早稻总产量预计为 589 亿斤，比上年减少 17 亿斤，而在稻谷减产的同时，需求量却表现为稳步增长。

3. ××乡粮食加工现状。目前全乡稻谷加工厂仅有 2 家，年加工能力仅为 1 000 吨，还没有优质大米加工厂。

（二）市场预测

1. 国际大米市场预测。近年来，全球大米产量增幅较慢，但是，全球消费却在不断增加，根据国际方面报告，2002/2003 年度全球大米消费预期为 4.123 亿吨，较上年度增长 0.8%，良好的消费，有利于国际大米价格上涨。因此，在 2～3 年内优质大米价格相对看好。

2. 国内大米市场预测。首先，随着人口的不断增长，作为口粮的大米需求也不断增长；其次，今年以来，各地陈粮大量销售，需求不断增加，产需出现的缺口，库存不断减少，大米价格提升有支撑。今年稻谷减产，新增供给不足当年需求，缺口继续扩大，动用库存较多。第三是由于我国大米在国际市场上的竞争力逐渐增强，加上世界大米库存量下降，国际市场大米价格上涨，我国出口大米数量不断增加，为国内大米价格提供了有力上升空间，这为项目基地建设提供了广阔的发展前景。

四、项目建设地点选择分析

1. 地理位置。××乡地处××县城北部，位于××南段东麓，是××两省四县八乡的结合部。它东邻××，南接××，北连××，与××毗邻。平均海拔高度 478 米，乡政府所在地海拔高度 400 米。

2. 区位条件。××是××市重点边贸乡镇，市场辐射人口约 20 万人。乡域面积 280 平方公里，居全县第一，辖有 19 个行政村和 1 个居委会，257 个村民小组。总人口 34 909 人，其中农业人口 32 968 人，劳动力 1.5 万个。

3. 资源条件。××土地肥沃，物产丰富，盛产粮食、素有"鱼米之乡"的美誉。2003 年粮食播种面积 6 万亩，其中水稻播种面积 5 万亩，总产量 21 108 吨，占粮食总产量的 85.9%，2004 年优质稻播种面积达 3.5 万亩，预计总产量达 2 100 吨。2005 年优质稻面积将达到 4 万亩以上。

4. 交通运输现状。××距××县城 46 公里，省道××线通过乡政府驻地，途经××镇 46 公里达××，110 公里到××可上京福高速路（在建），200 公里到××。经××、×× 可达××，交通方便。

5. 通信、电力。××乡早于 2002 年完成农村电网改造，并入华东电网，加工用电可以保证。已实现了各行政村村村通电话，移动电话信号覆盖全乡，为项目建设信息交流和今后产品销售提供便利，为项目建设和管理提供了良好条件。

五、生产工艺技术方案

1. 社会技术基础。××是一个农业大乡，种植农作物主要是以水稻为主，是全县的产粮大乡。社会技术基础良好，能接受优质生产技术标准要求。

2. 项目需要的技术力量。××乡县农业服务中心，农业科技推广站有 6 名大专以上毕业高、中级技术职称的技术人员，他们长期在基层从事专业技术研究、推广工作，积累了成熟的技术经验，可为项目开展提供技术基础。

3. 主要技术工艺流程。稻谷除尘→稻谷提升→稻谷清筛→碾米→抛光→大米分筛→色泽分级→包装→保鲜储存。

六、项目建设目标

1. 新建年加工优质大米 2 000 吨的生产车间，稻谷储存和大米储存仓库各一个。

2. 配套建立大米质量和卫生安全检测化验室一个。

七、项目建设内容、规模和投资概算

1. 加工厂。①建设砖混优质稻米加工车间一座，建筑面积 800 m^2，按 500 元/m^2 计，需投资 40 万元；②配套建设精包装车间一座，建筑面积 500 m^2，按 500 元/m^2 计，需投资 25 万元；③购置加工设备一套，投资 50 万元；④购置精包装设备一套，投资 42 万元；⑤配套建设砖混成品仓库一座，建筑面积 1 000 m^2，按 500 元/m^2 计，需投资 50 万元；⑥购产品运输车辆一辆，投资 18 万元。共需投资 225 万元。

2. 优质稻米质量安全检测体系建设及购置相关设备。①建设检验检测室及配套设施，建筑面积 500 m^2，按 500 元/m^2 计，需投资 25 万元。②购置检验检测仪器设备一套，投资 50 万元。

以上 2 项合计投资为 300 万元。

八、项目总投资及资金筹措。项目建设中加工厂建设投资 225 万元，优质稻米质量安全检测体系建设及购置相关设备 75 万元。流动资金 50 万元。三项合计，项目总投资为 350 万元。拟吸收本县社会资金或引进县外资金投资建设。

九、环境保护与安全措施

1. 环境保护。本项目中新建的优质稻米加工厂，在稻米加工中产生的谷壳、米糠及其他废料采取三种处理方案：一是米糠作为上等饲料，集中销售给养殖企业发展禽畜产业；二是谷壳可通过集中燃烧作肥料或供给农户作燃料；三是其他废料可集中沤制，供给农户用作有机肥料。

2. 安全措施。建设中严格按照土建项目施工安全要求，建立安全工作制度，确保施工人员规范操作施工，保障施工人员安全，特殊工种，要求持上岗证上岗。

3. 消防措施。严格按消防规范要求，建设和安装消防设施。

十、项目组织管理与保障措施

1. 组织机构。乡党委政府成立由乡长任组长，分管副书记任副组长的项目建设领导小组，抽调 3～5 名专业人员专职跟踪项目建设，提供服务，确保项目建设不受干扰。

2. 实行项目法人责任制。项目业主为法人，××乡政府为责任单位，按项目法人责任制要求，项目法人对项目工程质量终身负责。

3. 项目质量管理。项目建设严格按规定实行招投标，设计与施工必须由有资金的单位进行，严格进行工程质量检验或质量监理，保证工程质量合格。

十一、效益分析与风险评价

（一）效益分析

1. 经济效益。工厂年加工优质米 2 000 吨，以加工稻谷每吨获纯利 100 元，优质米每吨销价比普通大米增加 500 元计算，可年创利润 120 万元，经济效益显著。

2. 社会效益。项目建成后，形成固定资产 300 万元，可带动粮食的产业化经营，促进粮食质量提高及产品流通，最少可安排 30 人就业，社会效益显著。有力地增强农业生产后劲及全面提高土地综合生产能力，为发展优质粮生产打下坚实的基础，为全县粮食产业发展起到典范作用。

（二）风险评价

项目建设是加强农业的基础地位，大力发展社会生产力的重要举措，是践行"三个代表"重要思想的具体行动，对稳定粮食产业的长效发展有利。项目的投入，经济效益明显，社会效益显著，项目建设不存在风险问题或风险极小。

（文秘 114 网站）

▷▷▷ 写作训练 ◁◁◁

一、指出下文存在的问题，并进行修改。

糖厂蔗渣气化项目可行性报告

本项目利用的生物质原料种类有：林业下脚料（如树叶、树皮、树枝、树根和薪柴等），竹木加工业下脚料（如锯末、刨花和边脚料等），农作物秸秆（如麦秆、稻草、玉米秆、棉花秆、油菜秆、烟秆和各种薯类茎等），农副产品加工下脚料（如果壳、果核、稻壳、甘蔗渣和薯类渣等）。我国的生物质能源利用，经过了长期的探索，特别是最近十年随着经济的发展和科技的进步，生物质气化、炭化技术得到快速发展，国内相继兴建了一百多座生物质气站、生物质能发电厂、生物质炭厂，长期的运行实践证明，生物质气化、炭化、发电技术已完全成熟，且经济效益显著。随着《再生能源法》的颁布执行，给生物质能源的开发与利用提供了法律保证，必将促进我国生物质能源利用的快速发展。

一、本项目机组设备是在第二代生物质气化，生物质干馏炭化设备的基础上，研发的第三代流化床连续生产的新技术。与过去的生物质气化、炭化设备比较，本项目有很多优势。

（1）原料不用挤棒成型和压块成型，减少了近 30％投资，节约大量电能，降低生产成本。

（2）采用流化床干馏新工艺取代多个气化炉、干馏釜组成的间隙式轮换系统，大幅度提高了机组产能，减少了投资。

（3）机械自动连续上料，炭粉、燃气、木焦油、木醋液连续产出，全自动化，省时省力，实现了低成本、高产出的目标。

（4）采用自产燃气内加热的新工艺，节约了燃料，提高了热利用效率。

（5）采用闭环自动控制，根据热负荷的变化自动调节供气量，保证锅炉压力稳定。

二、主要技术性能指标在国内领先。

（1）燃气热值大于 1 300 大卡/m³，高于 1 100 大卡/m³ 的部颁和行业标准。

（2）燃气中焦油和灰尘含量小于 10 mg/Nm³，低于 50 mg/Nm³ 的行业标准。

（3）炭粉品质好，固定炭＞75％，杂质含量低。

三、将产生多重效益。

（1）节约不可再生能源：煤炭、石油和天然气。

（2）可利用其他生物质原料如甘蔗叶、甘蔗头、树叶、农作物秸秆等替代蔗渣气化，不但能降低成本，还能增加蔗农收入。

（3）提高生物质资源的利用率，可节约 50％的蔗渣。

（4）降低二氧化硫、二氧化碳和粉尘排放，保护生态环境。

四、直接燃烧 200 吨蔗渣产生的热量，与气化 100 吨蔗渣所产 25 万立方米燃气燃烧热量相等，节省 100 吨蔗渣，蔗渣售价按 200 元 1 吨计算。

则：日蔗渣销售收益＝100 吨×200 元＝2（万元）

投资回收期＝投入资金÷日蔗渣销售收益

$$＝190（万元）÷2（万元）$$

$$≈95（天）$$

一个榨季就可收回投资，以后每个榨季可获得约 200 万元利润。

综上所述：本项目利用储量丰富的生物质资源，变废为宝，符合国家能源结构调整战略，项目投资回收期短，风险小、效益好。开发生物质能源，提高利用效率，能改善生态环境，提高人民生活质量，降低企业生产成本，企业增效，个人增收，是国家、集体、个人共赢的好项目。

二、写作

专为老人设计的"晚晴"牌服饰，拟在全国各城市开设专卖店，请考察你所在城市的情况，为开设"晚晴"牌服饰专卖店写一份可行性研究报告。

5.4　合　同

合同是平等主体的自然人、法人、其他组织之间设立、变更、终止民事权利义务关系的协议。它是社会经济发展的必然产物，在经济活动运作的各种复杂关系中，它作为一种维系经济活动顺利进行的法律规范，对于保护合同当事人合法权益、维护社会经济秩序起着重要的作用。

5.4.1　合同的特点

（1）合法性。《中华人民共和国合同法》第七条规定："当事人订立、履行合同，应当遵守法律、行政法规，尊重社会公德，不得扰乱社会经济秩序，损害社会公共利益。"合同的确立、变更和终止，以及合同的内容、程序、形式都必须符合国家法律、法规和政策规定。合同作为合法的法律行为是受国家法律保护的，任何一方不履行或者不完全履行合同约定，都应承担法律责任。

（2）平等性。《中华人民共和国合同法》第三条、第四条规定："合同当事人的法律地位平等，一方不得将自己的意志强加给另一方。""当事人依法享有自愿订立合同的权利，任何单位和个人不得非法干预。"合同当事人双方或多方在确立、变更和终止合同关系中均同样享有某种权利和义务。合同当事人之间，无论原来是什么关系，只要发生合同关系，当事人的法律地位就是平等的，必须贯彻平等互利、协商一致、等价有偿的原则。任何一方不得将自己的意志强加给对方，任何单位和个人不得非法干预，否则，合同关系不能成立。

（3）约束性。《中华人民共和国合同法》第八条规定："依法成立的合同，对当事人具有法律约束力。当事人应当按照约定履行自己的义务，不得擅自变更或者解除合同。依法成立的合同，受法律保护。"合同依法成立后，对双方或多方当事人均具有法律约束力。当事人应当严格按照合同约定履行各自应尽的义务。如果任何一方不履行或者不完全履行合同义务，必须依法承担违约责任，以维护合同的严肃性，维护当事人的合法权益。

5.4.2 合同的类型

合同的种类很多，从不同的角度可以划分为不同的类型。按时间分，可分为短期合同、中期合同、长期合同；按订立形式分，可分为书面形式、口头形式和其他形式；按责任人分，可分为单位合同、个人合同。按《中华人民共和国合同法》规定，我国的合同主要有买卖合同、供用电、水、气、热力合同、赠与合同、借款合同、租赁合同、融资租赁合同、承揽合同、建设工程合同、运输合同、技术合同、保管合同、仓储合同、委托合同、行纪合同、居间合同等15种。常用的合同有以下几种。

（1）买卖合同。买卖合同是出卖人转移标的物的所有权与买受人，买受人支付价款的合同。

（2）借款合同。借款合同是借款人向贷款人借款，到期返还借款并支付利息的合同。

（3）租赁合同。租赁合同是出租人将租赁物交付承租人使用、收益，承租人支付租金的合同。

（4）建设工程合同。建设工程合同是承包人进行工程建设，发包人支付价款的合同。

（5）运输合同。运输合同是承运人将旅客或者货物从起运地点运输到约定地点，旅客、托运人或者收货人支付票款或者运输费用的合同。

5.4.3 合同的结构与写法

现实生活中合同内容丰富多样，合同形式也多种多样。随着社会经济的发展、交易的复杂化，各类合同示范文本也应运而生。综观内容繁简不一的合同文本，可以发现合同文本具有较为稳定的书面结构形式和主要内容。

1. 结构形式

（1）表格式。按照业务特点和惯例，设计一份规范化的表格，订立合同时在有关栏目中逐项填写。

（2）条款式。用文字把合同的内容按条、款、项的方式逐条表述出来，每个条款涉及一个方面的内容。

（3）表格、条款式。一份合同中兼用表格和条款两项，其中用表格表达与标的有关的内容，如数量、品种、规格、价格、计量单位等，用条款规定和补充其他内容，使合同更清楚、严谨。

2. 内容与写法

1）首部

由标题、当事人基本情况及合同编号和签订时间、地点构成。

（1）标题。由合同的内容、性质、文种组成，如《农副产品购销合同》、《房屋租赁合同》。标题和合同内容必须一致。

（2）当事人名称。当事人是指具有法人资格的法人单位和具有公民资格的自然人。当事人名称写在正文开始，如写成"立合同单位"或"订立合同双方"字样后，用冒号隔开，然后分行并列书写当事人双方（或各方）单位名称，并且要写全称。此项内容是确定当事人、确定合同权利和义务承担者的主要依据。为了表达方便，还需在当事人名称前（或在当事人名称后）用括号注明"甲方、乙方"，"供方、需方"，"买方、卖方"，"建筑单位、承包单位"，"托运方、承运方、收货方"等。

（3）合同编号与签订时间、地点。在合同标题的右下方，分行并列写明该合同的编号与签订时间、地点。

2）正文

正文包括引言和合同条款。

（1）引言。引言简要说明订立合同的缘由、目的或依据，如"为了……目的，根据……的规定，经双方充分协商，一致同意签订本合同，以资恪守。""根据我国《合同法》的有关规定，转让方与受让方根据技术转让合同的要求，本着互利原则，经双方协商一致，签订本合同。"然后用"主要条款如下"或"条文如下"，引入条款。

（2）合同条款。这是合同最重要的部分，也是合同的内容要素。该部分是双方行使权力、享受义务的依据，按照《中华人民共和国合同法》的规定，合同应具备以下条款。

① 标的。标的是合同当事人权利和义务共同指向的对象。合同标的可以是货物、劳务、工程项目或智力成果等。如购销合同的标的是货物，货物运输合同的标的是劳务。所有的合同都必须有确切的标的，没有标的或标的不明确的合同，双方权利义务也就没有了确指对象，合同也不能正常履行。标的要写得明确、具体。例如货物标的就要注明货物名称、牌号（商标）、品种、规格等。标的必须合法，武器、弹药、麻醉药、金银等限制流通物，不能作标的。

② 数量和质量。数量和质量条款是合同的主要条款，没有数量，权利义务的大小很难确定；没有质量，权利义务极易发生纠纷。因此该条款要给予明确、具体的规定。

数量是以数字和计量单位来衡量标的的尺度。标明数量时要注意计量单位。例如，借款合同用多少元表示，建筑工程合同用多少平方米表示，购销合同用多少箱或多少吨、多少台表示。

质量包括产品和包装两项，是标的内在素质和外观形态的综合，包括标的的品种、规格、型号、牌号、商标、技术标准、技术和工艺要求。凡有标准等级的均应标明等级，如哪年哪月哪日的国际标准、国家或部颁标准、地方标准或企业标准等。也可以双方协商一个标准，在合同中附上具体样品。

③ 价款或者报酬。价款或者报酬是取得合同标的一方当事人向对方产品、劳务所支付的代价，以货币数量表示，价格按各级物价部门规定，由各方协商议定，明确写出。价款或报酬是有偿合同的必备条款，合同中应说明价款或报酬数额及计算标准、结算方式和程序等。此外，在履行合同义务时，除法律另有规定以外，必须采用货币计量来表示，用人民币进行计算和支付。

④ 履行期限、地点和方式。履行期限，是指履行合同标的和价金的时间界限。合同履行期限分为合同的有效期限和合同的履行期限。合同的有效期限是指合同有效时间的起、止界限。如长期合同、年度合同、季度合同等。合同的履行期限，是指实现权利义务的具体时间界限。合同的履行期限可以按日、按旬、按月、按季分期交付。有些合同的履行期限就是合同的有效期限。如仓储保管合同、财产保险合同等。有些合同既要规定有效期限，又要规

定履行期限。如供应合同的有效期限可能是一年，而履行期限可能是按月、按季分期供应。对于履行期限，必须规定得明确、具体。

履行地点，是指交付或提取标的物的地方。合同必须对履行地点做出明确规定。在购销合同中，供方送货（由需方支付运费）或者采用代办托运的，履行地点为产品发运地；需方自提的，履行地点为产品提货地；交付建筑物的，履行地点为建筑物所在地；给付货币的，履行地点为接受给付的一方所在地。购销合同的供需双方在两地的，为避免错发同名地点，交（提）货地点应冠以省、市或县的名称，写清街道名、门牌号，不要只写单位名称。

履行方式，是指当事人采用什么方式履行合同义务。履行方式包含若干方面，如一次性履行或分期履行，当事人亲自履行或由他人代理履行，履行时所用的工具或手段，如航运、水运或陆运等，根据不同的标的内容确定不同的履行方式。在履行方式中一般还包括对标的物的数量、质量的验收方法或具体的验收措施等的确定，以及采用的价款结算方式等。

⑤ 违约责任。违约责任是违反合同义务的当事人应承担的法律责任。合同规定违约责任有利于督促当事人自觉履行合同，发生纠纷时也有利于确定违约方所承担的责任，这是合同履行的保障性条款。对于违约责任，法律有规定的，按照法律规定执行；法律没有规定的，由当事人双方协商确定，违约责任越具体、越可行越好。多数违约责任条款涉及标的物的商标、品牌、型号、款式、数量、质量、履行期限等方面。

⑥ 解决争议的方法。合同发生争议时，其解决方法包括当事人协商，第三者调解、仲裁，法院审理等几种。当事人在订立合同时，应当约定争议解决的方法，如"本合同双方当事人如发生违约责任纠纷，应及时协商解决；如协商不成，任何一方可向合同管理机关申请调解，或双方根据约定，向仲裁机构申请仲裁；也可直接向人民法院起诉"。对违约责任的追究，可以用支付违约金、支付赔偿金、继续履行合同等方式解决。

⑦ 其他。因合同的种类很多，有些条款未必适用，有些内容以上条款又包容不了，所以双方当事人应根据实际情况约定其他有关双方权利和义务的条款。有的合同还在最后写上一条"本合同未尽事宜，双方协商解决"，以防合同的不足。

3）尾部

这部分主要是双方当事人的落款，即写清楚双方当事人的有关情况，包括以下内容。

（1）双方当事人签名、盖章。单位合同要签明双方单位全称、法人代表姓名，加盖公章。

（2）单位地址、电话号码、邮政编码。

（3）双方开户银行名称、开户银行账号。

（4）鉴证或公证。必要时由双方自愿可请有关机构鉴证或公证，鉴（公）证机构可在双方当事人情况栏后签署有关意见。

有的合同不将签订时间签于合同上方，而是签在合同全文下方。

4）附件

主要是对合同标的条款或有关条款的说明性材料及相关证明材料。如技术性较强的合同，需要用附件或附图形式详细说明标的全部情况。合同附件是合同的共同组成部分，同样具有法律效力。

【示例 5－4】

买卖合同

订立合同双方：

供方：_____

需方：_____

供需双方本着平等互利、协商一致的原则，签订本合同，以资双方信守执行。

第一条 商品名称、种类、规格、单位、数量

品名	种类	规格	单位	数量	备注

第二条 商品质量标准

商品质量标准可选择下列第_____项作标准：

1. 附商品样本，作为合同附件。

2. 商品质量，按照_____标准执行。（副品不得超过_____%）。

3. 商品质量由双方议定。

第三条 商品单价及合同总金额

1. 商品定价，供需双方同意按_____定价执行。如因原料、材料、生产条件发生变化，需变动价格时，应经供需双方协商。否则，造成损失由违约方承担经济责任。

2. 单价和合同总金额：_____。

第四条 包装方式及包装品处理_____。

（按照各种商品的不同，规定各种包装方式、包装材料及规格。包装品以随货出售为原则；凡需退还对方的包装品，应按铁路规定，订明回空方法及时间，或另作规定。）

第五条 交货方式

1. 交货时间：_____。

2. 交货地点：_____。

3. 运输方式：_____。

第六条 验收方法_____。

（按照交货地点与时间，根据不同商品种类，规定验收的处理方法。）

第七条 预付货款

（根据不同商品，决定是否预付货款及金额。）

第八条 付款日期及结算方式_____。

第九条 运输及保险_____。

（根据实际情况，需委托对方代办运输手续者，应于合同中订明。为保证货物途中的安全，代办运输单位应根据具体情况代为投保运输险。）

第十条 运输费用负担_____。

第十一条 违约责任

1. 需方延付货款或付款后供方无货。使对方造成损失，应偿付对方此批货款总价_____%的违约金。

2. 供方如提前或延期交货或交货数量不足者，供方应偿付需方此批货款总值_____％的违约金。需方如不按交货期限收货或拒收合格商品，亦应偿付供方此批货款总值_____％的违约金。任意一方如提出增减合同数量，变动交货时间，应提前通知对方，征得同意，否则应承担经济责任。

3. 供方所发货品有不合规格、质量或霉烂等情况，需方有权拒绝付款（如已付款，应订明退款退货办法），但须先行办理收货手续，并代为保管和立即通知供方，因此所发生的一切费用损失，由供方负责，如经供方要求代为处理，必须负责迅速处理，以免造成更大损失，其处理方法由双方协商决定。

4. 约定的违约金，视为违约的损失赔偿。双方没有约定违约金或者预先赔偿额的计算方法的，损失赔偿额应当相当于违约所造成的损失，包括合同履行后可以获得的利益，但不得超过违反合同一方订立合同时应当预见到的因违反合同可能造成的损失。

第十二条 当事人一方因不可抗力不能履行合同时，应当及时通知对方，并在合理期限内提供有关机构出具的证明，可以全部或部分免除该方当事人的责任。

第十三条 本合同在执行中发生纠纷，签订合同双方不能协商解决时，可向人民法院提出诉讼。（或申请_____仲裁机构仲裁解决）

第十四条 合同执行期间，如因故不能履行或需要修改，必须经双方同意，并互相换文或另订合同，方为有效。

需方：_____（盖章）　　　　供方：_____（盖章）

法定代表人：_____（盖章）　　法定代表人：_____（盖章）

开户银行及账号：_____　　　　开户银行及账号：_____

_____年_____月____日

（中国债权资产交易网）

【示例 5-5】

公寓租赁合同

北京外交人员房屋服务公司（以下简称甲方）自_____年____月____日起，将_____外交人员公寓____楼____单元____号公寓_____套租给_____国驻华大使馆（以下简称乙方）作住宅之用。如房屋结构、装置或设备有缺陷由甲方负责修理并承担费用。

双方兹订立租赁合同如下：

第一条

自本合同生效之日起，乙方须按季度预付租金（外汇支票）_____美元（或其他外币，或外汇兑换券_____元）。乙方接到甲方的收租通知单后，应在三十天内一次付清。逾期须按日支付千分之_____的滞纳金，以补偿甲方所受的损失。

甲方根据北京地区物价和房屋修缮费用提高的幅度，可以对乙方承租的公寓租金进行调整，但应提前三个月通知乙方。

第二条

甲方负责向乙方承租的房屋提供水、电、煤气和热力。乙方须按仪表数据缴付电费和煤气费。由于甲方对乙方承租的房屋设备维修不及时，引起水、电和热力的供应中断，甲方将酌情减收相应的费用。

第三条

甲方对出租房屋进行定期检查，并负责下列自然损耗的免费维修：

1. 屋顶漏雨，地板槽朽；

2. 门窗五金配件、门窗纱的修理和更新；

3. 管道堵塞、漏水，阀门、水嘴和水箱零件失灵，上下水管道、暖气片及零件、卫生设备的修理和更换；

4. 灯口、插座、电门和电线的修理和更换；

5. 公用楼道的粉刷，首层每二年一次，二层以上每三年一次；

6. 电梯故障的及时排除和对乘员的人身安全保险。

乙方应将承租的公寓和设备损坏的情况及时通知甲方，甲方在接到通知后应尽快修理，甲方未能及时修理的，乙方可以自行修理，修理费用由甲方承担。

第四条

甲方对出租的公寓进行检查、维修前，应征得乙方同意，乙方应给予必要的方便和协助。如遇住房发生火灾、大量跑水、煤气漏气，在甲方无法及时通知乙方的危急情况下，甲方可进入乙方住宅处置。

甲方要定期检查和保养楼内的消防器材。

第五条

由于甲方对乙方承租的住房检查不周、维修不及时而造成房屋结构损坏，发生安全事故，使乙方遭受损失时，由甲方负责赔偿。如房屋大修，不能继续使用，必须腾出时，甲方应给乙方提供条件大体相当的住房，乙方应按期从承租的公寓中迁出。如果乙方借故拖延不迁出，造成一切损失，由乙方负责。乙方如发现承租的房屋危及自身安全或健康，可以随时解除合同。

第六条

乙方对承租的公寓和设备有爱护保管的责任。由于使用不当造成的损失或损坏要负责修复或赔偿。乙方应遵守《住户须知》（另发）中的规定。乙方对公寓住房结构或装置设备的自然损耗不负赔偿责任。

第七条

乙方在征得甲方同意后，对承租的公寓可进行下列各项自费工程：

1. 在不损坏房屋结构的条件下，改变室内装修原样；

2. 增添固定装置和设备。

乙方改变室内装修原样、拆除或更换原有的炉具、灯具、卫生设备等应事先通知甲方并负担相应的损失费。在租赁关系结束时，乙方增添或更换的设备可以拆除。乙方可以自费油漆粉刷房间。

第八条

乙方征得甲方同意后，可以对承租的公寓增加电容量。但施工费用由乙方负担。乙方不得使用超负荷的电器设备和擅自改动供电设备。否则，由此造成的损失，由乙方负全部责任。

乙方应自行设置必要的消防器材。

第九条

遇有不可抗拒的自然灾害，致使乙方承租的公寓遭到破坏，甲方应视房屋破坏的程度，免收部分或全部租金，直至该公寓修复时为止。

第十条

乙方承租的房屋不得私自转让或转租。退房时须提前半个月通知甲方，经甲方检验住房及其设备，确认完好（除自然损耗外）后，双方办理终止租赁手续。租金按终止日结算。

乙方主动申请调换公寓时，须缴付原租公寓的油漆粉刷费。

第十一条

本合同自双方签字、盖章之日起生效。有效期自_____年____月____日起至_____年____月____日止。期满前三十天，如任何一方不提出异议，合同将自动延长一年。

本合同于_____年____月____日在北京签订，一式两份，每份都用中文和_____文写成，两种文本同等作准。

甲方代表：_____ 乙方代表：_____

（中国创业指南网）

写作训练

一、修改下列合同所用的语句。

1. 交货时间：本月底。

2. 交货地点：本公司仓库。

3. 甲方提供黑白芝麻 100 吨。

4. 乙方必须提供一定的场所和营业设备。

5. 甲方提供一条先进的生产线。

6. 付款方法：甲方在 1999 年 12 月 12 日先付货款陆仟元给乙方，余款起运托收。如拒付，按总金额罚款10%。

二、指出下文存在的问题，并进行修改。

合　同

立合同人：××学院××系（甲方）

　　　　　××建筑公司生产科（乙方）

为了生产的需要，甲方委托乙方建造教学楼一座，现订如下合同，以资共同信守：

1. 全部建筑费为 200 万元；

2. 甲方先交一部分建筑费，其余的在教学楼建成前后陆续付清；

3. 工程待双方筹备就绪后便立即开工，争取当年开工，当年完工；

4. 本合同一式两份，双方各执一份。

2007 年××月××日

立合同人：××学院××系（公章）

系主任：××（私章）

　　　　　××建筑公司生产科（公章）

　　　　　科长：××（私章）

三、写作

1. 根据下面提供的材料，编写一份规范的合同。

镇海中学向宁海家具厂订购枫叶牌办公桌三百件，合计人民币伍万元整，家具厂以标准实样、用木板箱装好送货上门，费用由家具厂负担，交货时间为 8 月 5 日。结算用支票转账，月底先付贰万元整，货物交完后一周内全部付清。家具厂每延期交货一天，应偿付延期交货部分货款总值万分之三的违约金给甲方，甲方每延期付款一天，应偿付延期总款万分之三的违约金给乙方。镇海中学规定办公桌的油漆漆种为 11 号树脂漆。双方在 2012 年 7 月 10 日签订合同。

2. 根据以下材料并进行合理补充，拟订一份租赁合同。

飞鸿影楼要租住宜家房产公司位于宝昌步行街 5 号的 120 平方米房屋一套，双方商定租期五年，每年租金十五万元人民币，租金按年度交付，且每年租金交付时间要早于租房时间十天，每过期一天需按年度租金的 1‰ 交纳滞纳金，若未满租期影楼退租或房产公司收回房屋，则违约方需支付年租金的 20% 作为违约金。影楼可以根据需要自费装修房屋，但不得改变房屋结构。双方签订合同时间为 2012 年 5 月 10 日，起租时间为 2012 年 5 月 20 日。

5.5　广　　告

广告是一种由广告主在付费的基础上，将经过科学提炼和艺术加工的商品、服务（劳务）或观念等信息，通过公开的媒体向特定的对象进行传播，以期达到某种特定传播目标和效果的活动。

广告有广义和狭义之分，广义的广告指一切为了传播、沟通信息的广告形式，主要有商业广告与非商业广告。商业广告是指为了传递经济信息、带来盈利的广告，非商业广告是指除了商业广告之外的其他广告，如社会团体、组织发布的公告、声明、启事，围绕个人活动传递的广告信息等。本节所讲的广告是指狭义的商业广告。

广告是商品经济的产物，随着市场竞争的日趋激烈，广告发挥着越来越重要的作用。广告作为现代多学科的综合体，从策划到制作完毕，往往综合了心理学、传播学、市场营销学、公共关系学、摄影、美学等多学科知识，融合了文字、音乐、图画等多种表现要素，本节所讲的主要是广告的文案部分。

5.5.1　广告的特点

(1) 真实性。《中华人民共和国广告法》第三条规定："广告应当真实、合法、符合社会主义精神文明建设的要求。"广告内容必须实事求是，否则不仅违法，而且会在消费者中失去信誉。

(2) 功利性。广告的目的是为了盈利，广告的过程就是向消费者进行说服来影响消费者的购买行为，因此广告必须尽最大力量地去打动消费者，促使他们购买行为的实现。

(3) 创造性。广告要引起消费者的注意，必须强调创意。构思要新颖、不落俗套，商品的个性或形象要独具特色，要从消费者的生理、心理和社会需要出发，调动其感情，为其神经带来"刺激",从而给他们留下深刻的印象。

5.5.2 广告的类型

（1）按媒介方式来分类，广告可分为报纸广告、杂志广告、广播广告、电视广告、网络广告、路牌广告、灯箱广告等。

（2）按诉求内容的不同，广告可分为商品广告和公关广告。

（3）按表达方式分，广告可分为陈述体广告、问答体广告、幽默体广告、诗歌体广告和证书体广告。

5.5.3 广告的结构与写法

在报刊、电视、印刷品上刊登的文字广告，其结构一般包括标题、正文、随文和广告标语4个部分。

1. 标题

标题对广告来说尤为重要，因为80％以上的读者在看广告时仅仅是浏览一下标题，所以必须把广告中最具有吸引力、最能打动人的信息集中在标题上。广告标题一般有以下3种类型。

（1）直接标题。即用简单明确的语言，把广告中最重要的内容直截了当地告诉受众。如"水木华园，我的公园我的家"、"到孙猴子老家看海去"等。

（2）间接标题。此类标题不直接反映事实或情况本身，而是用耐人寻味的语言吸引读者去阅读正文或更仔细地浏览画面，然后悟出该标题的真正含义。如"从12月23日起，大西洋将缩短20％"、"今年二十，明年十八"等。

（3）复合式标题。复合式标题兼具直接标题和间接标题的双重性质，往往采取引题、正题与副题相组合的形式。引题说明信息意义或交代背景，正题点明广告的主要事实，副题则补充说明正题内容。

① 引题、正题、副题式

四川特产　口味一流	（引题）
天府花生	（正题）
越剥越开心	（副题）

② 引题、正题式

电影化妆用于生活，自然漂亮更具神韵	（引题）
影星美容厅独树一帜	（正题）

③ 正题、副题式

免费年检，终生无忧	（正题）
空调要像奥克斯	（副题）

2. 正文

正文是广告文稿的核心部分，它通常选择关键性的、极有说服力的材料来说明标题所要陈述的内容或回答所提出的问题。正文的结构一般可分为以下3个部分。

（1）引言。这部分要紧扣标题，用概括性的语言，对标题所标明的商品或劳务内容，简略地加以解释或说明，以引出正文的中心。

（2）主体。这部分主要介绍商品或劳务的性能、特点、作用、效果、价格、服务特色、注意事项等内容，提出推荐购买的理由。要突出商品或劳务的优越性和可靠性，有较强的说服力，能激发大众产生消费动机。

（3）结尾。视广告的具体情况，此部分可写可不写。如写，要用简短有力、热情而期盼的语言，使受众产生信任感和购买欲望。

广告正文的写法也有各种体式，主要有以下几种。

（1）陈述体。开门见山地介绍商品的名称、特点、用途、功效等情况，用事实说话，平实、可信。此体式适用于优质商品和新产品的宣传，还可用浅近的科学理论或常识来说明商品的效用，为消费者认识、鉴别商品提供有关知识。

（2）布告体。这种体式类似于启事的写法，所以也称启事体。在报刊上经常见到的开业启事、业务声明、商品交易会、看样订货会、商品的展销、试销，以及院校的招生简章或有些单位的招聘启事等，均属此种体式。

（3）证明体。此种体式是指为传递广告所要表达的内容，证明产品或服务（劳务）的可靠有效，借助权威方面的鉴定、奖评结果或者各界知名人士、专家、学者、典型用户的赞美辞令作为依据写成的文案。其所采用的证明材料必须是真实的。

（4）对话体。这种体式是将广告内容通过对话方式表达出来，一般以广播和印刷品为媒体，以口语为主，显得生动自然。

（5）论说体。论说体以说理、议论为主要表达方式，其特点是以概念判断、推理为主要形式，以事实或公认理论为依据阐明道理。这种体式以充分的论据，雄辩的事实来说服消费者选购广告商品或选择其服务。

（6）文艺体。文艺体指运用文艺形式如诗歌、散文、故事、戏剧、曲艺、相声等来写作文稿，其偏重形象思维，融合记叙、描写、抒情、说明等表达方式来对产品或服务（劳务）进行形象化的宣传。语言生动形象，富有文采，既可以塑造一定的人物形象，也可以设计故事情节，总之，是利用各种文学的手段来感染受众。

3. 随文

广告的随文就是广告的落款，其内容包括：厂（商）名、地址、电话、联系人、销售地点、购买方式和手续、银行账号等内容。这些内容尽管不必一应俱全，但主要项目不可缺少，以便消费者联系。

4. 广告标语

广告标语也叫广告口号，是一种鼓动性的口号，是某一特定商品在一段时期内反复使用的商业宣传用语。它的目的是使消费者建立一种观念，用以指导他们选购商品或劳务。良好的广告标语能够强化消费者对企业经营特点或商品优良性能的记忆，以达到广为传播的目的。如"钻石恒久远，一颗永流传"、"车到山前必有路，有路必有丰田车"、"我的地盘，我做主"等。

在实际应用中，不一定每则广告都由以上 4 部分组成，要根据商品特点、广告媒体、资金数量以及受众特点来灵活选择。如报纸、杂志、印刷品广告尽管各种构成部分比较齐全，但一般没有广告标语；电视、广播广告一般没有标题；路牌广告因以图画为主，所以经常会将标题、正文、标语合一；霓虹灯广告又会将标题与正文合一。

【示例 5 - 6】陈述体广告

聚众传媒，中国楼宇视频网络领航者

聚阵高飞，网开天下

聚众传媒是一家极具创新力的综合性媒体集团，宗旨是全国范围内营建媒体网络，发展至今，已成大雁高飞之势，成为集多种媒体开发、经营、管理的综合性媒体专业机构。

聚众传媒在全国高档商务楼宇、高档公寓、高尔夫球场、机场等铺建了全国性 15 000 多栋目标楼宇，日接触目标人群 3 000 万人次，成为除电视、电台、报纸之外全国强势目标媒体平台之一。

公司名称：聚众目标传媒（中国）控股有限公司

地址：上海××路××楼

邮编：××××××

电话：×××××××

地址：××××××××

【示例 5 - 7】布告体广告

热烈祝贺九千碗牛腩面馆隆重开业

港城最具特色的面馆（九千碗牛腩面）定于三月二十八日开业，届时欢迎广大顾客大驾光临。本店宗旨：诚为店之本。

本店深知做好面的三大要素：

1. 汤鲜醇（牛肉牛骨汤、草母鸡骨头汤）；

2. 面劲道（确保优质面粉、无任何添加剂）；

3. 浇头好（确保新鲜、量足、营养卫生）。

本店员工热忱欢迎广大顾客光临品尝！

地址：××区海连中路×号

电话：22×××222

【示例 5 - 8】证明体广告

历届评比　中国名酒

泸州老窖

荣获世界规模最大食品博览会最高荣誉

——巴黎第十四届国际食品博览会金奖

参加这次博览会近百个国家的 4 500 多家公司，我国有 200 多种产品参加展览，泸州老窖大曲酒（特曲）是唯一获得此次博览会金奖的中国名酒，是我国白酒行业中唯一四次获得国际金奖的产品。

中国·泸州老窖酒厂 厂长：王明藻

地址：中国四川泸州市桂花街 46 号

【示例 5 - 9】对话体广告

猜猜这个谜语

女：世界上什么东西最长又最短，最快又最慢，最能分割又是最广大的，最不受重视又是最值得珍惜的？它使一切渺小的东西归于消灭，它使一切伟大的生命不绝。

男：法国思想家伏尔泰的这个谜语曾经把多少学者难倒，亲爱的听众，您也动动脑筋，猜猜这是何种珍宝？

女：哦，您不知道？那就请您佩戴上孔雀牌手表，它会帮您揭开这个谜底，这就是时间的奥妙。

男：（略）

【示例 5 - 10】论说体广告

关注空调用户真正的健康需求

空调在改善环境温度的同时，密闭的空间也会不可避免地带来空调病，影响着人们的健康，特别是近年来，各种室内环境污染的现象相继出现，将空调与室内环境质量的问题更突出地摆在了人们的面前。

……

2004 年，格力电器投入巨资，兴建了全球空调行业中独一无二的微生物实验室，专门研究密闭室内环境中空调改善空气品质的应用技术。该微生物实验室严格按照国家标准实验室配备设备，由准备室、灭菌室、千级洁净室、培养室和抗菌实验室 5 个部分组成，从细菌的接种、细菌的培养、细菌的杀灭到抗菌效果的检测，一应俱全。实验室建成后，格力研发人员与广东省微生物研究所建立了友好关系，经常进行交流和接触。如今，一年多过去了，格力实验室日渐成熟，依靠先进的实验条件、专业的操作手法和精密的实验设备，格力微生物实验室一方面进行改善空气品质空调产品的研究开发，另一方面对成熟的空调产品进行抗菌性能检测，将真正对消费者健康有效的空调产品推向市场。

格力于 2005 年推出了"绿"系列空调，其起显著作用的绿色"双离子"技术——"冷等离子空气净化"、"广谱银离子抗菌"技术，就是经过了格力微生物实验室的检测认定后，被应用在空调上继而推向市场的。因为出色的防霉抗菌性能，格力"绿"系列空调被中国抗菌材料及制品行业协会授予了抗菌标识。目前，正是由于其真正关注用户的健康需求，格力"绿"系列空调受到广大消费者的空前欢迎，在空调市场上刮起了一股"绿"旋风。

【示例 5 - 11】文艺体广告

南方黑芝麻糊电视广告脚本

篇名：《怀旧篇》

长度：30 秒

制作：南国影业广告有限公司

画面

遥远的年代，麻石小巷，天色近晚。一对挑担的母女向幽深的陌巷走去。

（叠画）悬在担子上的小油灯摇摇晃晃——

（画外音，叫卖声）：

"黑芝麻糊哎——"（音乐起。民谣式的朴实、亲切怀想、悠远及具有歌唱性。）

深宅大院门前，一个小男孩使劲拨开粗重的檀拢，挤出门来，深吸着飘来的香气。

（画外音，男解说）："小时候，一听见芝麻糊的叫卖声，我就再也坐不住了——"

担挑的一头，小姑娘头也不抬地在瓦钵里研芝麻。另一头，卖芝麻糊的大嫂热情地照料食客。

（叠画）大锅里，浓稠的芝麻糊不断地滚腾。

小男孩搓着小手，神情迫不及待。

大铜勺被提得老高，往碗里倒着芝麻糊。

（叠画）小男孩埋头猛吃，大碗几乎盖住了脸庞。

研芝麻的小姑娘投去新奇的目光。

几名大人背后，小男孩大模大样地将碗舔得干干净净。

小姑娘捂嘴讪笑起来。

大嫂爱怜地给小男孩添上一勺芝麻糊，轻轻地抹去他脸上的残糊。

小男孩默默地抬起头来，目光里似羞涩、似感激、似怀想，意味深长——

（叠画）一阵烟雾掠过，字幕出："一股浓香，一缕温暖。"（画外音男解说）："一股浓香，一缕温暖，南方黑芝麻糊。"

（叠画）产品标板。

字幕：南方黑芝麻糊

广西南方儿童食品厂

写作训练

一、评析下列广告。

1. 这种手表走得不太准确，二十四小时会慢 24 秒。（日本某钟表商店广告）

2. 除了钞票以外，承印一切。（英国某印刷公司广告）

3. 其实，男人更需要关怀。（丽珠得乐胃药广告）

4. ××牌超浓缩洗衣粉：该产品全国首创，使用方便，效力极强，特别经济，省时省力，最佳选择。

5. 癌症不再是不治之症。我院张山教授（军医出身）经过八年潜心研究，终于攻克癌症难题，对各种癌症治愈率达到 100%。另，我院老中医李肆先生家传四万年前祖传秘方，专治各种性病，药到病除。欢迎各位患者前来就诊，治不好，原银奉还。医院地址：××路××街××巷××店旁边的小巷进去 24 米，再向左走 4 米，左边的地下室。

二、写作

根据下列文字材料，为"花果山"风鹅拟写一份报纸刊登的文字广告。

风鹅是孙悟空老家花果山地区的特产，已有三千余年历史。相传为中华美食鼻祖——商朝国政伊尹隐居花果山下所秘制。

"花果山"风鹅是江苏××集团鹅业公司与南京农业大学在传统配方的基础上，选用江苏省最大的万顷天然无公害牧场沂河淌肉鹅为原料，浸入三十余味促进人体健康的天然中草药，运用风鹅低盐嫩化技术，经过 63 道工序精制加工而成。

产品低脂肪、高蛋白、皮薄肉嫩、腊香可口，富含人体所必需的不饱和脂肪酸、多种氨基酸和维生素，深得讲究绿色保健的中上层消费人群的青睐，是全国鹅产业第一块通过国家绿色食品认证中心认证的绿色品牌。

被评选为首都国宴特供食品，江苏省名牌产品，2003 年世界女子沙滩排球赛专用食品，荣获江苏省第九届食品博览会金奖。火暴首都首届国际农产品交易会、上海名特优新产品交易会、江苏农业国际合作洽谈会、江苏省第九届食品博览会。

是新世纪理想的保健食品，亦是馈赠亲友之佳品。

5.6　招标书　投标书

招标投标是国际上广泛采用的一种经济手段，是竞争机制进入商品交易活动中的产物。所谓招标，就是业主按照规定条件发出招标书，邀请投标者投标，在投标者中选择理想的合作伙伴的一种方式；所谓投标，是投标者在同意招标者提出的标准和条件的前提下，计算标价，编制投标文件，向招标者提出报价，报送投标书的行为。

招标和投标是一种经济活动的两个组成部分。招标者利用投标者之间的竞争，集各地甚至各国的优势于一体，通过比较，达到优选承包或承购的目的。招标投标能促进企业的改革和管理，增强企业的活力，有利于提高企业的经济效益，保证企业的发展与生存。

5.6.1　招标书

招标书是指招标者为了征招承包者或合作者而对招标的有关事项和要求作出解释和说明的告知性文书。它通常以广告、通告、通知书等名目出现，并利用大众传媒工具来传播，我们习惯上称之为狭义的招标书，这也是本节所讲的招标书。广义的招标书是指在招标过程中使用的各种书面材料。

1. 招标书的特点

(1) 广告性。招标书一般通过一定的媒介物，如报纸、杂志等予以广泛传播，是一种广告性质的文件。

(2) 具体性。招标书对招标项目或招标工程的标准、条件、要求等内容的表述要明确具体，不能抽象、笼统。

(3) 竞争性。招标的动机是造成尽可能广泛的竞争局面，以获取最佳的经济效益，它的发布则标志着竞争性活动的开始。

2. 招标书的类型

(1) 按招标的内容分，有工程建设招标书、企业租赁招标书、大宗商品交易招标书、选聘企业经营招标书、企业承包招标书、劳务招标书、技术引进或转让招标书等。

(2) 按招标的范围分，有国际招标书、国内招标书。

3. 招标书的结构与写法

1) 标题

招标书的标题一般为"招标单位＋招标项目＋文种"，也可省略招标单位或者招标项目，其中文种可以是"招标书"、"招标公告"、"招标通告"、"招标启事"等。如《中国长江三峡工程开发总公司长江三峡工程左岸电站水轮发电机组招标通告》、《天地大厦建筑安装工程招标书》、《中国技术进口总公司国际招标公司招标公告》等。如果是专门的招标公司招标书，还应在标题下加上编号，以便于归档和查核。

2）前言

用简练的语言写明招标目的、招标项目的法规文件根据、招标项目名称、招标范围等。

3）主体

主体部分是招标书的核心，包括具体项目内容和条件要求、招标程序和方法、招标的起止时间、标书售价、发送招标文件的时间、地点和方式、开标的时间和地点，以及投标者的条件、中标者的责、权、利等内容。针对不同的招标书，其正文内容也会有所不同。

（1）建筑工程招标书。其主要内容有：投标须知、建设单位名称及联系人、工程项目与内容、建设地点与面积、质量要求、建设工期、合同条款与格式、附件等。

（2）招聘企业经营者招标书。其主要内容有：招标范围、招标程序、企业基本情况、合格投标者标准、承包期限、承包内容及指标、中标人的权责及收入、合同变更中止的原则等。

（3）大宗商品交易招标书。其主要内容有：投标须知、需求表、特殊条款、技术规格、合同条款及合同格式、附件等。

由于正文部分内容较多，所以常常用条款式或表格式，或者两者兼用，使条理清楚、重点突出、一目了然。

4）结尾

主要写明招标单位的名称、地址、电话号码、传真号码、邮政编码、联系人、发文日期等内容。

5.6.2　投标书

投标书，也称标书、标函，是投标者为了中标而按照招标人的要求，具体地向招标者提出订立合同的建议，是提供给招标者的备选方案。

1. 投标书的特点

（1）针对性。投标书的写作受到招标书的制约，一般以和招标书相同的结构框架，针对招标书内容和要求编写投标书的内容和条件。

（2）周密性。投标书对各个方面问题都必须考虑周到，用词、术语、指标数据等必须准确无误，文字表达要精确、严密。

（3）合约性。投标书一旦中标，即成为签订合同的依据，是合同的附件，具有法律效力，因此投标书具有经济规约性。

2. 投标书的类型

（1）按投标的内容分，有工程建设投标书、企业租赁投标书、大宗商品交易投标书、选聘企业经营投标书、企业承包投标书、劳务投标书、技术引进或转让投标书等。

（2）按投标的范围分，有国际投标书、国内投标书。

3. 投标书的结构与写法

1）标题

投标书的标题一般为"投标单位＋投标项目＋文种"，也可省略投标单位或者是投标项目，其中文种名称可以是"投标书"、"标书"、"标函"。如《××公司承包××图书馆建设工程投标书》、《××建筑工程公司投标书》、《投标书》等。

2）称谓

写招标单位全称。

3）前言

前言既可以用简练的语言说明投标单位名称、投标的方针、目标及对中标后的承诺等内容，也可以介绍投标单位概况或投标人身份情况。

4）主体

主体是投标书的核心内容，主要根据招标书提出的目标、要求，有针对性地说明以下主要内容：投标企业的现状；投标期限和投标形式；投标项目的具体内容和指标；实现指标的具体措施，包括组织措施、管理措施、技术措施等；对中标后的承诺；说明投标方将按招标文件要求交纳银行担保书和履约金；招标单位不一定接受最低价和对招标单位可能接受任何投标书表示理解；其他要说明的投标条件和事宜。另外，由于投标项目不同，投标书的内容不尽相同。

（1）建筑工程投标书。其主要内容：工程总报价及各项费用标价；保证达到的工程质量；工程项目开工、竣工日期；施工技术组织措施；工程进度安排；附件。

（2）招聘企业经营者投标书。其主要内容：经营管理方案；个人简历；业务经验及证明材料；学历及其他证明材料。

（3）大宗商品交易投标书。其主要内容：商品总报价及分项报价；投标方如何组织生产招标方要求的商品；商品规格、型号及质量等；交货方式、时间和地点；对交纳银行担保书和履约金的承诺；附件。

5）结尾

主要写明投标单位的名称、地址、投标人姓名、授权代表人姓名、电话号码、传真号码、邮政编码、联系人、投标日期等内容。其中，单位名称、投标人姓名和授权代表人要分别盖章签名。

【示例 5-12】招标书

××职业技术学院新校区场地土石方回填工程招标公告

××职业技术学院新校区建设工程位于规划环山路以西、规划花果山路以东，规划学苑一路以北，总建筑面积约 32 万平方米。本次对一期土地的施工场地、沟塘及道路进行土石方回填，根据工程进度安排，2007 年 6 月 15 日开工，2007 年 6 月 30 日工程竣工交付使用。为保证工程质量和进度，控制工程费用，按照《中华人民共和国招标投标法》及相关规定，采用邀请招标的方式，择优选定土石方专业承包施工单位。现将招标有关事宜公告如下。

一、招标项目名称及编号

1. 招标项目名称：新校区场地土石方回填工程

2. 招标文件编号：LZYXZB2007002

二、工程地址

东至规划环山路，西至规划花果山路，南至规划学苑一路。

三、招标内容

施工场地、沟塘及道路土石方回填工程

四、工期与质量

工期要求：15 日历天；质量验收要求以招标文件规定为准。

五、承包方式：

包工包料。

六、投标人资格要求

1. 投标人必须具有独立法人资格；

2. 投标人为土石方专业承包三级及以上资质；

3. 项目经理要求三级及以上资质。

七、报名必须携带的资料（按以下顺序装订成册，所有资料均要求加盖投标人公章）

1. 企业资质证书、营业执照（复印件）

2. 法定代表人证明书或法人授权委托书（原件）

3. 拟派项目经理的资质证书（复印件）

4. 安全生产许可证（复印件）

5. 土石方来源证明文件（原件）

6. 近两年承担类似工程情况说明及有关证明文件（复印件）

八、招标要求

1. 本次招标分 A、B 两个标段，具体标段的界线以招标人提供的地形图为准。投标人根据自身条件，选取一个或两个标段进行报价。

2. 其他具体要求见招标文件。

九、本次招标时间安排

1. 资格预审文件提交时间为 2007 年 6 月 8 日上午 11：30 前，此时间同时为报名时间。资格预审文件须加盖单位公章和法人代表印鉴，提交地点为××职业技术学院新校区建设指挥部监审处 320 室。

2. 招标文件领取时间为 2007 年 6 月 8 日 16：30—18：00 止。领取地点为××职业技术学院新校区建设指挥部监审处 320 室，招标文件售价为 100.00 元（此为标书款，售后不退）。

3. 投标文件接收地点：××职业技术学院新校区建设指挥部监审处 320 室。

4. 投标截止时间：2007 年 6 月 12 日 14：00。逾期送达的投标文件恕不接受。

5. 开标时间：2007 年 6 月 12 日 14：30 准时开标。

6. 开标地点：××职业技术学院行政楼三楼会议室。

7. 投标有效期为投标截止期后 20 天。

8. 凡对本次招标提出询问，请在 2007 年 6 月 11 日前与××职业技术学院新校区建设指挥部监审处联系。

十、本次招标联系事项

1. 联系人：×××

2. 联系电话：×××××××××

3. 联系传真：×××××××××

4. 网址：（略）

5. 联系地址：（略）

【示例 5-13】招标通告

租赁经营招标通告

局各单位、各部门：

为了搞活企业，根据中共中央《关于经济体制改革的决定》精神，决定对××涤纶厂实行租赁经营，特通告如下：

一、租赁期限定为十年，即从 2000 年 3 月起至 2010 年 2 月底止。

二、租赁方式，可以个人承租，也可以合伙承租或集体承租。

三、租赁企业在本局实行公开招标。投标人必须符合下列条件：

1. 本局的正式职工（包括离退休职工）；

2. 具有一定的文化水平、管理知识和经营能力；

3. 要有一定的家庭财产和两名以上有一定财产和正当职业的本市居民作保证（合伙、集体租赁可不要保证人）。

四、凡有意参加投标者，请于 2000 年 1 月 8 日至 1 月 10 日至科研处申请投标，领取标书。七日内提出投标方案。1 月 18 日进行公开答辩，确定中标人。

联系电话：×××××××××

联系人：××

××局

2000 年 1 月 4 日

【示例 5－14】投标书

投 标 书

_____ :

（一）根据已收到的××经济技术开发区××拆迁安置小区 1～4、8、10～15 号楼工程的招标文件，遵照《××省建设工程招标投标管理办法》的规定，我单位考察现场和研究招标文件后，愿以人民币_____（大写）元的总价（投标报价与预算价的下浮率为_____），按照文件的要求承包本次招标范围内的全部工程。

（二）我单位保证在收到贵单位发出的书面开工通知后立即开工，并在____天内竣工。其中节点工期为：

主体：　年　月　日；

装饰装修：　年　月　日；

水电安装：　年　月　日；

竣工验收：　年　月　日。

（三）我单位保证本工程质量达到_____。

（四）我单位在中标后派出_____项目经理全面负责本工程的施工。

（五）贵单位所发出的招标文件、中标通知书和本投标文件将构成约束我们双方的合同。

投标人（盖法人章）：

法定代表人（签字或盖章）：

委托代理人（签字）：

年　月　日

【示例 5 - 15】

投 标 书

××××××：

1. 在研究了上述项目临海路 K3＋300～K3＋500 道路改造工程的施工图文件（含补遗书第 1 号至第 5 号）和考察了工程现场后，我们愿意按人民币（大写）××万元的投标总价，遵照施工图文件的要求承担本合同工程的实施、完成及其缺陷修复工作。

2. 如果你单位接受我们的投标，我们将保证在接到监理工程师的开工通知书后，在本投标书附录内写明的开工期内开工，并在二十个月的工期内完成本合同工程，达到合同规定的要求，该工期从本投标书附录内写明的开工期的最后一天算起。

3. 如果你单位接受我们的投标，我们将保证按照你单位认可的条件，以本投标书附录内写明的金额提交履约担保。

4. 我们同意在从规定的开标之日起二十天的投标文件有效期内严格遵守投标书的各项承诺。在此期限届满之前，本投标书始终将对我方具有约束力，并随时接受中标。

5. 在合同协议书正式签署生效之前，本投标书连同你单位的中标通知书将构成我们双方之间共同遵守的文件，对双方具有约束力。

6. 随同本投标书，我们出具金额为人民币 ××万元的投标担保。如果我们在本投标文件有效期内撤回投标文件；或拒绝接受按投标人须知规定的对投标文件中细微偏差进行澄清与补正；或在接到中标通知书后的 28 天内未能或拒绝签订合同协议书；或未能提交履约担保，你单位有权没收投标担保，另选中标单位。

投标人地址：××市××路××号

邮政编码：×××××××

电话：×××××××

传真：××××××××

投标人：×××

法定代表人：×××

2012 年 5 月 8 日

◢ 写作训练 ◣

一、指出下文存在的问题，并进行修改。

××高速公路工程施工招标

现决定对××高速公路项目互通区、收费站管理用房的绿化以及该项目的管理中心装饰装修工程施工进行公开招标，实行资格后审。强制性资格条件和详细工程数量如下。

1. 凡国内具有独立法人资格、城市园林绿化二级及以上资质，且具有同类工程施工经历的施工企业均可参加绿化施工合同段的投标。

凡国内具有独立法人资格、具有建筑装修装饰工程专业承包一级资质，且具有同类工程施工经历的施工企业均可参加管理中心装饰装修工程投标。

2. 投标人可于 2006 年 8 月 22 日至 26 日 9：30—16：30 持单位介绍信、营业执照副本、资质证书副本、安全生产许可证副本（适用于装饰装修工程）、经办人身份证及上述证件复印件洽购招标文件。绿化工程施工招标文件每套售价 2 000 元（含图纸），管理中心装饰装修工程施工招标文件每套售价 3 000 元（含图纸），售后不退。

3. 招标人将于下列时间和地点组织进行工程现场考察并召开标前会议，投标人应派拟委任的项目经理或技术负责人参加现场考察及标前会议。

4. 所有投标人必须在投标截止期三天前办妥交易席位，并缴纳席位费。否则交易中心电脑系统将无法接受投标。

5. 投标文件送交的截止时间为 2006 年 9 月 12 日 10：00（北京时间，下同）。

6. 招标人定于 2006 年 9 月 12 日 10：00 在省重大建设工程交易管理中心举行公开开标。投标人必须派其法定代表人或其授权的代理人出席。

7. 投标人在送交投标文件时，应按施工招标文件（项目专用本）"投标人须知"第 13 条规定提交投标担保。绿化工程投标担保为 30 万元人民币（银行汇票）；管理中心装饰装修工程投标担保为 50 万元人民币（银行汇票）。银行汇票应由投标人从县、市级支行及以上的银行开具，并保证其有效。

二、写作

阅读下列文字材料，完成后面的练习。

××大学有一个 1 000 m² 食堂，欲在全校范围内招标选聘经营者，要求经营者必须是本校正式员工，并带上本院 5 名后勤工作人员。时间安排如下：

4 月 5—12 日：报名

4 月 15—20 日：审查投标人资格

4 月 20 日：公开开标，投标人答辩，评委会评标并确定中标人

报名地点：行政楼院长办公室 311 室

李×为学校的正式员工，部队复员军人，高中文化水平，有 10 年从事后勤工作经验，欲承包这个食堂。

1. 根据上述文字为××大学拟一份招标书。

2. 根据拟好的招标书，为李×拟一份投标书。

第6章

诉讼应用文写作

6.1 起 诉 状

所谓起诉状，俗称"状子"、"书状"或"状纸"，又称诉状，是在刑事、民事、行政案件的诉讼过程中，诉讼当事人为了维护自己的合法权益，依法向人民法院提出某种诉讼请求的文书。

6.1.1 起诉状的特点

（1）明确的目的性。递交起诉状就是为了维护自身的合法权益，而诉讼请求就是诉讼要达到的目的。因此诉讼请求要具体，目的要明确，这样法院和被告才知道原告要求什么，要达到什么目的，以便进行审理或答辩，目的不明确，诉讼就无法进行。

（2）事实的充分性。事实是起诉状的重要组成部分，也是法院审理的主要依据。事实陈述清楚，内容完整，层次清楚，才能充分可信。逻辑推理合情合理，理从事出，才能是非明了。

（3）格式的程式性。根据最高人民法院《法院文书样式（试行）》规定，对诉状的内容要素的称法、位置和结构、形式都有明确要求，写作用语也要程式化，这样才能便于受理者正确理解其内容。

6.1.2 起诉状的类型

起诉状从内容上可以分为刑事自诉状、民事起诉状和行政起诉状3类。

（1）刑事自诉状。是指刑事案件的自诉人（被害人或其法定代理人），根据事实和法律向人民法院控诉被告人侵犯自身权益，要求追究其刑事责任的书状。

自诉是相对公诉而言的，是不需要侦查的轻微刑事案件，国家在立法上把对这种犯罪提起诉讼的权利赋予被害人本人，由其自行决定是否追究犯罪分子的刑事责任，而严重的需侦查结案的刑事案件应由检察院提起公诉。刑事自诉案件的范围，法律规定有8类：拒不执行人民法院判决、裁定案；侮辱、诽谤案；原、被告清楚，因果关系明确，不需要侦查的轻微伤害案；破坏军婚案；重婚案；暴力干涉他人婚姻自由案；虐待案；遗弃案。

（2）民事起诉状。就是民事案件的原告，为维护自己的民事权益，就有关民事权利和义务的争执或纠纷向人民法院起诉，要求依法处理的书状。

民事起诉应具备的条件：原告必须与本案有直接的利害关系；有明确的被告；有具体的诉讼请求和事实理由；属于送达的人民法院管辖和受理的范围。

（3）行政起诉状。是指公民、法人或其他组织，认为自己的合法权益受到行政机关及其工作人员的具体行政行为的侵犯，依法向人民法院提起诉讼，要求给予裁判的书状。

提起行政诉讼应注意：原告不服行政机关行政处罚决定或其他行政处理决定；被告必须

是行政机关或法律法规授权的组织；由受处罚人、受害人或法定代理人起诉；在法定期限内向法院起诉，由法院审理。

6.1.3 起诉状的结构与写法

起诉状由标题、当事人基本情况、案由及请求事项、事实和理由、结尾和附项等构成，一般分为首部、主体和尾部 3 个部分。

1. 首部

1）标题

居中写明起诉状名称，如"民事起诉状"、"刑事自诉状"或"行政起诉状"。

2）当事人基本情况

民事起诉状和行政起诉状中称当事人为原告、被告，刑事自诉状中称为自诉人和被告人，应依次写明诉讼当事人身份的基本情况。当事人为公民，应写明其姓名、性别、出生年月、民族、籍贯、职业或工作单位和职务、住址等内容；当事人如系未成年人，应写明其法定代理人的基本情况和与当事人的关系；如当事人为法人或其他组织的，应写明单位或组织的全称、地址和法定代表人的姓名、职务和电话；有委托代理人，还要写明代理人基本情况。行政起诉状当事人中被告必须是做出具体行政行为的行政机关或法律法规授权的组织。

同案原告为两人以上的，应当逐一写明；被告为两人以上的，应按责任大小的顺序写明。如刑事自诉状的自诉人可按照受伤害的轻重程度次序列写，被告人则按照罪行轻重列写，重前轻后，分别写明。

2. 主体

1）案由和诉讼请求

刑事自诉状的案由是被告人所犯罪名；诉讼请求是自诉人提起诉讼要达到的目的，即要法院追究被告人刑事责任的请求，如请求事项较多，应逐项用序码分列。

民事起诉状和行政起诉状一般无案由部分。民事诉讼请求是有关民事权益争议的具体问题，如请求与被告离婚、请求解除合同或请求经济赔偿等。行政诉讼请求应针对被告具体行政行为提出撤销、部分撤销或变更，请求行政赔偿等。诉讼请求要明确具体，合法且合乎情理。

2）事实和理由

这是起诉状的核心内容。事实是提起诉讼、实现诉讼请求的前提和根据，也是人民法院进行裁判的基础和依据。理由是对事实的概括与评说，可以依事论理，以事实为根据，击中要害；也可以依法论理，引用法律条款，佐证诉讼请求。写作时应注意事实与理由一致，先叙后议，论证因果，详略得当。不同性质的起诉状，写作时有不同的侧重点。

（1）刑事自诉状。要写明被告人犯罪的具体事实，重点写明被告人实施犯罪的时间、地点、动机、手段、情节、危害和结果等，还要依据案件事实和有关法律规定，说明被告人犯罪行为的性质、危害，重申起诉理由。

（2）民事起诉状。应写明原告、被告民事法律关系存在的事实，以及当事人之间民事权益纠纷的由来和发生、发展的过程和结果，围绕诉讼请求反映案件全貌。理由要说明被告实施的侵权行为或双方发生争议的权益的性质、造成的后果及应承担的民事责任。

（3）行政起诉状。事实部分应写明被告行政机关及其工作人员侵犯原告合法权益的事实经过、原因及其结果。理由应当提出对具体行政行为的不服之处，恰当引用法律条文，说明行政机关处理或处罚的错误所在，表明自己的行为不应受到此种处理、处罚或对待。

3. 尾部

(1) 写明起诉状送达法院的名称，如"此致××人民法院"。

(2) 起诉人签名或盖章，注明日期。

(3) 附项注明诉状副本份数，所附证据的情况，代书人等。

【示例 6-1】刑事自诉状

刑事自诉状

自诉人兼附带民事诉讼原告人：张××，男，1953 年 5 月 8 日出生，汉族，××省××县人，农民，住××县××乡××村。

委托代理人：王××，××县律师事务所律师。

被告人：李×，男，1960 年 3 月 22 日出生，汉族，××省××县人，农民，住××县××乡××村。

案由：故意伤害罪。

诉讼请求：

请求人民法院依法对被告人李×的犯罪行为予以惩处，并判处被告赔偿给自诉人造成的经济损失 3 000 元。

事实及理由：

我与被告人李×是邻居，20××年 11 月 23 日，我们曾因生活琐事发生过争吵，此后他一直心怀怨恨。次年 3 月 4 日，被告人李×外出卖菜归来，途经村口稻田时，见我在此犁田，顿起报复之心，当即放下菜篓，手持扁担跳下田朝我打来，我急忙用手去挡，被击中手臂。后经村民杨×、陈××等上前劝阻，才平息了事态。经法医检验鉴定我的伤情是：右前臂软组织挫伤，左臂桡骨骨折，有法医鉴定书佐证。住院治疗 10 天，用去医疗费 1 800 元，陪护费 300 元，误工费 600 元，营养费 300 元，共计人民币 3 000 元，有县人民医院的正式发票和杨×、陈××等人证实。

被告人李×无故用扁担将我打伤，侵犯了我的人身权利，其行为触犯了《中华人民共和国刑法》第 234 条第 1 款和第 360 条第 1 款，构成故意伤害罪，其犯罪行为给我造成了一定的经济损失。为了维护我的合法权益，依据《中华人民共和国刑事诉讼法》第 18 条第 3 款，第 170 条第 1 款、第 2 款和第 77 条第 1 款之规定，特向法院起诉，请依法追究被告人李×的刑事责任，并判处赔偿我的经济损失 3 000 元。

此致
××县人民法院

自诉人：张××

×年×月×日

附件：1. 本状副本 1 份

2. 法医鉴定书 1 份（复印件）

3. 县人民医院发票 1 张（复印件）

4. 杨×、陈××的证词

【示例 6 - 2】民事起诉状

民事起诉状

原告：××市××航运贸易公司

住所地：××市××路××号

法定代表人：陈××，经理

被告：××省××实业发展有限公司

住所地：××市××路××号

法定代表人：尤××

诉讼请求：

1. 依法解除原、被告之间订立的船舶租用合同；

2. 判令被告赔偿原告船舶损失费人民币 12 万元；

3. 诉讼费用由被告承担。

事实与理由：

被告于 2002 年 11 月 16 日与原告签订了一份船舶租用合同。合同约定，原告将自己所拥有的连盐 303、连盐 306 两艘驳船租赁给被告使用，租期为 3 年，每年租金 8 万元；并约定被告在租用期间，应负责船舶的养护和维修，在不影响船体结构的情况下，可做适当改动，但还船时应恢复原状；在租用期间被告负责两艘驳船的安全检验和一切费用（包括航养费、港务费和保险费）。

合同签订后，原告依约将上述两艘驳船交给被告，但被告在租用期间却因超载和管理不善，仅一年就致使船舶损害严重，现已不能营运。经船检部门检验，原告船舶损失高达人民币共计 12 万元。为此，原告为了维护自己的合法财产权益，依照《中华人民共和国民事诉讼法》的有关规定，特向法院提起诉讼，请依法审理裁判，支持原告的诉讼请求。

此致

××市××区法院

具状人：××市××航运贸易公司

法定代表人：陈××

×年×月×日

附：1. 本状副本 1 份

2. 书证 3 份

【示例 6 - 3】行政起诉状

行政起诉状

原告：牛××，男，41 岁，汉族，原系本市××厂工人，现住本市××区××街道 51 号。

被告：××市劳动和社会保障局

法定代表人：吴××　　职务：局长

请求事项：

1. 请求法院认定××市劳动和社会保障局拒不履行其工伤认定的职责属于行政不作为行为；

2. 判令被告尽快履行职责，并赔偿原告经济损失 3 000 元人民币。

事实和理由：

原告于 1995 年 7 月开始一直在××市××厂从事装卸货物的工作，2005 年 8 月 3 日原告在工厂院内装卸货物时，被装卸吊车的吊勾碰伤头部。2005 年 12 月 20 日，原告向××市劳动和社会保障局申请工伤认定，可是被告在法定的两个月内没有对原告的要求予以答复。此后原告又多次前去催问，被告却互相推诿，不予答复。原告之伤需经劳动保障部门认定方能享受工伤待遇，报销医药费。由于被告拒不履行法律规定的职责，给原告造成了很大经济损失和其他严重后果，致使原告身心受到了很大影响。

被告作为国家行政机关，不履行自身职责，且知法犯法，根据《行政诉讼法》的有关规定，特具状起诉，请人民法院审查，依法判决，以维护原告的合法权益和国家法律尊严。

此致

××市××区人民法院

具状人（签名）：牛××

二〇〇六年三月二日

▶ 写作训练 ◀

一、指出下文存在的问题，并进行修改。

诉　状

被告人：贺××（××市××快餐店店主，电话：×××××××）

原告人：××市××商贸中心

法定代表人：马××（副总经理，电话：×××××××）

委托代理人：吴××（法律顾问，电话：×××××××）

案由：被告人违反《经济合同法》，不履行合同义务。

事实：2001 年 5 月 12 日，原告人与王××签订财产租赁合同，将商贸中心一楼营业大厅内建筑面积为 80 平方米的一处食品加工区租给王××经营。合同约定租期为 5 年，年租金 6 万元，自 2001 年 7 月 1 日起至 2006 年 6 月 30 日止，租期届满，租金总额为 30 万元，于每年 6 月 30 日以前按年交清当年租金。同时设定违约金 10 万元及其他权利义务。

被告人贺××是王××的妻弟，2003 年 3 月起开始在此食品加工区经营快餐店，并同意完全遵守、全面履行上述合同条款约定的权利义务。然而被告人接手承租后，却不能按时足额履行合同义务，多次拖欠租金不交，经我方一再催收，至今仍拖欠原告人租金 12 万元，水电费 6 143.7 元。

原告人现在请求人民法院：

1. 让被告人清偿拖欠的租金共计 12 万元，银行利息 458 元，欠交水电费 6 143.7 元，以上三项共计 126 601.7 元；

2. 终止合同，由被告承担本案诉讼费；

3. 被告人违约，使合同不能履行，要向原告支付违约金。

望人民法院秉公处罚，根据有关规定依法保护原告人的合法权益。（有关合同文本附后）

此致

××市人民法院

呈诉状人：××商贸中心

二〇〇六年三月十日

二、写作

根据下列材料，代李大爷书写一份民事起诉状，当事人的基本情况可酌情书写。

李大爷和老伴马大娘均已年过花甲，有新建住房一处，与独子李××、儿媳朱××共同居住。李大爷原有老房两间，较为破旧，无人居住。不久，新建房拆迁，分得住房两套。其子李××把分到的两套楼房都占为己有，一套自住，另一套出租，让其父母搬到老房居住。李大爷和老伴心中不悦，但考虑到将来还靠儿子养老送终，只得忍气吞声去住老房。但时间一久，由于老房年久失修，不能遮风挡雨，老两口便与儿子商量要搬到楼房里居住。可是，李××却找各种理由予以拒绝。老两口一怒之下，一张状纸递到人民法院，状告儿子侵占住房。

提示：本案的法律依据为《中华人民共和国老年人权益保障法》第 13 条："赡养人应当妥善安排老年人的住房，不得强迫老年人迁居条件低劣的房屋。老年人自有的或者承租的住房，子女或者其他亲属不得侵占，不得擅自改变产权关系或者租赁关系。老年人自有的住房，赡养人有维修的义务。"

6.2　上　诉　状

上诉状是指诉讼当事人或其法定代理人，因不服人民法院第一审判决、裁定，按照法定的诉讼程序，在规定的上诉期限内，向上一级人民法院提出上诉，请求撤销、变更原审裁判或重新审理而提交的书状。上诉是法律赋予当事人的一种诉讼权利，提交上诉状可以引起第二审程序的发生，使案件得以重新审理，有利于保护当事人的合法权益，维护法律的尊严。

6.2.1　上诉状的特点

（1）再诉性。上诉状主要是因不服一审判决和裁定而写的，而不是针对对方当事人（反诉除外）提要求，诉讼理由也是针对原审判决、裁定中的错误进行反驳，目的在于有效引起第二审审判或裁定，改变第一审判决、裁定，从而维护自己的合法权益。

（2）针对性。上诉状往往针对一审认定事实、适用法律及诉讼程序和实体上的不当，从具体案件实际出发，抓住要害问题有的放矢，针锋相对，提出自己的意见、看法及请求，达到上诉的目的。

（3）说理性。上诉状既是对一审判决中错误和不当之处的反驳，也是阐明和确立二审结果的必要依据，除指出在什么问题上不同意或加以否定之外，还需要指出为什么不同意，因此要摆事实讲道理，分析论证，有破有立，使文字带有很强的说理性，甚至具有某种辩论色彩。

6.2.2　上诉状的类型

根据诉讼制度，上诉状可以分为刑事上诉状、民事上诉状和行政上诉状 3 类。

（1）刑事上诉状。是刑事案件的当事人及其法定代理人，或者刑事被告人的辩护人和近亲属经被告人同意，不服地方人民法院第一审的判决或裁定，依照法定的程序，在法定期限内，要求上一级人民法院撤销或变更原裁判的书状。

（2）民事上诉状。是民事诉讼的当事人及其法定代理人和有独立请求权的第三人，不服人民法院第一审判决或裁定，在法定的上诉期限内，向上一级人民法院上诉，请求撤销、变更原审裁判或请求重新审理的书状。

（3）行政上诉状。就是行政诉讼的当事人不服人民法院第一审行政判决，依照法定程序和上诉期限，要求上一级人民法院重新审理，并撤销或变更原审裁判的书状。

6.2.3　上诉状的结构与写法

上诉状的结构与起诉状基本相同，也是由标题、当事人基本情况、案由及请求事项、上诉理由、结尾和附项等构成。

1. 首部

1）标题

居中写明"刑事上诉状"、"民事上诉状"或"行政上诉状"。

2）当事人基本情况

刑事公诉案件只写明上诉人（原审被告人）基本情况，不写被上诉人。

刑事自诉案件则分别写明上诉人和被上诉人在原审诉讼中的称谓，用括号注明，再写姓名、性别、出生年月、民族、籍贯、职业或工作单位、职务、住址等基本情况。

民事上诉状和行政上诉状仍按上诉人、被上诉人、第三人依次写明其基本情况。

如上诉人系被告辩护人或代理人，也应写明个人情况，再另起一行写明原审原告或被告情况。被上诉人不止一人的，按原裁判书上列写的顺序依次排列。

2. 主体

1）被提起上诉的原审案件的案由

应写明上诉人因何案件（案件名称），不服从何处人民法院，于何时，以何字号（×字第×号）判决或裁定。如"上诉人因……一案，不服××法院×年×月×日×字第×号刑事判决或裁定，现提出上诉"。

2）上诉请求

上诉请求是上诉人请求上一级人民法院解决的具体问题，即上诉人所要达到的目的、愿望。应根据原审判的不当之处，有针对性地提出撤销或部分撤销、变更原判的请求。民事案件略微复杂，要求写明如何解决本案民事权益争议的具体要求。提出的上诉请求要明确、具体，不能含糊其辞，如"请二审人民法院撤销原判，宣告上诉人无罪"。

3）上诉理由

这是上诉状中最为重要的部分，上诉的理由是论证上诉人上诉请求的，上诉理由能否成立，关系到上诉请求有无根据和根据是否充分，必须写清楚，写明确。一般从认定事实错误、适用法律不当、违反法定诉讼程序等方面逐项论证。以刑事上诉状的上诉理由写作为例，应从以下几方面入手。

（1）认定事实方面。原审认定事实不清或遗漏重要事实，或证据不足，上诉理由可以有针对性地陈述客观事实，补充新的重要事实，或举出确实、充分的证据，驳倒原判所认定的事实，改变结果。

（2）确定性质方面。在案件定性和处罚尺度方面有问题，则造成量刑不当，据此为由提起上诉。应先根据本案客观事实和有关刑法条文，说明本案应如何定性，再指出原判是怎样定性的，论证其错误和原因。

（3）适用法律方面。指违反法律条文或引用法律条文不准确，或误解法律规定、立法精神，以致量刑不当、罪罚不符。上诉人要依法论理，提出正确适用法律的理由和自己相关的意见。

（4）审判程序方面。审理活动违反法定程序和有关制度，上诉人要指出其违反的具体程序环节，并分析其对定罪量刑的影响，提出纠正的法律依据。

上诉理由的写法，类似于反驳文章，一般是先摆不服的论点，然后进行反驳。反驳要针锋相对，有的放矢，注意说理，并在反驳过程中阐明和确立自己的观点，以达到上诉请求的目的。这一部分可以采用分条列项法或综合法行文。

3. 尾部

（1）写明送达人民法院名称。

（2）上诉人签名或盖章、具状日期。

（3）注明附交本状份数和有关证据情况说明。

【示例 6－4】刑事上诉状

刑事上诉状

上诉人（原审被告人）：程××，男，32 岁，汉族，××市平安区人，平安区供销社干部，住平安区和平路 18 号。

上诉人因收受贿赂一案，不服平安区人民法院（××）平法刑字第 50 号判决，现提出上诉。

上诉请求：

1. 撤销平安区人民法院 2000 年 3 月 25 日第 50 号刑事判决；

2. 宣告上诉人无罪。

上诉理由：

1. 原审判决书认定我"身为国家干部，不务正业，利用职务之便推销商品"是没有根据的。我帮助推销商品，一没有打着供销社干部的旗号，二没有利用工作关系，三没有利用自己的身份、手中的权力强求任何一方出售或购买商品，与自己的职务没有任何联系。只不过是利用业余时间，传递商品供销的信息，以中间人的身份介绍双方业务，促成双方成交，与《刑法》第 185 条关于利用职务之便收受贿赂之规定明显不符。根据最高人民法院、最高人民检察院《关于当前打击经济犯罪具体应用法律问题的解答》（试行）中规定：国家工作人员没有利用职务之便而为他人推销、购买物资，联系业务，以"酬劳费"等名义索取、收受财物的，不应定受贿罪，而属于行政处罚的范围。

2. 上诉人帮助大发公司推销了大批积压棉布，为平安区街道益民公司的地毯找到了销路，加快了上述公司的资金周转，提高了经济效益，另一方面也满足了买方的需要。我们现在缺乏有效的交易市场，流通渠道不畅，商品信息交流不发达，我的活动客观上对商品经济活动有利。上诉人并没有索取"酬劳费"。帮助推销商品，对公司有利，一般都有奖励措施。

上诉人接受"酬劳费",虽然是错误的,但根据"两院"《解答》的精神只是一般违反党政机关工作人员工作纪律,可由所在单位给予行政处理,不应以受贿定罪。

3. 一审判决书对上诉人的行为适用全国人大常委会《关于严惩严重破坏经济的罪犯的决定》显属不当。适用这一《决定》是以犯罪为前提的。上诉人的行为并不构成受贿罪,自然不能比照受贿罪论处。

综上所述,特提出前列上诉请求。鉴于上诉人已在本案宣判之前被捕,实属无罪受押,恳请二审法院尽快依法做出无罪的终审裁判。

此致
××市中级人民法院

上诉人 程××

×年×月×日

附:本上诉状副本1份

（张文．法律文秘写作全书．北京：中华工商联合出版社，2001.）

【示例6-5】民事上诉状

民事上诉状

上诉人：周××，男，31岁，汉族，××省××县人，现为××市××机械厂工人，住××机械厂职工宿舍。

被上诉人：谭××，男，58岁，汉族，××省××县人，农民，住××县××乡十大队三小队。

上诉人因赡养一案,不服××市××区人民法院××××年6月2日（××）法民字923号民事判决,现提出上诉。上诉的请求和理由如下。

1. 谭××虽是我生父,但我自幼与他分离,不知其声貌,更谈不上感情。据母亲称:谭与她离婚,实系谭××之过。谭××好逸恶劳,道德败坏,对妻子儿女打骂成性。更为恶劣的是,当时竟用枪将我母亲赶出家门,并殃及子女。后由××县人民法院判决离婚。将我兄妹三人判归母亲抚养,从此与谭××断绝了一切关系。

2. 谭××对我未尽养育义务。我兄妹寄居他人篱下,靠母亲帮人度日,吃残汤、捡破烂,受饥寒之时,谭××未接济过一分钱。据母亲讲,自我出世后,连谭的一根纱线也没沾过。对这一事实,连谭××自己都毫不否认,判决又根据什么认为谭要我赡养的"理由正当"呢?俗话说:"生儿不养父之过"。儿女只报父母养育之恩,不尽义务就不能享受权利。因此,谭××根本没理由,更没权利从我这里收取无本"定期利息",剥削我的劳动成果。

3. 判决书中只强调谭××的告状理由,而对我的陈述、证人证言等证据毫不重视,只简单写了"被告不同意"一句。至于我为何不同意,理由何在,判决书上避而不谈。这怎能使人心服口服呢?

4. 我夫妻二人均系三级工,每月工资总收入很低,连四口人生活都很困难,根本无力再支付赡养费。审判员强行把补贴和副食补贴算入工资内,这是不合理的。

5. 判决书说："原告病残"（实是脚跛），判我赡养。我认为，谭的脚跛并不是现在才出现的，而是生来就跛。这不能成为让我赡养的理由。

综上所述，我不同意赡养谭××。请法院秉公处理。

此致

××市××区人民法院

上诉人：周××（盖章）

×年×月×日

附：1. 本上诉状副本1份
　　2. 证人证言10份共25页

（汪飞铼. 写诉状不求人. 北京：法律出版社，2005.）

【示例6-6】行政上诉状

行政上诉状

上诉人：××省××县工商行政管理局

地址：××省××县××镇××号

法定代表人：胡××，局长，电话×××××××

被上诉人：××酒厂

地址：××省××县××乡

法定代表人：何××，厂长，电话×××××××

上诉人因商标侵权赔偿一案，不服××省××县人民法院2001年8月31日（2001）行初字第24号行政判决，现提出上诉。

上诉请求：

1. 撤销××省××县人民法院〔2001〕行初字第24号行政判决书；

2. 驳回本案原告无理诉讼请求；

3. 判决本案原告承担本案第一、第二审全部诉讼费用。

上诉理由：

2000年9月，××酿酒公司向我局举报本案原告××酒厂在白酒瓶上使用了与该公司白酒注册商标"××牌"相近似的商标，侵犯了该公司的注册商标专用权，要求××酒厂停止商标侵权行为并赔偿损失。

经我局查证，××酒厂确实存在上述行为，并且给××酿酒公司造成经济损失。为此，我局于2000年12月28日作出决定，责令××酒厂立即停止商标侵权行为，并赔偿××酿酒公司经济损失10万元人民币。该决定作出后，××酒厂不服，向我局上级单位××省工商行政管理局申请复议。2001年1月17日，××省工商行政管理局将我局决定改变为××酒厂赔偿××酿酒公司经济损失8万元人民币，并维持了侵权行为性质的认定。

2001年1月25日，××酒厂向××县人民法院提起行政诉讼，请求撤销我局和××省工商行政管理局的决定。在一审中，我局明确提出该决定并非行政处罚，而是对××酒厂侵权行为的处理。但一审法院却以（2001）行初字第 24 号行政判决书认定我局决定中的赔偿额过多，判决变更为××酒厂赔偿××酿酒公司 6 万元人民币。我局认为这一判决是错误的。

1. 根据《中华人民共和国行政诉讼法》第 5 条的规定，人民法院审理行政案件，只能对行政机关的具体行政行为是否合法进行审查。除行政处罚违法或显失公平外，人民法院不应代替行政机关对行政行为是否适当作出决定。

2. 我局及上级机关作出的责令××酒厂赔偿××酿酒公司经济损失的决定不属于对××酒厂的行政处罚，而是对××酒厂侵权行为的依法处理，人民法院不能以判决的形式变更这一处理决定的内容。

综上所述，本案一审法院对本案裁决违背法律的规定，超越职权，应予撤销。

此致

××省××市中级人民法院

上诉人：××省××县工商行政管理局

×年×月×日

附：本上诉状副本 1 份

（宁致远. 法律文书参考资料. 北京：中国广播电视大学出版社，2002.）

➤ 写作训练

一、指出下文存在的问题，并进行修改。

刑事上诉状

（××××）刑字第×号

上诉人：翟××，女，52 岁，××市个体工商户，住本市××街××号。

被上诉人：袁××，男，48 岁，××市无业人员，住本市××街××号。

×年×月×日，上诉人翟××向法院起诉，控告被上诉人袁××诈骗原告财物，致使其经济损失严重，要求法办被上诉人袁××。

××法院在审理中，认为上诉人对所述诈骗事实无法提供确凿的证据。一方面××法院并未深入进行现场调查，另一方面由于平时袁××就胡作非为，横行霸道，所以在场的其他证人因害怕报复也不敢出面证明被上诉人有诈骗上诉人的行为。因此，××法院认定本案证据不足，根据《中华人民共和国刑事诉讼法》的规定，做出驳回起诉的判决，这是错误的。

上诉人请求人民法院赔偿上诉人经济损失 2.2 万余元。如若法院不予判决，上诉人将继续上诉于地区××中级人民法院。

上诉人：翟××

×年×月×日

二、写作

2003 年 12 月 1 日，《中国房地产报》发布了一则关于青岛某集团有限公司开发的房地产项目"丽都国际"的广告，该广告系青岛某广告策划有限公司制作。广告构图如下：广告上部为布满彩霞的天空，天空下为山峰，山峰前方为住宅楼效果图以及草坪、树木等；广告左侧为油画《波拿巴翻越大圣伯纳德山口》的局部；广告下方从左至右依次为装修选材部分品牌的图样，中间偏右为一个徽标型图案，该图案是由金色花边围绕的英文字母"LaD"（以下简称丽都徽标）、右侧为丽都国际字样及由装饰线条所围绕的电话号码。该广告的右上方有"丽都国际，开创城市新贵族时代"的字样。

2004 年 4 月 6 日、4 月 16 日，新疆《晨报》刊登了新疆某房地产开发的"金碧华府"房地产项目广告，广告构图如下：广告上部左侧为红色云团、右侧为蓝天，广告左侧为"金碧华府"房地产效果图，广告中间为城市楼群图样，广告右侧为油画《波拿巴翻越大圣伯纳德山口》的局部；广告下方从左至右依次为"金碧华府"字样及由装饰线条所围绕的电话号码，中间偏左为一个徽标型图案，该图案是由金色花边围绕的英文字母"JB"（以下简称金碧徽标），右侧为房地产介绍。2004 年 4 月 6 日的广告中间有"大众金碧华府　开创城市新贵时代"的字样。该广告上记载的开发商为新疆某房地产开发有限公司，营销策划为香港某地产顾问有限公司。

青岛某广告策划有限公司发现"金碧华府"广告后认为，新疆某房地产开发有限公司在其开发的"金碧华府"项目整体形象树立、楼书宣传及报纸广告宣传中，擅自篡改并使用自己为"丽都国际"项目专门设计的 LOGO（楼盘标识）、SLOGAN（项目宣传用语）、平面广告设计方案以获取利润。香港某地产顾问有限公司系该楼书及广告的策划设计者，侵犯了其合法权益，遂诉至法院，请求判令：1. 被告立即停止侵害，销毁侵权广告和侵权宣传品，并通过《青岛日报》、《中国房地产报》和新疆《晨报》刊登道歉启事，向原告公开赔礼道歉。2. 被告给付原告侵权赔偿人民币 50 万元。3. 被告承担诉讼费及原告为制止侵权行为所支付的合理开支。

法院经审理认为，争议广告具有一定的独创性，构成著作权法所称的作品，原告对该作品享有著作权。法院一审判令被告停止使用侵犯原告作品著作权的广告、宣传品，并销毁已有的广告宣传品；在《中国房地产报》向原告赔礼道歉；赔偿原告经济损失3 万元。

（摘自山东省青岛市中级人民法院〔2004〕青民三初字第 356 号民事判决书）

原告不服，提起上诉。请你据此拟写一份上诉状。

6.3　答　辩　状

答辩状是诉讼活动中的被告人或被上诉人，在收到人民法院送达的起诉状副本或上诉状副本后，针对被提起诉讼的事实和理由进行答复和辩解的书状。答辩状有利于维护被告人和被上诉人的合法权益，也有助于人民法院全面地了解案情和公正地审理案件。但法律并不强制被告或被上诉人非提出答辩不可，不提出答辩，也不影响人民法院审理。

6.3.1　答辩状的特点

（1）内容的客观性。答辩状主要是答复诉状中的诉讼请求和理由，仍以尊重事实为原则，如实反映所争执事实的真实面貌和本质，说明自己所持有的反驳理由的客观凭证，以便于明辨是非。

（2）表述的辩驳性。答辩状主要是以驳论的形式展开，依据事实和法律，批驳对方诉状中的不实之词和无理要求，论证自己行为的合法性和答辩理由的正确性，以理服人，力求胜诉。

（3）时间的限定性。答辩状要在法定期限内提出，民事诉讼法规定对起诉状或上诉状的答辩都应在收到副本之日起 15 日内提出，行政诉讼法要求被告人在 10 日内提出具有行政行为的有关材料。

6.3.2　答辩状的类型

答辩状按案件的性质分，有民事答辩状、刑事答辩状和行政答辩状 3 种；按审理程序分，又可分为针对起诉状提出的一审程序答辩状和针对上诉状提出的二审程序答辩状。

（1）刑事答辩状。是针对刑事自诉状、上诉状的内容进行回答和辩驳的法律文书（公诉案件被告人不写答辩状）。

（2）民事答辩状。是民事诉讼的被告或被上诉人针对原告或上诉人提起的诉状内容进行答复和辩解的诉讼文书。

（3）行政答辩状。是行政诉讼中的被告（行政机关）或被上诉人对原告的起诉状副本或上诉人提起的上诉状内容，进行回答和辩驳的书状。

6.3.3　答辩状的结构与写法

1. 首部

1）标题

应包括案件性质和程序说明，如"刑事答辩状"、"民事上诉答辩状"或"行政答辩状"。

2）答辩人的基本情况

答辩人是指起诉状中指定的被告或上诉状中指定的被上诉人。如答辩人是个人，写明其姓名、性别、年龄、民族、出生地、职业或工作单位和住址等项；如答辩人是法人、机关或其他组织，要写明全称、地址和法定代表人的姓名及职务。委托代理人，应写明代理人基本情况，注意此处不用写明对方当事人的基本情况。

2. 主体

1）答辩案由

写对何人起诉或上诉的何案提出答辩，即简要说明答辩由来以引起下文。如"关于×××诉我××一案，现提出答辩如下"、"现将×××（姓名）为……（事）一案告我一事，答辩如下"、"因为×××一案，提出答辩如下"。

2）答辩理由和意见

这是答辩状最重要的部分，也是关键性的内容。

答辩理由主要是针对起诉和上诉请求而答。抓住对方诉讼错误之处，如叙述事实有遗漏、事实理由虚假、对法律条文理解错误、无诉讼权等方面作为反驳论点，列举客观事实证据作为反驳论据，全面分析批驳对方请求的谬误，正确引用法律条文并运用逻辑推理进行论证。要注意瞄准关键问题，切中要害，与纠纷无关的问题不要涉及；对上诉的答辩是针对一审裁判的，应着眼于支持原裁判，反驳上诉的无理要求。

答辩意见就是申明自己的意见和主张，有时还要写反诉请求。即在阐明理由后，提出答辩主张和意见，请求法院裁判时予以考虑。

3. 尾部

(1) 写明答辩状应送达人民法院名称。

(2) 答辩人签名盖章及答辩状递交时间。

(3) 注明答辩状副本份数；人证、物证、书证等（如没有新证据，可以不写）。

【示例6-7】刑事答辩状

刑事答辩状

答辩人：赵××，男，53岁，汉族，江苏省徐州市××县人，住本县××乡××村6组。

因张××诉我暴力干涉婚姻自由一案，现提出答辩如下：

首先答辩人认为诉状中事实和理由完全是颠倒是非、混淆黑白的。汪××系我妻与前夫之女，虽住在我家，但相互很少说话。张××、汪××恋爱结婚，这是他们的自由，我根本没有对他们干涉，甚至我也从未和他们专门交谈过。所以诉状中所称我干涉他们婚姻自由，完全是捏造。

至于我打伤张××一事，诉状中所述也不完全符合事实，真实情况是：本月13日下午，在村头责任田，我遇到张××、汪××时，是张××首先骂我"不要脸"、"老不死的"。我当时很是气愤，便训斥张××"没大没小"，并问他"为什么平白无故地骂人"，张××说"我就骂你了，你敢怎么样？"接着张××就揪住我的衣领，并将我摔倒，骑在我身上用拳猛击我的背部。汪××明着拉架，实际却是帮着一起打我，并在我腿上狠狠端了两脚。他们两个年轻人殴打我一个老头子，在极度危急的情况下，无奈我爬起后就随手抢起铁锹自卫还击。当时有本村林××、郑××赶来拉架，并亲眼所见，他们可以作证。我被打后，嘴角流血，头晕眼花，已不能独自行走，是由同村林××扶到卫生院医治的。经检查，诊断为背部肋骨骨折移位、脊柱挫伤。我有医院医疗诊断书可以证明。

张××、汪××没有任何根据地诬我干涉他们婚姻自由，并且拦路对我谩骂殴打，故意对我的身体造成伤害，他们还恶人先告状。为此，请人民法院进一步查清事实，依法公断，维护我的人身权益。

此致

××县人民法院

答辩人：赵××

×年×月×日

附：1. 本案答辩状副本1份

　　2. 书证3份

【示例 6-8】民事答辩状

民事答辩状

答辩人：蔡××，女，32 岁，汉族，南京市人，南京××学校教师，现住南京市××区××大街 12 号。联系电话：×××××××××。

委托代理人：张××，南京市××律师事务所律师。

因涂××诉蔡××遗产继承纠纷一案，现提出答辩如下：

一、原告所述事实不实。原告称我虐待婆婆，未尽赡养义务，事实上我嫁入涂家时，原告已远嫁镇江，原告只是偶尔回家探望父母，从未在家常住。结婚后我丈夫也经常外出经商，婆婆年老体弱，家中主要靠我料理。2004 年丈夫因车祸去世后，家中只有我和婆婆，两人相依为命，主要家务都是我来做，相处一直很好。后也因考虑到照顾婆婆，我才一直未再嫁。我和婆婆相处和睦，对其照顾周到，从未发生过争执，邻里皆知，街道居委会也多次表扬了我们家。

二、我有合法的遗产继承权。婆婆去世后，因遗产继承争议，我找居委会调解过多次，原告均认为我是无理取闹，并不许我再回涂家，称全部遗产应由她一人继承，最后还将我诉上法庭。我认为我对婆婆尽了主要赡养义务，根据《中华人民共和国继承法》第 12 条"丧偶儿媳对公、婆，丧偶女婿对岳父、岳母，尽了主要赡养义务的，作为第一顺序继承人"，所以我与原告同属第一顺序继承人，我有权继承全部遗产的一半份额，即房屋两间（合 31 平方米），存款 6 万元人民币。

请人民法院依法对我的继承权加以确认和保护，驳回原告的无理请求。

此致

南京市××区人民法院

答辩人：蔡××

2006 年×月×日

附：1. 邻居叶××、周××的证词
　　2. 居委会出具的证词

【示例 6-9】行政答辩状

行政答辩状

答辩人：××市公安局××分局　　地址：××区××大街 34 号

法定代表人：王××　　职务：局长

委托代理人：李××　　××分局法制办干部

委托代理人：张××　　××分局法制办干部

答辩人于 2000 年 6 月 10 日收到你院转来原告夏××提起赔偿一案的起诉状副本，现答辩如下：

一、关于我局对夏××处以行政拘留的问题。

2000 年 4 月 11 日早 7 时许，原告夏××在××区××早市因拒交税款与××区国税局二所干部曹×× （女，34 岁）发生争执，第二天，二所领导找夏××谈话，在解决问题时，夏××用花盆打伤曹××。经医院诊断，曹××胸腰段软组织挫伤，软组织轻度淤血。我分局以夏××殴打他人，违反《中华人民共和国治安管理处罚条例》第 22 条第一款的规定，给予夏××行政拘留七天的处罚。以上事实有曹××的证词，××医院的诊断证明，夏××承认用花盆打人的情节和对行政拘留不申诉的表示的讯问笔录及证人证言等予以佐证。我局认为，夏××因纳税问题将税务干部打伤，侵犯了他人的人身权利，造成伤害后果，事实清楚，证据充分，我局依照《中华人民共和国治安管理处罚条例》对其处以行政拘留七天的处罚程序合法，适用法律准确。

二、关于我局对夏××不予赔偿的决定。

2000 年 4 月 30 日，夏××以我局拘留决定错误，给其造成精神损害为由向我局提出赔偿申请，要求赔偿其拘留七天的经济损失及精神损失共计 39 900 元。我局对夏××拘留一案进行了认真复查。复查认为，原告夏××的请求没有事实根据和法律依据，我局对夏××的处罚没有触犯《中华人民共和国国家赔偿法》的有关规定，不存在对夏××进行行政赔偿的问题，故作出了不予赔偿的决定。我局认为，此决定事实清楚，适用法律法规正确，程序合法。

据此，请求法院驳回原告夏××的诉讼请求，维护我局对夏××的裁决。

此致

××区人民法院

答辩人：××公安分局

法定代表人：王××

委托代理人：李××

委托代理人：张××

2000 年 6 月 14 日

附：1. 本案答辩状副本××份
　　2. 本案证据××件

（张靖. 答辩状写作正误谈. 应用写作，2003（11）.）

写作训练

一、指出下文存在的问题，并进行修改。

××中级人民法院：

对于上诉人指控答辩人犯诽谤罪一案，本人提出如下答辩意见，供法庭参考。

说我捏造有损武××名誉和人格的事实，真的是冤枉。今年 6 月 7 日，武××利用职务之便收受他人财物并搞不正当男女关系，是我单位同事刘××、胡×亲眼所见，后来是我向徐××处长作了反映，这有胡×、徐××处长的证言为证，并非我的捏造；其次，我没有恶意损害武××名誉和人格的动机。我是在单位的党组织生活会上对武××的生活作风问题提出批评的，目的在于希望武××引以为戒，能够吸取教训，加以改正，我完全是善意的。

依照《刑法》第 246 条的规定，诽谤罪指故意捏造事实并加以散布，公然损害他人人格和名誉，情节严重的行为。构成诽谤罪的主要条件：一是要有捏造并公然散布有损于他人名誉、人格的事实；二是出于故意，目的在于损害他人名誉和人格；三是必须情节严重。

我认为武××犯了错误，应当接受社会舆论和道德的谴责。但武××却采取恶人先告状的错误做法，居然向法院提起诉讼，还要求什么"精神损失赔偿"。对武××这种不接受批评，错上加错的行为，人民法院应该对他进行法办。

附：证人姓名和住所、证据和证据来源
1. 证人胡×证言
2. 证人刘××，住××市××区×路 5 号
3. 组织生活会记录

答辩人：何××

×年×月×日

二、写作

针对下面起诉状反映的情况，为被告写一份答辩状。

经济纠纷起诉状

原告人：××市××建筑工程公司，地址：××市××路。

法定代表人：李××，男，42 岁，经理。

被告人：××市××钢材销售公司，地址：××市××路。

法定代表人：吴××，男，54 岁；公司经理。

诉讼请求：

1. 要求被告退还原告货款 656 000 元和银行利息；
2. 要求被告向原告支付违约金 130 000 元；
3. 要求被告赔偿因违约给原告造成的经济损失 200 000 元。

事实和理由：

2007 年 3 月 22 日，我公司与被告（××市××钢材销售公司）签订了一份购销合同，购买被告角铁 50 吨，每吨单价 1 200 元，合计人民币 60 000 元；购买钢管 200 吨，每吨单价 6 500 元，合计人民币 1 300 000 元，货款共计人民币 1 360 000 元。我公司严守信誉，在合同签订后的一周内，将一半货款 680 000 元，按时转入被告的账户。

但是，被告却不守信用，在货款到后的一个月，才发出角铁 20 吨。其余角铁和钢管，至今未到货，我公司多次要求被告人退款，可他们一直躲避，欺骗拖延，既不给退款也不发货。

按合同规定，款到后十日内不发货，罚处供方货款 10%。而到现在，已经过了两个月，他们既不发货，又不退款。这期间，我公司曾先后四次派人去××钢材销售公司追退款和催货，均无结果。原材料不能及时运到给我公司建筑安装工程造成延期，也带来了多项损失。

被告的违约行为给我公司造成了严重经济损失，根据《中华人民共和国合同法》的有关

规定，特诉请人民法院依法公断，保护我公司合法权益不受侵害。

　　此致
××××人民法院

具状人：××市××建筑工程公司（盖章）

×年×月×日

附：1. 本状副本 1 份
　　2. 书证 8 份

6.4　申　诉　状

　　当事人对已发生法律效力的终审判决、裁定，若认为确有错误、表示不服时，可以向原审人民法院或者上一级人民法院提出申诉，但判决、裁定不停止执行。当事人提出申诉，应当出具申诉状，指明已发生法律效力的判决、裁定认定的事实和适用的法律法规错误，并提供证据，所以申诉状也叫申诉书。它是诉讼当事人及其代理人、被害人及其家属或其他公民，认为已经发生法律效力的判决、裁定有错误，向人民法院或人民检察院或者有关单位提出申请，要求复查纠正的书状。

6.4.1　申诉状的特点

　　(1) 申请性。申诉是对已经发生法律效力的判决、裁定不服才提出的。当事人在具备了充分正当的理由之后，明确地向有关单位提出申请再审所要解决的问题，请求复审改判。

　　(2) 全面性。申诉状主要针对"冤、假、错"案使用，一般案情复杂，需全面、客观反映事实及审理过程。案情表述一般全面概括，条理清晰，证据确凿，合理合法。只有这样才能得到受理。

6.4.2　申诉状的类型

　　申诉状按案件性质，分为刑事申诉状、民事申诉状和行政申诉状 3 类。

　　(1) 刑事申诉状。是指刑事诉讼当事人及其法定代理人、近亲属，对已经发生法律效力的刑事判决、裁定，认为确有错误而向人民法院或人民检察院提出申诉时制作并使用的书状。

　　(2) 民事申诉状。又称民事再审申请书。是指民事案件当事人，认为已经生效的判决或裁定有错误，依法向人民法院提交的请求再审的书状。

　　(3) 行政申诉状。是指行政诉讼的当事人（原告或被告），对已经发生法律效力的判决、裁定不服，向原审人民法院或其上一级人民法院提出申请复查纠正的书状。

6.4.3　申诉状的结构与写法

　　申诉状的结构和上诉状基本相同。

　　1. 首部

　　1) 标题

　　一般写明"刑事申诉状"、"民事申诉状"或"行政申诉状"。

2）当事人基本情况

申诉人（公民、代理人）、被申诉人分别写明有关情况；公诉案件被告申诉，只写明申诉人情况；第三人申诉还要写明申诉人与当事人的关系。

2. 主体

一般包括以下 3 项内容。

1）案由和不服原判决或裁定的情况

要写清申诉人是何人，因何案不服从何处人民法院的何字判决或裁定。如"申诉人×××因……一案，不服××人民法院的〔20××〕×字×号刑（民）事判决或裁定，现提出申诉，申诉的请求和理由如下"。

2）请求事项

这是申诉的目的与要求，申诉人应简明概括地把请求人民法院所要解决的问题，自己所要达到的目的，明白地表示出来，不论是刑事还是民事案件，应明确提出要求撤销、变更原判决或要求重新调查审理，以纠正原裁判不当之处。如"根据上述理由（据此），特向你院提出申诉，请求重新复查审理此案，撤销原裁判（裁定），依法作出公正的判决（裁定）"。

3）事实与理由

申诉的事实和理由是申诉状的主要内容，应抓住原审裁判存在的主要问题，依据事实和法律进行充分而具体的分析。申诉状所列事实须是案件审理前已发生的事实，不能把审理以后发生的事实作为申诉理由。一般先概述案情事实，原处理经过和处理结果；然后针对原审处理不当之处，重点阐述，具体说明；最后，自然引出申诉要求或申请再审的请求。叙述事实和理由通常从认定事实是否清楚、情节是否有出入、证据是否确实充分、适用法律是否恰当、定性是否准确、审理程序是否合法、量刑是否适当等方面入手，分项论述，有理有据，不能无理申诉。

3. 尾部

（1）写明送达人民法院名称。

（2）申诉人姓名或盖章、具状日期。

（3）附交本状份数和新的证据。

【示例 6-10】刑事申诉状

刑事申诉状

申诉人：陈××，男，24 岁，汉族，原系××市××机修厂工人，现住××市××路×号。

申诉请求：请求撤销编号〔20××〕刑字第××号判决。

申诉事实与理由：20××年×月×日，我被××市××区人民法院按伤害罪，以〔20××〕刑字第××号判决书判处有期徒刑三年。原审所认定的我于19××年×月×日持水果刀将王××手臂刺伤的情况是事实。但是有如下两点不当。

1. 判决书认定的某些事实不清。×月×日晚，因我家与王家发生纠纷，王家兄弟两次冲入我家先动手打人，将我打成右眼下部皮肤裂伤。这些情节在判决书中只字不提，不符合"以事实为依据"的审判原则。

2. 定性不准，处理不当。我与王××同住一层楼，是邻里关系。陈、王两家发生的只是邻里纠纷。双方在扭打中互有伤害，且事后我主动到派出所认错，并拿出 1 000 元作为对方的医药、营养费的补偿，还作了书面检查。本来完全可以调解处理。可是我却被你院以伤害罪判处有期徒刑三年，不符合"以法律为准绳"的审判原则。

为此，特请求人民法院对我的案件重新审查，予以纠正。

此致

××市××区人民法院

申诉人　陈××

×年×月×日

附：1. 原判决书副本 1 份

　　2. 证人郑×、刘××的情况简介

（杨文丰. 现代应用文书写作. 北京：中国人民大学出版社，2003.）

【示例 6 - 11】民事申诉状

民事申诉状

申诉人：孙××，男，33 岁，汉族，××市××区人，驾驶员，住××市××区××乡××村 5 组。

申诉人因宋××诉申诉人道路交通事故人身损害赔偿一案，不服××市××区人民法院〔20××〕××初字第×号民事判决，现依法申诉如下。

1. 2005 年 10 月 20 日，申诉人驾驶农用卡车，因超车造成被申诉人宋××右腿大腿骨骨折，这一事实属实。事发后，申诉人立即将宋××送往医院检查治疗，然后又按宋××及其家人选择的××盐场医院送去住院治疗。宋××住院期间，申诉人一直找人护理着她，且每天都买蛋、肉、水果等给原告补养身体。在医生的精心治疗和申诉人的细心护理下，宋××的伤情很快得到了较好恢复。三周后，医院让宋××出院回家休养。宋××在医院住院期间的医药费用，申诉人也全部承担了。

2. 宋××出院后，在家上楼梯时又不慎摔了跟斗，造成原骨折的腿骨在另外部位又再次骨折（通过两次拍片对比可知）。所以宋××第二次骨折，完全是由于她自己的责任所造成，申诉人不应该承担赔偿责任。而一审判决却要申诉人承担被申诉人第二次骨折所花费用中的 3 600 元人民币。这一判决，显然既不合情理，也与法律不相符，应当予以纠正。

3. 宋××第二次骨折后，尽管不属于申诉人的责任，但申诉人出自友情和人道，又亲自把宋××送去医院，还护理过她几天。申诉人还主动送给了宋××300 元人民币和一些营养品。

综上所述，申诉人认为：宋××第一次骨折应由申诉人承担全部责任是应该的。而宋××第二次骨折与申诉人无关，申诉人不应该承担责任。一审判决要我承担宋××第二次骨折的责任是既不合情理，也与法相悖。另外宋××第二次骨折时申诉人送给她的 300 元人民币，应该如数退还申诉人。为维护申诉人的合法权益不受侵犯，依照《中华人民共和国民事诉讼法》第178条等有关规定，特提出申诉，盼能依法予以公断。（注：没提出上诉的原因是因为一审开庭后，申诉人去外地送货，2006年7月4日，申诉人才见到判决书。）

  此致
××市中级人民法院

申诉人：孙××

二○○六年七月十六日

  附：1. 原判决书副本1份
    2. 医疗诊断书2份

【示例 6 - 12】行政申诉状

行政申诉状

  申诉人：××市公安局。地址：××市××大街×号

  法定代表人：贾×，局长。

  申诉人××市公安局对××市中级人民法院×年×月×日〔××〕字第×号的判决不服，依法提出申诉，申诉的事实及理由如下。

  ×年×月×日11时许，××市公安局××派出所干警杨××在派出所接到街道居民报案称："××小区有人拿刀杀人呢！"杨××立即与派出所的警察王××、陈××驱车赶赴现场，而当时因为匆忙仅带了一根警棍。杨××等人赶到现场时，精神病人葛××已用刀砍伤了小区保安李××，正持刀向小区大门外跑去。杨××等人及小区其他群众只得跟随在葛××的身后，都喊叫让葛××将刀放下。这时正好被害人张×放学回家从大门外左侧走过来。陈××见状立即喊叫"快跑，快跑！"可是葛××已经抓住了张×并砍伤其颈部，随后杨××、王××、陈××追到葛××并将其制服。

  被害人张×在送往医院抢救的途中死亡，被害人家属向我局提出行政赔偿要求。我局认为被害人张×的死亡，是因精神病人葛××袭击行为所致，而并非是公安干警侵权行为所造成，因此答复不予赔偿。于是被害人父亲张××向市××区法院提起行政赔偿诉讼。××区法院判令我局赔偿原告医疗费、丧葬费、死亡赔偿金等共计120 000元。我局不服，上诉于××市中级人民法院，××市中级人民法院审理后，维持××区人民法院的原审判决。

  我局认为，两级法院对本案事实的认定都有错误，基本都是采信了被害人家属的陈述，认定被害人死亡是由于我局干警没有履行法定职责，却对三名干警和周围群众的证词于不顾。为维护公安部门的尊严和合法权益，故向你院申诉，请求撤销两审的判决，再审后改判。

  此致
××省高级人民法院

申诉人：××市公安局（盖章）

×年×月×日

  附：原审判决书2份

写作训练

一、指出下文存在的问题，并进行修改。

刑事申诉状

申诉人：隋××，男，45岁，汉族，××市××厂职工，住××市××路×号。

申诉人因绑架、窝赃一案，不服××市××区人民法院×年×月×日〔××〕法刑事判决书，现提出申诉，申诉的请求和理由如下。

请求事项：撤销××区人民法院的原审判决

事实和理由：

××市××区人民法院×年×月×日以绑架罪、窝赃罪为由，判决隋××有期徒刑三年。隋××表示不服。说隋××犯了绑架罪和窝赃罪是冤枉的。隋××只是让项×和吕××住在自己家中，并帮其保管了行李。隋××根本不知道项×绑架了吕××，也不知道行李箱里有赃款。因为隋××和项×是同学，所以留他们在自己家住也是正常的，根本谈不上什么绑架了吕××和窝赃。而且在项×犯罪的时间里，隋××在上班，也就是说隋××根本没有作案的时间。所以我认为自己根本没有犯罪。请求公安部门再进行调查，法院重新审理，作出公正的裁决。

此致
××区人民法院

申诉人：隋××

×年×月×日

二、写作

请根据当事人薛××的口述，替她写一份民事申诉状。

我叫薛××，26岁，女，汉族，××省××县人，住××县×镇×号，系××县服装厂工人。

我与钱××曾有恋爱关系，2006年12月因发现钱××有赌博的恶习而终止了恋爱关系。恋爱期间，钱××的确曾经送我几件衣物和一些小礼品，可原告声称"我给了薛××很多钱和首饰"却是无中生有。2006年12月23日，原告伙同其姐姐到我单位大吵大闹，辱骂我，既影响了我的工作又损坏了我的名誉。这一点，我的同事林××、史××都可以作证。后来他们又追到我们家向我父母索讨所谓欠款10 000元。我父母为了息事宁人，与原告商量找介绍人（顾××）了结此事，可是原告却威胁顾××和其一道向我父母施压并向法庭做伪证。我从未接受钱××任何款项和首饰，钱××也拿不出任何首饰购买的发票。××县法院不调查核对我所提供证人证据的真假，只听信原告一面之词，判令我退还原告8 000元。当时我和家人不懂诉讼程序，未能及时上诉。现在我不服××县人民法院〔××〕民初字第×号民事判决，要提起申诉，请求法院重审，以保护我的合法权益。我现有旁证材料4份，一审判决书副本1份。

第7章

新闻宣传应用文写作

7.1 消　　息

消息是对新近发生的有新闻价值和社会意义的事实作迅速及时、简明扼要的报道。它报道迅速，传播面广，是报纸、广播、电视等新闻媒体使用频率最高、使用数量最多的一种新闻体裁。

7.1.1　消息的特点

(1) 报道的及时性。作为新闻体裁中最常见的形式，消息就像"轻骑兵"，迅速敏锐地发现新闻事实的传播价值，及时准确地报道新闻事件，第一时间向社会大众传递最新资讯。反之如果消息报道速度迟缓，就会降低消息的价值，"新闻"也就会变成了"旧闻"。

(2) 事实的真实性。真实是消息的生命，事实是它的本源，也是它令人信服的基础。这就要在保证事实本身真实性的基础上，反映事物的本来面目，对所写的人物、时间、地点、事情发生、发展的经过作如实报道，不虚构，不夸大，每个事实，包括细节在内都要准确无误。

(3) 内容的简明性。消息的基本要求是短、平、快，以最少量的文字符号传达最多的信息，文约意丰，突出最有新闻价值的事实，因而简明扼要，篇幅短小。这是消息区别于其他文体的主要标志。

7.1.2　消息的类型

按写作特点划分，可分为动态消息、综合消息、述评消息、人物消息、特写性消息等。

(1) 动态消息。动态消息是消息中最重要的、运用最多的一种，经常用来报道正在发生或新近发生的国内外重大或一般性的事件和活动。

(2) 综合消息。就是把发生在不同地区或部门的具有类似性质的新闻事件综合起来进行报道。综合消息不是一事一地式的报道，它是综合反映全局性的情况、动向、成就和问题的报道，报道面广，声势较大，能给人较为完整的印象。

(3) 述评消息。是介于消息和新闻评论之间的一种新闻文体，是一种边述边评、评议结合的消息报道。

(4) 人物消息。人物消息就是以人物为主的消息。它能迅速地反映新闻人物的某种行为或某个侧面。

7.1.3　消息的结构与写法

1. 消息的构成

消息一般由标题、导语、主体、结尾构成，有些消息还要介绍新闻背景。

1）标题

标题是消息的眼睛，要求以非常简明的语言标出报道的主要内容，揭示新闻事实的实质，点明新闻事实的意义。

消息的标题有单一结构和复合结构两种。复合结构的标题由主题、引题、副题 3 部分组成。新闻的主题也称正题，是标题的核心和主体；引题又名肩题、眉题，置于主题之前，对主题的相关背景、原因作简单的交代，还可以烘托气氛，揭示意义。副题也叫子题或次题，位于主题之后，是用来解释、补充、限制和说明主题的。

常见的消息标题形式有 3 种。

（1）单行标题。　　　　　　　北京国际图书博览会即将举办

（2）两行标题。

重庆市渝中区建成 8 个农民工公寓　1 700 名农民工有了安居之所（引题）

农民工城里也有了家（主题）

合法规避国际贸易壁垒的范例（主题）

温州民企在美成功挂牌上市（副题）

（3）多行标题。

全国人大常委会会议分组审议《未成年人保护法（修订草案）》，部分委员强调：（引题）

与不良舆论环境争夺青少年　"围追堵截"之外重在疏导（主题）

全社会都要努力为孩子们提供健康有益的信息和娱乐（副题）

2）导语

导语是消息所特有的，位于文章的开头部分。它是以简洁的语句，突出最主要、最新鲜的事实，揭示新闻主旨。导语在消息中处于十分重要的地位，发挥着独特的作用，一方面要千方百计把重要的新闻事实及其意义表现出来；另一方面则要想方设法吸引、启发读者来阅读全文。

导语的发展经过了"第一代导语"（即新闻 5 要素或 6 要素俱全的导语形式）到"第二代导语"（只侧重交代部分新闻要素）和现在的自由式导语，其表现形式日益多样化，较为常见的有以下两种形式。

第一，直接性导语。就是直接叙述新闻事实。它往往开门见山，突出表现最新鲜、最重要的事实或最有个性、最具新闻价值的内容，适用于时效性较强的事件性新闻。直接性导语又分为叙述式导语和评述式导语两种。

（1）叙述式导语。即直截了当用事实说话，摘要或概括新闻中最重要的新鲜事实。

（2）评述式导语。着重对新闻事实分析、解释或评论，夹叙夹议，说明其价值和意义。

第二，间接性导语。也称延缓性导语，它不直接叙述新闻事实，而是通过描绘场面、渲染气氛、介绍背景、引用典故等方法，先作铺垫，然后再说出新闻事实来。这样写的目的是增强阅读的趣味性，曲径通幽，引人入胜，适用于时效性要求较为宽松的非事件性新闻。又可以具体划分为描写式导语、引用式导语、对比式导语、设问式导语等。

（1）描写式导语。是记者根据目击情形，运用白描的手法，再现事实或现场气氛情景，具体形象描写与一般概括相结合。

（2）引用式导语。引述新闻人物富有特色、情趣的语言或成语、典故、诗词、民谣、名

人名言等，借以点明主题或衬托新闻事实。

（3）对比式导语。常用今昔、新旧、正反、得失等两方面事实情况对比，显现新闻事实的个性特征及其意义。

（4）设问式导语。把报道中已经解决的问题、取得的经验、确定的思想内容，先用疑问句式提出，然后用事实加以回答，引人注目，发人深思。

3）主体

消息的主体与其他文体不同，一般文章的开头和导语都不涉及核心内容，而消息导语已经将最重要的事实表达出来，但这并不意味消息的主体不重要。消息主体的作用：一是展开新闻内容，阐述新闻主题；二是叙述基本新闻事实；三是回答导语提出的问题。这一部分在写作中要紧扣导语，用事实说话，按客观事实本身的逻辑性来展开新闻，通过对事实精心地进行取舍、剪裁、安排，对背景材料的选择和运用，巧妙地寓观点或倾向性于客观报道形式之中。

4）结尾

消息的结尾是根据新闻内容，为深化新闻主题、强化新闻价值或扩大消息的信息容量，而精心设计的消息收结部分。结尾的写作应与开头呼应，紧扣事实增添信息，同时力求新颖别致、自然收束、精粹有力。

5）新闻背景

交代新闻背景是消息写作中不可忽视的一个环节。新闻背景指新闻事实出现的缘由、环境和主客观条件，或是补充、反衬、烘托新闻事实和主题的材料。新闻背景通过说明新闻事实发生的来龙去脉、前因后果，显现新闻价值，便于读者更好地理解文章。

就内容而言，新闻背景有历史性背景、地理性背景、事物性背景、知识性背景，以及人物背景等；在表现形态上，新闻背景材料可以是文献资料、统计数据、史籍典故或诗歌民谚等。背景材料在消息中没有固定的位置，要根据情况巧妙穿插、灵活运用，一般放在导语之后主体之前，或者分散嵌入主体中，也可单独置于结尾。值得注意的是，背景材料运用要少而精，不能淹没新闻。

2. 消息的结构形式

1）倒金字塔结构

亦称倒三角结构，是一种头重脚轻、虎头蛇尾式的结构。它要求把最重要的新闻事实放在最前面，最不重要的放在篇末，然后以事实的重要性或受众关心程度依次递减为顺序，按照"重要—次重要—次要"这样的原则依次写下来，由大到小，由重到轻。这类结构适用于事件性新闻。

2）金字塔结构

又称编年体结构，是按事件发展的先后顺序或事物的内在联系、问题的逻辑关系来报道事实的结构形态。这种结构叙事条理清晰，现场感强，但缺点是开头平淡，难以一下子吸引受众，消息的精华也可能淹没在长篇的叙述之中。此结构适合写那些故事性强、以情节取胜的新闻，尤其适合写现场目击记或综合消息。

3）"倒金字塔"和"金字塔"相结合的结构

导语部分仍用"倒金字塔"结构，突出主要事实，强调新闻效果；导语之下则用"金字塔"结构，按照事件发生发展的顺序来展开，使受众有具体、完整的感觉。

4）散文式结构

就是吸收和借鉴散文的谋篇布局，材料和层次安排自由、灵活，不讲究表面的上接下联，语言表达不拘一格，是增强消息可读性的一种创新样式。

【示例 7 - 1】动态消息

"神六"返回舱18日抵达北京　今日举行开舱仪式

18 日下午 2 点 20 分，运载"神六"返回舱的 91 887 次专列缓缓开进北京昌平火车站。在进行了简单的欢迎仪式后，返回舱被吊装上军用平板大拖车，并于下午 4 点 15 分准时进入北京航天城。据悉，返回舱的开舱仪式今天将在中国空间技术研究院会展中心举行。

在进入北京航天城后，"神六"返回舱得到近 3 000 人的欢迎。中国空间技术研究院院长袁家军介绍说，返回舱结构完好，烧蚀情况正常。返回舱舱壁防热结构完好，舱体密封紧密，表明飞船返回舱着陆回收工作非常成功。他说，返回舱内的大量飞行数据和空间科学实验仪器，具有重要的科学研究价值。研究院将于今天安排开舱，对舱内装载的空间科学实验仪器设备所获得的各种数据进行研究。

北京铁路局"神六"运输领导小组负责人介绍，搭载"神六"返回舱的火车专列前天晚上 8 点 42 分从呼和浩特启程，昨天下午 2 点 20 分抵达北京昌平火车站，全程一共耗时 17 小时 38 分，比普通列车多了 7 个多小时。

（夏命群，罗平. 京华时报，2005 - 10 - 19.）

【示例 7 - 2】综合消息

参与常委会的活动越来越多，程度越来越高——
代表履职更知情知政

3 月 9 日，由吴邦国委员长所作的全国人大常委会工作报告，首次由电视、互联网共同进行了现场直播。

一位场外专家谈自己的感受时，说得很实在：他没想到人大常委会去年一年做了那么多工作，而且能做那么多工作。

这句话引起会场上很多代表的共鸣。

全国人大代表彭镇秋的一个突出感受就是，"去年一年代表工作更加繁忙了，与人大常委会的联系更加密切、频繁，总感觉时间不够用。"

2005 年中共中央转发了《中共全国人大常委会党组关于进一步发挥全国人大代表作用，加强全国人大常委会制度建设的若干意见》（即"9 号文件"），全国人大常委会办公厅出台了系列工作文件，对如何进一步加强和改进全国人大代表工作作出具体制度安排。"'9 号文件'的出台，给加强代表履职工作带来的变化是实实在在的。"彭镇秋代表欣喜地发现，自己的邮箱里来自人大常委会的资料越来越丰富。除了介绍人大的工作以外，很多是人大的动态，以及当前形势和有关国家重大文件出台的资料。

"像十六届五中全会文件、'十一五'规划建议稿，给我们提供了很好的学习机会，对我们这次两会审议'十一五'规划起到很重要的作用。"彭镇秋代表说，最重要的是扩大了代表知情权、知政权。

扩大代表对常委会活动的参与也成为人大常委会保障代表履职的一大亮点。

全国人大代表赵林中，每年都是提议案、建议的大户，去年被两次邀请旁听人大常委会对法律草案的审议。"我们去听会时，很受重视，可以充分发表意见。"赵林中说，"旁听代表可以对法律案的审议发表意见，我普通话不好，速记员都给认真记下了，然后把打印的简报给我们，我们的意见也会被吸收到法案中。"

在公务员法草案审议时，赵林中在会上提意见说，改革开放进行到今天，怎么还能把国有企业人员变成公务员了？"我自己就是国有企业的老总，在我们浙江，国企改革已经大力推进了，对国企人员引入很多市场化评价体系，不能退回到把国企老总等同于公务员。"

"当时我提的意见，引起在场的一位人大副委员长的重视，他和我对这个问题进行了讨论。等公务员法草案表决时，我发现这一条真的给删除了。这说明人大代表对法律案审议起到了切实作用。"赵林中说。

据了解，以前全国人大常委会每次会议只有 10 名代表列席，本届常委会则陆续增加列席会议的代表人数，目前已增至 24 人，有时根据常委会会议议程还会多邀请几位。

据统计，有 140 多名代表列席了常委会会议，近 400 名代表参加了执法检查和立法调研。全国人大各专门委员会举行有关立法调研、审议代表议案或办理代表建议、批评和意见的会议，也注意邀请代表列席，听取代表意见。

"我们参与常委会活动的程度越来越高，代表们履职积极性也越来越高了。"彭镇秋代表说。

（崔丽，程刚. 中国青年报，2006 - 03 - 10.）

【示例 7 - 3】述评消息

欢迎"孕妇"来，不舞彩旗；喜送"母子"去，不敲锣鼓。这段青藏铁路又成"无人区"

请过路吧　亲爱的藏羚羊

本报格尔木讯（记者 朱海燕）昨晚，约有 500 只藏羚羊带着刚满月的儿女们，通过可可西里青藏铁路建设工地，向黄河源头的扎陵湖、鄂陵湖迁徙。

为了不惊扰这些可爱的精灵，可可西里至五道梁一线，铁路夜间停止施工，拔走彩旗，灯光休眠，机器熄火；作为高原生命线的青藏公路，过往车辆在夜间停驶 3 个小时，这里又呈现一种远古洪荒的宁静，只有高原的夜风为这群母子结成的队伍送行。

潜伏下来的观察哨称：跨越铁路线，母藏羚羊若无其事，像跨过自己家的门槛一样；小羊羔紧依着母羊，流露出一种莫名其妙的惊喜。

每年 6—8 月，藏羚羊集结成群，长途跋涉，前往可可西里腹地的卓乃湖、太阳湖一带产崽，去完成一年一度的延续种群的历史使命。小羔羊满月后，再由母羊呵护着返回原栖息地。

今年 6 月 20 日前后，两万多只雌性藏羚羊北上产崽，铁路停止夜间施工 10 天，为它们开辟通道。一个多月里，两万只小羔羊诞生在那块神秘的"天然产床"上。估计，从 8 月 4 日到 8 月 15 日，将有 4 万只大小藏羚羊跨过铁路安然回迁。

藏羚羊是国家一级保护动物，有"羊绒之王"之称，这也为其带来杀身之祸。近 10 多年，偷猎者大量涌入，每年有上万只藏羚羊遭到捕杀。1994 年，保护区工委书记索南达杰，为保护藏羚羊，在太阳湖与 18 位偷猎者搏斗壮烈牺牲。

青藏铁路开工后，环保理念渗透到建设者的血脉之中，青藏高原成为他们心目中环保的圣地。他们精心爱护每寸绿草，善待每一种动物。一年来，他们将 5 只失去母爱的小藏羚羊送到自然保护区机关，可爱的小宝贝得到妥善的保护。在他们的精神昭示下，没有一只藏羚羊在捕杀的枪声里倒下。

这片拥有野生动物 230 多种，国家重点保护的一、二级动物有 20 多种的土地，正在恢复野生动物天堂的动人景象。

可可西里自然保护区区委书记才嘎说，建设铁路的一年间，藏羚羊增添了两万多只，到铁路建成之日，将由现在的 7 万只增至 15 万只。

据悉，青藏铁路在设计中专门设立了动物通道。铁路建成后，不影响野生动物正常生活和自由迁徙。

（中国铁道建筑报，2002 - 08 - 17.）

【示例 7 - 4】人物消息

3.5 万元救命钱留给病友

本报讯（记者 陈国忠）前日 19 时许，在长沙湘雅医院，当白血病患者彭敦辉送走病友欧阳志成回到病房后，看到了欧阳志成留给他的 3.5 万元现金和两封信。读罢信件，捧着救命钱，彭敦辉顿时泪雨滂沱。

家住浏阳市文家市镇伍神岭村的彭敦辉，1999 年高中毕业后苦学食品加工技术，2000 年在老家开办了食品加工厂，直到今年 1 月生意才稍有起色。去年底，他感觉到身体有些不舒服，经医生仔细检查，被确诊为白血病。今年 3 月，他来到湘雅医院住院治疗。不到半年时间，家里便负债 20 多万元。而接下来的干细胞移植手术，还需要数十万元费用。

现年 29 岁，在隆回县山区当中学教师的欧阳志成，前年下半年也不幸患了白血病。今年 8 月 9 日，他再次来到湘雅医院治疗，恰好住在彭敦辉邻床。欧阳志成和彭敦辉的身材、脸形非常相像，而且两个都戴着帽子和眼镜。医护人员和病友都说他俩酷似亲兄弟。由于相同的命运和际遇，他俩成了一对无所不谈的好朋友，经常来到楼下散步，相约共同战胜病魔。

前不久，欧阳志成和彭敦辉的骨髓都配上了型，只待完成干细胞移植手术，便有望完全康复。为了筹集这笔手术费用，欧阳志成和年仅 23 岁的妻子四处奔走，尽管有关部门向他伸出了援助之手，但仍有十多万元不能到位。在这种情况下，欧阳志成决定放弃治疗。而彭敦辉的手术费用也差一大截，由于一时借不到这么多钱，他和家人同样心急如焚。

前日傍晚，欧阳志成不顾医护人员和彭敦辉的强烈反对，执意办理了出院手续。彭敦辉将欧阳志成送到楼梯口后，欧阳志成马上催他回去，说给他留下了一件礼物放在病床旁的抽屉里面。彭敦辉打开抽屉一看，里面是码放得整整齐齐的 3.5 万元现金，以及分别写给他和医院院长的两封信。在写给院长的信中，欧阳志成表示，他已留下遗嘱，让家人在其去世后将遗体捐赠给医院作解剖研究之用，为攻克白血病尽自己最后的微薄之力。

彭敦辉立即跑下楼，但早已不见了欧阳志成的身影。他马上拨通了欧阳志成的手机。欧阳志成说完"我走了，兄弟保重"几个字后，便匆匆挂断了电话。

（长沙晚报，2005-08-24.）

▶ 写作训练 ◀

一、指出下面消息存在的问题，并进行修改。

超越梦想　一起飞

——我们见证了新校区奠基典礼

早晨，到教室刚坐定，班主任突然来通知，说让我们新闻班准备准备，一会儿就去参加我们学校新校区的奠基典礼，没做什么心理准备，却花了不少时间来憧憬：我们的新校区该是什么模样呢？早听说新校区坐落在花果山脚下，占地1 100多亩，依山傍水，景色宜人……上了车，心里开始有了一种莫名的兴奋！一点点扩大，一点点蔓延，将小小的心填得满满的！

十几分钟的路程，我们便来到了目的地，可我傻了眼，这是新校区？明明就是荒郊野岭嘛，杂树杂草丛生……我实在想不出如何在这片荒芜的土地上建出一座欣欣向荣的学校来？

来不及多想，我们便来到举行奠基仪式的临时礼台前，看见那里一条红色的大横幅高悬在中央，两边分立着8个大型氢气球，下面的条幅分别写着"十年树木，百年树人"等词句，整个奠基仪式搭台都是以大红为主色，身着大红旗袍的礼仪小姐们款款而立，再加上铺着鲜红地毯的大道旁插了几十面色彩鲜艳的小旗，这个原本落寞的土地开始有了无限生机……

在市领导一句"×××职业技术学院新校区建设正式开工"的宣布声中，礼花瞬间绽放，气球伴着音乐、礼炮飞向蓝天。我仰着头，看着气球一点点飞远，新校区，新环境，新气象，新发展，新追求，新目标，一切都那么新，新得让人眼前一亮，为之一振。我的心也在这一刻装满了希望，明天新的梦想也将会在这片新的土地上放飞……突然发现这里的天空那样蓝，这里的空气那样的清新，这里的人那样的热情，那种久违的感动又被找到了，这儿不再让我陌生，不再让我感到疲惫，我感受到了淳朴带给我的力量，从此在这片热土上，我们会开始一段不一样的经历，它会让我们学会成长，学会坚强，学会做人。

劈里啪啦的阵阵鞭炮声中，领导、老师、同学们都热火朝天地争抢着翻土埋上那新校区的第一块奠基石，那场面别提有多热闹、多亲切了。这一下子就把老师和学生的距离拉近了，真的很荣幸有这样的机会可以感受难得的师生情。更荣幸的是我们在新校区的土地上留下了足迹，就算有一天我们离开了学校，离开了港城，可至少我们仍记得新校区动工的那一天，记得自己亲手撒下的那一锹土。这时有同学喊道："不如大家留个影吧，意义非同寻常哦"，大家欢呼，一致响应……随着摄影师一声轻摁快门的"咔嚓"声，历史性的一刻在这一瞬间定格……我们作为整个学校的学生代表，见证了新校区的奠基仪式！

在返回的车上，我的心还难以平静，我将手轻放在胸口，摁住乱窜的心，在口中默念：我亲爱的学校，超越梦想，愿你的明朝更辉煌！

二、根据所给的新闻素材，写一则消息。

要求：（1）准确概括事实；（2）主题集中，角度得当；（3）标题醒目，符合规范；（4）导语特点鲜明；（5）语句简洁，语言流畅；（6）限制在 300～700 字。

附材料：

2007 年 4 月 10 日是江苏省公务员招聘网上开始报名的日子。网上开始报名的第 2 天，江苏省人事考试中心省级机关公务员报名网站访问量就达 233 807 人次，比前天多出一倍，一些岗位报考比例已超过了 100∶1，而市级机关公务员报名网站人流量已达 78 907 人次，监狱系统及区县报名网站访问量也有 116 535 人次。

首日报考比例最高的民建江苏省委科员，60 人竞争一岗。相似的情况也出现在省委宣传部文明办科员职位，报考比例已达 122∶1，民盟江苏省委报考比例也达 106∶1，江苏省交通厅公路局执法管理科员，比例也出现新高，达 115∶1。市级机关中，报考比例已超过 100∶1 的是市环保局环境污染控制管理科办员职位。区县中最为热门的当属白下区科办员职位了，其中两个报考比例分别为 118∶1 和 102∶1。

此次报名延续到 4 月 16 日，报名高峰会在 12 日至 14 日。

为报考公务员，网上竟出现了辞职专考公务员一族。为考江苏省公务员，有人一个月前就辞职，每天在家复习 9 个小时。一位名叫"×××"的网友称，他其实刚刚通过试用期，但为了冲刺今年的江苏省公务员，他特地请了假在家看书。辞职或是请假复习迎战公务员考试的考生使得一些在职备考考生感觉压力很大，一位考生称，他每天只能晚上 9 点以后复习，第二天一早还要上班，复习质量肯定要打折扣。

"今年已经是我连续第 6 年考公务员了，前年笔试第 2，进入面试，总分第 2；去年，笔试第 1，面试刷下来了"，昨天，一位公务员"考霸"黄先生告诉记者，他是学新闻的，从 2002 年开始，就报考江苏省公务员了，每年都报考不同的职位，前几次，他差点就进入面试，前年和去年，是他最接近梦想的两年，不过，虽然进入了面试，最后还是没能通过，"今年我还要试试"，他说。

7.2　简　讯

简讯，又称短讯、快讯、简明新闻等，就是用最精简的文字，简明扼要地把新近发生的事情报告给读者的一种新闻文体。简讯内容单一，语言精练，报道迅速，能让受众先睹为快。有许多教材把它归入动态消息一类，只不过它比动态消息篇幅更简短，结构更灵活，内容更单一。

7.2.1　简讯的特点

（1）题材单一。简讯一般只报道一个主要事实或者是重大事件某个阶段的进展情况，不作全面、综合报道。

（2）选材精简。往往选择构成新闻事实的基本要素进行报道，对主要新闻事实不作细节描写或详述，也不发表议论或抒发感情。

（3）篇幅短小。通常只有一二百字，甚至一两句话、数十字，结构上一竿子到底，无层次递进或转折。

7.2.2 简讯的类型

（1）一句话简讯。就是用一个单句或复合句，简洁而明确地把最重要、最新鲜的新闻事实报告给读者。

（2）一段话简讯。就是用一个自然段把一个信息量较大的新闻事实及时地报告给读者。

（3）分段式的简讯。就是由多句话组成的简讯，这类简讯常常是由于句与句之间存在明显的断裂、跳跃关系，或者为了突出某个事实的重要，而稍加提行分段，以获得引人注目的效果。

7.2.3 简讯的结构与写法

简讯是由标题、电头或"本报讯"、主体几部分组成。

1. 标题

简讯的标题多为实题，以概括事件内容为主，短小精悍，传递事实信息。如《"神舟"五号升空了》、《"神舟"五号返回舱到京》。

有些相对固定的新闻专栏内的简讯，也可不设标题，统一归于某一类新闻栏题之下，如"祖国各地"、"国际动态"、"环球短波"、"一句话新闻"、"简讯"等。

2. 电头或"本报讯"

在正文前一般都标上"××社×月×日电"或"本报讯"。

3. 主体

在结构上，一般无导语，不交代事情发生的过程和背景，不触及相关事物，不苛求5个"W"俱全。主要交代新闻事实的关键要素——何人、何时、何地、何事，必要时再描述"如何"及"为何"。在写作上要注意抓住新闻事件的核心，迅速传递新鲜的事实和变动情况；同时也要求准确传神，以鲜活的表述吸引受众，让受众先睹为快，了解和接受新闻事实。

【示例7-5】报纸简讯

汇率连续三天爬高

据新华社上海8月31日专电（记者 潘清） 8月31日，人民币汇率中间价以7.958 5报收，再度刷新汇改以来的新高。这已是这一纪录连续第3天被改写，显示人民币升值有加速的迹象。

按照31日的人民币汇率中间价计算，汇改后人民币累计升值已超过1.9%。市场人士分析认为，近期汇率连创新高，显示在美元持续疲弱的同时，人民币呈现加速升值的迹象。

（新华每日电讯，2006 - 09 - 01.）

【示例7-6】网络简讯

关于世贸大楼遭袭事件的一组快讯

2001年9月11日21：05 快讯：一架飞机撞上纽约世界贸易中心大楼，浓烟滚滚。

2001年9月11日21：19 快讯：美国东部时间9月11日早些时候，一架飞机撞到了纽约世界贸易中心大楼，飞机"撕开"了大楼，在大约距地面20层处造成滚滚浓烟。目前警方和救护车已赶到事发现场。

2001 年 9 月 11 日 21：52　快讯：美国五角大楼着火了，白宫正在组织紧急疏散。

2001 年 9 月 11 日 22：12　快讯：美国纽约世界贸易中心一栋摩天大楼倒塌。

2001 年 9 月 11 日 22：35　快讯：纽约世界贸易中心另一幢摩天大楼（北楼）突然爆炸，化为灰烬。世界著名的两幢摩天大楼均已不存。有 5.4 万人在世界贸易中心工作。

（中国日报网站，2001 - 09 - 11.）

写作训练

一、指出下面这篇简讯存在的问题，并进行修改。

聪明女生　自我保健

——记 "4·23" 女生心理健康知识讲座

本学期 4 月 23 日下午 4：30 分，由院学生会主办、女生部承办的 "4·23" 女生心理健康知识讲座在北院报告厅开讲。我院资深心理咨询专家，祁××书记为在场女生作了一场精彩而深刻的讲座。

本次讲座重点围绕女大学生的心理矛盾和冲突、女大学生的心理异常及其表现展开详尽分析，并对如何提高女大学生的心理素质及怎样正确对待婚前性行为作出了正确的指导。同时，祁书记针对当前女大学生的心理状况结合现实生活中的种种实例对女大学生普遍存在的心理问题以及如何进行女大学生的心理保健作了生动的讲解。

整场讲座，理论和现实案例有机结合，使现场气氛活跃；全场女生通过本次讲座不仅更加了解了心理保健的知识，而且使自身的心理素质有了进一步的提高。

以此为契机，院学生会女生部还开设了一个 "女生信箱"，并希望通过这个平台与全院女生进行交流，为她们服务。

二、写作

1. 结合简讯的写作要点，把下面一则网络消息改写为简讯。

可可西里科学考察探秘行动即将启动

日前，"中国科学院 2006 年可可西里科学考察探秘行动" 新闻发布会在北京召开。

本次科考行动是继 2005 年我国科学家成功完成人类首次大规模对可可西里核心地带综合科考后的第二次穿越考察。参加此次科考活动的科学家分别来自中国科学院青藏高原研究所、中国科学院地质与地球物理研究所等有关单位，科考队伍由 50 余人组成。

按照科考计划，中科院科学家将于 10 月中旬至 11 月下旬，从青海格尔木进入可可西里地区进行为期 50 天的大规模科学考察。本次科考内容有首次寻找世界屋脊的分水岭、可可西里藏羚羊的最新数量和迁徙规律之谜、人类重返可可西里放牧及可可西里环境变化趋势、青藏高原内陆冰川过去 10 年的退缩及未来 10 年的变化趋势等。

（中科院网站，2006 - 09 - 25.）

2. 根据学校文明礼貌月的活动开展情况，为校报写一组校园简讯。

7.3 通 讯

通讯是一种比较详细、生动、形象地报道新闻事实的新闻体裁。通讯的题材丰富、风格多样，它可以运用叙述、描写、议论和抒情等多种表现手法报道新闻事件和典型人物，是一种富有生命力、表现力和感染力的新闻体裁。常用来评价人物、事件，推广工作经验，介绍地方风貌等。

7.3.1 通讯的特点

（1）典型性。通讯常用来报道典型人物、典型事件、典型经验等，对其所报道的人和事，必须经过严格的筛选，只有具有一定的代表性和典型意义才能报道，而且即使确定了也要以全面、发展的观点，实事求是地去写，以加强对所报道的典型人物和事件的宣传。

（2）形象性。这是通讯区别于消息的重要标志。消息主要报道事件概况，通讯则要求通过具体的人物和事件来反映现实生活，不仅要报之以事，晓之以理，还要动之以情，因而报道更细腻、更形象、更生动。通讯的语言也更富有文学色彩，具有较强的感人力量。

（3）灵活性。通讯的写作方法和组织结构灵活多样，可综合运用叙述、描写、议论和抒情等多种表现手法，在结构安排上自由奔放，不拘泥于消息经常采用的倒金字塔结构，因此往往能有声有色地反映人物和事件，给受众留下难忘的印象。

7.3.2 通讯的类型

（1）人物通讯。是以写人为中心的通讯，通过对人物行动、语言、事迹的报道，再现其精神境界，从而达到教育启迪的作用。

（2）事件通讯。主要报道现实生活中典型的、有普遍意义的新闻事件。重在记述和再现新闻事件发生、发展的相对完整的过程，显示事件的内在逻辑和社会意义。

（3）工作通讯。是以工作的进展情况、经验收获、存在问题等为报道对象的一种通讯，通过记叙和分析实际工作的经验或问题，从而概括出具有规律性的经验体会，用以指导实际工作。

（4）风貌通讯。也称"概貌通讯"，是反映一个地区、一条战线、一个单位的概况和发展变化新风貌的通讯。它以采访者旅行见闻的视角反映社会变化和风土人情，有见闻、巡礼、纪行、掠影、散记、侧记等形式。

7.3.3 通讯的结构与写法

1. 标题

通讯的标题是通讯主题的反映，可以是实题，也可以是虚题，或虚实结合，采用复合结构，但都必须显示通讯的内蕴，让读者理解主题。常见的通讯标题有以下几种形式。

（1）概述式。以简洁的语言概括通讯的主要内容。如《神圣的时刻——中英防务事务交接仪式》。

（2）拟人式。用拟人修辞手法描述事物或事件，使读者有亲近感。如《移民直航专船"刹了一脚"》。

（3）引语式。引用群众中流行的口语或诗句典故，彰显主题意义。如《相见恨晚》。

（4）提问式。提出社会重大问题或为人民群众所关心的问题，来引起人们的注意。如《深圳特区还能"特"下去吗?》。

（5）祈使式。用祈使句式唤起读者的关注，缩短与读者的距离。如《让农民当好"主角"》。

2. 开头

通讯的开头有别于消息的导语，形式灵活多样，要求能够吸引受众注意力，引导阅读情绪并开启思路。成功的通讯或者以动人的情节、细节开头，抓住读者；或者引用重要人物的语言开头，统率全文或引起下文；或者用诗歌、民谣、典故开头，增添通讯的文采；还有用提问式开头，提出问题，引起人们注意。

3. 主体

通讯长于记事和表现情节，主体部分承担着展开新闻事实或事件的发展变化过程，展示报道对象面貌及个性特征的任务。因内容多、篇幅长，主体的谋篇布局较为复杂。另外由于通讯没有类似消息结构的常用规范，所以通讯结构的表现形式呈现出多样、自由的态势。通讯主体较常见的结构形式有层进式、并列式和实录式。

（1）层进式结构。这是一种纵式结构，它所显示的是新闻事实的纵剖面，通常按事物发生、发展的过程，采用顺叙或倒叙、插叙的方法写作，层次分明，脉络清楚，过渡起伏自然。常见于事件或人物较为集中单一的通讯。

（2）并列式结构。即横式结构，按事物各方面之间的逻辑关系，分门别类进行叙述，最后归纳综合，它呈现在读者面前的是新闻事实的横断面。一般用于报道人物较多、事件较杂、时间差大、涉及面广的通讯。

（3）实录式结构。这种结构常见于专访式通讯报道。它侧重记"言"，针对受众所关心的人或事作专题采访，并以转述采访对象的谈话为主。通常如实记录采访过程，以记者提问，受访者回答的方式展开。

通讯主体的写作因类别不同而各有侧重。

（1）人物通讯。人物通讯可只集中写一个人，也可写几个人，描写人物的群像。首先要抓住新闻写人物，着力从具体事件中反映人物的精神面貌、思想感情；其次要在环境冲突中写人物，包括人与人之间、人与自然之间、人与人本身内心世界的冲突，展示人物生活的背景，体现时代感；此外还要善于通过人物自己的语言和行为来表现人物鲜明的个性特征，突出典型性。

（2）事件通讯。既可以反映现实生活中发生的重大的、振奋人心的典型事件和突发事件；也可以从某一新闻事件中截取一个或若干个片段，进行细致详尽的描述；还可以写多件事，只截取每一个事件中有意义的一两个片断，共同表达一个主题。在写作中要注意：一是主题应鲜明集中，揭示事件的深刻含义；二是要重点写事，展开事件过程；三是要处理好事件与人物的关系，以事件为中心，以事带人。

（3）工作通讯。或介绍某一单位的新鲜经验，或反映实际工作中带有倾向性的问题，或探索带有方向性、政策性的东西。在写作上要注意：一是要有现实针对性，切合当前工作需要；二是要深入分析、透彻地阐述问题和经验，并上升到一定的理论高度。

（4）风貌通讯。或侧重于自然风貌，或侧重于社会风貌，更多的是将自然风貌和社会风貌结合在一起，物、人、景、事糅合在一起，围绕主题集中各方面的风貌和特色，展现时代的步伐和人物思想境界的变化。常以对比的手法，以旧衬新，反映今昔巨变；还可以采用点面结合的写法，以局部的、典型的变化反映整个时代的风貌。

4. 结尾

通讯结尾或总结全文，深化主题；或抒情议论，引起联想；或展望未来，提出希望；或引用名言、诗歌、典故等，照应主题。总之，结尾与开篇在篇章结构上要有内在的逻辑联系。

通讯的时代感很强，随着社会的发展，出现了许多新的形式，如新闻特稿、新闻速写、新闻专访、新闻游记、新闻小故事等，其写作手法、表现形式也多有变化，呈现出多样化趋势。

【示例 7－7】人物通讯

大一男生，背起母亲上大学

"妈妈，你的手里拽着两个人的生命，只要你活着，我就能坚持下去！"

"妈妈，我会带着你上完大学！我向你保证绝对不影响学习。""妈妈，你要坚强地活下去，我还要让你享受一个幸福美好的晚年。"

母亲在六年前患上尿毒症，父亲不堪重压离家出走，19 岁的儿子说："母亲含辛茹苦把我养大，我自然要力所能及地回报，这并不需要理由。"

核心提示

这是一个发生在我们身边的真实故事：母亲在 6 年前患上尿毒症，为治病耗尽家中的积蓄，父亲不堪忍受离家出走，殷实美满的三口之家顷刻变成母子相依为命。今年 9 月，懂事的儿子以"一本"的优异成绩考上了浙江林学院，为了既能上学，又能照顾母亲，这个 19 岁的男孩子背起母亲上大学。他靠着在学校勤工俭学的每月 50 元补贴，每天过着非常人的大学生活。昨天记者来到临安衣锦街一间简易的农民房采访了这对母子。

记者见到腼腆清秀的刘霆时，惊讶于这个 19 岁男孩的瘦弱：一米六几的身高，90 来斤的瘦弱身子，脸色发黄，一副黑边眼镜，穿着牛仔裤和毛衣，沉默内向——这分明还是一个孩子，难以想像这么大的重担压在这么弱小的刘霆身上。

绕过一个阴暗的过道和满屋的杂货，记者爬上了四楼，这是一个不大的农民出租房，4 个十多平方米的房间住了 4 户人家。伴着浓重刺鼻的药味，记者看到了刘霆和妈妈所谓的"家"，它让我真正感受到什么是家徒四壁：一张小钢丝床、两条被子、一个小书桌，桌子上堆放了好几本图书馆借来的书，一个案板，还有一些瓶瓶罐罐。

这就是刘霆和妈妈全部的家当，这就是刘霆用瘦弱的肩膀为母亲撑起的一片天。当刘霆的妈妈颤颤巍巍欠起身时，记者分明在她眼神里看到了作为母亲的自豪和对儿子的依赖。

妈妈　一份菜我们分着吃

作为浙江林学院艺术学院艺术设计专业的一名学生，刘霆的每一天是这样过的。

上完一天的课，他就赶紧回到在校外租来的房间里，整理家务和清洗衣服。做好这一切后，他又回到学校食堂里打扫食堂卫生——这是学院为他争取来的勤工俭学岗位，学校规定在食堂里打扫卫生每个月有 50 元的工资，而且每日三餐可以全部免费，这为刘霆解决了吃饭问题。

在食堂吃饭的时候，他还把自己的饭菜划拨一半到另一个随身带来的盒子里，这一半他要带回家给妈妈吃。接着，他匆匆忙忙地赶到教室上晚自习，这时离学校规定晚自习时间还有两分钟。他用晚自习时间，做完了作业，并温习了一天的功课。

晚自习结束的铃声一响，他又匆匆赶回出租房里，在这里，身患尿毒症丧失劳动能力和生活自理能力的母亲，正等着他敷药、打针，一路上，他心里想着：妈妈肯定饿坏了……

晚上，刘霆就和妈妈睡一张钢丝床，妈妈睡这头，他睡那头，要是妈妈不舒服，他就爬起来照顾妈妈。

第二天早上6点半，他就要起床给妈妈烧好早饭，然后跑到学校早自习，中午从食堂带饭给妈妈。

刘霆说，有时候从食堂带一点菜过来和妈妈分着吃，可以省点钱，但妈妈不能吃太咸的东西，也不能吃味精，所以有时候就在家里煮点稀饭，烧个青菜，其他什么都不能吃。

妈妈　父亲走了还有我呢

原本，家住湖州双林镇的刘霆也有一个幸福的家庭。爸爸是个职员，妈妈是缝纫师傅，家里经济状况在当地还算不错，几年前还在小镇上买了新房子；爱好艺术的刘霆，从小就学会了多样乐器，他从小的理想就是能成为音乐家——一家人和和美美，令很多人羡慕。

然而这样的日子在六年前彻底结束了，那年他才读初一。六年前，刘霆的母亲被检查出患了尿毒症，巨额的医疗费花光了家里所有的积蓄，几年下来，不仅病情越来越严重，还欠了一大笔的债，借遍亲朋好友以后，再也没钱看病了。三年前，他们忍痛卖掉了房子，卖完房子，还了债后，已经所剩无几。这个时候，为了母亲看病而失去工作的父亲，再也坚持不住了，一个人离开了家。

爸爸走后，刘霆就和妈妈相依为命，妈妈气馁了，刘霆就鼓励妈妈：父亲走了还有我呢。

妈妈　我来给你打针

卖完房子，母子俩无家可归，母亲寄宿在80岁的外婆家，刘霆则在学校寄宿。弱小的刘霆勇敢地承担起了照顾妈妈的责任：妈妈的病需要经常住院，几年来到杭州、湖州看了一些医院不见好转，他从杂志上看到山东有家专治肾病的医院，于是决定送妈妈去山东看病。

这是在今年7月5日，高考一结束，母子俩买了火车票赶往山东，妈妈要买两张硬坐，可刘霆说妈妈坐软卧，自己就站着好了，可以省点钱给妈妈看病。从杭州到山东，一站就是15个半小时。

按照医院要求，刘妈妈必须住院治疗才有希望康复。然而，刘霆除了每个月勤工俭学的50元收入以外，家里没有任何收入，根本支付不起昂贵的住院费用，所以只得在家治疗。为了节省费用，刘霆在医生的帮助下学会了使用电疗设备和打针。

为了学会打针，他可吃了不少苦头，拿着针头在棉被、棉花或者软的地方上练。"妈妈说我打的针不疼。"他每天按时给妈妈喂药、打针，不仅能缓解母亲的痛苦，还降低了费用。

妈妈　我带着你一起上大学

今年夏天，刘霆在极其艰苦的环境里，以"一本"的优异成绩考上了浙江林学院。收到通知书的当天，他就陷入了迷茫，这是他这六年来不多的一个"喜讯"，可是自己的学费从哪里来？自己去读大学了，母亲怎么办？患有尿毒症的母亲，不仅没法参加劳动，连自己的生活都不能自理；长时间住在外婆家里，80岁的外婆又怎么能长期照顾好母亲。

经过反复思考，他鼓足勇气给学校领导打去了电话："我想带着妈妈一起上学！"一开始，学校领导还以为他没有能力照顾自己，要妈妈来给他当"保姆"，后来了解到真实情况后，学校领导也被感动了，不仅同意他带着妈妈上学，而且特批他在校外租房。

上个月末，刘霆把病弱的母亲从外婆家接了过来，到林学院的时候，他们身上已经所剩无几。在学校的帮助下，他们用 150 元钱找了一间离学校比较近的出租房，母子俩住在一起。由于没有钱，除了买脸盆、毛巾等必需品以外，他们没有买任何的家具，原来租住在这间房子的好心人看着他们可怜，把一些自己用不着的东西留了下来——于是母子俩有了新"家"。

妈妈　我会挣钱给你看病

现在，刘霆不仅要正常学习、要参加勤工俭学，还要做家里所有的家务和照顾母亲，休息日就在家里陪妈妈，给妈妈洗衣服。

刘霆说，今年寒假就不回家了，也无家可归。"一定要在学校附近找一份家教或者其他工作，这样可以给妈妈买好一点的药。"有时候担心母亲，他还会在课间跑到住处看看母亲是不是需要帮助；母亲却担心这样会影响到他的学习，总觉得自己拖累了儿子，曾有些想不开。

刘霆总是劝妈妈："我向你保证绝对不影响学习，但是你要是有个三长两短，叫我怎么办啊？如果你走了，我也不读大学了，和你一起离开这个世界。妈妈你要坚强地活下去，我还要让你享受一个幸福美好的晚年。"

"现在这个房子是朝北的，而且在四楼，不方便，过阵子我想换个朝南的房子，楼层低一点的，便宜一点的。等自己大学毕业后，一边工作一边考研究生，我要挣好多钱给妈妈治病。"刘霆说。

妈妈　等我毕业了把肾割给你

"妈妈，你的手里拽着两个人的生命，只要你活着，我就能坚持下去；如果你走了，我也不活了！"

"妈妈，我会带着你上完大学！"

刘霆总是这么鼓励妈妈，可看着自己的妈妈，想想今后四年的学习生活，他的心里还是没有底：妈妈所患的病要完全治愈必须换肾，这至少需要十多万元钱；才刚刚读大一的刘霆时刻都在担心，母亲能否熬到自己四年大学毕业，还能否等到他的回报，感受他的孝心……

"到大医院看病现在想也不敢想，没钱。"刘霆强忍着打转的眼泪，顿了一下，"等毕业了，我想把肾割给妈妈。羊羔跪乳，乌鸦反哺。我所做的只是一个儿子对母亲应尽的义务。母亲含辛茹苦把我养大，我自然要力所能及地回报。我相信其他人在这样的处境下，也会作出同样的选择，这本身并不需要理由。"

刘霆一直没有放弃自己的学业和理想，他还担任着班级的文娱委员，学生会的干事，学校团委新闻中心的记者，虽然期末考试还没到，但他的英语测试考了 92 分。平时，学校有活动他也一定参加，譬如到社区服务，去街道打扫卫生，他从来没有请过一次假，即使晚自习也从来没有迟到过。在谈到自己在学校的学习和生活时，刘霆感激地说，老师、同学都很关心、照顾他，而且也经常来看望他和母亲，很多同学也主动来帮助他解决一些困难。

考虑到刘霆的实际困难，浙江林学院不仅为他办理了最高 6 000 元的学生助学贷款手续，为他减免了剩下的 3 000 元学费；还在学校勤工俭学招聘上，优先为他安排了可以免费提供三餐的食堂保洁员岗位，解决了刘霆吃饭的问题。学校领导表示，只要他自己肯学，一定帮助他完成学业。目前，浙江林学院师生已经纷纷行动起来给刘霆捐钱。

（劳国强. 今日早报，2005－11－14.）

【示例 7 - 8】工作通讯

市场化运作，创新办十运的精彩之笔

4.6 亿元！十运会签订的赞助合同金额创下了我国全运会资源开发的新纪录，如果再加上其他渠道筹措的资金，总额逼近 6 亿元，在全运会历史上首次实现收支平衡。

筹办方借助全运会巨大的"品牌"价值，改变以往单纯依靠政府的投入模式，成功实行了市场化运作，此举为探索体育与经济共同发展、符合中国国情的赛会经济之路积累了经验，也为 2008 北京奥运会提供了借鉴。

"克隆"奥运，开发十运"富矿"

以往全运会的筹资部门叫做"集资部"、"筹资部"，而十运会则称作资源开发部，名称的变化，体现了一种观念的转变——除了在赛事上争夺金牌，十运会更是一座蕴藏"真金白银"的富矿。

"十运会资源开发要的是'双赢'，强调承办方与赞助商的精诚合作，既为顺利举办十运会筹措资金，也为赞助企业提升形象、开拓市场构建平台。"十运会资源开发部副部长、十运会资源开发公司总经理陈廉介绍说，十运会的市场开发借鉴了奥运会的模式，把赞助招商分成 3 个层次进行，第一个层次为十运会合作伙伴，第二个层次为十运会赞助商，第三层次为十运会供应商。

合作伙伴是十运会的顶级赞助商，赞助金额为人民币 1 500 万元以上，在一个行业中仅此一家，享受排他权；十运会赞助商级别处于第二层次，赞助金额一般为人民币 800 万元以上，享有产品类别的排他性；第三个层次为十运会独家供应商和供应商两类，赞助金额分别为人民币 300 万元以上和 50 万元以上。通过精选、优选，最终有 40 余家企业赞助十运会，包括中国石化等 12 家合作伙伴，江苏牡丹汽车集团等 5 家赞助商，英派斯等 9 家供应商。

为最大程度保护赞助商的利益，十运会组委会在国家工商总局注册十运会标识，在全国范围内保护十运会知识产权，设立赞助商权益保障部门。严格的品牌保护放大了十运会的资源效应，赞助商的投资物有所值，十运会出现了全运会上少有的"喷金涌银"势头。

"套餐"＋"点菜吃饭"，创新运作模式

"十运会资源开发在借鉴奥运会成功经验的同时，又结合国情省情有很大创新。"陈廉说。

十运会组委会为赞助企业设计了权益回报"套餐"，主要包括官方荣誉、行业收益、冠名权收益、广告收益和招待计划等 5 个方面。给赞助商的回报除了可供选择的"套餐"，还可以"点菜吃饭"，在回报中增加了单项赛事冠名权和赛场场地广告权、VIP 接待权和赛场展示权等。

十运会与赞助商可口可乐公司的谈判就是典型的例子。这家公司是赞助十运会的首个国际品牌，双方谈了一年多才签约。这家公司最后除了获得"合作伙伴"的称号及系列回报外，还获得了十运会游泳比赛的单项赛事冠名权及在其产品上使用十运会特殊标志的权利等。正是这种灵活的操作最终达到了双赢的结果。

同时，组委会还对资源市场进行细分。汽车行业招商是一块大蛋糕，十运会将其细分为轿车、商务车和客车分别进行招商，使得整个汽车行业赞助金额总和高达 4 600 万元，超过了最初 3 500 万元的预期。

历届全运会都通过租借高级宾馆开新闻发布会，十运会通过拍卖冠名权的方式，把"十

运会新闻发布会"的冠名权和十运会新闻发布会会场指定权以 420 万元拍卖给了一家酒店，不仅没花一分钱，还有了盈利。

十运会电视转播也改变了以往简单的买卖关系，与中央电视台建立了战略伙伴关系，合作开发转播权，效益共享，此举不仅全面宣传十运、宣传江苏，而且通过央视的广告，充分保障了赞助商的权益。

多元融资，让市场"掏腰包"

4 年来，十运会大规模的场馆建设投入了 100 亿，其中三分之二的建设资金来自民间。十运会采取全新的市场化运作方式，吸引大量外资和民资加盟建设，为场馆发展注入了市场活力。

总投资 2.6 亿元的南京全民健身中心建设部分，通过经营权的转让招标，最终，香港艺高康体有限公司和江苏新业科技投资发展有限公司分别拿下 19 层主楼的 15 年经营权和 4 层裙楼的 15 年经营权。南京钟山国际体育公园采用土地挂牌出让方式，苏宁家电旗下的江苏万泰集团以 6.36 亿元价格拿下，并负责场馆建设。足球训练场地改变了过去集中建设模式，变为各体育学校、民间体育俱乐部分散建设，建成了数十片标准足球场。激流回旋比赛场由省体育局与中山陵园管理局共建，十运会结束后，除了省队日常训练外，作为旅游项目开发经营。

即使是十运会开幕式、闭幕式文艺表演，也进行了市场化运作。开幕式、闭幕式文艺表演部分从创作开始就面向全国征集文案，制作、服装、音乐、舞美等均面向全国招标，这种方式既集中了全国最好的创作力量，同时又通过招标，花最少的钱办最好的事。开幕式、闭幕式的票房运作也非常出色，预演一律对外售票，在保持原成本的基础上，票房提高了好几倍。据悉，十运会后期资源开发目前已开始紧锣密鼓地进行，包括开幕式、闭幕式 VCD 版权、会歌等音乐 CD 版权，都将为十运会资源开发再"添金"。

（汪秋萍，翟慎良. 新华日报，2005 - 10 - 27.）

【示例 7 - 9】事件通讯

一分钟的开工典礼

"我宣布：南京港龙潭港区二三期工程现在开工。"

这是 27 日上午 9 时 28 分，南京港龙潭港区一个开工仪式上的开始语，也是仪式的结束语。

南京港口集团总经理孙子健讲完这句话后，记者还习惯地等着下文，只见他和几位领导已经离开了……

"当、当、当"巨大的气锤声响起，随声望去只见江边上一根高高的桩基向水下进发……刚开始的开工仪式已经结束了。记者看了一下表，时针指向 9 时 29 分。整个开工仪式只有 1 分钟。

记者在现场采访中了解到，龙潭港区二三期工程是江苏省的一项重点工程，也是南京港"十五"期间的"收官之作"，总投资 12.7 亿元。其中二期工程投资 5.6 亿元，分别建设 4 万吨级、3 万吨级及 5 000 吨级的通用杂货码头各一座。三期工程投资 7.1 亿元，分别建设 5 万吨级、3.5 万吨级金属矿散货码头各一座。

如此大的投资工程与简朴的开工仪式形成了鲜明的对照。参加仪式的只是南京港的部分机关干部和参建单位的工人，大约 50 人左右，没有上级领导和外地来宾。记者注意到，仪式现场只有一个简单的横幅会标和几幅标语，没有主席台，没有鲜花，没有音响，没有红绸剪彩，没有发礼品，也没有招待吃饭……

（黄旭初，姜圣瑜. 扬子晚报，2005 - 11 - 29.）

【示例 7 - 10】风貌通讯

站在柏林墙的废墟上

35 年前，一堵大墙，突然竖起，横穿柏林城；28 年过去，这同一堵大墙，转瞬之间，轰然坍塌。这一竖一坍，集中反映了第二次世界大战后国际两极集团政治的兴衰。其中的是非毁誉，自有人评说，且一直有人在评说。我本人曾两度访问柏林，一次踯躅在大墙前，一次脚踏在大墙的废墟上，所见所闻，迥然不同，俯首沉思，不禁感慨系之。

我初到柏林是 1986 年 5 月。准确一点说，我到的是东柏林。那是一个周末的傍晚，灰蒙蒙的天空飘着细雨，天还有点凉。许多人出城度假，街上灯光昏暗，几乎阒无人迹，给人一种荒寂的感觉。汽车向前行驶，不知到了什么地段，只见一个巨大的阴影猛然扑压到车窗上。我发现那是一堵墙，一堵看不到尽头的灰色大墙。"柏林墙"，我脱口而出，有点惊诧。"是的"，陪同的民主德国友人肯定了我的判断，再没有多说一句话。大墙的阴影在车窗上迅速闪过，历史的篇章在我头脑中缓缓翻转。

我知道，第二次世界大战结束后，苏、美、英、法四大战胜国对德国及其传统首都柏林实行分治，德国一分为二，柏林也一分为二。东、西柏林遂成为东西方两大政治与军事营垒对峙的缩影。50 年代以后，东西方之间"冷战"加剧，东、西柏林成为渗透与反渗透、颠覆与反颠覆的前沿阵地。正是在这种背景下，民主德国同苏联经过密商，决定在东、西柏林之间修建一堵高墙，将这个城市的社会主义东部与资本主义西部完全分开。从 1961 年 8 月 13 日开始，民主德国在这个城市的东、西区边界线上堆石头、打木桩、拉铁丝网。随后，将一块块预先秘密制作好的水泥板竖起来，正式建成隔离墙。这种隔离墙后来又从柏林市向外延伸。到 1975 年 5 月，这堵整个以"柏林墙"名之的隔离墙全长达 160 多公里。墙高 3.5 米，钢筋水泥结构，墙顶圆管状，使人难以攀越。沿墙建有许多瞭望台、碉堡和警犬桩，军警日夜监视，防止有人偷越。

在柏林逗留 3 天，我几次从大墙前经过，但因那里属于军事安全要地，没能靠近。可是，每想到大墙的那一边就是凶狠的帝国主义、腐朽的资本主义，就不由产生一种如临大敌的肃穆感。当地的友人私下告诉我，沿墙有几个过境通道，经过特许可以到西边去看看。说实话，一墙之隔，两个世界，两重天地，这是够撩拨人的好奇心的。我们同行的几个人很想到"那边"去看看。但得到的答复是：一般说是可以去的。但由于我们代表团的领导是位名人，从政治影响考虑，不过去为好。这样，大家也只好受其"连累"，未能过去，留下一点遗憾。

1995 年底，我再访柏林，这个城市已经统一。我最惦着要看的还是柏林墙。我当然知道，1989 年下半年，随着苏联和东欧各国的政治剧变，民主德国也震荡起来，要求拆墙的呼声越来越高。11 月初，民主德国政府经过讨论，决定拆墙。11 月 19 日，成千上万的人涌上街头，铲子、镐头、推土机并用。没几天时间，这堵巍峨的高墙就被拆除。我首先来到当年大墙封锁最严密的地段——波茨坦广场。我早就听说过，这里曾并列着修了两座高墙，两墙之间是一片开阔地，地上布满地雷和防坦克用的三角铁，人称"死亡地带"。而今，墙拆雷除，地面铲平，形成一片真正的开阔地。据友人说，这片靠近市中心的黄金地皮已被德国奔驰、日本索尼等国际知名大公司高价买下，不久将在这里大兴土木，修建高楼大厦。我又来到著名的勃兰登堡门。这座德国历史上颇多记载的门楼，位于菩提树大街的尽西头。我记得很清楚，上次来访时，我不能接近它，只能离它100多米用长镜头拍个照，因为大门那一边是不容接近的另一个世界。现在，大墙不见了，几个门洞大开，人们可以自由穿过。我走过大门，发现西边几步之遥就是原德意志帝国国会大厦。大厦在1933年2月被纳粹分子焚烧，现正修缮，准备1998年迎接德国国会还都柏林。就在离修缮大厦搭起的脚手架不远的马路旁，铁栏杆上挂着十六七个带黑十字架的大幅人头像。原来，这些人是当年不听劝告，在偷越大墙时被打死的。在大墙存在的20多年中，遭到这样不幸的人有多少，没听说过具体数字。当年，这些人偷越大墙是单纯出于同亲人团聚，还是有什么政治原因，已难一一查考。不管怎么说，他们都是"冷战"的牺牲品，这是确定无疑的。

柏林墙拆除后，那大量的水泥残料弄到哪里去了呢？一位目击者告诉我，墙推倒后，一辆辆卡车将残料运走，大多用于重新去修公路，特别是柏林通向各地以及德国东部和西部之间的公路。这样，那些曾将柏林乃至德国分隔开来的东西，又把柏林和德国东西两部分连接起来。对此，一家德国报纸评论说，历史总是爱同人开玩笑。水泥本是用来将不同的东西粘接在一起的，而"冷战"时期它却被用来将一个完整的东西分裂开来。而今，"冷战"结束，水泥被扭曲的作用终于又恢复过来。同一位目击者还告诉我，大墙推倒之后，一些颇有眼光的市民，甚至不少来自世界各地的外国人，将一块块水泥残片收藏起来，作为人类那段特定历史的纪念品。还有一些生活困难的市民和无就业机会的外国难民，利用这些水泥的残垣断壁做起无本生意。他们把水泥板砸成碎块，稍加装饰，作为纪念品向外国游客兜售。这种独特纪念品的价格，按体积大小和质地不同而论定。所谓质地，主要是看采自何处和有无修饰。据说，标明采自勃兰登堡门、波茨坦广场等著名地段的，或表面绘有优美图案的，特别受人青睐，价格因而也就特别高。我在勃兰登堡门前，亲眼看到许多小商贩在兜售这种"冷战纪念品"。我出10马克买了一件。那是一个不大的白色有机玻璃方盒，里边装着一块仅有掌心大小的水泥片。水泥片上边嵌着一段长不足10公分的黑色铁丝，下边用红色油漆写着大墙修建与拆除的日期。我同小贩攀谈起来，得知他是来自土耳其和伊拉克边界地区的库尔德人。他向我解释，这块水泥片采自勃兰登堡门前的大墙，上边的铁丝来自墙上的电网，很有收藏价值。但一位颇为内行的德国友人说，这可能是赝品，因为当年的墙上根本没有这样的铁丝网。他还说，大墙从1989年年底拆毁至今5年多，真正的大墙残片已经很难找到。于是，一些吃大墙饭的小贩就开始仿制水泥片，做成纪念品出售。听了这番话，我也怀疑刚买的纪念品是不是真货。但是，我还是把它带回国来，因为我认为，真的也罢，假的也罢，反正一看到它，在我的头脑中总会唤起对"冷战"的恐怖记忆，激起对和平的热切期盼。这样，收藏就值得。

（高秋福. 新华网，2003-07-24.）

写作训练

一、指出下面工作通讯中存在的问题，并进行修改。

国旗产销该规范了

时下，留意一下羊城的大街小巷，一股"国旗热"正悄悄升温：在政府机关的办公桌上，在小汽车的驾驶座前，在摩托车的车头，甚至在百姓家里，都随处可看到"五星红旗"在飘扬。不难看出，广州人的"国旗意识"在提高。然而，一个不容忽视的问题也被提出：如何规范国旗的产与销，使国旗能得到应有的尊严？

据记者连日来的观察了解，目前，广州市的国旗产销势头颇劲，据市国旗、国徽制作发行中心反映，广州国旗定点生产厂××厂今年4月份至今已生产和销售大约五万面国旗，比往年翻了两番。

随着人们对国旗需求的日益增加，熟谙经营之道的个体摊档抓住这一商机，纷纷经营起国旗生意。记者在起义路以及校场东路的摩托车配件一条街随处可看到几乎所有店铺均经营小国旗。由于是一哄而起，经销过滥，导致国旗的销售及国旗的质量良莠不齐。

众所周知，五星红旗，是我国的象征和标志，每个公民都应自觉地维护其尊严。据介绍，国旗的制作工艺看似简单，实际上是一种颇为复杂的工艺。制作者只要认真加工，不沾上"铜臭"味，完全可以制作出高质量的合格产品。

二、写作

1. 有计划地采访一位本地商业、企业或本校的先进人物，写一篇 1 500 字左右的人物通讯。要求有时代感和代表性，有一两个生动细节。

2. 根据你家乡特有的生活景象、民情风俗或旅游景观写一篇风貌通讯，要求表现家乡人的独特精神风貌。

3. 针对学校、班级或自己最近组织、参加的某项活动做详细报道，写一篇事件通讯。

7.4　新 闻 评 论

评论，即批评和议论。所谓新闻评论是指传播媒体针对现实生活中新近发生的事件和问题发表看法和意见的一种文体。新闻评论历来为媒体所看重，它紧扣社会生活中的重大事件和问题，表达自己的观点和主张，具有强烈的指导性和针对性，在坚持正确的舆论导向方面发挥着积极的作用。

7.4.1　新闻评论的特点

（1）导向性。新闻评论具有严格的政治导向性，它与党的路线、方针、政策保持高度一致，在坚持正确的政治方向，发挥强大的舆论导向方面起重要作用。一篇正确的评论，能起到鼓舞人心，振奋精神的作用；如导向失误，就会给国家政治、经济生活等造成极大的消极影响。

（2）针对性。新闻评论多是以当前突发性新闻事件或大众较为关注的社会焦点、热点问题作论题，有的放矢进行评论，因而是密切联系实际，有感而发，力避空谈，言之有理。

（3）群众性。新闻评论的内容广泛，涉及现实生活的各个方面，与群众的生活联系密切，群众的参与度高；议论方式平易，语言通俗，能为广大群众所接受。

7.4.2　新闻评论的类型

新闻评论的分类有各种不同的标准。

按内容分，有政治评论、经济评论、社会评论、军事评论、文艺评论、国际评论等；

按形式分，有社论、评论员文章、短评、述评、编者按等；

按评论写作论述的角度分，有立论性评论、驳论性评论、阐述性评论、解释性评论、提示性评论。

（1）社论（在广播电视中称为"本台评论"）。是代表传媒编辑部的权威性言论。它针对当前重大事件、重大典型和重大问题发言，代表了一定政治组织、党政团体的立场、观点和态度，具有鲜明的政策性和指导性。

（2）评论员文章。是在规格和权威上介于社论和短评之间的中型评论文体，是报刊编辑部以评论员的身份对一些问题提出自己的观点和主张，在内容和写作特点上与社论没有严格的界限，常常配合或结合新闻报道的形式发出。

（3）短评。是对现实生活的某个方面、某一点所作的局部评论，通常也是配合新闻报道的形式出现，特点是短小精悍、内容单一、形式多样。

（4）述评。是介于新闻报道与新闻评论之间的一种边缘体裁，融新闻和评论于一体。评述结合、以评为主；述中有评、评中有述。

（5）编者按。是依附于新闻报道或文稿的画龙点睛式的简短评论，是编辑对新闻稿件所加的评价、批注、建议或说明性文字，篇幅最为短小、依附性最强。

7.4.3 新闻评论的结构与写法

1. 新闻评论的选题

一篇新闻评论的选题是否得当，直接影响文章的质量。撰写评论的目的，就是为了了解生活中具有普遍性、倾向性的问题，解决广大群众心中的疑难、困惑性的问题。因此新闻评论的选题本身是否有的放矢、言之有物，是否能够抓住问题的实质，将直接决定着新闻评论的质量和价值。

1）新闻评论的选题依据

新闻评论的选题依据主要是当前的客观形势、舆论动向、宣传任务，以及党和政府的重要决定、工作部署和最新的政策精神；再就是实际生活中出现的新情况、新做法、新问题；以及来自广大群众的要求、愿望和呼声；还有一些重要的、有深远社会影响的新闻报道。

2）新闻评论选题的类型

（1）常规性选题。指配合重大的节日、纪念日、宣传日所确定的选题。

（2）事件性选题。以突发事件或记者新近采集到的新闻事实为分析议论对象的选题。

（3）社会性选题。与群众生活工作密切相关的，能够引起社会普遍关注的选题。

2. 新闻评论的立意

立意，就是确立主题，提炼出新闻评论的观点。新闻评论是以阐述观点、发表意见为主的一种新闻体裁，因而写作新闻评论，立意尤为重要。新闻评论作品可以说浩如烟海，立意也千奇百怪，有时对同一件事，各评论观点也不尽相同，但必须符合以下几方面：一是观点正确、切合实际，与党的路线、方针、政策保持高度一致；二是富有新意，即见解要新，角度要新；三是针砭时弊，对症下药，能切实解决实际问题。

3. 新闻评论的写作

1）标题

标题是新闻评论的中心论点，它反映作者对新闻事件的基本见解、看法、主张或态度，应片言居要、独到传神，让读者对评论的内容或见解一目了然。因此标题往往直接揭示论点，如《职业教育就是就业教育》、《"乞讨"掌声不可取》；有时还经常采用提问、感叹、反诘、商榷等形式做标题，感情色彩强烈。如《有些案件为什么长期处理不下去》。

2）正文

（1）开头。主要是列举引发评论的社会现象或概述新闻媒体报道的新闻事件，找出切入点。

（2）主体。是举出论据和展开论证的过程。

新闻评论的论据一般有理论性和事实性论据两种。理论性论据指先哲或经典作家的言论、观点、科学公理定律、格言、成语或谚语等。事实性论据是具体的事实性材料、历史资料、统计数字或图表等。

写评论的目的就是要讲道理、明是非。一篇评论是否具有较强的说服力，不仅取决于论点是否正确、鲜明，论据是否充分、可靠，还要围绕论点恰当地安排论据，进行合乎逻辑的推理，即严密的论证，从而使文章产生令人信服的力量。新闻评论的论证方法主要有以下几种。

一是例证法。例证法就是列举生活中的事例或历史上的经验来证明论点的方法，这是新闻评论中最常用的论证方法。

二是引证法。就是引用权威人士观点、名人名言、成语或谚语或党和国家文件中的话来论证。引证方法引用得当，可以增强评论的说服力和权威性。

三是喻证法。就是通过打比方，用日常的事物来证明抽象的道理，这种方法的好处可以使评论增强生动性和形象性。

四是对比法。用今昔、正反、好坏、成败、得失的对比，显示是非曲直和看法，给人以深刻的印象。

4. 几种常用新闻评论的写作

（1）社论。社论的内容较为特殊，主要针对当前重大事件、重大典型和重大问题发表指导性的言论，而且它发表的位置最为显著醒目。写作时要注意吃透上级文件精神，理论联系实际，语言准确、鲜明，措辞合乎分寸。

（2）评论员文章。又可以分为本报评论员（署名与不署名）文章、本报特约评论员（领导干部、专家权威、学有专长的人士）文章和观察家评论 3 种。写作要求集思广益，立论准确；分析深刻，论辩有力；面向大众，通俗平易。

（3）短评。短评的形式有两类，一是针对社会新情况、新问题发表的简短评论；二是配合新闻报道，就实论虚，深化报道意义。写作中首先要求论题具体，一事一议；其次要长话短说，评在实处；最后注意源于报道，高于报道。

（4）新闻述评。有形势述评、事件述评、工作述评、思想述评等。写作时应紧密结合新闻报道来写作，不能游离，构思立意新颖深刻，表述夹叙夹议，事理交融，评点恰当。

（5）编者按。根据编者按语与新闻报道配合中的编排位置，可以形成 3 种不同的表现形式：一是文前按语，冠于文首起强调提示作用；二是文中按语，穿插于字里行间起注释点拨作用；三是编后，置于文稿末尾，起引申生发作用。写作应立足新闻报道，言简意赅，点到为止，讲究分寸。

【示例 7 - 11】社论

在祖国发展的时代洪流中谱写壮丽的青春

——庆祝中国共青团成立 85 周年、纪念五四运动 88 周年

鲜花盛开的 5 月，中国青年迎来了自己的光荣节日——中国共产主义青年团成立 85 周年、五四运动 88 周年。在这洋溢着青春气息的日子里，在这光荣与梦想交汇的日子里，新中国成立以来各个时期的优秀青年代表欢聚北京，隆重举行中国青年群英会。在全国各地，"我与祖国共奋进"的主题活动蓬勃展开，广大青年正在以实际行动纪念自己的节日。在此，我们向新老青年英模致以崇高敬意！向全国各族各界青年致以节日问候和美好祝愿！

青年与祖国的前途紧密相连，青年对祖国的责任义不容辞。五四以来，为国家富强、民族振兴而奉献青春，始终是中国青年运动的主旋律；积极投身人民创造历史的伟大实践，始终是中国青年健康成长的正确道路。特别是中国共产党成立之后，一代又一代有志青年在党的领导下，高举爱国主义旗帜，为国家独立和民族解放流血牺牲，为国家富强和人民幸福奉献青春，与祖国同呼吸、共命运，同发展、共奋进，谱写了一曲曲壮丽的青春之歌。他们是与祖国共奋进的当之无愧的实践者，他们在不同时期展现的中国青年的时代风貌和崇高精神，是激励当代青年为党和国家的事业努力奋斗的宝贵精神财富。

今天，我们的祖国已经永远告别了积贫积弱的昨天，中华民族伟大复兴已经不再是梦想。在全面落实科学发展观、构建社会主义和谐社会这一宏伟历史进程中充分发挥生力军作用，是党对青年的要求、祖国对青年的期盼，也是当代青年的历史使命和当代青年运动的时代主题。广大青年肩负起这一神圣使命，就是要与时代同步伐、与祖国共命运、与人民齐奋斗，就是要把学习热情、创造热情、奉献热情进一步激发出来、汇聚起来，为建设富强民主文明和谐的社会主义现代化国家、实现中华民族伟大复兴而奋斗，在祖国发展的时代洪流中谱写壮丽的青春。

谱写壮丽的青春，青年就要坚定理想信念。理想信念是我们战胜困难、不断前进的强大动力。五四以来，一代又一代先进的中国青年在崇高理想和坚定信念激励下，创造了辉煌的业绩，书写了灿烂的青春。在不同历史阶段，中国共产党用共同的理想信念凝聚起全民族的力量，取得了革命、建设和改革的一个又一个胜利。实践证明，个人追求只有融入全民族共同奋斗，才能激发出巨大的精神力量。现阶段，全面建设小康社会、实现中华民族伟大复兴是全国人民的共同理想，走中国特色社会主义道路是全国人民的共同信念。与祖国共命运，就是要把个人成长与祖国发展紧密结合起来，汇聚广大青年的力量为共同理想和信念奋斗。

谱写壮丽的青春，青年就要努力发愤成才。群英荟萃是事业兴旺发达的标志，祖国发展需要方方面面的人才。当今时代，科技进步日新月异，知识更新大大加快。全面建设小康社会、构建社会主义和谐社会呼唤大批青年人才脱颖而出，这为当代青年施展才华、实现抱负提供了广阔的空间和舞台。当代青年要跟上时代前进的步伐，适应祖国发展的需要，就要沿着党指引的方向，努力提高素质，发愤成才。青年时期是世界观、人生观、价值观形成的关键时期，也是学习文化知识的黄金时期，当代青年要用科学理论武装头脑，打牢现代科学文化基础，掌握过硬本领，努力把自己铸造成为社会主义"四有"新人。

谱写壮丽的青春，青年就要创造崭新业绩。全面建设小康社会、构建社会主义和谐社会是前无古人的伟大事业，需要全国人民的不懈奋斗，也需要广大青年更加自觉、更加主动地

投身其中。青年是祖国的未来、民族的希望，越是任重道远的事业越是需要青年发挥生力军作用；青年又是最具创新精神和创造潜力的群体，越是全新的挑战、艰巨的事业越能激发青年的创造热情。当代青年要遵照党中央的要求，自觉与实践相结合，与人民群众相结合，勤于学习、善于创造、甘于奉献，在全国人民建设中国特色社会主义事业的伟大实践中锐意创新，开拓进取，艰苦奋斗，扎实工作，在各自岗位上创造一流业绩。

在党的领导下，坚持与时代同步伐、与祖国共命运、与人民齐奋斗，是青年坚定理想信念、努力发愤成才、创造崭新业绩的必然选择，也只有这样，青年才能拥有壮丽的青春，实现自己美好的人生理想。

各级团组织要认真贯彻落实党的要求，紧紧围绕构建社会主义和谐社会的目标、任务和要求，充分发挥组织青年的作用，动员青年踊跃投身构建社会主义和谐社会实践；充分发挥引导青年的作用，以社会主义核心价值体系引导青年，用科学理论武装青年，用共同理想凝聚青年，用民族精神和时代精神激励青年；充分发挥服务青年的作用，把竭诚服务青年作为全部工作的出发点和落脚点，努力为青年做好事、办实事、解难事；充分发挥维护青年合法权益的作用，认真倾听青年呼声，反映青年诉求，切实加强维权工作，为青年健康成长提供有力的保障。要大力推进工作思路上创新、工作方式上创新和自身建设上创新，努力推动共青团事业实现新发展。

新时期的青年一代，面临着难得的机遇，肩负着艰巨的责任；走过85年光荣历程的中国共青团，正站在新的历史起点上。全国各族青年要更加紧密地团结在以胡锦涛同志为总书记的党中央周围，高举邓小平理论和"三个代表"重要思想伟大旗帜，全面落实科学发展观，在全面建设小康社会、构建社会主义和谐社会进程中抒写新的青春篇章，以优异的成绩迎接党的十七大胜利召开。

(中国青年报，2007-05-04.)

【示例7-12】评论员文章

加强自主创新　促进方式转变

本报评论员

2月14日，党中央国务院在北京人民大会堂隆重举行国家科学技术奖励大会，中共中央总书记、国家主席、中央军委主席胡锦涛亲自为获得国家最高科学技术奖的谢家麟院士、吴良镛院士颁发奖励证书，一批优秀的科技成果受到表彰。我们谨向荣获2011年度国家科学技术奖获奖者表示热烈的祝贺，向全国广大科技工作者表示崇高的敬意！

党中央国务院连续十二年举行国家科学技术奖励大会，充分体现了党和国家对科技工作的高度重视，对科技发展的殷切期望。十二年来，广大科技工作者不负重托、不辱使命，奋勇攻关，取得了一批重大创新成果，为支撑经济发展、提升综合国力、改善民生发挥了巨大作用，为战胜各种自然灾害、应对国际金融危机、提升产业竞争力、培育战略性新兴产业做出了重要贡献。

"十二五"时期是我国全面建设小康社会的关键时期，是深化改革开放、加快转变经济发展方式的攻坚时期。加快转变经济发展方式，最根本的是要靠科技的力量，最关键的是要大幅提高自主创新能力。一个国家要保持充满活力、持续向上的发展态势，关键是要跟上世界科技革命和新兴产业发展潮流，不断形成新的战略支点。我们必须牢牢把握科学发展这一主题，紧紧围绕经济发展方式转变这一主线，充分调动广大科技工作者的积极性、主动性和创造性，紧紧抓住新一轮世界科技革命带来的战略机遇，时时瞄准世界科技发展前沿，更加注重自主创新，谋求经济长远发展主动权，形成长期竞争优势，为加快经济发展方式转变提供强有力的科技支撑。

科学技术是人类智慧的精华，是人类文明进步的象征。我们不仅要把科技进步作为经济社会发展的强大动力，还要把自主创新作为中华民族的精神追求。我们要在全社会大力弘扬追求真理、独立思考、大胆探索、勇攀高峰的科学精神，发扬学术民主，倡导百家争鸣，鼓励创新，宽容失败，为科技进步和优秀人才成长营造良好的学术环境和社会环境，努力培养和造就一支规模宏大、素质优良的科技队伍，为我国科技事业发展奠定坚实的人才基础。

科技成果只有转变为新型的生产方式和产业，才能推动经济发展方式的根本转变。必须把促进科技成果向现实生产力的转化，作为"十二五"时期科技工作的一项重要任务。要大力增强技术创新和研发能力，大幅度提高科技成果转化应用水平。要建立健全企业主导技术研发的体制机制，鼓励企业协作开展关键共性技术研发。要鼓励广大科研人员、科学院所和高等学校以多种形式与企业合作，共同推进技术创新和科技成果转化应用，提升企业和产业素质，增强市场竞争能力。要进一步深化科技体制改革，促进科技资源优化配置和有效利用，推动科技与经济发展紧密结合。要坚定不移地实施国家知识产权战略，保护广大科技工作者和全社会的创新动力，激发创新活力。

今年是实施"十二五"规划承上启下的重要一年。建设创新型国家、坚持创新驱动，不仅提出了前所未有的巨大科技需求，也为广大科技工作者施展才华提供了前所未有的广阔舞台。相信全国的科技工作者会再接再厉、勇攀高峰，为提高自主创新能力、推进经济发展方式转变、保持经济平稳较快增长做出新的更大贡献！

（人民日报，2012－02－15.）

【示例 7－13】短评

救助，莫伤贫困生自尊

又一届大学新生即将入学，为确保贫困学生顺利就学，许多高校积极采取了救助措施，不少高校还同时开展了"心理援助"，坚持"助学与育人同步，救助与励志携手"，此举受到了许多学生和家长的欢迎与好评。

当前，贫困生的就学问题已引起社会的广泛关注，各地政府和高校均建立了各种长期救助机制，不少团体和个人也伸出了援助之手。但贫困生由于经济贫困而引发的自尊心受挫的情况，还没有引起社会各界的高度重视。北京市青少年发展基金会的一项调查显示，60%的贫困生感到羞愧难当，22%的贫困生有自卑心，42%的贫困生不愿意公开求助。

在现实生活中，不少贫困生面对社会各界的救助时，常常表现出羞于接受的苦恼和困窘。加之有些不恰当捐赠和救助，又增添了他们接受"施舍"的烦恼，使其为自己的贫困出身而自卑和羞耻，因此而顾影自怜、郁郁寡欢者不在少数；有的甚至怨天尤人，从怨恨父母和家庭，发展到怨恨他人和社会。

其实，物质的贫困只是暂时的，它可以通过劳动来改变，而心理上的创伤则可能带来人格的扭曲，甚至酿成始料不及的后果。心理专家指出，如果自卑、自闭心理淤积过久，就会引发严重的心理疾病，产生自怜、自残、自毁等变态行为，有的甚至攻击他人、危害社会。因此，预防和消除贫困生的心理问题十分必要。轰动全国的马加爵事件，不就为我们敲响了警钟吗？

事实证明，对于贫困生而言，不仅需要物质上的帮助，更需要心灵上的鼓励和尊重。我们在关注贫困生物质生活的同时，更应该关注他们的精神生活，关心他们的心理健康，缓解心理压力，医治心理疾病，给予他们更多的人文关怀，使他们乐观面对人生，挺直腰杆做人。只有这样，才有可能帮助贫困学生摆脱经济贫困与心理贫困的双重压力，为贫困生的健康成长开辟一条绿色通道。

有道是，"心病"还需"心药"医。有关部门和学校应积极做好贫困生的思想教育工作，使其树立正确的人生观、价值观和生活信念，提高心理调适能力和社会生活的适应能力。广大贫困生也要认识到，贫穷不是自身的弱点，更不是自己的过错，要积极正视贫困的现实，自觉修补心灵的创伤，自尊、自信、自强、自立，把因贫困而产生的心理压力转化为奋发向上的动力。

（赖栋才. 解放军报，2006-08-17.）

【示例7-14】述评

中国亿万农民告别"皇粮国税"

2005 年 12 月 29 日，将被历史永记。这一天，从公元前 594 年起延续到现在，在中国已有 2 600 年历史的农业税被废止。

当十届全国人大常委会第十九次会议以 162 票赞成、0 票反对、1 票弃权的表决结果通过废止农业税条例的决定草案时，中国农民的命运在那一刻开启了不同以往任何历史时期的崭新阶段。两天后的 2006 年第一天，中国亿万农民将正式告别"皇粮国税"。

一份厚重的新年礼物

"中国最早的税、历史最长的税，在 2005 年年终的时候宣告终结，为亿万农民送上了一份厚重的'新年礼物'。"全国政协常委、民盟中央副主席吴正德，这位多次深入乡村调研"三农"问题，对农村的各种税目繁多和农民辛苦深有感触的专家动情地说。

从 2004 年 3 月 5 日温家宝总理宣布 5 年内取消农业税到今天，短短 1 年零 9 个月，农业税在我国 28 个省已经免征。数字显示，免征农业税使 8 亿农民减轻了 500 亿元的负担。29 日下午，国务院的惠农政策在 2005 年的最后几天里上升为国家法律，中国摆脱了"世界上唯一专门面向农民征收农业税的国家"的阴影，意味着一个不利于"三农"问题解决的税种退出历史舞台。

连续三年在"两会"上提出取消农业税、"即使双眼看不见也要为农民鼓与呼"的全国政协委员、中国农业大学教授杨志福说，中国取消农业税向世界表明，中国政府关心农业、关心 9 亿农民的生活和构建和谐社会的胆识。

当前农业税总额只剩下 15 亿元，只有河北、山东、云南三省部分县（市）在征收农业税。可以说，废止农业税给亿万农民在新年里每人送上了一二百元的"红包"。

迈向城乡统一税制重要一步

作为基本税种和国家财政的主要来源，2 000多年来农业税没有多大变化。改革开放以来，农村人民公社已经瓦解，农产品统购派购制度已经废除，城乡隔绝的户籍制度也已松动，但当今农村仍征收农业税，这正是农民负担过重的制度根源。

杨志福说，如今的农业税已经不能激发农民的种地积极性，相反成为了一种束缚。种好种坏不管，科学技术是否得到推广不管，种一份地就要交一份税，因此导致了许多地区农民撂荒土地。

今年初公开发表文章呼吁废止《农业税条例》的南开大学国际经济法研究所所长程宝库教授认为，废止农业税体现了经济政策变化、社会保障体制的变化，是建立税负平等的市场经济的重要环节，也是我国向城乡统一税制迈出的重要一步。

不仅如此，废止农业税，标志着中国的政治文明发展到了一个新的阶段。立法机关真正意识到法律的终极价值所在。"取消农业税是法律面前人人平等的法治精神在税收领域中的体现，说明我国已经开始摆脱自给自足农耕社会治税理财的思路。"在去年"两会"上提出提案建议取消农业税的全国政协委员、中国社会科学院副秘书长何秉孟评价说。

早在2001年，中央党校"三农"问题研究中心主任张虎林就在中央农村工作会议上提出"去费免税"的建议。作为中央一号文件的参与者和起草者，张虎林说，废止农业税不仅是从经济上减轻了农民的负担，更重要的是打破了农民几千年来交皇粮的模式，在政治、精神、思想上解放了农民。

基层政府面临转型

"种地纳粮，天经地义。"这句流传了千年的话语，即将失去它的现实意义。

废止农业税的消息给农业经济增长打入了"强心针"，更给以农业为主业的上市公司带来巨大的增长预期，将刺激A股市场农业股的走强。

世界杂交水稻之父、全国政协常委袁隆平说，依法废止农业税，凸显国家财政开始越来越多地向农村倾斜，着眼于让农民直接减负增收，加强农业基础设施建设，加快农业科技进步，提高农业综合生产能力等政策的实施。

当前农业税总额只占全国财政总收入3万亿元的0.05%，废止农业税对全国财政减收的影响微乎其微。但农业税的废止使乡级财政的主要功能消失，将对乡村治理产生重大变数，乡镇政府转型已迫在眉睫。

张虎林说，废止了农业税，随农业税征收的各种摊派、集资和杂费也没有了附加的借口。杨志福说，农业税废止后，农村的基础建设和各项开支，靠农民自己不行，要靠中央的财政支持和地方财政的转移支付。农村的教育、管理、现代化建设急需资金，如果这个问题解决不好，农业税取消了又会产生新的税种。

程宝库认为，对于农村基层政府来说，一方面是把庞大的基层机构"减肥"，消除臃肿，另一方面要把以往主抓"计生"、催"公粮"的工作，转移到服务经济发展方面上来，重点是服务工商业发展。

据了解，废止农业税后，涉及中国农民的还有屠宰税等20多个税种。"废止农业税只是第一步，即使是废止后，'多予、少取、放活'也并未完全做到。只有在'多予、少取'前提下，做到'只予、不取'，农业生产条件才能得到改善，农业生产才能发展上去。"张虎林说。

（雷新. 人民政协报，2005 - 12 - 30.)

【示例 7 - 15】编者按

油价攀升　节能有道

日本　精明细致多种举措并举
韩国　优惠措施鼓励车主节约
德国　政策支持开发替代能源

编者按：随着世界能源的紧张，节能的重要性也日益凸显。前些日子广东石油的紧张状况，更是将这一命题直接摆到我们面前。因此，借周末特刊本版简单介绍国外一些节能的途径和方法，以期能给我们自身一些镜鉴。但在节约使用宝贵的自然资源的同时，面对错综复杂的国内国际市场因素，我们在节约的同时，还要开源：首先是开拓市场来源，打破垄断，构建一个健康而多元的能源市场；其次是政策性应对，作为一个发展迅速的经济大省，应建立相应的储备体系，以应对诸如"台风"等外力干扰带来的紧张局面。

（文章略）

（羊城晚报，2005 - 08 - 20.)

▶ 写作训练 ◀

一、指出下面新闻述评存在的问题，并进行修改。

文明校园离我们有多远

近日，院学生会外联部就大学生文明状况进行了一次调查，此次调查结果基本上说明了我院大学生的文明状况。

首先，在个人行为上，是否有随地扔垃圾、吐痰、吐口香糖、大声喧哗、随意说粗话，以及穿拖鞋去食堂等问题。有不到 10% 的同学回答"是"，但回答"有时会"的同学高达 50%，回答"否"的同学占 40% 左右。由此可见，大部分同学已经注意到了自己的个人行为，只是有的时候缺乏自控力。也就是说，我们大多数同学还应该加强自己的个人行为意识，少数同学应该改正不良的个人行为意识，提高行为修养。

其次，在课堂上，是否有迟到、早退、旷课的情况；上课时手机是否关闭或调至无声；课堂上是否有睡觉的习惯；考试时是否有作弊行为；课后进入老师办公室是否敲门而入、轻声关门等。结果显示，有 53.3% 的同学从不迟到、早退、旷课。课堂上，有 70% 以上的同学都能够在上课时间将手机关闭或调至无声，进入老师办公室敲门而入、轻声关门。然而在课堂上睡觉、考试时作弊的人数却占了相当大的比例，竟然高达 40% 以上。由此可见，有不少同学上课不专心听讲，课后不认真复习，考前临时抱佛脚，甚至采用不正当手段，有作弊行为。人们常说"一份耕耘，一份收获"，付出的汗水有多少，收获的果实就有多少，付出与收获是成正比的。因此，我们每位同学都应该脚踏实地一步一个脚印、认认真真地对待每一门学科的学业，认认真真地做好每一件事，认认真真地遵守每一项原则……

再次，在校园行为上，如楼梯行走是否靠右通行，一群人行走时是否同排横行，遇见师长是否主动问好，是否有吸烟的习惯等。针对这些问题，有70％～80％的同学认为都能够严格要求自己，但有15.2％的同学会在宿舍内吸烟，其中高达13.1％的同学会随地丢烟头，这是很不好的习惯。校园里都是无烟区，同学们不仅不应该在校园里吸烟，更应该自觉爱护环境。随地丢烟头，更是一种可耻行为，不要小看那微微的一点红光，它很可能会引发一场惊人的火灾。因此，这些同学应及时改正这些不良行为。同时，每位同学都应该为推动校园精神文明建设的健康发展，营造良好的校园环境，营造高雅的文化氛围，提高自身的综合素质而努力。

还有公共场所礼仪，如公交车上是否主动给老弱病残孕让座；是否占座位或排队夹塞；是否在墙壁、课桌上写过、画过；是否曾私自拿走图书馆的报刊，以及对于这些现象的认识。统计说明绝大部分同学是讲文明礼仪的，60％左右的同学回答"总是"主动给老弱病残孕让座，34.4％的同学选择了"偶尔"，不到5％的同学"经常"占座位或排队夹塞，然而问到对此现象的看法时，有31.3％的同学认为"无所谓"或"很正常"，这一点让人心忧！曾私自拿走图书馆的报刊的同学有7.3％，其主要原因就是想找资料。有40.1％的同学曾在课桌或墙上写、画过，在这些人中，很大一部分是出于"无聊"，而"好玩"、"随众"、"发泄情绪"也占有一定比例，写画的内容大体上以漫画、打油诗为主。其实，去图书馆找资料，原本是一件很好的事情，倘若为了自己所需而私自拿走公共财产，这样就不只是个人道德问题了，而且触犯了法律，将所需资料记录下来或者把书光明正大借回去看岂不是很好吗？

综上所述，我院大学生的文明状况总体来说还是令人满意的，大部分同学都能遵守基本的文明礼仪规范，有良好的文明行为，然而仍有一些地方不尽如人意，如迟到、早退、旷课、考试作弊等情况时有发生，还有就是对占座位现象的漠视、课桌文化的泛滥、吸烟、说粗话等问题，这说明有些学生的文明素养还不够高，与文明大学生的标准还有一定的距离，加强文明教育的形势很紧迫。希望同学们能认清并正视自己的不足，认真改进，努力做好身边的小事，并通过此次的文明调查活动吸取教训，扬长避短，从而在人生这份问卷上，交出一份让别人、让自己都满意的答卷。

二、写作

1. 2006年，我国相继发生"齐二药"、华源"欣弗"、"福寿螺"、"苏丹红"、"红心鸭蛋"、"多宝鱼"等多起公共食品、卫生安全事件，引发全社会关注，公众安全意识逐步增强。针对以上情况，以某报评论员的角度写一篇评论员文章。

2. 近年，当高校招生考试过后，就有些地方给当地的高考状元以重奖。对于此举，有褒有贬。请就此事给报纸的专栏写两篇主题不同的短评。

3. 结合下列材料，就"读书与读网"这一话题写一篇述评，字数在500左右。

每年的4月23日，是"世界读书日"，对于这样一个全球性节日，可能知道的学生并不多，他们可能更清楚"情人节"、"圣诞节"这类娱乐性更强的全球节日。有的中学生审题会出错，有的大学生连某些常见的汉字都不认识，有些人不认识繁体的"樂"字，更有甚者连自己国家的一些历史都不清楚。这些事例，与读书不无关系。

人们正在远离传统的阅读方式。据调查，中国人每年每人读书仅为 4 本。不读书的人群中有一半左右是青少年。当学业的重担压得他们透不过气来，甚至书包都需要用行李车去拖时，他们哪有时间读书？当父母不能跟他们进行精神交流，不能给予足够的心理关怀，兴趣得不到多元化开发时，他们的兴趣就只能投入到看电视、网聊、打游戏上面。

伴随读书率下降的是读网率的上升。网络作为一个信息高度饱和的场所，人们很容易停留在表象，只作跳跃式的阅读，人们获取的信息是不连贯的。信息只是由文字、图像、声音等表现形式提供的一种素材，而知识则是信息经过汇总、思考、验证后的经验总结。读书带给人们更多的是知识，读网带给人们更多的是信息，这也是二者本质上的区别。

良莠不齐的图书市场也是读书率下降的另一个原因。虚高的书价、低劣的纸质、注水的内容，一些作者和出版商没有把注意力放在图书的内容上，而是放在图书的形式上、如何圈钱上。去书店逛逛，会发现成堆的教辅材料，满架子的励志、科幻小说。人们要找到一本自己喜欢的书，确实不容易。

第8章

学术论文写作

8.1 学 术 论 文

学术论文，也称科研论文，简称论文。它是对某一学术课题进行专门探讨和研究，发表自己的学术见解、表述科学研究成果的应用文。学术论文是某一学术课题在实验性、理论性或观测性上具有新的科学研究成果或创新见解和知识的科学记录；或是某种已知原理应用于实际中取得新进展的科学总结，用以提供学术会议上宣读、交流或讨论；或在学术刊物上发表的文章。高等学校学生所写的学位论文、毕业论文、学年论文等，也是一种学术论文。

学术论文应用范围很广。人们在各个领域都会有一些新的发现、新的发明、新的创见，这些新的发现、发明和创见，常常需要通过学术论文的形式将其表述出来。随着现代科学技术的进步，学术论文与人们的关系越来越密切，因此学习撰写学术论文，对于推动社会发展和科技进步有着重要意义。

8.1.1 学术论文的特点

（1）科学性。学术论文必须具备科学性，这是由科学研究的性质所决定的。写作学术论文的目的就在于运用科学的原理和方法去反映和揭示事物发展的客观规律，探寻客观真理，使之对人们认识世界和改造世界产生指南作用。学术论文的科学性体现在：立论上，要求不带有个人偏见，从客观实际出发，反映事物的发展规律，从实践中得出正确结论；论据上，要求深入调查，尽可能多的占有资料，材料真实，数据可靠；论证上，要求通过对论题作周密的思考、深入的研究和分析，然后运用逻辑思维加以论证，准确地表达作者的学术观点和主张。

（2）创见性。学术论文反映了人类探索自然奥秘或真理的进程，其价值主要体现在创见性上。它往往是对某个领域、某个项目、某个问题进行深入的研究和探讨，提出自己新的观点、新的主张、新的发现，从而推动科学技术的不断发展。因此学术论文要把作者创造性的劳动有效地表达出来，有所发现，有所发明，有所创造。如果学术论文没有创造，没有新的成果，只是一味地重复、模仿前人的研究成果，就失去了学术论文的价值。

（3）理论性。学术论文反映的是科学理论，从问题的提出、分析和解决都要围绕中心，通过严密地抽象和概括，阐述事理。这就要求论文的作者运用科学的原理和方法去分析或解决这些问题，不能满足于一般的排列现象，堆砌材料，就事论事。因此，作者必须在大量占有材料的基础上，从对事物的表面认识上升到对事物的理论认识，从感性到理性，找出规律性的东西，进而得出科学的结论。

8.1.2 学术论文的类型

由于学术论文的内容与性质不同，研究领域和方法也不同，因此学术论文有不同的分类方法。按研究领域划分，可分为社会科学论文和自然科学论文两大类。按研究方法划分，可分为理论型论文、实践型论文、描述型论文、设计型论文。按研究的专业内容划分，可分为经济论文、科技论文、历史学论文、法学论文、医学论文、文学论文、语言学论文等。按写作目的和社会功能划分，可分为各学科领域中专业人员写的学术论文和高校学生写的学年论文、毕业论文及学位论文。

1. 各学科领域中专业人员写的学术论文

各学科专业人员写的学术论文，是指各领域的专业人员为表述自己的科学研究成果而撰写的论文。这种学术论文有很多，通常提交给科研部门或发表在杂志、报纸上。它反映的多是本学科的最新研究成果，体现了学科最新的前沿科学技术水平及其发展动向。这种论文对促进社会进步和科学事业的发展，具有重要的作用。这种论文是评聘专业技术职称的主要依据之一。

2. 高校学生写的论文

（1）学年论文。学年论文是高等学校学生经过了一段时间的学习后，在教师的指导下，将自己对某一问题的研究心得和体会写出来。写作学年论文的目的就在于使学生初步学会运用专业知识进行科学研究的方法。这种论文，题目往往较小，篇幅不是很长，涉及问题的面也不是很宽，只要对某个问题论述清楚即可。

（2）毕业论文。毕业论文是高等学校应届毕业生的总结性独立作业。目的在于总结学生在校期间的学习成果，培养其具有从事科学研究工作或担负专门技术工作的初步能力，综合运用所学基础理论和专业知识去分析和解决实际问题。毕业论文的题目较学年论文要大一些，深一点，有较强的学术性和理论性。

（3）学位论文。学位论文是学位申请者为申请学位而撰写的论文。它表明作者从事科学研究取得创造性的结果或有了新的见解，这种论文是考核申请者能否授予学位的重要方面。学位申请者如通过规定的课程考试，而论文审查或答辩不合格者，仍不能授予学位。学位论文分学士、硕士及博士三级。

以上这几种论文在写作上有一定差别，但在结构上基本相同。

8.1.3　学术论文的格式

根据国家标准 GB 7713—87《科学技术报告、学位论文和学术论文的编写格式》要求，学术论文由标题、署名、摘要、关键词、前言、本论、结论、致谢、参考文献、附录及其他等 10 个方面的内容构成。

1. 标题

标题又称题目，是对文章内容的高度概括或是对学术研究过程或成果的直接阐述。中文标题以 20 字以内为好，英文标题一般以 10 个左右单词为宜。

学术论文的标题一般有 3 种类型：一是以研究对象或研究范围为题，如《试论港城文化资源的旅游价值》，这类标题最为常见；二是以研究结果为题，论文的标题即是文章的论点，如《调动职工积极性，必须重视人的情感因素》；三是正副标题，将以上两种形式结合起来，如《象牙塔内的困惑与思考——浅谈大学生心理障碍与心理保健》。

标题要求简明概括、准确恰当、引人注目。标题既不要用口号式、口语化语言，也不要用艺术加工的文学语言。

2. 署名

作者署名一般署在文章标题正下方，要求用真实姓名，不用笔名。有时还要在下一行标明作者所在单位名称和邮政编码。署名一则表明作者对研究成果拥有著作权，是其辛勤劳动的体现和应得荣誉的象征；二则体现了作者的责任感，表明作者要对论文的观点、数据、社会效益等负责；三则便于读者与作者进行联系。

署名的方法一般为：个人的研究成果只需个人署名；集体的研究成果应按贡献大小，先后署名；在集体研究成果基础上撰写的，个人只能以执笔人的身份署名。署名一般不能超过4人，如果人员过多，可先将主要人员的姓名署上，其余可在前言或结尾处表明。

3. 摘要

摘要是论文内容高度客观的概述，位于署名之后，前言之前。报告、论文一般均应有摘要，为了国际交流，还应有外文（多用英文）摘要。

摘要既是一篇完整的短文，也可以独立使用。摘要的目的，一则是为了便于科技情报工作或资料工作者做文摘或索引；二则为了方便读者概略地了解论文的内容。摘要的内容要素一般包括：研究范围和目的、主要内容和方法、结果和结论等。写摘要时不列举例证，不用图、表、化学结构式，不加注释，也不用自我评价。一般中文摘要不超过 200～300 字，外文摘要不宜超过 250 个实词。

摘要一般都是在文章的其他部分完成后提炼出来的。

4. 关键词

关键词，又称主题词。是从论文中选出的起关键作用的、最能说明问题、代表论文内容特征的名词性词组或术语。其目的是为文献检索提供方便。

关键词置于摘要的下面，一般可选 3～8 个。如有可能，尽量用《汉语主题词表》等词表提供的规范词。

5. 正文

学术论文的正文包括绪论、本论、结论三部分。

（1）绪论，也称引言。绪论是全文的开头部分，简要说明研究目的、研究范围、研究方法、主要观点及成果、评价意义等方面的内容。

绪论应言简意赅，不要与摘要雷同，不要成为摘要的注释。一般教科书中有的知识，在绪论中不必赘述。比较短的论文可以只用小段文字起着引言的效用。

（2）本论。本论是论文内容的核心，占主要篇幅，作者的观点和研究成果主要是通过正文表述出来的。在这一部分，作者要充分展开论题，对所研究的课题和获得的成果作详细的表述，进行理论推导和理论分析，通过周密的论证，切实阐明自己的观点和主张。

由于研究工作涉及的学科、选题、研究方法、工作进程、结果表达方式等有很大的差异，对正文内容不能作统一的规定，但必须实事求是、客观真实、合乎逻辑、层次分明、通俗易懂。

（3）结论。结论是论文最终的、总体的结论，是对论文的全面概括，是在论文研究结果的基础上进一步得出的科学结论，是论文的价值所在。结论应该准确、完整、集中、精练。

6. 致谢

致谢是对论文写作中曾给予自己支持、指导和帮助的相关人员或部门表示谢意的文字。致谢的对象有：国家科学基金、资助研究工作的奖学金基金、合同单位、资助或支持的企业、组织或个人；协助完成研究工作和提供便利条件的组织或个人；在研究工作中提出建议和提供帮助的人；给予转载和引用权的资料、图片、文献、研究思想和设想的所有者；其他应感谢的组织和个人。

致谢一般写在正文后，言辞应恳切朴实，实事求是。

7. 注释

论文中生僻词语、引述别人著作等，应加注释。注释应统一编流水序码。文中注释序码和文尾注释序码相同。

8. 参考文献

论文篇末附参考文献，这是传统的惯例。论文中凡参阅和引用他人论文、报告中的观点、材料、数据和研究成果等，均应列出出处。列出参考文献的目的，不仅是便于读者查阅原始材料，也是对他人劳动成果的尊重。参考文献一般包括图书、期刊、专利文献及未发表的论文、报告等。

参考文献应依次标上序码、作者姓名、书或杂志的名称［文献类型标识］、出版地、出版社、出版年等。参考文献（即引文出处）的类型以单字母方式标识：M——专著，C——论文集，N——报纸文章，J——期刊文章，D——学位论文，R——报告，S——标准，P——专利；对于不属于上述的文献类型，采用字母"Z"标识。常用的参考文献格式如下。

（1）专著：袁行霈. 中国文学史［M］. 北京：高等教育出版社，1999.

（2）期刊文章：王茂林. 从执政党的地位看加强党的作风建设［J］. 求是，2001（20）：5－7.

（3）报纸文章：张金修，徐德学. 抓住核心问题，加强作风建设［N］. 光明日报，2002－10－29（1）.

【示例 8－1】

新形势下群众监督问题解析

王庆军

摘　要：群众监督的权利源泉是宪法理论，群众监督的权利地位至少应与权力相等。新形势下我国群众监督存在着诸多难点问题，即群众监督知政悉情难，群众监督问题解决难，群众监督自身处境难等。究其原因有：存在薄弱的群众监督意识，没有健全的群众监督制度，缺乏群众监督的权利效力。因此，解决群众监督难问题必须坚持以邓小平理论和"三个代表"重要思想为指导，强化群众监督意识，完善群众监督制度，优化群众监督环境，选择合理适当的群众监督方式。

关键词：群众监督　权力地位　难点问题　原因分析　对策思考

群众监督既是社会主义监督体系的重要组成部分，也是群众参与政事、管理国家事务、行使民主权利的基本形式。从本质上看，社会主义监督机制的实现都是建立在群众监督基础上的，有无群众监督、群众监督的程度如何，直接关系到我们党和政府与人民群众的血肉联系；直接关系到"依法治国"建设社会主义法治国家的根基。因此，在新的历史条件下，我们必须重视群众监督问题，加强群众监督问题研究。

一、群众监督的权利源泉、地位和作用

群众监督是公民个人或群体，依照法律规定对国家机关及其公务员制定和执行各项制

度、方针、政策以及他们的工作所进行的监察和督促。即以实现民主政治、保障人民民主权利为目的，以广大公民个人和群体为主体，以所有国家机关及其公务员为对象，以批评、建议、检查、检举、揭发、申诉、罢免、报道、听证、复议等权利的行使为手段，以具体的群众监督活动为内容，对行使公权力的行为所实施的监督。

长期以来，人们把国家监督视为"正宗"，而将群众监督视为"另类"，监督被认为只能是"以上临下"而不可能相反，事实上，现代社会中的大多数国家不仅早就将人民对于公权力的制约列入议事日程，作为防止和克服权力腐败和权力滥用的主要手段，而且进行了卓有成效的制度建设，并拥有宪法和法律的依据。在我国，宪法就明确规定："中华人民共和国的一切权力属于人民。""人民依照法律规定，通过各种途径和形式，管理国家事务，管理经济和文化事业，管理社会事务。""全国人民代表大会和地方各级人民代表大会都由民主选举产生对人民负责，受人民监督。""中华人民共和国公民对于任何国家机关和国家机关工作人员，有提出批评和建议的权利；对于任何国家机关和国家机关工作人员的违法失职行为，有向有关国家机关提出申诉、控告或者检举的权利。""对于公民的申诉控告或者检举，有关国家机关必须查清事实，负责处理，任何人不得压制和打击报复。"除宪法规定外，我国还先后制定了《刑事诉讼法》、《行政诉讼法》、《民事诉讼法》以及《信访条例》和《人民检察院举报工作规定》等法律、法规，以具体保障人民群众的监督权利。可见，我国广大人民群众所享有的监督国家机关及其工作人员的权利是不可剥夺的"法定权利"，而国家机关及其工作人员接受群众监督的义务是必须承担的"法定义务"。即群众监督权利的源泉是宪法理论，群众监督权利的地位至少应与权利相等。任何国家机关及其工作人员在任何时候、任何情况下都必须认真倾听群众呼声，积极反映群众意见，自觉接受群众监督。

接受群众监督是马克思主义唯物史观的具体体现，是我们党的性质和宗旨的内在要求，同时也是我们贯彻落实"三个代表"重要思想的保证。只有接受群众监督，才能真正坚持马克思主义，用发展着的马克思主义指导群众监督实践，用科学的理论解决群众监督问题；只有接受群众监督，才能始终具有坚如磐石的群众基础，才能在改革发展种种难以预料的复杂情况下，认识新事物，驾驭新趋势，把握新规律，解决新问题；只有接受群众监督，才能始终保持同人民群众的血肉联系，真正成为广大人民群众根本利益的忠实代表，把切实满足人民群众的经济、政治文化利益的需要落到实处；只有接受群众监督，才能赢得人心，赢得全局，使改革开放和现代化建设获得最有力最坚实的保障。

我们能不能自觉地、虚心地接受群众监督，是对人民群众的态度问题，同人民群众的关系问题，也是对人民公仆是否具有民主意识和群众观念的检验。我们任何时候都必须坚信"人民，只有人民，才是创造世界历史的动力"。人民群众是社会实践的主体，是物质财富和精神财富的创造者，是推动历史发展的决定力量。我们在一切工作中都要相信群众，依靠群众，尊重人民群众的创造，接受人民群众的监督。唯有善待民意，虚心接受监督，我们的事业才能立于不败之地。

二、当前群众监督问题的主要难点

党的十一届三中全会以来，特别是近些年来，党和政府为了使广大人民群众真正享有法定的监督权利进行了不懈的努力。先后建立了各种监督机构、制定了各种监督制度，并在实践中取得了可喜的成就。但是，在缺乏政治民主土壤，缺乏市场经济积淀，缺乏平等开放观念的我国社会主义初级阶段，广大人民群众所享有的法定监督权利并不意味着能够在国家社会生活中真正地得到实现。现实中的群众监督还有许多不尽如人意的地方，广大的人民群众亦深深感到现实中的群众监督很难。那么，群众监督问题究竟"难"在哪里？概括起来，主要有以下三难。

一是群众监督知政悉情难。群众知政悉情是搞好群众监督的一项重要原则，我们的国家机关及其公务员的一切政务活动和行政行为除了涉及党和国家机密外，都应当在这个原则下向群众公开，让群众知晓。然而，我国传统的行政监督体系，几乎都是在行政机关之间和行政机关内部进行，"内部行政"、"秘密行政"极为流行。国家机关不负有向群众公开文件、决定、财政、工作制度和工作程序等义务，使得有些国家机关办事透明度不高，应该公开的也不公开，深藏不露、秘而不宣；应该向社会公开的，只在内部公开，搞内部掌握；应该全部公开的只公开一半，犹抱琵琶半遮面，若明若暗，广大人民群众不能充分享有全面了解、控制和监督社会运行过程中每项社会活动和自身利益等社会活动的权力。而相反，国家权力活动却在奉行神秘主义原则，搞暗箱操作，随意性、专断性极强。这种不透明的神秘主义原则，决策的宣示性，职权者的责任模糊，隐蔽行为的进行过程等，使得广大群众不能对政府行为提出建议和反对，群众极为不满。

二是群众监督问题解决难。在群众监督中，群众的监督权与参政权、保障权、防卫权、救济权是互为一体的，人民群众直接接触各种事件和行为，对政府活动、公务行为了如指掌，且往往成为不法行为的直接受害人。也正因为如此，群众监督跨出了抽象的、应然的理性范畴，而更为关注现实问题的解决。但是我们的某些国家机关官僚主义习气严重，工作作风不实，对群众提出的批评、建议、控告和申诉不仅不正视问题的调查、核审和处理，而且有消极抵触情绪，采取不合作、不支持、不接受的态度。有时"群众来信数十封，长年累月没回音"，甚至进行反调查，故意绕开最基本的事实而抓住个别环节及群众监督过程中的某些偏激词句纠缠不休。对于十分明显的而且非常严重、影响较大的错误，也千方百计加以辩解、掩饰。有的只做检查，不解决问题；有的采取"拖"的策略，一拖就是几个月甚至几年，使群众监督的问题迟迟得不到解决。

三是群众监督自身处境难。虽然我国宪法明确规定，群众监督受法律保护，任何人不得压制和打击报复。可是现实中的群众监督制度的设计总是被动地受到掌权者的破坏，公共权力的膨胀仍然困扰着我国政治、经济、社会的发展和进步，也仍然妨碍着甚至侵犯着人民享有的各项法定权利。特别是当群众对国家机关及其公务员提出批评、建议，或者检举、揭发、申诉、控告国家机关及其公务员的违法行为时，一些国家机关和公务员往往通过法律赋予他们的执法权限，所获得的自由、独立、权威的规制权和裁定权，通过发布指令、制定政策、审批项目、颁发执照、强制裁决、政纪处理等方式，控制群众监督活动，对提出批评、建议，或者检举、揭发、申诉、控告的群众打击报复，甚至用卑劣的手段加以迫害。有的被造谣中伤，有的被雇用的社会流氓毒打，还有的被制造伪证上诉法院而关进牢房。这既给群众监督带来了干扰和破坏，也给广大群众造成了许多精神压力。

上述群众监督的难点问题已经严重地制约了群众监督的进一步发展，它破坏了社会公平，败坏了社会风气，伦丧了社会道德，甚至威胁着国家政治制度和社会秩序的稳定，我们的党和政府必须高度重视。

三、形成群众监督难问题的原因分析

上述群众监督难的问题，固然有着深刻的政治、经济、文化根源，其影响因素很多。但笔者认为，在诸多的影响因素中，以下几个方面则是群众监督难问题产生的主要因素。

第一，存在薄弱的群众监督意识。群众监督意识包括监督者积极参与监督的意识和被监督者诚恳接受监督的意识，而由于历史和现实的原因，这两种意识均比较薄弱。从国家机关内部来看，影响群众监督的主要障碍是部分领导干部自视高明，居高临下，脱离群众，不能与广大人民群众同呼吸共命运，甚至认为自己是领导干部、国家公务员，对党的方针、政策学得多、吃得透、理解深、觉悟高、不需要监督；更为严重的是封建特权思想严重，不习惯、不愿意或不接受群众监督，认为群众监督只不过是说说而已，真正起作用的不多。因此，不重视、不支持群众监督，把群众监督当作摆设，装装门面。而从人民群众自身来说，影响监督的障碍则主要是广大人民群众对国家机关及其公务员的监督缺乏积极性和主动性，认为群众监督领导是自寻倒霉，只有当他们的自身利益受到直接侵害时，才会投诉告状。这种不成熟的社会意识导致群众监督难的问题恶性循环，他们不是把政府官员的腐败看作是可憎的错误，而是随波逐流、听之任之，甚至助纣为虐，结果使得原本群众监督难的问题变得难上加难。

第二，没有健全的群众监督制度。群众监督活动的正常开展，有赖于国家接受群众监督从形式到内容的各项制度的完备和健全。虽然我国在现阶段强调有法可依，有章可循，要依法行政，按章办事，可在事实上，对于"法律、法规"这一治理控制社会的最为强大的手段仍然是忽视的。在我国的宪法和其他法律文件中尽管都有关于人民群众监督的条文，但都比较概括和笼统。在立法上很少具体规定它的权能、内容、范围、程序和方式，在学理上也鲜被探讨。许多群众监督的形式在实际运作过程中过于灵活、弹性、无程序性保障，特别是关于群众参与监督的性质、地位、作用、基本原则以及方法和途径等都缺乏系统的依据和法律保障。时常依据的仍然是党的政策和行政文件，监督的制度化、正规化受到阻碍，有些国家机关甚至对群众监督予以忽略，不将其列入监督制度之中，使群众监督的对象和目的均具有一定的随意性。

第三，缺乏群众监督的权利效力。群众监督与国家监督相比，其中立法机关的撤销法律、行政机关的行政处分、人民法院的司法判决均具有国家的强制力保障，可直接引起处理甚至制裁的法律后果。而群众监督则是自下而上的非国家权力性质的监督方式，未被赋予国家权力，不具有国家权力的权能，监督的法律后果也不具有特殊的强制性，尽管广大人民群众可以行使批评建议权、控告权和申诉权等法定权利，但它有赖于国家机关的接受和人民法院的判定，自己不能直接行使处理权、纠正权、惩罚权，因而无法强行使得被监督者接受约束，被监督机关也不具有必须执行或强制执行的直接法律后果，监督结果往往失去效力。特别是当群众的监督权利和国家权力发生矛盾的过程中，国家机关往往拥有一种可能使用的垄断力量，而群众监督权利的行使却有许多附加的条件，使得群众监督的权利仅有社会的承认，而缺乏国家权力的支持。人们口头上将群众监督的地位、意义抬得很高，实质上却忽视了它的权威性和约束力，权利不能制约权力。

当然，对"群众监督难"问题也要辩证地看。其实，群众监督不仅过去难、现在难，今后也难；不仅中国难，其他国家也难。"难"是群众监督工作的重要性、必要性的必然反映，世界上凡是重要的事情都是很难的，这是一个规律。群众监督正因为十分重要，所以做起来难是当然的，"难"是群众监督在社会上、在公众中产生强大的影响力、震撼力所必然要带来的结果。也正因为群众监督影响广泛、震撼强烈，使不良行为置于群众的谴责之下，引人关注，使被监督者难堪、害怕，这就极大地增加了监督工作的难度。但是，从另一个角度看问题，"难"则是好事，它使我们看到此项工作不仅重要而且必要。作为群众监督的主体，对群众监督"难"要用辩证思维的方式来认识，同时要有充分的素质准备、精神准备和工作准备，要认真履行党和人民赋予的神圣职责，挺直腰杆，迎难而上，敢于碰硬。

四、解决群众监督难问题的对策思考

为了保证群众所享有的监督权利在国家社会生活中能够真正地实现，我们必须坚持以邓小平理论和"三个代表"的重要思想为指导，坚持党的群众工作路线，把实现人民群众的根本利益作为我们一切工作的出发点和归宿，并采取相应对策，以增强群众监督效果，提高群众监督质量。

第一，强化群众监督意识，即强化监督者积极参与监督的意识和被监督者诚恳接受监督的意识。首先，作为被监督者的国家机关和公务员必须对群众监督有正确的认识态度，为群众提供参与监督、敢于监督的有利条件。同时在主观上要解决好两个问题：一是要摆正自己和群众的位置，牢固树立正确的权力观、地位观和利益观。时刻牢记自己是一名"社会公仆"和"人民的勤务员"，坚持执政为民，勤政廉政，自觉抵制各种腐朽思想的侵蚀，做到一身正气、一尘不染，以共产党员的高风亮节和人格力量去影响和带动群众。二是要正确对待群众的批评与监督，当群众的批评和监督在方法上简单或者某些情节有出入时，要做到"有则改之，无则加勉"。采取"闻过则喜，从善如流"的态度，绝不能"闻过则跳，打击报复"。其次，对于监督者自身来说，要提高政治思想素质，增强法制观念，学会运用法律赋予的诸多监督权能去实现政治上的国家管理权，经济上的财产契约权，人格上的不受侵犯权。特别是当自己的上述权利受到侵犯时，更要学会正确地主张和维护自己的合法权利，努力克服依附心理、畏惧心理和盲从心理；树立坚定的法律信仰，维护法律的尊严和权威；形成坚持真理，不畏权势，刚直不阿的品质。

第二，完善群众监督制度。制度带有根本性、强制性和长期性，只有制度才能保证人民群众监督的权力、监督的范围、监督的渠道、监督的方式和监督的效果。当前，首先应制定好《人民监督法》，将规定在各层次、各阶位的法律、法规和规章中的有关群众监督问题的零星条款统辖在规范性的法律文件之中，集中规范群众监督主体和监督对象之间的权利、义务关系。特别要对群众参与监督的性质、地位、作用、基本原则、职能、权限、程序、方法和途径做出基本的界定，使人民群众的监督权利真正获得法律保障。其次要修订《人民信访条例》，改造现行条例中的模糊性标准，解决现行条例中的不具体、不明确、不完整、不配套、不协调的问题，详细规定群众举报、投诉、接待以及期限处理等各项具体制度，进一步畅通群众监督渠道。再次要完善群众听证制度，进一步扩大群众听证制度的应用。并就群众听证的范围、听证的形式、听证的程序、听证的效力做出规定，以建立一种合理的权利与权力的关系。最后还应坚持和推行职工代表会、村民代表会、居民代表会制度，政务公开、财务公开制度，群众意见建议征集制度，干部收入或财产申报公布制度，群众评议领导干部制度，社会承诺服务制度，群众代表咨询制度，群众监督员制度，群众监督奖励制度等，并不断地制定一些新的制度，以增强其操作性和执行力度，从而进一步提高政治透明度，减少权力运行的随意性，保证群众的知情权、参与权和监督权，使群众依靠制度监督国家机关及其工作人员，国家机关及其工作人员遵照制度接受监督。

第三，优化群众监督环境。群众监督不仅需要强化群众监督意识，健全群众监督制度，还需要社会为其提供充分的政治、经济、文化土壤，需要民主的、稳定的外部环境、条件予以支撑。首先，国家要创造一种稳定的民主政治环境，通过建立基本的政治制度，形成上下沟通的交流渠道，来规范国家和社会的重大活动。做到重大政策要让人民了解，重大决策要与人民协商，重大行动要让人民参与，重大失误要向人民交代，并采取以下措施。①吸收广大群众参加国家管理活动，直接听取公民对于行政管理和行政执法活动的意见，让广大公民个人或群体以不同的形式和程序，通过书面、口头磋商、会谈等方式表达自己对行政管理和执法行为的评价。②公开规范性法律文件和国家有关政策，使广大群众了解政府的各项活动，并将自己的利益要求告知有关国家机关。③实行定期工作报告制度。任何国家机关、企事业单位的重要决策，重大事项都应当向群众或职工报告，当前特别要进一步完善职工代表大会制度。④国家机关主要负责人要坚持群众路线，深入基层调查研究，面对面地与群众交换意见，接受来自群众的询问、批评、意见和建议，对那些群众广泛关注、普遍呼吁、反映强烈的问题要心中有数，帮助解决。⑤实行民主公开用人制度，特别是关系国家权力运作和"老百姓"利益的公务员选拔、考核、管理、奖惩、任免、待遇等问题应首先公开。在时机成熟时，可考虑制定《政务公开法》，以进一步推进政体改革。其次，国家要在市场经济价值规律的作用下，强调平等竞争、主体利益、法定权利和诉讼救济，将政府与人民的关系法制化、互控化。国家机关及其公务员要克服官本位思想、人治思想、特权思想、腐化思想和鄙视群众的思想，牢牢把握马克思主义的群众观点和党的群众路线。越是改革开放，越是发展社会主义市场经济，就越要紧紧依靠人民，把最广大群众的积极性、主动性、创造性调动好、发挥好、保护好，从人民群众中汲取聪明才智和推动事业发展的巨大力量。并在群众反抗权力扩张、滥用、违法、腐败的过程中，创造群众监督与新闻媒介、国家司法、监察等部门紧密配合的机会和条件，帮助群众构建群众监督网络体系，以强化群众监督外部控制的手段和措施。此外，国家还应在强化群众监督外部控制手段措施的同时，形成道德谴责的强大力量，使国家机关及其公务员识别自己行为的善与恶、正义与非正义、高尚与卑劣，建立权力行使的、内在的、自我控制的心理防线。

第四，选择合理适当的群众监督方式。在权利和权力"情有独钟"的社会里，群众监督不是用于束缚人们手脚之物，而是发扬社会主义民主精神的体现。我们反对以"监督"名义大动干戈或影响国家机关的正常运行，或带来社会的冲突与动乱。我们必须站在法治现代化和制度化、多元化的立场上，站在民主政治和自治程序的立场上选择合理适当的群众监督方式。因此，在群众监督过程中，我们要防止两种倾向：一种是"大民主"，夸大监督权利而失去约束，把监督活动建立在因人而异的异己力量基础上，把监督标准降低到个人私利的基础上，破坏社会的整体利益；另一种倾向是政治整顿带来的危险性。中国长期以来受"左"的思想指导，政治运动太多、太烦，"群众斗群众"也成为时髦的做法，结果削弱了民主与法制的威力，也破坏了正常的权力制约和监督。在这方面，我们不能重蹈覆辙，而应在历史的经验中吸取深刻的教训。同时，国家也应关注指导广大群众对监督方式的选择，对公民的政治素养、道德品质、经验能力、专业知识、个性心理、行为方式等进行启蒙、启迪和塑造，使人民群众的监督从自发走向自觉，从被动走向主动，从零星走向完整，从浅薄走向深入。

笔者深信：当广大群众真正能够熟悉法规、熟悉政策、熟悉监督对象的业务活动，了解监督信息，把握监督方向，明确科学方法，做出正确结论之时；当我们的国家机关及其工作人员都能认真贯彻"三个代表"的重要思想，树立群众是历史创造者的观点，树立权力是人民赋予的观点，对上负责与对群众负责相一致的观点，真正成为广大人民群众根本利益的忠实代表之时；我国的群众监督难问题必将得到彻底解决。

参考文献

［1］江泽民. 全面建设小康社会，开创中国特色社会主义事业新局面：在中国共产党第十六次全国代表大会上的报告［M］. 北京：人民出版社，2002.

［2］论邓小平的群众监督思想［J］. 毛泽东思想研究，2003（3）.

［3］群众监督与社会主义民主［J］. 江西社会科学，2003（9）.

［4］群众监督是反腐败的基石［J］. 湖北社会科学，2002（5）.

［5］王茂林. 从执政党的地位看加强党的作风建设［J］. 求是，2001（20）：5-7.

［6］张金修，徐德学. 抓住核心问题，加强作风建设［N］. 光明日报，2002-10-29（1）.

［7］温龙. 论社会主义民主政治建设的公民监督［J］. 理论视野，2001（1）：31-32.

［8］母文华. 当前我国公民法律意识现状及成因分析［J］. 内蒙古民族大学学报，2001（2）：85-88.

［9］袁祥生，何琦. 民主法制建设的成功实践［J］. 民主法制建设，2001（10）：4-5.

［10］刘清元. 试析影响法律的行为之因素［J］. 兰州学刊，2001（5）：43-44.

［11］林吉吉. 权力腐败与权力制约［M］. 北京：法律出版社，1997.

［12］陈卫东. 腐败控制论［M］. 北京：中国方正出版社，2000.

［13］汤唯，孙秀萍. 法律监督论纲［M］. 北京：北京大学出版社，2001.

▶ 写作训练 ◀

一、试对本节所选的例文进行分析，看看例文的格式是否符合规范。

二、在报刊上选一篇专业论文，从材料的选取和论证方面加以分析，评论其写作特点。

8.2　毕业论文的写作与答辩

毕业论文是高等院校应届毕业生为完成学业，综合运用所学专业的基本理论、基本知识和基本技能对某一问题进行专门探讨和研究后写出的表述科学研究成果的文章。

毕业论文是高等院校毕业学生总结性的独立作业，它不仅是大学阶段全部学习成果的总结，而且也是高等教育必不可少的环节。作为独立作业的毕业论文，它不像平时考试那样，使学生被动地接受考核和技能训练，而是使学生主动地获得独立分析、解决问题的能力，培养学生的科学研究能力。因此，高校大学生必须学会撰写毕业论文。

8.2.1　毕业论文的特点

由于毕业论文的写作目的、用途、内容和发表形式与学术论文有所不同，因而除了具备学术论文的特点，还形成了自己的一些特点。

（1）专业性。毕业论文写作是检验大学生运用所学知识分析问题、解决问题的能力，因此，学生在撰写毕业论文时要符合不同学科和专业的要求。大学生在校所学的专业不同，他们所掌握的基础理论、专业知识和基本技能自然也有很大的差异，反映到毕业论文上就必然带有明显的专业性特点。

（2）指导性。毕业论文是高校毕业生毕业前的最后一次作业，它离不开教师的帮助和指导。对于指导学生如何选择论文题目，审定论文提纲，指导学生修改论文初稿，直到最后定稿，教师倾注了大量的心血。所以，在写作毕业论文时，学生要虚心接受教师的指导。

（3）习作性。高校毕业生撰写毕业论文，其目的是为了培养具有综合运用所学知识解决实际问题的能力，为将来工作做好准备。它是在教师指导下独立进行科学研究的一种实践活动，是通过分析和解决一个理论或实际问题，把知识转化为能力的一种训练，所以说它是一种习作性的学术论文。

8.2.2 毕业论文的写作

毕业论文的写作格式与学术论文的写作格式基本相同，下面主要介绍毕业论文的写作程序。

1. 选题

选题，即选择研究的课题。所谓课题，是指科学研究围绕其进行并力求能获得结果的问题。确定选题是写作论文的第一步，而且是非常至关重要的一步。因为只有选择了有意义的课题，才有科学价值和实用价值，才会有好的效果。如果选择的课题没有什么意义，即使花了很大的精力，研究得再好，也还是毫无价值可言。可以说，选题是否得当，是决定一篇论文成败的关键。

毕业论文的选题一般有两种方式：一是从老师命题的题目中选；二是从自己接触、有兴趣的问题中选。多数学生采用第一种选题方式，因为指导教师根据学生所学专业以及科研工作经验，往往拟就了几十个乃至几百个题目经教研室讨论确定后向全体学生公布，让学生从中选取。这种方式既能避免选题失误，又可扬长避短。第二种选题方式则有利于发挥学生自己的学识和才智，少数学习成绩优秀并有一定科研能力的学生，经教师同意后，可采用这种选题方式。但不管采用哪一种方式，都应遵循以下原则。

（1）科学性原则。所谓科学性原则，就是选择的课题本身要有价值，符合最基本的科学原理和客观实际，符合专业培养目标的要求。科学性原则是科学研究工作中必须遵循的一条重要原则。一切发明创造，都必须以科学性为基本依据。也就是说选题必须建立在总结过去有关科学实验成果和理论的基础上，离开了这个基础，任何重大发明和发现都只是空想而已。一般说来，在各个科学领域中，总有一些亟待解决的问题。有的是关乎国计民生的重大问题；有的是该学科发展中的关键问题；有的虽然是一般问题，但迫切需要解决，使人们得到正确的认识；有的则是前人不曾提出或虽提出但尚未解决的。选择这样一些课题进行研究，当然是有科学价值的。

（2）客观性原则。客观性原则是从客观需要来说的，选题必须面向社会，解决现实生活中的实际问题。这一原则体现了科学研究的目的性，即一切科学研究都是为了社会的进步和科学的发展。当前，我国正面临着经济基础和上层建筑的全面改革，有许多新的问题、新的矛盾需要我们去研究、解决。如经济领域中的经济体制改革问题；教育领域中的教育改革、教育体制问题；新时期人们的法制观念问题；高校大学生的心理问题；等等。这些问题都是迫切需要回答并解决的，选择这些题目就是具有社会意义和应用价值。为此，要抓住社会的热点、难点和焦点，结合本专业的发展现状和动向，选出能够解决实际问题的、具有现实意义的课题来。

(3) 可行性原则。所谓可行性原则，是指选题时要根据自身条件来选择和确定课题。自身条件，是指研究者的知识结构、专业基础、兴趣爱好以及时间长短等。每个研究者的自身条件是不同的，选择与自己专业有关、有兴趣的课题，不仅会带来研究热情，而且也能使我们有较好的研究基础，容易完成论文的写作。反之如果缺乏专业基础或者不感兴趣，硬要去研究，即使题目选定了，也难以写出高质量的论文来。此外在选题时还要注意所处的环境、所能提供的图书资料条件、实验仪器设备等，只有充分考虑这些因素，才能扬长避短，选出恰当的题目来。

2. 搜集材料

当题目确定后，就要用较多的时间和精力去做搜集材料的工作。材料占有得越充分，问题的面貌也就越清楚，才有可能形成论点，找到问题的正确答案。怎样去搜集材料呢？一般有以下几种方法。

(1) 利用图书馆或上网查阅。文字记载物通常指书籍、报纸、杂志等，它们大都放在图书馆或各种网络中，因此利用图书馆或上网查阅图书资料是进行科学研究、写学术论文搜集资料的基本方面。每个搞研究的人只有不断探索，通过查询各种书籍、报刊，从中获得资料进行研究，然后才有可能在科学上做出新的贡献。

(2) 做实地调查。在科学领域，有许多课题，仅仅靠利用图书馆或网络得到的资料进行研究是不够的，还必须做实地调查，从社会生活和社会实践中去获取。经过实地调查，能使我们对研究的对象有深入的了解，细致的把握，能获得最真实可靠、最丰富生动的第一手资料。

(3) 观察和实验。观察、实验是人们对客观现象进行有计划的、周密细致的感觉活动，实验可以说是在条件控制下所进行的观察。观察和实验常常是结合在一起进行的，因为这两者都是搜集科学资料和数据，获得感性知识的基本途径，是形成产生、发展和检验科学理论的实践基础。在科学研究中，特别是自然科学研究中，观察和实验占有重要的地位，并常常起到决定性作用。

3. 编写提纲

提纲是毕业论文的框架和设计蓝图，编写提纲是毕业论文进入写作阶段的一个重要环节。作者在确定了论文题目后，接触了一些材料，从对材料的分析中逐渐产生了一些观点、想法。但这些观点和想法还是凌乱的，还不能直接形成自己的论文，这就需要进行周密、细致的思考，提炼出论文的观点，形成一条明晰、畅达、连贯的思路。编写提纲的过程就是梳理思路，提炼观点，形成粗线条的论文框架的过程。有了论文提纲，论文结构的全局就容易把握，从而使整个文章层次清楚，一目了然。

论文的提纲可详可简。简单的提纲只要求概括地提示论文的中心论点及分论点，对如何展开论点不涉及；详细的提纲则要求列出中心论点下的分论点及其有关材料的安排，可以比较清楚地看到全文的梗概。编写提纲的方法很多，但不管采取哪种形式，一般都应包括以下几项内容。

(1) 提出全文的中心论点，并准确、简明地表达出来。

(2) 安排阐明中心论点的各个分论点，即从几个方面，以什么角度来阐述中心论点，为全文的逻辑构成打下坚实的基础。

（3）体现全文的基本结构，即要考虑全文的总安排，从哪几个方面，以什么顺序来论述总论点，这是论文的结构骨架。大的项目安排妥当之后，再逐项考虑每个项目之下的分论点，直到每项下面的段，要写出段旨提要。

（4）统筹考虑各段的安排，把精选的材料分论题、按顺序编码，以便写作时使用。

4. 撰写初稿

毕业论文提纲拟好以后，就可以撰写初稿。撰写初稿就是合理安排结构的问题。毕业论文往往按照学术论文的"基本型"，即提出问题、分析问题、解决问题的逻辑顺序来安排层次，通常分为"绪论—本论—结论"3部分。

1）绪论部分

绪论部分是论文的开头部分。任何一篇论文都有绪论，作用就是统领全文。就长篇论文和涉及某些不常见内容的论文来说，绪论的初步介绍，还能吸引读者阅读本文，使读者明确地了解论文成果的意义、论证将要采用的方法、论点展开的计划等。这部分文字要简明扼要，开门见山，篇幅的分量在整篇论文中所占的比例要小。绪论在写作上往往包括下列内容。

（1）说明研究这一课题的目的、理由和意义。

（2）提出问题，表明作者的见解和观点。

（3）说明作者论证这一问题将要使用的方法。

（4）概括介绍论述的内容或提示问题的结论。

2）本论部分

本论部分反映了作者的研究成果，是论文的主要内容，这一部分要写得具体、详细，精心安排好层次。可根据内容的需要，灵活采用推进式、并列式、综合式这3种不同的结构方式。

（1）推进式。即提出一个论点之后，一步步深入、一层层展开论述，论文的各层意思之间是层层推进、步步深入的关系，前一层内容是后一层的基础，后一层分析是前一层的发展。这样便于深入浅出地展开论述，从现象探求本质，逐层推进，最后得出坚实有力的结论。

（2）并列式。是将总论点分为若干分论点，分论点之间为并列关系。或者先总括起来说，然后一个个分别加以论述；或者一个个分别加以论述，最后再总结。这种结构纲目清楚，内容联系紧密，便于从不同的方面和角度对中心论点加以论证。

（3）综合式。即综合运用推进式和并列式两种结构方式。采用这种结构方式的论文，或者先用推进式将全文划分为几个大层次，再在某个层次中运用并列式的方法进行剖析；或者先用并列式，从各个侧面列出分论点，再在分论点内运用推进式的方法进行论证。一般较长的论文宜采用这种结构方式。

3）结论部分

结论是论文的收束部分，是本论部分分析论证的必然结果，是整篇论文的归宿。结论不是本文论点的简单重复，而是对本论部分的强调、补充和提升。如果正文中已把问题论述清楚了，结论可以不写，但必须让读者能从内容上感到确有结论。毕业论文的结论可包括以下几个方面内容。

（1）对论文的概括总结。

（2）论证得到的结果。

（3）对课题研究的展望。

5. 修改论文

论文初稿写出来后，还应该反复推敲，再三修改。因为要在一篇文章里反映出一项科学研究成果，特别是像毕业论文这样具有一定学术性的文章，对初写论文的大学生来说，是件相当不容易的事。往往会涉及许多新的观点、丰富的材料和反复的论证，没有一个严密、完整、科学的逻辑构成是难以表达的。而这只有经过反复的研究、深入的思考，才有可能反映恰当。因此要以严谨的治学态度，不厌其烦地反复修改。

论文的修改，一般包括观点的修正、材料的增删、结构的调整、语言的润色等几个方面。

8.2.3　毕业论文答辩

毕业论文答辩，是由论文审定委员会（或审定小组）围绕某一篇论文，对论文作者进行公开审查检验的一种方式，也称"论文答辩会"。

毕业论文答辩是毕业论文工作中的重要一环，目的就是检验论文的真伪和学术水平的高低。在论文所涉及的学术范围之内，考查作者知识的广度、理论的深度，测试作者的思维能力、应变能力及口头表达能力。毕业论文答辩不仅关系到毕业论文成绩的最后评定，决定学生能否毕业，同时，也是对教学双方情况的综合检验，特别是对督促学生认真完成毕业论文，确保论文的真实性和实际效果，具有重要作用。

1. 答辩准备

论文答辩既然非常重要，那就要精心准备答辩。在答辩前对毕业论文涉及的术语、观点、资料等，要做到心中有数。可从以下几方面进行准备。

（1）自己为什么选择这个题目？研究这个题目有何科学价值和现实意义？

（2）对这个题目，前人曾做过哪些研究？其主要成果及观点是什么？对前人或别人的研究有何新发展？

（3）论文提出和解决了什么问题？

（4）论文的基本观点及其发展的过程，即论文的结构是如何安排的？

（5）论文参考了哪些文献？重要引文的具体出处。

（6）还有哪些问题由于什么原因未能触及？

（7）论文中提出的见解的可行性，能否联系实际进行阐述？

（8）写作论文时的收获、体会。

对于上述这些问题都要认真思考，最好整理成提纲的形式记在心里。此外还要了解答辩教师提问的一般规律和原则，并写出自述报告。自述报告的内容包括：自我介绍；选择这个题目的意义；提出和解决了什么问题？论文的基本观点及其发展的过程。自述报告要简洁，一般为 3～5 分钟。

2. 答辩应注意的问题

毕业论文的答辩，是把准备付诸实践，从而取得良好答辩成绩的关键一环。答辩得好，即使文章逊色一点，也可以弥补起来，取得理想的成绩。在学生阐述论文自述报告后，由答辩教师提出 3～4 个问题，让学生略做准备后当堂回答。

参加答辩，要携带论文的底稿、主要资料等，以备临时查阅。还要携带笔和纸，记录答辩教师所提出的问题与意见。在答辩过程中还应注意以下几个方面。

（1）充满自信。在作了充分准备的基础上，大可不必紧张，要有自信心。树立信心，对消除紧张心理很重要。因为过度的紧张会使本来回答出来的问题也答不出来。只有充满自信，沉着冷静，才会在答辩时有良好的表现。

（2）听清问题。答辩教师在提出问题时，学生要集中注意力认真聆听，并将问题记在纸上，仔细推敲主辩教师所提出的问题要害和本质是什么？切记没弄清题意就匆忙作答。如果对教师所提出的问题没有理解清楚，可以请他再说一遍，或者把自己对问题的理解说出来，等到肯定的答复时再作回答。

（3）审慎回答。对答辩教师提出的问题，有把握的可以申明理由进行答辩，没有把握的，不可强辩。能回答多少就回答多少，即使讲得不很确切也不要紧，只要是同问题有关联，教师会引导和启发你切入正题，如果确是自己没有搞清楚，要表示今后一定认真研究这个问题，不可强词夺理，进行狡辩。回答问题时，要做到条分缕析，层次分明，观点事实，都要清清楚楚。此外，还要注意口齿清楚，声音洪亮等。

（4）展开辩论。当论文中的主要观点与答辩教师的观点相左时，可以与之展开辩论。答辩教师提出的问题，有的是基本知识性的问题，有的是学术探讨性的问题。对于前一类问题，是要你作出正确、全面的回答，不具有商讨性。而后一类问题，是非正误并未成为定论，持有不同观点的人可以相互商讨。如果你所写论文的基本观点是经过自己深思熟虑的，又是言之有理，持之有据，能自圆其说，就不要因教师提出的观点与你不同，而放弃自己的观点，应全力为自己的观点辩护，否则，就等于是你自己否定了自己写出的论文。

（5）态度端正。论文答辩的过程也是学术思想交流的过程。答辩人应当把它看成是向答辩教师和专家学习、讨教的好机会。因此整个答辩过程中，答辩人应该尊重答辩教师，言行举止要谦虚、礼貌、得体。答辩结束，无论答辩情况如何，都要从容、有礼貌地退场。

【示例 8-2】学生毕业论文

浅谈报纸对突发性事件的报道策略
——以南京两大报业集团下属的五家报纸对罕见大雾的报道为例

房培润

摘　要　2006 年 12 月 25 日傍晚，一场罕见大雾突袭南京，在独家新闻资源相对稀缺的网络时代，面对同源、同质新闻的采集，新闻媒体的自我运作空间极为有限，那么，媒体应对突发事件的能力就会更多地体现在报道的策略和技巧上。本文试以南京两大报业集团下属的五家报纸对罕见大雾的连续报道为例，由新闻记者的报道选择和报纸编辑的排版策略这两个角度进行深入分析，再由尊重受众的知情权、创新报道手法、摄影题材新颖、视角平民化、图片语言的生动运用等方面，进一步研究新闻"三贴近"原则在突发性事件报道中的具体体现，以期为今后进行类似报道提供新的思路和方法。

关键词　突发性事件　报道　策略

一、新闻记者面对突发性事件的报道选择

新闻资源的竞争一直是媒体竞争的核心内容，其中，对突发性新闻事件的报道选择正在成为新闻媒体间竞争的主要阵地，成为当前主流新闻媒体面对的重要研究课题之一。

1. 突发性事件的首发报道要及时准确

突发性事件的特点首先表现在一个"突"字上，突如其来，未可预料，且影响广泛，关注度高。它集中表现了新闻是"事实的非常规变动"这一本质特征，同时又内在地规定了突发性事件报道必须坚持时效性和准确性的高度统一。在新闻报道中，谁占有了报道的先机，谁就能吸引更多的受众，就能掌握舆论引导的主动权。在目前新闻来源渠道增多、传播手段越来越先进、传播速度日益加速、新闻竞争更加激烈的情况下，媒体要想满足读者需要，掌握舆论的引导权，对突发事件的采写、编发都必须强调"第一时间"。

2006 年 12 月 26 日，罕见大雾突袭南京的新闻，无一例外地出现在各报头版的显著位置，突出了报道内容与方向，先声夺人。南京两大报业集团下属的五家报纸分别以"持续大雾重创水陆空交通"、"南京大雾警报一天连升三级"、"我省首次发布大雾红色预警"、"罕见浓雾"和"昨晚南京能见度 0.0 公里"的标题新闻形式对此次事件进行了重点报道，并均在新闻的主标题下面配上具有较强解释和导读功能的副标题，体现了当下报纸追求"厚题"的功能特征。其中，同属于南京日报报业集团的《南京日报》和《金陵晚报》同时采用了图文并茂的形式报道这一事件，雾锁金陵、高速封堵的照片进一步突出深化了大雾突袭对南京交通带来的影响，使人读后能提高安全意识、感到警醒。

与此同时，突发性事件的首发报道也应当正确处理快速与准确的关系。新闻的时效性与准确性是相辅相成、互为前提的，准确性是时效性的前提，讲时效性不能以牺牲准确性为代价。特别是突发性事件的报道，只讲快速反应而忽略客观准确，极易发生误导，影响媒体公信度。为抢先而抢先，单凭道听途或偏听偏信，很难保证不出问题，也应该坚决反对和杜绝。

2. 突发性事件的延续性报道要强化"品牌意识"

突发性事件有时是不断进行的，媒体应深入采访权威人士、事件发生单位负责人等，对事件发生的原因、过程、影响等作权威分析、现场调查等，满足公众对信息更深层次的要求。追踪报道突发事件如何发展，朝着什么方向发展，会产生什么样的结果等，这一切都是社会普遍关注的，这也是突发性事件具有较高新闻价值的原因所在。

在新闻史上，一起突发性事件的新闻报道，成就一个新闻媒体，乃至造就一个媒体名牌的例子屡见不鲜。近年来，南京的报刊市场竞争日益激烈，两大报业集团的各类报纸种类齐全，媒体竞争已经进入品牌时代。就"大雾突袭南京"的新闻来看，笔者认为，两大报业集团下属的五家报纸，能够以报道的"差异化"强化各报的"品牌意识"，同时将"品牌意识"转化为对抗新闻同质化的有效力量。

在专版的大雾报道中，新华报业集团下属的《南京晨报》和南京日报报业集团下属的《金陵晚报》分别作为两大集团的重要子报，突出了各自的差异性，强化了各自的品牌意识。以 12 月 26 日为例，《南京晨报》利用了 3 个连续的版面、7 张内容丰富的图片、5 篇大型文字报道，21 个小标题和一条相关新闻从各个角度和侧面，或纵向深入，或横向解剖，挖掘了不少"独家"报道，强化其差异性，体现出该报不同凡响的定位与个性特点。《金陵晚报》作为一家南京的综合型都市类报纸中的翘楚，一直以强化本土特色为宗旨，立足于做南京人"家门口的报纸"，这一特色也可以从对大雾报道的切入点中看出来。在专版"罕见浓雾"中，记者走上街头，与市民共同体验大雾所带来的各方面影响，进而撰写出"体验指挥人·惊，没见过这么大的雾"、"体验倒霉人·惨，骑车'飞'下桥"以及"出城有点难"、"雾中两船撞"和"地铁客流增"等街头新近发生的新闻事实，无形中就拉近了与读者的距离，新闻报道也好像只是一段段插曲和故事，通俗易懂，富于本土气息。

3. 突发性事件的全面报道要正面引导

突发性事件由于爆发突然，记者往往一时无法弄清它的准确情况和发生的原因和性质，而公众对此又十分关切，急于了解，对此，新闻报道在讲求时效的同时又不能因单纯强调时效而忽略了准确性，出现错误估计灾情案情、夸大事实或失实的报道。同时，突发性事件又多为负面事件，弄得不好容易产生负面影响，甚至给社会安定带来危害。因此，要充分考虑到报道在社会上可能产生的影响，站在维护大局的立场，注意发挥新闻媒体的舆论导向作用。要善于发现并揭示那些突发事件发生、发展中的正面因素，表现一些有积极意义的东西，引导人们正确地看待突发事件，使人们真正准确、全面地了解情况，将其带来的负面影响降低到最低限度。

本次罕见大雾突袭南京的事件，是一起因自然条件变化使得人们的日常生活受到一定影响的事件，并没有给社会安定带来危害，仔细对比报道内容，也能够在新闻报道的全过程中体现出正面引导的作用，真正做到关心市民的日常生活和出行情况，这在 12 月 26 日《南京晨报》"晨报记者昨天绕城一圈体验大雾"一文和《金陵晚报》在专版"罕见浓雾"中记者走上街头，与市民共同体验大雾所带来的各方面影响的新闻报道中，均有所体现。

二、报纸编辑在处理突发性事件的排版策略

1. 关注市民身边的小事与全方位报道事件相结合

大雾突袭南京，作为本土新闻事件，很容易造成报道内容上的相互重叠，使读者产生"既然都是差不多的，随便买一份看就够了"的心理，这也就是我们时常说的"新闻同质化"现象。面对这一问题，笔者所调查的五家报纸就在报道实践中体现出了一个方法，即"关注市民身边的小事，拉近读者距离与整合相关信息、全方位报道事件相结合"，这也就体现了新闻报道不但注重长度，也注重深度与广度的特点，打个比方，就是要一手要抓"显微镜"，一手要抓"望远镜"。

其一，新华报业集团下属的《扬子晚报》在 26 日的专版《罕见大雾·应对》中有一篇《记者全省追踪"迷雾"》的图文并茂的新闻报道，从"南京长江二桥"，"二桥北汊桥"、"宁通和宁连岔道口"，最后到"扬州绕城公路收费站"的追踪报道，不但体现了大雾的气势汹汹与罕见性，也在大雾报道中突出了本报特色，不但是南京市民，更使全省市民都能够从该报的新闻报道中获得有价值的信息，这种贴近广大市民的报道，能够很好地拉近与广大读者间的距离，也体现出了《扬子晚报》作为我国发行量第一的晚报的独特风格与个性。

其二，同属于南京日报报业集团的《南京日报》和《金陵晚报》分别在 12 月 27 日的体育新闻中，"链接"了有关大雾的信息，以"班机取消，雾困南钢"和"大雾'锁住'南钢大华"为题，在报道了中国男子篮球的赛事进程中，很自然地拓展了大雾报道的宽度与广度，从旁加深了大雾对社会整体影响力的体现，较好地整合了与新闻内容相关联的信息，做到了全方位的报道事件。

2. 版面设计风格多样化，编辑、记者各显神通，展示排版新思路

南京市五家报纸从 26 日开始纷纷调整版面，抽出机动版和备用版迅速报道和关注此事件，同时进行相应的新闻策划。各家报纸除在第一版显著位置刊发标题新闻和配发巨幅图片外，还推出了经过精心策划的专版。《扬子晚报》26 日开辟 A2、A3 版"罕见大雾·直击"和"罕见大雾·应对"，27 日 A8、A9、A10 连续三版"关注大雾·播报"、"关注大雾·世相"和"关注大雾·评论"，由现象入手，联系到大雾带来的启示，并进一步探索应对措施。《南京晨报》

在 26 日、27 日、28 日三天开辟了"20 年罕见大雾"系列专版，子栏目设置为"预警"、"影响"、"探因"、"纵深"和"散了"，随着大雾事件的进一步发展，不断调整报道方向和角度，由各个层次逐步使报道深入。作为党报的《南京日报》和新兴媒体《东方卫报》由于其自身定位等一些特定因素，分别在"民生"、"速读天下"和"生活引擎"的版面中以图文形式报道了大雾的走势以及相关信息，在此次大雾报道的传播上并不十分突出。而同属于南京日报报业集团的《金陵晚报》，则延续了其一贯"说故事"的采编特色，在专版"罕见浓雾"中以"体验生意人·晕，老的哥竟然迷了路"、"体验开车人·慢，国道变流动停车场"和"体验楼上人·好似在云中"等生动诙谐的平民语言为小标题，吸引了大批读者的眼球，在各报对大雾的系列报道中独树一帜，分外耀眼，不但明确了自身的办报定位，而且更突出了媒体的个性特征，给人留下了较深的印象。

3. 编辑还要有较强的精品意识，尽可能地提高宣传效果

做好突发性事件的报道，编辑还要有较强的精品意识，尽可能地提高宣传效果。报道突发性事件，不能因为时间仓促而放松对版面的要求，而要尽可能以娴熟的编辑技艺，争取在较短的时间内把版面做美观一些，运用群众喜闻乐见的版面语言让读者得到更多的信息，从而达到预期的宣传效果。

首先，在版面处理上，要注意调动各种编辑手段，并进行较为熟练地运用，以精美的大照片、大标题制造版面的视觉重心和抢眼点，迅速抓住读者的眼球。其次，要尽力运用版面语言体现编辑思想，传达媒体意图，尽可能向读者传达更多更全面的信息，正确引导社会舆论，促进对突发性事件的妥善处理。号称"南京地铁报"的新兴媒体《东方卫报》，则由于其自身定位等一些特定因素，只是在"生活引擎"的版面中以图文形式报道了大雾的走势以及相关信息，并没有很强的精品意识，宣传效果上并不够好，因此，在此次大雾报道的传播上并不十分突出。

三、突发性事件的新闻报道是"三贴近"原则的具体体现

1. 满足读者信息需求，报道内容遵循新闻"三贴近"原则

"知民心、解民渴"，"想群众之所想，急群众之所急"这是我国新闻工作者的天职。实践"三个代表"，新闻报道只有努力贴近实际，贴近群众，贴近生活，才能不断增强新闻报道的针对性、实效性、吸引力和感染力。要做到"三贴近"，就要求新闻工作者始终坚持正确的舆论导向，把体现党的意志同反映人民的心声结合起来。眼睛盯着生活，脚步迈向一线，镜头对准群众。唯有如此，媒体的报道才能做到贴近性强，为群众所喜闻乐见。

(1) 尊重公众的知情权。尊重公众的知情权，这就要求媒体发挥"社会雷达"的作用，建立透明的信息平台。当危害公共环境安全、危及公众生命健康安全等类事件发生时，让公众拥有知情权，这不仅是对其生存状态的一种保护，更是新闻媒体对公众在社会环境中地位的一种尊重和真正意义上的人格关怀。

任何社会都不可能避免突发性事件的发生，但却有可能凭借媒体的快捷报道和正确引导满足公众的信息知情权，从而减少突发性事件可能带来的社会恐慌。我国大众传媒是党和政府的喉舌，同时具有社会公器的性质，而新闻记者无论过去、现在还是将来都是立于船头目光敏锐、嗅觉灵敏的瞭望者，是突发性事件义不容辞的守护者。

南京两大报业集团下属的五家报纸，在罕见大雾突袭南京的新闻事件发生之初，就做到了充分、翔实的首发报道，以《扬子晚报》和《南京晨报》为例，从 2006 年 12 月 26 日至 2006

年 12 月 28 日，连续三天开辟了专刊、专版进行跟踪报道，报道内容涉及罕见大雾的成因以及走势分析，进一步探讨了应对罕见大雾的措施和方法，不间断提供大雾预警信息，从横向报道和纵向深入两个方面全方位完成对新闻事件的完全报道，充分满足了读者的信息需求，尊重了公众的知情权。

（2）洞察社会发展的新动向。突发性事件的突发性和复杂性，决定了媒体不可能通过一两篇稿件就反映事件的始末，媒体应在突发性事件中用冷静审慎的态度进行策划，这不仅有利于公众对报道对象及其蕴涵的意义有整体性、系统性的理解，并能有效地形成广泛的社会舆论。这也充分说明，当一味强调时效性与大信息量远远不够的时候，媒体决策者就需要洞察社会发展的新动向和受众潜在的新需求，在二者的结合上，开发新的信息资源和媒介天地，以增强媒体的公信力和竞争力。只有这样，将突发性新闻报道整合适度，体现出媒体高度的社会责任感和大策划、大制作的气势，媒体的公信力才会大大增强。

仔细研究南京两大报业集团下属五家报纸在此次罕见大雾突袭南京的新闻报道，不难看出"洞察社会发展的新动向"正是作为一项基本标准来确定稿件选择的。无论是《金陵晚报》关注市民身边真实发生的小事，还是《扬子晚报》立足全省、完成大雾追踪的报道，都生动体现出报纸媒体坚持"贴近实际、贴近生活、贴近群众"的新闻"三贴近"原则，这不但是党和人民的要求，也是报业发展不断增强综合实力的需要，更是媒体心系群众，情系群众、利系群众的重要尺度。因此，在未来的新闻实践中，一旦遇到突发性事件，媒体就应当在遵守新闻纪律的前提下，率先向社会发出声音，积极把握舆论主动权，有效引导舆论，实现新闻"三贴近"，尊重公众的知情权，满足读者的信息需求。

2. 不断创新报道手法，大力贯彻新闻"三贴近"原则

新闻事实就像一颗颗散珠，需要作者用一根线巧妙地串起来。这根"线"，就是最能体现新闻事实本质意义的独特角度，最能为读者接受的表达方式。新闻作品要真正做到"三贴近"，报道手法的创新就显得尤其重要，本文此次南京两大报业集团下属五家报纸在罕见大雾突袭南京的新闻报道中，运用了一些创新性手法和技巧，取得了较好的效果。

（1）由此及彼。大雾突袭南京是一则新闻事件，而新闻报道则不能局限于对事件本身的描摹上，应当透过现象看本质，由此及彼地看待问题、思考问题、研究问题。例如，《金陵晚报》在 12 月 26 日的体育新闻中，以"大雾'锁住'南钢大华"为题，在报道中国男子篮球的赛事进程中，自然"链接"了大雾信息的报道，从旁加深体现了罕见大雾对社会生活的整体影响力，较好的整合了与新闻内容相关联的信息，取得了全方位报道新闻事件的成效。

（2）静中观"动"。新闻报道要生动鲜活，编辑记者就要以敏锐的目光，善于捕捉与新闻事件休戚相关的具有一定新闻价值的事实。12 月 26 日，《南京晨报》在专刊报道中，编辑以"晨报记者昨天绕城一圈体验大雾"为副标题，报道了记者体验南京不同区位的大雾浓度，分别以"新街口"、"中山东路西华巷"、"中山路口"、"玄武湖边太平门附近"、"江北宁六公路"为采访点，从动态的形式全面展示了大雾突袭南京之后，城市所受到的影响。

（3）讲故事。我国著名学者李希光说过："故事是读者接受信息的天然的桥。"一条新闻需要给人们提供信息，在信息中穿插一些动人的故事，就更能让信息闪闪发光。《金陵晚报》在连续两天的专版中无一例外地以"讲故事"的方式，由不同的切入点对大雾突袭南京予以不同层次，不同角度的综合报道与展示，尤其以贴近百姓生活为宗旨，每一条新闻都与老百姓的日常出行、学习生活息息相关，报道视角独特，往往着眼于大雾突袭南京以后引发的小

事件、小笑话、小意外等，真正实现了"贴近实际、贴近生活、贴近群众"的新闻"三贴近"原则，成为最受读者欢迎的报道形式，在本次大雾的连续报道中十分抢眼，大获好评。

3. 摄影题材新颖，视角平民化，图片语言彰显新闻"三贴近"原则

在进入"读图时代"的今天，新闻图片已在都市类生活类报纸中占据空前重要的位置。国内一些主流媒体在常规表现新闻方式的基础上，力图用图片的语言向公众传达最快、最准确、最直观的信息。越来越多的报纸纷纷在报纸版面的显著位置刊发有冲击力、新闻性强的大幅新闻照片，以吸引读者的关注，一些报纸，甚至以整版篇幅刊登了独幅新闻照片，由此可见报纸媒体对新闻图片的重视。同时，新闻摄影的新颖选题，视角和镜头的平民化，使得新闻图片比文字语言更具有说服力，在体现新闻"三贴近"的原则上，表现得更加精妙、准确。

以本次罕见大雾的报道为例，《扬子晚报》刊登了大小不一、角度不同的 12 张新闻图片，既包含了全景式的拍摄，也有城市局部的特写，均很好地反映出大雾天气交通混乱，给市民出行造成的种种不便。《南京晨报》则以十分抢眼的巨幅照片占据了报纸整体版面的大部分空间，以其在 26 日的专版中刊登的《一名女孩雾气中走过天桥》的照片为例，通过对人物面部表情的特写，表现了大雾对于南京市民生活的影响，照片中的女孩面戴口罩，表明了空气受到轻度污染，雾气中微含酸味，对市民身体健康起到一定的危害作用。27 日，该报又刊登了《受大雾和降温影响，医院里呼吸道疾病和感冒病人多起来》的照片，图中婴孩张大了嘴巴哭泣的模样和他身边家人焦急万分的面部表情特写，极具感染力，既体现出了报纸的人文情怀，又进一步起到了警醒市民要注意身体保健的作用。与此相对应，《金陵晚报》在大雾的连续性报道过程中，共刊发了大幅新闻照片 3 张，以 26 日的头版照片为例，图片拍摄的是晚上 10 点，中山东路上的人们如同在烟雾幻境中行走的照片，占据了近半个的版的篇幅，十分吸引读者眼球。

各家报纸媒体刊发如此多且大、内容各具特色的新闻照片意图十分明显，那就是要通过这些多侧面的、逼真的镜头、鲜活的场面来充分表现出罕见大雾对于南京市民日常生活、出行以及健康等各个方面带来的影响，提醒市民注意安全，加强保健意识，同时体现出了新闻的人文主义情怀，将新闻"三贴近"原则更加深入、细化到图片语言之中，使读者更为直观、明确地了解到报纸媒体的宣传意图，更方便读者获得自己想要的、准确的新闻信息。

通过对南京两大报业集团下属的五张报纸在面对同一件突发性事件报道的对比研究，不难看出各家报纸的个性特点与办报亮色，在各显神通地展示出各家报纸魅力的同时，同中求异的报道角度和内容也成为了强化各自品牌意识的重要手段，两大报业集团正以强化品牌意识为方法，有效地对抗着同城报纸新闻同质化的现象。

此次罕见大雾突袭南京，从某种意义上说，也是对新闻媒体及其从业人员应对和处理突发性事件能力的一场考验，一次挑战。南京市两大报业集团下属的五家报纸在这次新闻事件报道上的一些策略和技巧，可以为国内其他媒体，包括广播、电视甚至网络，今后进行类似报道提供新的思路和方法。

参考文献

[1] 毛水华. 同源新闻竞争的 N 个问题：兼议媒体报道江西"3·17"爆炸事件得失 [J]. 新闻实践，2005（12）.

[2] 陈智通. 浅论突发性事件新闻媒体的报道与方法 [J]. 科学信息：学术版，2007（4）.

[3] 胡江洪. "三贴近"与突发新闻报道传播 [J]. 云南师范大学学报：哲学社会科学

版，2004（2）.

　　[4] 张明，靖鸣. 政府新闻发布与民众知情权、话语权冲突与协调：以松花江污染事件为例 [J]. 新闻大学，2006（1）.

　　[5] 李影，徐艳华. 从受众心理看突发事件报道 [J]. 记者摇篮，2006（8）.

写作训练

　　一、结合所学专业，选择一个论文题目，到图书馆或网上搜集相关资料，拟一份论文写作提纲。

　　二、自选一篇本专业领域的论文，对其论题、论点、结构等做一简单分析。

　　三、根据所学专业，自选题目，写一篇 3 000 字左右的小论文。

附录 A 国家行政机关公文处理办法

（2000 年 8 月 24 日国务院发布）

第一章 总 则

第一条 为使国家行政机关（以下简称行政机关）的公文处理工作规范化、制度化、科学化，制定本办法。

第二条 行政机关的公文（包括电报，下同），是行政机关在行政管理过程中形成的具有法定效力和规范体式的文书，是依法行政和进行公务活动的重要工具。

第三条 公文处理指公文的办理、管理、整理（立卷）、归档等一系列相互关联、衔接有序的工作。

第四条 公文处理应当坚持实事求是、精简、高效的原则，做到及时、准确、安全。

第五条 公文处理必须严格执行国家保密法律、法规和其他有关规定，确保国家秘密的安全。

第六条 各级行政机关的负责人应当高度重视公文处理工作，模范遵守本办法并加强对本机关公文处理工作的领导和检查。

第七条 各级行政机关的办公厅（室）是公文处理的管理机构，主管本机关的公文处理工作并指导下级机关的公文处理工作。

第八条 各级行政机关的办公厅（室）应当设立文秘部门或者配备专职人员负责公文处理工作。

第二章 公 文 种 类

第九条 行政机关的公文种类主要有：

（一）命令（令）

适用于依照有关法律公布行政法规和规章；宣布施行重大强制性行政措施；嘉奖有关单位及人员。

（二）决定

适用于对重要事项或者重大行动做出安排，奖惩有关单位及人员，变更或者撤销下级机关不适当的决定事项。

（三）公告

适用于向国内外宣布重要事项或者法定事项。

（四）通告

适用于公布社会各有关方面应当遵守或者周知的事项。

（五）通知

适用于批转下级机关的公文，转发上级机关和不相隶属机关的公文，传达要求下级机关办理和需要有关单位周知或者执行的事项，任免人员。

（六）通报

适用于表彰先进，批评错误，传达重要精神或者情况。

（七）议案

适用于各级人民政府按照法律程序向同级人民代表大会或人民代表大会常务委员会提请审议事项。

（八）报告

适用于向上级机关汇报工作，反映情况，答复上级机关的询问。

（九）请示

适用于向上级机关请求指示、批准。

（十）批复

适用于答复下级机关的请示事项。

（十一）意见

适用于对重要问题提出见解和处理办法。

（十二）函

适用于不相隶属机关之间商洽工作，询问和答复问题，请求批准和答复审批事项。

（十三）会议纪要

适用于记载、传达会议情况和议定事项。

第三章　公　文　格　式

第十条　公文一般由秘密等级和保密期限、紧急程度、发文机关标识、发文字号、签发人、标题、主送机关、正文、附件说明、成文日期、印章、附注、附件、主题词、抄送机关、印发机关和印发日期等部分组成。

（一）涉及国家秘密的公文应当标明密级和保密期限，其中，"绝密"、"机密"级公文还应当标明份数序号。

（二）紧急公文应当根据紧急程序分别标明"特急"、"急件"。其中电报应当分别标明"特提"、"特急"、"加急"、"平急"。

（三）发文机关标识应当使用发文机关全称或者规范化简称；联合行文，主办机关排列在前。

（四）发文字号应当包括机关代字、年份、序号。联合行文，只标明主办机关发文字号。

（五）上行文应当注明签发人、会签人姓名。其中，"请示"应当在附注处注明联系人的姓名和电话。

（六）公文标题应当准确简要地概括公文的主要内容并标明公文种类，一般应当标明发文机关。公文标题中除法规、规章名称加书名号外，一般不用标点符号。

（七）主送机关指公文的主要受理机关，应当使用全称或者规范化简称、统称。

（八）公文如有附件，应当注明附件顺序和名称。

（九）公文除"会议纪要"和以电报形式发出的以外，应当加盖印章。联合上报的公文，由主办机关加盖印章；联合下发的公文，发文机关都应当加盖印章。

（十）成文日期以负责人签发的日期为准，联合行文以最后签发机关负责人的签发日期为准。电报以发出日期为准。

（十一）公文如有附注（需要说明的其他事项），应当加括号标注。

（十二）公文应当标注主题词。上行文按照上级机关的要求标注主题词。

（十三）抄送机关指除主送机关外需要执行或知晓公文的其他机关，应当使用全称或者规范化简称、统称。

（十四）文字从左至右横写、横排。在民族自治地方，可以并用汉字和通用的少数民族文字（按其习惯书写、排版）。

第十一条　公文中各组成部分的标识规则，参照《国家行政机关公文格式》国家标准执行。

第十二条　公文用纸一般采用国际标准 A4 型（210 mm×297 mm），左侧装订。张贴的公文用纸大小，根据实际需要确定。

第四章　行　文　规　则

第十三条　行文应当确有必要，注重效用。

第十四条　行文关系根据隶属关系和职权范围确定，一般不得越级请示和报告。

第十五条　政府各部门依据部门职权可以相互行文和向下一级政府的相关业务部门行文；除以函的形式商洽工作、询问和答复问题、审批事项外，一般不得向下一级政府正式行文。

部门内设机构除办公厅（室）外不得对外正式行文。

第十六条　同级政府、同级政府各部门、上级政府部门与下一级政府部门可以联合行文；政府与同级党委和军队机关可以联合行文；政府部门与相应的党组织和军队机关可以联合行文；政府部门与同级人民团体和具有行政职能的事业单位也可以联合行文。

第十七条　属于部门职权范围内的事务，应当由部门自行行文或联合行文。联合行文应当明确主办部门。须经政府审批的事项，经政府同意也可以由部门行文，文中应当注明经政府同意。

第十八条　属于主管部门职务范围内的具体问题，应当直接报送主管部门处理。

第十九条　部门之间对有关问题未经协商一致，不得各自向下行文。如擅自行文，上级机关应当责令纠正或撤销。

第二十条　向下级机关或者本系统的重要行文，应当同时抄送直接上级机关。

第二十一条　"请示"应当一文一事；一般只写一个主送机关，需要同时送其他机关的，应当用抄送形式，但不得抄送其下级机关。

"报告"不得夹带请示事项。

第二十二条　除上级机关负责人直接交办的事项外，不得以机关名义向上级机关负责人报送"请示"、"意见"和"报告"。

第二十三条　受双重领导的机关向上级机关行文，应当写明主送机关和抄送机关。上级机关向受双重领导的下级机关行文，必要时应当抄送其另一上级机关。

第五章　发　文　办　理

第二十四条　发文办理指以本机关名义制发公文的过程，包括草拟、审核、签发、复核、缮印、用印、登记、分发等程序。

第二十五条　草拟公文应当做到：

（一）符合国家的法律、法规及其他有关规定。如提出新的政策、规定等，要切实可行并加以说明。

（二）情况确实，观点明确，表述准确，结构严谨，条理清楚，直述不曲，字词规范，标点正确，篇幅力求简短。

（三）公文的文种应根据行文目的、发文机关的职权和与主送机关的行文关系确定。

（四）拟制紧急公文，应当体现紧急的原因，并根据实际需要确定紧急程度。

（五）人名、地名、数字、引文准确。引用公文应当先引标题，后引发文字号。引用外文应当注明中文含义。日期应当写明具体的年、月、日。

（六）结构层次序数，第一层为"一、"，第二层为"（一）"，第三层为"1."，第四层为"（1）"。

（七）应当使用国家法定计量单位。

（八）文内使用非规范化简称，应当先用全称并注明简称。使用国际组织外文名称或其缩写形式，应当在第一次出现时注明准确的中文译名。

（九）公文中的数字，除成文日期、部分结构层次序数和在词、词组、惯用语、缩略语、具有修辞色彩语句中作为词素的数字必须使用汉字外，应当使用阿拉伯数字。

第二十六条　拟制公文，对涉及其他部门职权范围内的事项，主办部门应当主动与有关部门协商，取得一致意见后方可行文；如有分歧，主办部门的主要负责人应当出面协调，仍不能取得一致时，主办部门可以列明各方理据，提出建设性意见，并与有关部门会签后报请上级机关协调或裁定。

第二十七条　公文送负责人签发前，应当由办公厅（室）进行审核，审核的重点是：是否确需行文，行文方式是否妥当，是否符合行文规则和拟制公文的有关要求，公文格式是否符合本办法的规定等。

第二十八条　以本机关名义制发的上行文，由主要负责人或者主持工作的负责人签发；以本机关名义制发的下行文或平行文，由主要负责人或者由主要负责人授权的其他负责人签发。

第二十九条　公文正式印制前，文秘部门应当进行复核，重点是：审批、签发手续是否完备，附件材料是否齐全，格式是否统一、规范等。

经复核需要对文稿进行实质性修改的，应按程序复审。

第六章　收文办理

第三十条　收文办理指对收到公文的办理过程，包括签收、登记、审核、拟办、承办、催办等程序。

第三十一条　收到下级机关上报的需要办理的公文，文秘部门应当进行审核。审核的重点是：是否应由本机关办理；是否符合行文规则；内容是否符合国家法律、法规及其他有关规定；涉及其他部门或地区职权的事项是否已协商、会签；文种使用、公文格式是否规范。

第三十二条　经审核，对符合本办法规定的公文，文秘部门应当及时提出拟办意见送负责人批示或者交有关部门办理，需要两个以上部门办理的应当明确主办部门。紧急公文，应当明确办理时限。对不符合本办法规定的公文，经办公厅（室）负责人批准后，可以退回呈报单位并说明理由。

第三十三条　承办部门收到交办的公文后应当及时办理，不得延误、推诿。紧急公文应当按时限要求办理，确有困难的，应当及时予以说明。对不属于本单位职权范围或者不宜由本单位办理的，应当及时退回交办的文秘部门并说明理由。

第三十四条　收到上级机关下发或交办的公文，由文秘部门提出拟办意见，送负责人批示后办理。

第三十五条　公文办理中遇有涉及其他部门职权的事项，主办部门应当主动与有关部门协商；如有分歧，主办部门主要负责人要出面协调，如仍不能取得一致，可以报请上级机关协调或裁定。

第三十六条　审批公文时，对有具体请示事项的，主批人应当明确签署意见、姓名和审批日期，其他审批人圈阅视为同意；没有请示事项的，圈阅表示已阅知。

第三十七条　送负责人批示或者交有关部门办理的公文，文秘部门要负责催办，做到紧急公文跟踪催办，重要公文重点催办，一般公文定期催办。

第七章　公文归档

第三十八条　公文办理完毕后，应当根据《中华人民共和国档案法》和其他有关规定，及时整理（立卷）、归档。

个人不得保存应当归档的公文。

第三十九条　归档范围内的公文，应当根据其相互联系、特征和保存价值等整理（立卷），要保证归档公文齐全、完整，能正确反映本机关的主要工作情况，便于保管和利用。

第四十条　联合办理的公文，原件由主办机关整理（立卷）、归档，其他机关保存复制件或其他形式的公文副本。

第四十一条　本机关负责人兼任其他机关职务，在履行所兼职务职责过程中形成的公文，由其兼职机关整理（立卷）、归档。

第四十二条　归档范围内的公文应当确定保管期限，按照有关规定定期向档案部门移交。

第四十三条　拟制、修改和签批公文，书写及所用纸张和字迹材料必须符合存档要求。

第八章　公文管理

第四十四条　公文由文秘部门或专职人员统一收发、审核、用印、归档和销毁。

第四十五条　文秘部门应当建立健全本机关公文处理的有关制度。

第四十六条　上级机关的公文，除绝密级和注明不准翻印的以外，下一级机关经负责人或者办公厅（室）主任批准，可以翻印。翻印时，应当注明翻印的机关、日期、份数和印发范围。

第四十七条　公开发布行政机关公文，必须经发文机关批准。经批准公开发布的公文，同发文机关正式印发的公文具有同等效力。

第四十八条　公文复印件作为正式公文使用时，应当加盖复印机关证明章。

第四十九条　公文被撤销，视作自始不产生效力；公文被废止，视作自废止之日起不产生效力。

第五十条　不具备归档和存查价值的公文，经过鉴别并经办公厅（室）负责人批准，可以销毁。

第五十一条　销毁秘密公文应当到指定场所由二人以上监销，保证不丢失、不漏销。其中，销毁绝密公文（含密码电报）应当进行登记。

第五十二条　机关合并时，全部公文应当随之合并管理。机关撤销时，需要归档的公文整理（立卷）后按有关规定移交档案部门。

工作人员调离工作岗位时，应当将本人暂存、借用的公文按照有关规定移交、清退。

第五十三条　密码电报的使用和管理，按照有关规定执行。

第九章　附　则

第五十四条　行政法规、规章方面的公文，依照有关规定处理。外事方面的公文，按照外交部的有关规定处理。

第五十五条　公文处理中涉及电子文件的有关规定另行制定。统一规定发布之前，各级行政机关可以制定本机关或者本地区、本系统的试行规定。

第五十六条　各级行政机关的办公厅（室）对上级机关和本机关下发公文的贯彻落实情况应当进行督促检查并建立督察制度。有关规定另行制定。

第五十七条　本办法自 2001 年 1 月 1 日起施行。1993 年 11 月 21 日国务院办公厅发布，1994 年 1 月 1 日起施行的《国家行政机关公文处理办法》同时废止。

附录 B 国务院办公厅关于实施《国家行政机关公文处理办法》涉及的几个具体问题的处理意见

国办函〔2001〕1 号

各省、自治区、直辖市人民政府，国务院各部委、各直属机构：

为确保国务院发布的《国家行政机关公文处理办法》（国发〔2000〕23 号）贯彻施行，现就所涉及的几个具体问题提出如下处理意见。

1. 关于"意见"文种的使用。"意见"可以用于上行文、下行文和平行文。作为上行文，应按请示性公文的程序和要求办理。所提意见如涉及其他部门职权范围内的事项，主办部门应当主动与有关部门协商，取得一致意见后方可行文；如有分歧，主办部门的主要负责人应当出面协调，仍不能取得一致时，主办部门可以列明各方理据，提出建设性意见，并与有关部门会签后报请上级机关决定。上级机关应当对下级机关报送的"意见"作出处理或给予答复。作为下行文，文中对贯彻执行有明确要求的，下级机关应遵照执行；无明确要求的，下级机关可参照执行。作为平行文，提出的意见供对方参考。

2. 关于"函"的效力。"函"作为主要文种之一，与其他主要文种同样具有由制发机关权限决定的法定效力。

3. 关于"命令"、"决定"和"通报"三个文种用于奖励时如何区分的问题。各级行政机关应当依据法律的规定和职权，根据奖励的性质、种类、级别、公示范围等具体情况，选择使用相应的文种。

4. 关于部门及其内设机构行文问题。政府各部门（包括议事协调机构）除以函的形式商洽工作、询问和答复问题、审批事项外，一般不得向下一级政府正式行文；如需行文，应报请本级政府批转或由本级政府办公厅（室）转发。因特殊情况确需向下一级政府正式行文的，应当报经本级政府批准，并在文中注明经政府同意。

部门内设机构除办公厅（室）外，不得对外正式行文的含义是：部门内设机构不得向本部门机关以外的其他机关（包括本系统）制发政策性和规范性文件，不得代替部门审批下达应当由部门审批下达的事项；与相应的其他机关进行工作联系确需行文时，只能以函的形式行文。

"函的形式"是指公文格式中区别于"文件格式"的"信函格式"。以"函的形式"行文应注意选择使用与行文方向一致、与公文内容相符的文种。

5. 关于联合行文时发文机关的排列顺序和发文字号。行政机关联合行文，主办机关排列在前。行政机关与同级或相应的党的机关、军队机关、人民团体联合行文，按照党、政、军、群的顺序排列。

行政机关之间联合行文，标注主办机关的发文字号；与其他机关联合行文原则上应使用排列在前机关的发文字号，也可以协商确定，但只能标注一个机关的发文字号。

6. 关于联合行文的会签。联合行文一般由主办机关首先签署意见，协办单位依次会签。一般不使用复印件会签。

7. 关于联合行文的用印。行政机关联合向上行文，为简化手续和提高效率，由主办单位加盖印章即可。

8. 关于保密期限的标注问题。涉及国家秘密的公文如有具体保密期限应当明确标注，否则按照《国家秘密保密期限的规定》（国家保密局 1990 年第 2 号令）第九条执行，即"凡未标明或者未通知保密期限的国家秘密事项，其保密期限按照绝密级事项三十年、机密级事项二十年、秘密级事项十年认定"。

9. 关于"附注"的位置。"附注"的位置在成文日期和印章之下，版记之上。

10. 关于"主要负责人"的含义。"主要负责人"指各级行政机关的正职或主持工作的负责人。

11. 关于公文用纸采用国际标准 A4 型问题。各省（区、市）人民政府和国务院各部门已做好准备的，公文用纸可于 2001 年 1 月 1 日起采用国际标准 A4 型；尚未做好准备的，要积极创造条件尽快采用国际标准 A4 型。省级以下人民政府及其所属机关和国务院各部门所属单位何时采用国际标准 A4 型，由各省（区、市）人民政府和国务院各部门自行确定。

国务院办公厅
二〇〇一年一月一日

附录 C 国家行政机关公文格式

（中华人民共和国国家标准 GB/T 9704—1999
国家质量技术监督局 1999 年 12 月 27 日发布 2000 年 1 月 1 日实施）

1 范围

本标准规定了国家行政机关公文通用的纸张要求、印刷要求、公文中各要素排列顺序和标识规则。

本标准适用于国家各级行政机关制发的公文。其他机关可参照执行。

使用少数民族文字印制的公文，其格式可参照本标准按有关规定执行。

2 引用标准

下列标准所包含的条文，通过在本标准中引用而成为本标准的条文。本标准出版时，所标版本均为有效。所有标准都会被修订，使用本标准的各方应探讨使用下列标准最新版本的可能性。

GB/T 148—1997 印制、书写和绘图纸幅面尺寸。

3 定义

本标准采用下列定义。

3.1 字 word

标识公文中横向距离的长度单位。一个字指一个汉字所占空间。

3.2 行 line

标识公文中纵向距离的长度单位。本标准以 3 号字高度加 3 号字高度 7/8 倍的距离为一基准行。

4 公文用纸主要技术指标

公文用纸一般使用的纸张定量为 $60\ g/m^2 \sim 80\ g/m^2$ 的胶版印刷纸或复印纸。纸张白度为 $85\% \sim 90\%$，横向折度 ≥ 15 次，不透明度 $\geq 85\%$，pH 值为 $7.5 \sim 9.5$。

5 公文用纸幅面及版面尺寸

5.1 公文用纸幅面尺寸

公文用纸采用 GB/T 148 中规定的 A4 型纸，其成品幅面尺寸为 210 mm×297 mm，尺寸允许偏差见 GB/T 148。

5.2 公文页边与版心尺寸

公文用纸天头（上白边）为：37 mm±1 mm

公文用纸订口（左白边）为：28 mm±1 mm

版心尺寸为：156 mm×225 mm（不含页码）

6 文中图文的颜色

未作特殊说明公文中图文颜色均为黑色。

7 排版规格与印刷装订要求

7.1 排版规格

正文用 3 号仿宋体字，一般每面排 22 行，每行 28 个字。

7.2 制版要求

版面干净无底灰，字迹清楚无断划，尺寸标准，版心不斜，误差不超过 1 mm。

7.3　印制要求

双面印刷；页码套正，两面误差不得超过 2 mm。黑色油墨应达到色谱所标 BL100%，红色油墨应达到色谱所标 Y80%，M80%。印品着墨实，均匀；字面不花、不白、无断划。

7.4　装订要求

公文应左侧装订，不掉页。包本公文的封面与书芯不脱落，后背平整、不空。两页页码之间误差不超过 4 mm。骑马订或平订的订位为两钉钉锯处订眼距书芯上下各 1/4 处，允许误差 ±4 mm。平订钉锯与书脊间的距离为 3 mm～5 mm；无坏钉、漏钉、重钉，钉脚平伏牢固；后背不可散页明订。裁切成品尺寸误差 ±1 mm，四角成 90°，无毛茬或缺损。

8　公文中各要素标识规则

本标准将组成公文的各要素划分为眉首、主体、版记三部分。置于公文首页红色反线（宽度同版心，即 156 mm）以上的各要素统称眉首；置于红色反线（不含）以下至主题词（不含）之间的各要素统称主体；置于主题词以下的各要素统称版记。

8.1　眉首

8.1.1　公文份数序号

公文份数序号是将同一文稿印制若干份时每份公文的顺序编号。用阿拉伯数码顶格标识在版心左上角第 1 行。

8.1.2　秘密等级和保密期限

如需标识秘密等级，用 3 号黑体字，顶格标识在版心右上角第 1 行，两字之间空 1 字；如需同时标识秘密等级和保密期限，用 3 号黑体字，顶格标识在版心右上角第 1 行，秘密等级和保密期限之间用"★"隔开。

8.1.3　紧急程度

如需标识紧急程度，用 3 号黑体字，顶格标识在版心右上角第 1 行，两字之间空 1 字；如需同时标识秘密等级与紧急程度，秘密等级顶格标识在版心右上角第 1 行，紧急程度顶格标识在版心右上角第 2 行。

8.1.4　发文机关标识

由发文机关全称或规范化简称后加"文件"组成；对一些特定的公文可只标识发文机关全称或规范化简称。发文机关标识上边缘至版心上边缘为 25 mm。对于上报的公文，发文机关标识上边缘至版心上边缘为 80 mm。

发文机关标识推荐使用小标宋体字，用红色标识。字号由发文机关以醒目美观为原则酌定，但是最大不能等于或大于 22 mm×15 mm。

联合行文时应使主办机关名称在前，"文件"二字置于发文机关名称右侧，上下居中排布；如联合行文机关过多，保证公文首页显示正文。

8.1.5　发文字号

发文字号由发文机关代字、年份和序号组成。发文机关标识下空 2 行，用 3 号仿宋体字，居中排布；年份、序号用阿拉伯数码标识；年份应标全称，用六角括号"〔〕"括入；序号不编虚位（即 1 不编为 001），不加"第"字。

发文字号之下 4 mm 处印一条与版心等宽的红色反线。

8.1.6　签发人

上报的公文需标识签发人姓名,平行排列于发文字号右侧。发文字号居左空 1 字,签发人姓名居右空 1 字;签发人用 3 号仿宋体字;签发人后标全角冒号,冒号后用 2 号楷体字标识签发人姓名。

如有多个签发人,主办单位签发人姓名置于第 1 行,其他签发人姓名从第 2 行起在主办单位签发人姓名之下按发文机关顺序依次顺排,下移红色反线,应使发文字号与最后一个签发人姓名处在同一行并使红反线与之的距离为 4 mm。

8.2 主体

8.2.1 公文标题

红色反线下空 2 行,用 2 号小标宋体字,可分一行或多行居中排布;回行时,要做到词意完整,排列对称,间距恰当。

8.2.2 主送机关

标题下空 1 行,左侧顶格用 3 号仿宋体字标识,回行时仍顶格;最后一个主送机关名称后标全角冒号。如主送机关名称过多而使公文首页不能显示正文时,应将主送机关名称移至版记中的主题词之下、抄送之上,标识方法同抄送。

8.2.3 公文正文

主送机关名称下一行,每自然段左空 2 字,回行顶格。数字、年份不能回行。

8.2.4 附件

公文如有附件,在正文下空 1 行左空 2 字用 3 号仿宋体字标识"附件",后标全角冒号和名称。附件如有序号使用阿拉伯数码(如:"附件:1.××××");附件名称后不加标点符号。附件应与公文正文一起装订,并在附件左上角第 1 行顶格标识"附件",有序号时标识序号;附件的序号和名称前后标识应一致。如附件与公文正文不能一起装订,就在附件左上角第 1 行顶格标识公文的发文字号并在其后标识附件(或带序号)。

8.2.5 成文时间

用汉字将年、月、日标全;"零"写为"〇";成文时间的标识位置见 8.2.6。

8.2.6 公文生效标识

8.2.6.1 单一发文印章

单一机关制发的公文在落款处不署发文机关的名称,只标识成文时间。成文时间右空 4 字;加盖印章应上距正文 2 mm~4 mm,端正、居中下压成文时间,印章用红色。

当印章下弧无文字时,采用下套方式,即仅以下弧压在成文时间上;

当印章下弧有文字时,采用中套方式,即印章中心线压在成文时间上。

8.2.6.2 联合行文印章

当联合行文需加盖两个印章时,应将成文时间拉开,左右各空 7 字;主办机关印章在前;两个印章均压成文时间,印章用红色。只能采用同种加盖印章方式,以保证印章排列整齐。两印章间互不相交或相切,相距不超过 3 mm。

当联合行文需加盖 3 个以上印章时,为防止出现空白印章,应将各发文机关名称(可用简称)排在发文时间和正文之间。主办机关印章在前,每排最多 3 个印章,两端不得超过版心;最后一排如余一个或两个印章,均居中排布;印章之间互不相交或相切;在最后一排印章之下右空 2 字标识成文时间。

8.2.6.3 特殊情况说明

当公文排版后所剩空白处不能容下印章位置时，应采取调整行距、字距的措施加以解决，务使印章与正文同处一面，不得采取标识"此页无正文"的方法解决。

8.2.7　附注

公文如有附注，用 3 号仿宋体字，居左空 2 字加圆括号标识在成文时间下一行。

8.3　版记

8.3.1　主题词

"主题词"用 3 号黑体字，居左顶格标识，后标全角冒号；词目用 3 号小标宋体字；词目之间空一字。

8.3.2　抄送

公文如有抄送，在主题词下 1 行；左空一字用 3 号仿宋体字标识"抄送"，后标全角冒号；抄送机关间用顿号隔开，回行时与冒号后的抄送机关对齐；在最后一个抄送机关后标句号。如主送机关移至主题词之下，标识方法同抄送机关。

8.3.3　印发机关和印发时间

位于抄送机关之下（无抄送机关在主题词之下）占 1 行位置；用 3 号仿宋体字。印发机关左空 1 字，印发时间右空 1 字。印发时间以公文付印的日期为准，用阿拉伯数码标识。

8.3.4　版记中的反线

版记中各要素下均加一条反线，宽度同版心。

8.3.5　版记的位置

版记应置于公文最后一页（封四），版记的最后一个要素置于最后一行。

9　页码

用 4 号半角白体阿拉伯数码标识，置于版心下边缘之下一行，数码左右各放一条 4 号一字线，一字线距版心下边缘 7 mm。单页码居右空 1 字，双页码居左空 1 字。空白页和空白以后的页不标识页码。

10　公文中的表格

公文如需附表，对横排 A4 纸型表格，应将页码放在横表的左侧，单页码置于表的左下角，双页码置于表的左上角，单页码表头在订口一边，双页码表头在切口一边。

公文如需附 A3 纸型表格，且当最后一页为 A3 纸型表格时，封三、封四（可放分送，不放页码）应为空白，将 A3 纸型表格贴在封三前，不应贴在文件最后一页（封四）上。

11　公文的特定格式

11.1　信函式格式

发文机关名称上边缘距上页边的距离为 30 mm，推荐使用小标宋体字，字号由发文机关酌定；发文机关全称下 4 mm 处为一条武文线（上粗下细），距下页边 20 mm 处为一条武文线（上细下粗），两条线长均为 170 mm。每行距中排 28 个字。发文机关名称及双线均印红色。两线之间各要素的标识方法从本标准相应要素说明。

11.2　命令格式

命令标识由发文机关名称加"命令"或"令"组成，用红色小标宋体字，字号由发文机关酌定。命令标识上边缘距版心上边缘 20 mm，下边缘空 2 行居中标识令号；令号下空 2 行标识正文；正文下一行右空 4 字标识签发人签名章，签名章左空 2 字标识签发人职务；联合发布的命令或令的签发人职务应标识全称。在签发人签名章下一行右空 2 字标识成文时间。分送机关标识方法同抄送机关。其他要素从本标准相关要素说明。

11.3 会议纪要格式

会议纪要标识由"×××××会议纪要"组成。其标识位置同8.1.4，用红色小标宋体字，字号由发文机关酌定。会议纪要不加盖印章。其他要素从本标准相关要素说明。

12 式样

（略）

附录 D 标点符号用法

（中华人民共和国国家标准 GB/T 15834—1995
1995 年 12 月 13 日发布 1996 年 6 月 1 日实施）

1 范围

本标准规定了标点符号的名称、形式和用法。本标准对汉语书写规范有重要的辅助作用。

本标准适用于汉语书面语。外语界和科技界也可参考使用。

2 定义

本标准采用下列定义。

句子 sentence

前后都有停顿，并带有一定的句调，表示相对完整意义的语言单位。

陈述句 declarative sentence

用来说明事实的句子。

祈使句 imperative sentence

用来要求听话人做某件事情的句子。

疑问句 interrogative sentence

用来提出问题的句子。

感叹句 exclamatory sentence

用来抒发某种强烈感情的句子。

复句、分句 complex sentence, clause

意思上有密切联系的小句子组织在一起构成一个大句子。这样的大句子叫复句，复句中的每个小句子叫分句。

词语 expression

词和短语（词组）。词，即最小的能独立运用的语言单位。

短语，即由两个或两个以上的词按一定的语法规则组成的表达一定意义的语言单位，也叫词组。

3 基本规则

3.1 标点符号是辅助文字记录语言的符号，是书面语的有机组成部分，用来表示停顿、语气以及词语的性质和作用。

3.2 常用的标点符号有 16 种，分点号和标号两大类。

点号的作用在于点断，主要表示说话时的停顿和语气。点号又分为句末点号和句内点号。句末点号用在句末，有句号、问号、叹号 3 种，表示句末的停顿，同时表示句子的语气。句内点号用在句内，有逗号、顿号、分号、冒号 4 种，表示句内的各种不同性质的停顿。

标号的作用在于标明，主要标明语句的性质和作用。常用的标号有 9 种，即：引号、括号、破折号、省略号、着重号、连接号、间隔号、书名号和专名号。

4 用法说明

4.1　句号

4.1.1　句号的形式为"。"。句号还有一种形式，即一个小圆点"."，一般在科技文献中使用。

4.1.2　陈述句末尾的停顿，用句号。

例如：

a）北京是中华人民共和国的首都。

b）虚心使人进步，骄傲使人落后。

c）亚洲地域广阔，跨寒、温、热三带，又因各地地形和距离海洋远近不同，气候复杂多样。

4.1.3　语气舒缓的祈使句末尾，也用句号。

例如：

请您稍等一下。

4.2　问号

4.2.1　问号的形式为"？"。

4.2.2　疑问句末尾的停顿，用问号。

例如：

a）你见过金丝猴吗？

b）他叫什么名字？

c）去好呢，还是不去好？

4.2.3　反问句的末尾，也用问号。

例如：

a）难道你还不了解我吗？

b）你怎么能这么说呢？

4.3　叹号

4.3.1　叹号的形式为"！"。

4.3.2　感叹句末尾的停顿，用叹号。

例如：

a）为祖国的繁荣昌盛而奋斗！

b）我多么想看看他老人家呀！

4.3.3　语气强烈的祈使句末尾，也用叹号。

例如：

a）你给我出去！

b）停止射击！

4.3.4　语气强烈的反问句末尾，也用叹号。

例如：

我哪里比得上他呀！

4.4　逗号

4.4.1　逗号的形式为"，"。

4.4.2　句子内部主语与谓语之间如需停顿，用逗号。

例如：

我们看得见的星星，绝大多数是恒星。

4.4.3 句子内部动词与宾语之间如需停顿，用逗号。

例如：

应该看到，科学需要一个人贡献出毕生的精力。

4.4.4 句子内部状语后边如需停顿，用逗号。

例如：

对于这个城市，他并不陌生。

4.4.5 复句内各分句之间的停顿，除了有时要用分号外，都要用逗号。

例如：

据说苏州园林有一百多处，我到过的不过十多处。

4.5 顿号

4.5.1 顿号的形式为"、"。

4.5.2 句子内部并列词语之间的停顿，用顿号。

例如：

a) 亚马逊河、尼罗河、密西西比河和长江是世界四大河流。

b) 正方形是四边相等、四角均为直角的四边形。

4.6 分号

4.6.1 分号的形式为"；"。

4.6.2 复句内部并列分句之间的停顿，用分号。

例如：

a) 语言，人们用来抒情达意；文字，人们用来记言记事。

b) 在长江上游，瞿塘峡像一道闸门，峡口险阻；巫峡像一条迂回曲折的画廊，每一曲，每一折，都像一幅绝好的风景画，神奇而秀美；西陵峡水势险恶，处处是急流，处处是险滩。

4.6.3 非并列关系（如转折关系、因果关系等）的多重复句，第一层的前后两部分之间，也用分号。

例如：

我国年满十八周岁的公民，不分民族、种族、性别、职业、家庭出身、宗教信仰、教育程度、财产状况、居住期限，都有选举权和被选举权；但是依照法律被剥夺政治权利的人除外。

4.6.4 分行列举的各项之间，也可以用分号。

例如：

中华人民共和国的行政区域划分如下：

（一）全国分为省、自治区、直辖市；

（二）省、自治区分为自治州、县、自治县、市；

（三）县、自治县分为乡、民族乡、镇。

4.7 冒号

4.7.1 冒号的形式为"："。

4.7.2　用在称呼语后边，表示提起下文。

例如：

同志们、朋友们：

　　现在开会了。……

4.7.3　用在"说、想、是、证明、宣布、指出、透露、例如、如下"等词语后边，表示提起下文。

例如：

他十分惊讶地说："啊，原来是你！"

4.7.4　用在总说性话语的后边，表示引起下文的分说。

例如：

北京紫禁城有四座城门：午门、神武门、东华门和西华门。

4.7.5　用在需要解释的词语后边，表示引出解释或说明。

例如：

外文图书展销会

日期：10月20日至11月10日

时间：上午8时至下午4时

地点：北京朝阳区工体东路16号

主办单位：中国图书进出口总公司

4.7.6　总括性话语的前边，也可以用冒号，以总结上文。

例如：

张华考上了北京大学，在化学系学习；李萍进了中等技术学校，读机械制造专业；我在百货公司当售货员：我们都有光明的前途。

4.8　引号

4.8.1　引号的形式为双引号""""和单引号"''"。

4.8.2　行文中直接引用的话，用引号标示。

例如：

a) 爱因斯坦说："想像力比知识更重要，因为知识是有限的，而想像力概括着世界上的一切，推动着进步，并且是知识进化的源泉。"

b) "满招损，谦受益"这句格言，流传到今天至少有两千年了。

c) 现代画家徐悲鸿笔下的马，正如有的评论家所说的那样，"神形兼备，充满生机"。

4.8.3　需要着重论述的对象，用引号标示。

例如：

古人对于写文章有个基本要求，叫作"有物有序"。"有物"就是要有内容，"有序"就是要有条理。

4.8.4　具有特殊含义的词语，也用引号标示。

例如：

a) 从山脚向上望，只见火把排成许多"之"字形，一直连到天上，跟星光接起来，分不出是火把还是星星。

b) 这样的"聪明人"还是少一点好。

4.8.5　引号里面还要用引号时，外面一层用双引号，里面一层用单引号。

例如：

他站起来问："老师，'有条不紊'的'紊'是什么意思？"

4.9　括号

4.9.1　括号常用的形式是圆括号"（）"。此外还有方括号"[]"、六角括号"〔〕"和方头括号"【】"。

4.9.2　行文中注释性的文字，用括号标明。注释句子里某些词语的，括注紧贴在被注释词语之后；注释整个句子的，括注放在句末标点之后。

例如：

a）中国猿人（全名为"中国猿人北京种"，或简称"北京人"）在我国的发现，是对古人类学的一个重大贡献。

b）写研究性文章跟文学创作不同，不能摊开稿纸搞"即兴"。（其实文学创作也要有素养才能有"即兴"。）

4.10　破折号

4.10.1　破折号的形式为"——"。

4.10.2　行文中解释说明的语句，用破折号标明。

例如：

a）迈进金黄色的大门，穿过宽阔的风门厅和衣帽厅，就到了大会堂建筑的枢纽部分——中央大厅。

b）为了全国人民——当然包括自己在内——的幸福，我们每一个人都要兢兢业业，努力工作。

4.10.3　话题突然转变，用破折号标明。

例如：

"今天好热啊！——你什么时候去上海？"张强对刚刚进门的小王说。

4.10.4　声音延长，象声词后用破折号。

例如：

"呜——"火车开动了。

4.10.5　事项列举分承，各项之前用破折号。

例如：

根据研究对象的不同，环境物理学分为以下五个分支学科：

——环境声学；

——环境光学；

——环境热学；

——环境电磁学；

——环境空气动力学；

4.11　省略号

4.11.1　省略号的形式为"……"，六个小圆点，占两个字的位置。如果是整段文章或诗行的省略，可以使用十二个小圆点来表示。

4.11.2　引文的省略，用省略号标明。

例如：

她轻轻地哼起了《摇篮曲》："月儿明，风儿静，树叶儿遮窗棂啊……"

4.11.3　列举的省略，用省略号标明。

例如：

在广州的花市上，牡丹、吊钟、水仙、梅花、菊花、山茶、墨兰……春秋冬三季的鲜花都挤在一起啦！

4.11.4　说话断断续续，可以用省略号标示。

例如：

"我……对不起……大家，我……没有……完成……任务。"

4.12　着重号

4.12.1　着重号的形式为"．"。

4.12.2　要求读者特别注意的字、词、句，用着重号标明。

例如：

事业是干出来的，不是吹出来的。

4.13　连接号

4.13.1　连接号的形式为"—"，占一个字的位置。连接号还有另外三种形式，即长横"——"（占两个字的位置）、半字线"-"（占半个字的位置）和浪纹"～"（占一个字的位置）。

4.13.2　两个相关的名词构成一个意义单位，中间用连接号。

例如：

a) 我国秦岭—淮河以北地区属于温带季风气候区，夏季高温多雨，冬季寒冷干燥。

b) 复方氯化钠注射液，也称任-洛二氏溶液（Ringer-Locke solution），用于医疗和哺乳动物生理学实验。

4.13.3　相关的时间、地点或数目之间用连接号，表示起止。

例如：

a) 鲁迅（1881—1936）中国现代伟大的文学家、思想家和革命家。原名周树人，字豫才，浙江绍兴人。

b) "北京——广州"直达快车

c) 梨园乡种植的巨峰葡萄今年已经进入了丰产期，亩产 1 000 公斤～1 500 公斤。

4.13.4　相关的字母、阿拉伯数字等之间，用连接号，表示产品型号。

例如：

在太平洋地区，除了已建成投入使用的 HAW—4 和 TPC—3 海底光缆之外，又有 TPC—4 海底光缆投入运营。

4.13.5　几个相关的项目表示递进式发展，中间用连接号。

例如：

人类的发展可以分为古猿—猿人—古人—新人这四个阶段。

4.14　间隔号

4.14.1　间隔号的形式为"·"。

4.14.2　外国人和某些少数民族人名内各部分的分界，用间隔号标示。

例如：

列奥纳多·达·芬奇

爱新觉罗·努尔哈赤

4.14.3 书名与篇（章、卷）名之间的分界，用间隔号标示。

例如：

《中国大百科全书·物理学》

《三国志·蜀志·诸葛亮传》

4.15 书名号

4.15.1 书名号的形式为双书名号"《 》"和单书名号"〈 〉"。

4.15.2 书名、篇名、报纸名、刊物名等，用书名号标示。

例如：

a)《红楼梦》的作者是曹雪芹。

b) 你读过鲁迅的《孔乙己》吗？

c) 他的文章在《人民日报》上发表了。

d) 桌上放着一本《中国语文》。

4.15.3 书名号里边还要用书名号时，外面一层用双书名号，里边一层用单书名号。

例如：

4.15.4 《〈中国工人〉发刊词》发表于 1940 年 2 月 7 日。

4.16 专名号

4.16.1 专名号的形式为"＿＿＿"。

4.16.2 人名、地名、朝代名等专名下面，用专名号标示。

例如：

司马相如者，汉蜀郡成都人也，字长卿。

4.16.3 专名号只用在古籍或某些文史著作里面。为了跟专名号配合，这著作里的书名号可以用浪线"﹏﹏﹏"。

例如：

屈原放逐，乃赋离骚；左丘失明，厥有国语。

5 标点符号的位置

5.1 句号、问号、叹号、逗号、顿号、分号和冒号一般占一个字的位置，居左偏下，不出现在一行之首。

5.2 引号、括号、书名号的前一半不出现在一行之末，后一半不出现在一行之首。

5.3 破折号和省略号都占两个字的位置，中间不能断开。连接号和间隔号一般占一个字的位置。这四种符号上下居中。

5.4 着重号、专名号和浪线式书名号标在字的下边，可以随字移行。

6 直行文稿与横行文稿使用标点符号的不同

6.1 句号、问号、叹号、逗号、顿号、分号和冒号放在字下偏右。

6.2 破折号、省略号、连接号和间隔号放在字下居中。

6.3 引号改用双引号"﹃ ﹄"和单引号"﹁ ﹂"。

6.4 着重号标在字的右侧，专名号和浪线式书名号标在字的左侧。

附录 E 科学技术报告、学位论文和学术论文的编写格式

（中华人民共和国国家标准 GB 7713—87）

1 引言

1.1 制订本标准的目的是为了统一科学技术报告、学位论文和学术论文（以下简称报告、论文）的撰写和编辑的格式，便利信息系统的收集、存储、处理、加工、检索、利用、交流、传播。

1.2 本标准适用于报告、论文的编写格式，包括形式构成和题录著录及其撰写、编辑、印刷、出版等。

本标准所指报告、论文可以是手稿，包括手抄本和打字本及其复制品；也可以是印刷本，包括发表在期刊或会议录上的论文及其预印本、抽印本和变异本；作为书中一部分或独立成书的专著；缩微复制品和其他形式。

1.3 本标准全部或部分适用于其他科技文件，如年报、便览、备忘录等，也适用于技术档案。

2 定义

2.1 科学技术报告

科学技术报告是描述一项科学技术研究的结果或进展，或一项技术研制试验和评价的结果，或是论述某项科学技术问题的现状和发展的文件。

科学技术报告是为了呈送科学技术工作主管机构或科学基金会等组织或主持研究的人等。科学技术报告中一般应该提供系统的或按工作进程的充分信息，可以包括正反两方面的结果和经验，以便有关人员和读者判断和评价，以及对报告中的结论和建议提出修正意见。

2.2 学位论文

学位论文是表明作者从事科学研究取得创造性的结果或有了新的见解，并以此为内容撰写而成、作为提出申请授予相应的学位时评审用的学术论文。

学士论文应能表明作者确已较好地掌握了本门学科的基础理论、专门知识和基本技能，并具有从事科学研究工作或担负专门技术工作的初步能力。

硕士论文应能表明作者确已在本门学科上掌握了坚实的基础理论和系统的专门知识，并对所研究课题有新的见解，有从事科学研究工作或独立担负专门技术工作的能力。

博士论文应能表明作者确已在本门学科上掌握了坚实宽广的基础理论和系统深入的专门知识，并具有独立从事科学研究工作的能力，在科学或专门技术上做出了创造性的成果。

2.3 学术论文

学术论文是某一学术课题在实验性、理论性或观测性上具有新的科学研究成果或创新见解和知识的科学记录；或是某种已知原理应用于实际中取得新进展的科学总结，用以提供学术会议上宣读、交流或讨论；或在学术刊物上发表；或作其他用途的书面文件。

学术论文应提供新的科技信息，其内容应有所发现、有所发明、有所创造、有所前进，而不是重复、模仿、抄袭前人的工作。

3 编写要求

报告、论文的中文稿必须用白色稿纸单面缮写或打字；外文稿必须用打字。可以用不褪色的复制本。

报告、论文宜用 A4（210 mm×297 mm）标准大小的白纸，应便于阅读、复制和拍摄缩微制品。

报告、论文在书写、打字或印刷时，要求纸的四周留足空白边缘，以便装订、复制和读者批注。每一面的上方（天头）和左侧（订口）应分别留边 25 mm 以上，下方（地脚）和右侧（切口）应分别留边 20 mm 以上。

4 编写格式

4.1 报告、论文章、条、款、项的编号参照国家标准 GB 1.1《标准化工作导则标准编写的基本规定》第 8 章"标准条文的编排"的有关规定，采用阿拉伯数字分级编号。

4.2 报告、论文的构成（略）

5 前置部分

5.1 封面

5.1.1 封面是报告、论文的外表面，提供应有的信息，并起保护作用。

封面不是必不可少的。学术论文如作为期刊、书或其他出版物的一部分，无需封面；如作为预印本、抽印本等单行本时，可以有封面。

5.1.2 封面上可包括下列内容：

a. 分类号 在左上角注明分类号，便于信息交换和处理。一般应注明《中国图书资料分类法》的类号，同时应尽可能注明《国际十进分类法 UDC》的类号。

b. 本单位编号 一般标注在右上角。学术论文无必要。

c. 密级 视报告、论文的内容，按国家规定的保密条例，在右上角注明密级。如系公开发行，不注密级。

d. 题名和副题名或分册题名 用大号字标注于明显地位。

e. 卷、分册、篇的序号和名称 如系全一册，无需此项。

f. 版本 如草案、初稿、修订版……等。如系初版，无需此项。

g. 责任者姓名

责任者包括报告、论文的作者，学位论文的导师、评阅人、答辩委员会主席，以及学位授予单位等。必要时可注明个人责任者的职务、职称、学位、所在单位名称及地址；如责任者系单位、团体或小组，应写明全称和地址。

在封面和题名页上，或学术论文的正文前署名的个人作者，只限于那些对于选定研究课题和制订研究方案、直接参加全部或主要部分研究工作并做出主要贡献，以及参加撰写论文并能对内容负责的人，按其贡献大小排列名次。至于参加部分工作的合作者、按研究计划分工负责具体小项的工作者、某一项测试的承担者，以及接受委托进行分析检验和观察的辅助人员等，均不列入。这些人可以作为参加工作的人员——列入致谢部分，或排于脚注。

如责任者姓名有必要附注汉语拼音时，必须遵照国家规定，即姓在名前，名连成一词，不加连字符，不缩写。

h. 申请学位级别 应按《中华人民共和国学位条例暂行实施办法》所规定的名称进行标注。

i. 专业名称　系指学位论文作者主修专业的名称。

j. 工作完成日期　包括报告、论文提交日期，学位论文的答辩日期，学位的授予日期，出版部门收到日期（必要时）。

k. 出版项　出版地及出版者名称，出版年、月、日（必要时）。

5.1.3　报告和论文的封面格式参见附录 A。

5.2　封二

报告的封二可标注送发方式，包括免费赠送或价购，以及送发单位和个人；版权规定；其他应注明事项。

5.3　题名页

题名页是对报告、论文进行著录的依据。

学术论文无需题名页。

题名页置于封二和衬页之后，成为另页的右页。

报告、论文如分装两册以上，每一分册均应各有其题名页。在题名页上注明分册名称和序号。

题名页除 5.1 规定封面应有的内容并取得一致外，还应包括下列各项：

单位名称和地址，在封面上未列出的责任者职务、职称、学位、单位名称和地址，参加部分工作的合作者姓名。

5.4　变异本

报告、论文有时适应某种需要，除正式的全文正本以外，要求有某种变异本，如：节本、摘录本、为送请评审用的详细摘要本、为摘取所需内容的改写本等。

变异本的封面上必须标明"节本、摘录本或改写本"字样，其余应注明项目，参见 5.1 的规定执行。

5.5　题名

5.5.1　题名是以最恰当、最简明的词语反映报告、论文中最重要的特定内容的逻辑组合。题名所用每一词语必须考虑到有助于选定关键词和编制题录、索引等二次文献可以提供检索的特定实用信息。

题名应该避免使用不常见的缩略词、首字母缩写字、字符、代号和公式等。

题名一般不宜超过 20 字。

报告、论文用作国际交流，应有外文（多用英文）题名。外文题名一般不宜超过 10 个实词。

5.5.2　下列情况可以有副题名：

题名语意未尽，用副题名补充说明报告论文中的特定内容；

报告、论文分册出版，或是一系列工作分几篇报道，或是分阶段的研究结果，各用不同副题名区别其特定内容；

其他有必要用副题名作为引申或说明者。

5.5.3　题名在整本报告、论文中不同地方出现时，应完全相同，但眉题可以节略。

5.6　序或前言

序并非必要。报告、论文的序，一般是作者或他人对本篇基本特征的简介，如说明研究工作缘起、背景、主旨、目的、意义、编写体例，以及资助、支持、协作经过等；也可以评述和对相关问题研究阐发。这些内容也可以在正文引言中说明。

5.7 摘要

5.7.1 摘要是报告、论文的内容不加注释和评论的简短陈述。

5.7.2 报告、论文一般均应有摘要，为了国际交流，还应有外文（多用英文）摘要。

5.7.3 摘要应具有独立性和自含性，即不阅读报告、论文的全文，就能获得必要的信息。摘要中有数据、有结论，是一篇完整的短文，可以独立使用，可以引用，可以用于工艺推广。摘要的内容应包含与报告、论文同等量的主要信息，供读者确定有无必要阅读全文，也供文摘等二次文献采用。摘要一般应说明研究工作目的、实验方法、结果和最终结论等，而重点是结果和结论。

5.7.4 中文摘要一般不宜超过 200～300 字；外文摘要不宜超过 250 个实词。如遇特殊需要字数可以略多。

5.7.5 除了实在无变通办法可用以外，摘要中不用图、表、化学结构式、非公知公用的符号和术语。

5.7.6 报告、论文的摘要可以用另页置于题名页之后，学术论文的摘要一般置于题名和作者之后、正文之前。

5.7.7 学位论文为了评审，学术论文为了参加学术会议，可按要求写成变异本式的摘要，不受字数规定的限制。

5.8 关键词

关键词是为了文献标引工作从报告、论文中选取出来用以表示全文主题内容信息款目的单词或术语。

每篇报告、论文选取 3～8 个词作为关键词，以显著的字符另起一行，排在摘要的左下方。如有可能，尽量用《汉语主题词表》等词表提供的规范词。

为了国际交流，应标注与中文对应的英文关键词。

5.9 目次页

长篇报告、论文可以有目次页，短文无需目次页。

目次页由报告、论文的篇、章、条、附录、题录等的序号、名称和页码组成，另页排在序之后。

整套报告、论文分卷编制时，每一分卷均应有全部报告、论文内容的目次页。

5.10 插图和附表清单

报告、论文中如图表较多，可以分别列出清单置于目次页之后。图的清单应有序号、图题和页码。表的清单应有序号、表题和页码。

5.11 符号、标志、缩略词、首字母缩写、计量单位、名词、术语等的注释表

符号、标志、缩略词、首字母缩写、计量单位、名词、术语等的注释说明汇集表，应置于图表清单之后。

6 主体部分

6.1 格式

主体部分的编写格式可由作者自定，但一般由引言（或绪论）开始，以结论或讨论结束。

主体部分必须由另页右页开始。每一篇（或部分）必须另页起。如报告、论文印成书刊

等出版物，则按书刊编排格式的规定。

全部报告、论文的每一章、条的格式和版面安排，要求划一，层次清楚。

6.2　序号

6.2.1　如报告、论文在一个总题下装为两卷（或分册）以上，或分为两篇（或部分）以上，各卷或篇应有序号。可以写成：第一卷、第二分册；第一篇、第二部分等。用外文撰写的报告、论文，其卷（分册）和篇（部分）的序号，用罗马数字编码。

6.2.2　报告、论文中的图、表、附注、参考文献、公式、算式等，一律用阿拉伯数字分别依序连续编排序号。序号可以就全篇报告、论文统一按出现先后顺序编码，对长篇报告、论文也可以分章依序编码。其标注形式应便于互相区别，可以分别为：图 1、图 2.1；表 2、表 3.2；附注 1）；文献［4］；式（5）、式（3.5）等。

6.2.3　报告、论文一律用阿拉伯数字连续编页码。页码由书写、打字或印刷的首页开始，作为第 1 页，并为右页另页。封面、封二、封三和封底不编入页码。可以将题名页、序、目次页等前置部分单独编排页码。页码必须标注在每页的相同位置，便于识别。

力求不出空白页，如有，仍应以右页作为单页页码。

如在一个总题下装成两册以上，应连续编页码。如各册有副题名，则可分别独立编页码。

6.2.4　报告、论文的附录依序用大写正体 A，B，C，…编序号，如：附录 A。

附录中的图、表、式、参考文献等另行编序号，与正文分开，也一律用阿拉伯数字编码，但在数码前冠以附录序码，如：图 A1；表 B2；式（B3）；文献［A5］等。

6.3　引言（或绪论）

引言（或绪论）简要说明研究工作的目的、范围、相关领域的前人工作和知识空白、理论基础和分析、研究设想、研究方法和实验设计、预期结果和意义等。应言简意赅，不要与摘要雷同，不要成为摘要的注释。一般教科书中有的知识，在引言中不必赘述。

比较短的论文可以只用小段文字起着引言的效用。

学位论文需要反映出作者确已掌握了坚实的基础理论和系统的专门知识，具有开阔的科学视野，对研究方案作了充分论证，因此，有关历史回顾和前人工作的综合评述，以及理论分析等，可以单独成章，用足够的文字叙述。

6.4　正文

报告、论文的正文是核心部分，占主要篇幅，可以包括：调查对象、实验和观测方法、仪器设备、材料原料、实验和观测结果、计算方法和编程原理、数据资料、经过加工整理的图表、形成的论点和导出的结论等。

由于研究工作涉及的学科、选题、研究方法、工作进程、结果表达方式等有很大的差异，对正文内容不能作统一的规定。但是，必须实事求是，客观真切，准确完备，合乎逻辑，层次分明，简练可读。

6.4.1　图

图包括曲线图、构造图、示意图、图解、框图、流程图、记录图、布置图、地图、照片、图版等。

图应具有"自明性"，即只看图、图题和图例，不阅读正文，就可理解图意。

图应编排序号（见 6.2.2）。

每一图应有简短确切的题名，连同图号置于图下。必要时，应将图上的符号、标记、代码，以及实验条件等，用最简练的文字，横排于图题下方，作为图例说明。

曲线图的纵横坐标必须标注"量、标准规定符号、单位"。此三者只有在不必要标明（如无量纲等）的情况下方可省略。坐标上标注的量的符号和缩略词必须与正文中一致。

照片图要求主题和主要显示部分的轮廓鲜明，便于制版。如用放大缩小的复制品，必须清晰，反差适中。照片上应该有表示目的物尺寸的标度。

6.4.2 表

表的编排，一般是内容和测试项目由左至右横读，数据依序竖排。表应有自明性。表应编排序号（见 6.2.2）。

每一表应有简短确切的题名，连同表号置于表上。必要时，应将表中的符号、标记、代码以及需要说明事项，以最简练的文字，横排于表题下，作为表注，也可以附注于表下。

附注序号的编排，见 6.2.2。表内附注的序号宜用小号阿拉伯数字并加圆括号置于被标注对象的右上角，如：×××[1]，不宜用星号"＊"，以免与数学上共轭和物质转移的符号相混。

表的各栏均应标明"量或测试项目、标准规定符号、单位"。只有在无必要标注的情况下方可省略。表中的缩略词和符号，必须与正文中一致。

表内同一栏的数字必须上下对齐。表内不宜用"同上"、"同左"和类似词，一律填入具体数字或文字。表内"空白"代表未测或无此项，"—"或"…"（因"—"可能与代表阴性反应相混）代表未发现，"0"代表实测结果确为零。

如数据已绘成曲线图，可不再列表。

6.4.3 数学、物理和化学式（略）

6.4.4 计量单位

报告、论文必须采用 1984 年 2 月 27 日国务院发布的《中华人民共和国法定计量单位》，并遵照《中华人民共和国法定计量单位使用方法》执行。使用各种量、单位和符号，必须遵循附录 B "参考标准"所列国家标准的规定执行。单位名称和符号的书写方式一律采用国际通用符号。

6.4.5 符号和缩略词

符号和缩略词应遵照国家标准（见附录 B）的有关规定执行。如无标准可循，可采纳本学科或本专业的权威性机构或学术团体所公布的规定；也可以采用全国自然科学名词审定委员会编印的各学科词汇的用词。如不得不引用某些不是公知公用的且又不易为同行读者所理解的、或系作者自定的符号、记号、缩略词、首字母缩写字等时，均应一一在第一次出现时加以说明，给以明确的定义。

6.5 结论

报告、论文的结论是最终的、总体的结论，不是正文中各段小结的简单重复。结论应该准确、完整、明确、精练。

如果不可能导出应有的结论，也可以没有结论而进行必要的讨论。

可以在结论或讨论中提出建议、研究设想、仪器设备改进意见、尚待解决的问题等。

6.6 致谢

可以在正文后对下列方面致谢：

国家科学基金，资助研究工作的奖学金基金，合同单位，资助或支持的企业、组织或个人；

协助完成研究工作和提供便利条件的组织或个人；

在研究工作中提出建议和提供帮助的人；

给予转载和引用权的资料、图片、文献、研究思想和设想的所有者；

其他应感谢的组织或个人。

6.7　参考文献表

按照 GB 7714—87《文后参考文献著录规则》的规定执行。

7　附录

附录是作为报告、论文主体的补充项目，并不是必需的。

7.1　下列内容可以作为附录编于报告、论文后，也可以另编成册：

a. 为了整篇报告、论文材料的完整，但编入正文又有损于编排的条理和逻辑性，这一类材料包括比正文更为详尽的信息、研究方法和技术及更深入的叙述，建议可以阅读的参考文献题录，对了解正文内容有用的补充信息等；

b. 由于篇幅过大或取材于复制品而不便于编入正文的材料；

c. 不便于编入正文的罕见珍贵资料；

d. 对一般读者并非必要阅读，但对本专业同行有参考价值的资料；

e. 某些重要的原始数据、数学推导、计算程序、框图、结构图、注释、统计表、计算机打印输出件等。

7.2　附录与正文连续编页码。每一附录的各种序号的编排见 4.2 和 6.2.4。

7.3　每一附录均另页起。如报告、论文分装几册。凡属于某一册的附录应置于备该册正文之后。

8　结尾部分（必要时）

为了将报告、论文迅速存储入电子计算机，可以提供有关的输入数据。

可以编排分类索引、著者索引、关键词索引等。

封三和封底（包括版权页）。

参 考 文 献

[1] 王春. 大学语文教程. 北京：北京交通大学出版社，2006.

[2] 徐中玉. 应用文写作. 北京：高等教育出版社，2004.

[3] 路德庆. 应用写作学教程. 北京：高等教育出版社，1993.

[4] 赵军花. 应用文写作教程. 上海：立信会计出版社，2004.

[5] 周忠海，刘玉学，贾蕴菁. 应用文写作手册. 北京：学苑出版社，1999.

[6] 杨文丰. 现代应用文书写作. 北京：中国人民大学出版社，2003.

[7] 李振辉. 应用文写作. 北京：清华大学出版社，2005.

[8] 苏平，钟萌. 应用文写作教程. 北京：北京工业大学出版社，2003.

[9] 孟建伟. 应用文写作要义. 北京：中国人民大学出版社，2003.

[10] 王严根. 新编应用文写作. 北京：中国商业出版社，2001.

[11] 张文. 法律文秘写作全书. 北京：中华工商联合出版社，2001.

[12] 宋春阳. 实用新闻写作概论. 上海：复旦大学出版社，2004.

[13] 刘海贵. 新闻采访写作新编. 上海：复旦大学出版社，2004.

[14] 刘明华. 新闻写作教程. 北京：中国人民大学出版社，2002.

[15] 刘明华. 新闻作品选读. 北京：中国人民大学出版社，2002.

[16] 何永康. 应用文写作. 武汉：武汉大学出版社，1998.

[17] 杨萌，陈伯清，齐维英. 经济文书写作. 北京：中央民族大学出版社，1997.

[18] 何永刚. 财经应用文. 北京：中国财政经济出版社，1998.

[19] 岳喜林. 经济应用写作. 上海：立信会计出版社，2000.

[20] 白嶷岐. 中国现代应用文. 昆明：云南人民出版社，1998.